U0067163

比較教育

〔第二版〕

楊思偉 著

作者簡介

楊思偉

　　學歷：日本東京大學教育學博士
　　　　　日本京都大學教育學部客座研究
　　　　　美國紐約大學水牛城分校博士後研究
　　經歷：小學教師
　　　　　國立臺灣師範大學講師、副教授、教授
　　　　　國立臺灣師範大學教育研究中心主任、進修推廣部主任
　　　　　中華民國比較教育學會秘書長、理事
　　　　　中華民國師範教育學會秘書長、理事長
　　　　　國立臺中教育大學校長
　　　　　明道大學講座教授
　　現職：南華大學講座教授兼副校長
　　專長：比較教育、高等教育、教育政策、課程理論與實務

ii

二版序

　　比較教育作為一門教育學門的研究領域，歷史已經很久，特別是近年來世界各國都受到「國際學生能力評量計畫」（PISA）或「國際教學與科學教育成就趨勢調查」（TIMMS）之國際學生學習成就評比競賽之影響，紛紛在進行提升學生各學科學習成效之改革，因此更凸顯比較教育這學科研究之重要性。國內的教育學系或研究所內，大都會開設比較教育這科目，因此學生也大多能藉此科目擴充知識領域，增強國際視野，對於專業知識之提升幫助很大。

　　比較教育作為各國進行教育改革之基礎研究，特別是近年來強調以「證據本位之研究」趨勢，也促使比較教育之研究，更加重視量化數據之探討，以及田野調查之重要性，當然也繼續讓跨國研究之重要性繼續存在。因此，無論是就讀教育學系之學生，或是教育行政之相關官員，甚至是其他領域之相關人員，能夠具備比較研究（comparative studies）之基礎知識與技能，以及具備理解外國教育文化之基礎認知，相信對於我國教育政策之規劃與改善，或是提升全民之跨國教育文化理解，都助益良多。

　　本書第一次出版是在 2007 年，至今已有十三年，其中做過四次簡單的修訂。不過，因為居於地球村的時代，各國教育交流非常頻繁，教育制度之互相借鑑也非常多元，所以各國教育政策之改革也隨之劇烈改變，要隨時掌握最新資訊並不容易。此次作者盡可能蒐集最新教育資訊，進行一次比較大幅度的修訂，雖然不一定非常完整，但相信對讀者來說，能夠提供更新的訊息，對於掌握各國的教育動態絕對有所幫助。

　　本書修訂版分為兩大篇共十三章，仍分為基礎理論篇及各國教育篇。在基礎理論篇沒有做較多的修訂，至於各國教育方面則由十大章所構成，國別包括美國、英國、法國、德國、澳大利亞、紐西蘭、芬蘭、日本、中國大陸，以及中華民國，內容做了許多增刪，資料蒐集到 2019 年為止。

iv

　　本書能順利完成再版，特別要感謝心理出版社林敬堯總編輯不斷的鼓勵，終於能夠完成稿件。在進行修訂時，也要感謝賢棣李宜麟博士協助蒐集資料並幫忙整理相關內容，才能夠順利完成，在此一併致謝。在此完稿之際，相信仍有一些不完備之處，尚請學界好友及讀者不吝指教。

楊思偉

於南華大學

2020 年 3 月 2 日

初版序

　　比較教育研究在教育學科之整體發展過程中，雖然取得正式之學科地位，歷史並不算久。但有關類似比較教育之相關訪問活動與探討，例如至其他國家視察，並蒐集相關學校制度與資料，帶回己國作為推動教育政策之參考用，其歷史卻由來已久，可見比較教育研究在各國教育發展中一直扮演關鍵之角色。

　　比較教育無論視為一個學科或作為一個研究領域，都不會影響其在教育研究中的重要地位。在比較教育領域中，基本上包含兩大主要範疇：其一是各國教育；其二是學科本身之基礎理論，而前者是比較教育之基礎階段。本書基於上述觀點，針對各主要國家教育及比較教育之基本理論分別作若干探討。但在本書內容編排上，因份量之考量，乃先探討理論部分，其次再進入分析各國教育。

　　本書共分為兩大篇十四章，分別為基礎理論篇及各國教育篇；在基礎理論篇方面包括三大章，在各國教育方面則由十一章所構成。本書在撰寫時，為儘量包含比較教育所能探討之內容，故撰寫的內容較多，雖再經部分刪減，仍因各國教育應該探討的內容太多，為避免掛一漏萬，才字斟句酌，完成此書的撰寫。

　　本書主要探討之範圍，特別著重在各國教育部分，以教育行政（部分有教育財政）、學校制度、師資教育、教育特色與改革敘述為主軸，其他如職業教育和終身教育等仍無法完全納入，誠屬遺憾。

　　作者從事比較教育教學工作多年，累積相當多經驗與資料，多年來一直構思，想為比較教育撰寫一本較適當的教材。如今此書終於能夠完成，一方面要感謝歷年來在上課中與作者共同成長的學生，由於大家的腦力激盪，以及同學在讀書報告中所提出的眾多觀點和資源，才能促成本書之完稿，在此特別要向歷年來修課之學生們致謝。另外，本次在各國國情資料蒐集部分，

大多經由透過網站搜尋,以取得相關資料,可以補最新資料蒐集不易之問題。

　　最後,本書能順利完成,亦要感謝心理出版社林敬堯總編輯及陳文玲編輯的幫忙;也要感謝助理張淑姬幫忙打字等。另外,本書主要撰寫時間是作者旅居日本東京,在獨立行政法人國立大學財務及經營中心擔任客座教授時期,也頗值得紀念。在此完稿之時,深覺本書尚有許多不足之處,敬請學界前輩好友不吝指教。

楊思偉

於國立臺中教育大學

2006 年 9 月 30 日

目　　次

第一篇

基礎理論篇

第一章
比較教育的基本概念

在閱讀過本章內容後，學習者應能夠：

1. 了解比較教育的意義。

2. 知悉比較教育的目的。

3. 了解比較教育的重要觀念。

4. 了解比較教育的歷史發展與基本研究方法。

　　本章討論比較教育的意義、目的、重要觀念及比較四階段理論，以使讀者對比較教育的基本觀念有所了解。

　　在意義方面，提到比較教育是指進行各個國家或地區中的教育現象與問題的比較研究，以發現它們的相似點和差異點，並藉由這種知識探討的歷程，以加深理解他國與我國之間的教育和文化，進而尋求對國際和平與人類福祉有所貢獻的學問。

　　比較教育的目的有四：(1)有助於了解本國的教育；(2)提供教育改革的方向；(3)增進人類彼此了解與福祉；(4)探討教育的規律與原理。

　　在比較教育的重要觀念方面，提出四個概念，包括：注意我族中心問題、避免以偏概全論述、比較基準必須同義、適用問題應該謹慎。在比較教育研究方法，則提出各種基本方法概念。

　　比較教育在教育學領域中，屬於一較新興的教育學術領域，它的學術地位大致在 1960 年前後才正式確立。比較教育的內容主要包含兩項：其一是「比較教育學」部分，亦即當作一門學術領域，其本身所具備的意義、目的、概念及方法論等內容；其二是「各國教育」部分，亦即研究各國教育之部分，這一區塊有學者或稱為「外國教育」，但在比較教育的研究中，一向將之視為基本的研究範疇。因為在探討比較教育時，必須先對各國教育做一了解分析，然後才能做進一步的並列與比較研究。

　　在進入二十一世紀的今日，教育問題已經像政治、經濟等問題一樣，形成一全球性且彼此互相影響的問題，因此若要解決教育的重大問題，已經不是在一國之內，而必須從全球角度共同觀照，並尋求解決答案。

　　在這教育問題已經全球化的時代，更顯示出研究比較教育、了解各國教育的重要性。本章將就比較教育之基本理論部分，包括比較教育的意義、目的、重要概念、四階段法等分節探討之。

第一節　比較教育的意義

　　在最近這一世紀以來，教育學獲得長足進步，不僅如此，同時它的領域也分化更細，如教育哲學、教育史、教育社會學、教育方法學、學科教育學、教育行政學、社會教育學，幼兒教育學等，都走向專門領域之路。比較教育，或稱作比較教育學，正如上述教育學的專門領域一樣，它雖也是一較嶄新的學問領域，但在迎接國際化時代的今日，逐漸發揮很大的作用。

　　有關「比較」的內涵，實證主義與文化相對主義對於「比較」一詞以及教育研究的方法，有著完全不同的概念。實證主義學者跨越不同社會疆界以檢視恆常不變的關係；文化相對主義論者則注意文化的特殊性，以為文化形成了國家教育制度之特異性。前者使用「比較」去找出不同文化中學校之通則；後者則用「比較」去找出一國學校之獨特性格。這二者的觀點不僅不同，而且是互斥的（楊國賜、楊深坑主譯，1992，頁 7）。自然科學和大部

分的生物科學裡，其所研究的現象在世界任何一個角落基本上都是相同的。為了尋找遺傳學法則或形成電子電路的理論，並不必要在不同的國家研究它們，這也就是為什麼沒有「比較物理學」的原因；相反地，所謂的社會—文化「機制」是密切地依賴每個社會所特有的物質環境、歷史和相當多的其他制約因素。如果我們要發現在那些機制中何者是徹底「人類的」，那麼我們就無法從單一國家或單一文化中去歸納。易言之，它必須「比較」才可得。在教育領域裡，此必要性更明顯。因為教育不僅是一個「社會—文化」的系統，同時也是一個「被建構」的系統。沒有比較，我們只能蒐集有關殊相（the particular）的充分知識，但不會有科學。因為按照定義來看，科學只能是有關共相（the general）的知識，那就是為什麼有人會說：實際上所有的教育學本質上都是「比較」的。也因此，比較教育的目的乃在於研究並分析相似現象間的多樣性（楊國賜、楊深坑主譯，1992，頁213-216）。

　　從以上的討論可以發現，「比較」一詞所指涉的概念至少可以區分為兩類：首先，前者係指較高層次的認識論差異，此類論述可以歸約為實證主義和文化相對主義的對話，兩者的觀點雖然不同，但卻可幫助吾人對於「比較」的目的進行深刻的省思。其次，後者主要針對比較的對象加以說明，區分為自然科學和社會科學，並明確指出唯有社會科學方有「比較」的意義，因此舉凡教育相關的論述，其實都內含著比較的性質。究竟比較的目的是在歸納通則，抑或是覓求一國文化脈絡下的教育特性？在這兩種截然不同的目的之上，是否可以有助於對話的空間？比較教育的研究成果，最重要的目的即在「借鑑」，但借鑑之際，絕不能忽視「文化的差異性」。之所以借鑑，其意似乎說明了「通則」存在的必然性；之所以不能忽視文化的差異性，又解釋了不同文化脈絡下的個殊性。對於教育現象而言，二者其實是一體的，除了借鑑之外，更重要的是，得以更深入地了解本國的教育現狀和定位。

　　1950年代以前認為，比較教育學係從教育學中分化出來，成為教育科學的一個獨立分支，故屬於教育科學的範疇；但到了1960年代，許多比較教育學家在研究各國教育過程中，廣泛使用了政治學、經濟學、社會學、人類學等社會科學的概念和方法，來分析教育和政治、經濟、社會的相互關係，於是便將比較教育學的學科性質轉變為中間科學。然而，比較教育學所研究

的對象是教育制度和教育問題，研究的任務是總結教育經驗、揭示教育規律
及探索教育發展趨勢，研究的目的是改進本國或本地區的教育制度和教育實
務。是故，它仍應屬於教育科學的範疇（吳文侃、楊漢清主編，1992）。林
清江（1983）指出，比較教育具有三種主要的性質：其一，比較教育是一種
國際性的研究；其二，比較教育是一種科際統合的研究；其三，比較教育是
一門介於社會科學、教育及國際研究的學科。從上述的討論中可以發現，比
較教育學既是一門應用科學，又是一門理論科學。它提供不同國家或不同地
區辦理教育的豐富經驗，可以作為改進本國或本地區教育實務的範例，故而
是一門「應用科學」；另一方面，它揭示了不同國家或地區教育的形成條件
和制約因素，探索了教育發展趨勢和一般規律，使「借鑑」有理論可資遵
循，所以又是一門「理論科學」。此外，比較教育學從事國與國之間、文化
與文化之間教育現象的比較活動，故而其性質又含納了「動態」的歷程，比
較教育學科性質的複雜度可見一斑。

那麼，比較教育是什麼呢？比較教育是指，進行各國國家或地區中的教
育現象與教育問題的比較研究，以發現它們的相似點和差異點，並藉這種知
識探討的歷程，以加深理解他國及我國的教育與文化，進而尋求對教育改
革、國際和平與人類福祉有所貢獻的學問。日本學者沖原豐歸納其意義為，
以教育的全部領域為對象，比較兩個國家以上現在的教育為中心，進而包含
所謂外國教育的學問即是（沖原豐，1981，頁 4-7）。因此，要說明何謂比
較教育，可從研究方法、研究對象、比較時點、比較單位等加以說明之。

壹、就研究方法而言

比較教育是以「比較研究法」為主的學科。在教育學的研究中，通常使
用包括哲學研究方法、社會學研究法、歷史研究方法等，而使用比較的方法
正是比較教育的特色所在。雖說如此，但並不意謂在比較教育的研究中，除
了比較方法之外，不再使用別的社會科學方法。相反地，因為要取兩個國家
的教育做比較分析，則需先針對該國的教育做各種歷史的研究、社會學的研
究或文化人類學的研究等，因此其他的研究方法同時也是比較教育可應用的

方法。不過，因為比較教育固有的方法是比較研究法，所以一般都強調這項特色。

貳、就研究對象而言

比較教育研究的對象，包含教育的全部領域。這就是說，無論「教育制度」、「教育事象」或「教育問題」，都是比較教育研究的對象。進而，如教育行政、教育課程、學科教育、教育思想、教育哲學等都可以比較，因此可以說，比較教育研究的對象，包含教育的全部領域，並沒有特定的領域限制。特別是目前的研究已由巨觀之制度面，進入微觀的如教學場面、教育過程之研究了。比較教育學的研究涉及教育的整個領域，包含教育學所研究的問題，諸如教育制度、教育行政，以及各級各類學校的教育目的、課程設置、教學方法、考試制度等問題，都可以作為比較教育學的研究對象。

參、就比較時點而言

比較教育的研究以當代教育為中心。之所以必須以當代教育為中心，是因為「借鑑」的目的所決定的。當然，比較教育在研究當代教育時，為了闡明來龍去脈，也要追溯歷史根源。但追溯的目的乃是為了更好地說明現在，它與教育史的論述不同，最大的區別在於目的和功能上的差異。

比較教育是以現在的教育為中心之研究。這種比較的時點，可以和教育史有所區分。因為教育史的研究，可說是以教育事象的變化和發展，做時間序列縱的分析；而比較教育是以現在為中心，做空間區隔橫的比較，各有獨自研究的重心所在。美國著名的比較教育學者 I. L. Kandel（1881-1965）曾說過「比較教育學是教育史向現在的延伸」，正可說明這項特色。

肆、就比較單位而言

比較教育學以世界各國的教育作為自己的研究對象，就單位（空間）上來看，它的研究範圍是很廣泛的。從以往的情況來看，各國比較教育的研究

主要是以國家作為單位而進行的，例如：美國 Kandel 的《比較教育》（*Comparative Education*）以英、法、德、義、蘇、美為對象國；英國 Hans 的《比較教育：教育的因素和傳統研究》（*Comparative Education: A Study of Educational Factors and Traditions*）以美、英、法、蘇為對象國。當然，為了某種目的，也可以就不同社會制度、不同地區、不同文化區域的教育進行比較研究，還可以就一個國家內的不同地區、不同民族的教育進行比較研究（吳文侃、楊漢清主編，1992）。

因此，比較教育原則上是以國家為單位做比較的學問。而傳統的比較教育研究，基本上以國家為單位來進行。但要以國家為單位，其基本前提是這個國家在內涵上必須是等質且一致的，也就是說，基本上必須是在同一民族文化、同樣的國家教育制度和整體教育問題之假設情況下。以前的比較教育學者，為了比較的方便，也因為當時的教育是以國家為中心推動，所以大致以國家為單位來比較。但以務實觀點來看，在很多國家，如聯邦型國家或第三世界的一些國家，很難想像其國家內有所謂單一或代表整體之教育制度。因此就比較單位而言，有往更巨觀的角度，如以文化圈、地域、政治體制等為單位的比較；另外，也有往微觀的角度，如以一國之內的州、省或縣等為單位的比較。總之，比較教育研究之單位基本上以國家為主，是無可爭辯的，但比較單位的擴大與縮小，也是目前大家所關心的，是比較教育研究的重要趨勢。

伍、比較教育包含外國教育的探討

外國教育是比較研究的第一階段。所謂外國教育學，是指以研究某單一國家教育相關問題的學問，外國教育學就是通稱的各國教育。研究英美的學者，一般不嚴密區別外國教育學和比較教育，他們認為研究各國教育，是構成比較教育重要的第一步，也就是說，先要做好外國教育的研究，才能保證比較教育研究能夠有成果，這也表示僅就單一國家進行教育問題之研究，也屬於比較教育研究之範疇。另外，比較教育之範疇，隨著研究領域之擴大，學者已經將國際教育（international education）、發展教育（development education）都納入了。

比較教育的意義正如上述內容，可以清楚地說明之。不過，因為在其他的社會科學，包括教育學的各個領域，也常使用比較方法做研究，所以有人認為，比較方法不能視為比較教育的獨特方法，這樣的爭論曾經帶給比較教育學界「自我認同危機」（identity crisis）。也就是說，有學者認為比較教育學不能成為一門「學科」（discipline），因為沒有自己的方法論。比較教育是否稱作「比較教育學」，或只稱「比較教育」，因學者或國家之不同，而有不同的見解，例如：使用漢語之國家如日本或中國大陸，皆稱之為「比較教育學」，而英文稱為「comparative education」，兩種意義都有。

比較教育在學術上之定位問題，見仁見智。時至今日，比較教育基本上已建立其學術的地位，它在學術上至少需要將比較研究法更精緻化，同時也必須將教育學各領域所做的比較研究，進行整體統整的綜合比較研究，所以也許有人認為不能說是一門學科，但至少是一個「研究領域」（field of study）（沖原豐，1981，頁 5；楊思偉，1991，頁 13-14），並不會減損其在教育學或教育改革之重要性。

第二節　比較教育的目的

研究比較教育的目的是什麼？這可從比較教育之所以興起的源由去探尋。一般皆知，比較教育形成學科的原因，主要是以「實用」為其重要之理由。比較教育學之父——法國的 M. A. Jullien 在其 1817 年之著作《比較教育研究的計畫和初步構想》中，即提出兩個目的：第一是借鑑之目的，亦即透過研究其他國家之教育，以為本國教育做借鑑；第二是建議建立國際性教育合作機構，以促進教育交流和相互理解。這些觀點後來都成為多數學者之共同看法，也是後來國際教育組織逐步發展之基礎。也就是說，在十八、九世紀時，歐洲國家為了建立和改進自己的教育，乃希望從了解外國教育之制度

著手，幫助國家教育的發展，這種由實用的目的為著眼點，正是比較教育興起之原因。今日我們探討比較教育研究的目的，恐怕也無法脫離此原始的目的，當然其目的已不限於此，歸納起來可包括下列四點。

壹、幫助了解本國的教育特質

自古以來，所謂「自知」一直是人類自身一件重要的課題。那如何了解自己呢？在我們的生活經驗中，我們也知道必須從和他人比較著手，透過比較的過程，吾人才能真正了解自己。

對於一個國家教育的了解，同樣也必須從比較研究中，才能真正掌握自己國家教育的特質。因為比較教育的研究，可使研究者增廣見聞、擴大專業認知，並可破除主觀與偏見，而使研究者對各國教育有更深入且客觀的了解。一個國家的成員常會囿於自己的知識經驗，而無法真正看出自己國家的問題所在，這是因孤陋寡聞而為偏見所拘，以致對比較教育真相無法真正了解。因此，透過和外國教育的比較研究，而能正確把握自己國家教育的特色，是研究比較教育的目的之一。

舉例而言，日本學者沖原豐做過「學校掃除」的比較研究。他發現以學校之掃地工作而言，可歸類成「清潔工型」、「清潔工和學生型」、「學生型」三種：第一種清潔工型，是指學校的清掃工作由專門的清潔工負責，歐美國家屬於這種類型；第二種清潔工和學生型，是指學校的掃除工作由清潔工和學生共同負責，社會主義國家屬於此型；第三種學生型，是指掃除工作由學生負責，這種類型包括日本及亞洲佛教傳統的國家（沖原豐，1981，頁8-9）。

我們可以引用上述的例子加以分析，就我國而言，認為在學校中讓學生掃除是天經地義之事，一定也會認為外國也應該如此才對。但實際上，由上述的研究可知，大部分的國家並非如此。因此，由學生掃除這件事可視為我國教育的一大特色，其理由和佛教的觀念認為掃地就是在掃心之教理，成為我國傳統的文化理念相關，而歐美並無這種觀念。因此，由這樣的比較研究，我們才能真正體會我國學校教育的特色和文化傳統的特點所在，所以我們可以說，若只研究自己的教育，根本無法了解自己國家的教育。

貳、提供教育改革的方向

　　比較教育的第二個目的，是提供教育改革的方向，有助於教育之改革。這項目的，我們可以由歷史上去追溯。正如前面所述，比較教育研究之發端，是始於期望對自己國家教育制度建立和改善有所助益，才興起研究他國教育的風潮，這由以前調查報告書的內容可以窺知。像法國的 V. Cousin、英國的 M. Sadler、美國的 H. Mann、日本的田中不二麿等，他們所撰寫的外國教育調查報告書都非常有名，且對各該國的教育改革有很大的貢獻。

　　其次，像比較教育學之父——法國的 Jullien 也一直認為，應透過教育進行社會和國家的改革。他就依憑這個觀點，希望樹立比較教育成為實證科學。以後的比較教育學者多少都受到這個觀點的影響，像西德的 F. Schneider 認為，透過自己國家教育和外國教育的比較，了解本國教育的缺點和落後之處，必能體會改革的必要性。而英國的 V. Mallinson 與美國的 G. Bereday 也都認為，比較教育是前進和具改革性的，比較教育學一般都是以改革為目標。

　　以臺灣為例，教育改革運動已成為國內的重要潮流，而其中之一是於 1994 年由行政院組成的「教育改革審議委員會」，透過該委員會的研究與審議，對臺灣的教育改革提出具體的藍圖，影響臺灣的教育改革甚巨。但大家也知道，該委員會之成立，即是仿效日本 1984 至 1987 年之「臨時教育審議會」而成，這應是一個具代表性的例子。另外，自教育改革審議委員會提出改革報告書之後，「鬆綁」、「權力下放」，甚至美、英、日等之新自由主義與新保守主義所共同建構之「市場競爭原理」，也對這一波國內教育改革影響很大。

參、增進人類彼此了解與福祉

　　由於透過外國教育的研究，必然對他國的政治、經濟與文化背景有更深一層的了解，可以增進各國人民間的相互了解，所以在消極方面，既有助於各國人民消除彼此之間的誤解與偏見，在積極方面更能促進各國人民之間的

合作與互助，如此自然能促進人類彼此的了解與福祉。其次，比較教育學的研究可提供改善教育的參考，而從教育本身的改善，自然亦可增進人類福祉。

　　哈佛大學著名的前教育學院院長 R. Ulich，是一個滿懷強烈人道主義和國際主義的感情、重視比較教育前景的學者，他認為：「教育不僅應該從具有其特定歷史、疆域和競爭的民族文化來思考自己，而且還應該從世界各國的傳統來思考自己，這樣就會使人類擺脫狹隘的觀念和自我孤立，從而達到那些由於人類無止境的努力，而產生的偉大且深刻的思想」（Ulich, 1962, p. viii），這正是強調比較教育有利於國際理解與合作的例子。

　　而這些年來，一些重要國際組織的活動，事實上也證明了比較教育研究的這項目的。像國際教育局（International Bureau of Education, IBE）和聯合國教育科學與文化組織（The United Nations Educational, Scientific and Cultural Organization, UNESCO），在蒐集、校正和分析關於世界各國學制的資料中所起的作用就極為重要，且具有很大價值。另外，如國際學生評量學會（International Association for the Evaluation of Educational Achievement, IEA）所做的跨國性學生學力的比較研究，也對於國際間的彼此了解，以及提供大量資料以幫助各國改善教育，提供了很多的幫助。因此增進人類彼此了解與福祉，是比較教育的第三個目的。

肆、探討教育的規律與原理

　　比較教育的第四個目的是探討教育的規律與原理。如果我們同意比較教育可有助於了解本國的教育特質、提供教育改革的方向，以及增進人類彼此了解與福祉的話，那為了達到這些目的，探討教育的規律與原理、提供科學的根據絕對是必要的。

　　關於這種觀念，早在 Jullien 提出他的構想時已經指出。Jullien 認為，教育學和其他的科學一樣，是由事實和觀察所構成，因此和其他科學一樣，要站在事實和觀察的基礎，運用歸納的方法進行比較研究，以導出普遍性的規律與原理。Schneider 也提出，對於教育思想和教育實際發展，探討出適當的

原理，是比較教育學的一個課題，這和比較文學的領域，主要在找尋文學中的普遍性理論一樣。

比較教育所關心的是一般規律或原理的探求，而不是某些特殊的問題和現象。比較教育領域的一些主要人物，從來沒有把自己侷限於靜態的描述性研究，或侷限於僅指出各種教育制度或方法之間的異同點。相反地，他們總是進行解釋或說明，並對不斷出現的規律或原理進行鑑別，這就是比較教育所要追求的另外一個目的。比較具體可作為例子的是，美國 H. J. Noah 與 M. A. Eckstein 所探討的「教育發展階段若比經濟發展階段高的國家，會獲得快速的經濟成長」的理論發現即是。

第三節　比較教育研究的重要觀念

比較教育研究是教育研究的重要方法，其目的在先探討其他國家的教育現象、內涵和問題，然後加以比較；明察其異同、優劣，分析其發展趨勢，使更能了解本國的教育問題及其癥結所在，並由此解決問題，發展教育的原理原則。但在進行比較教育研究之際，必須建立數種重要的觀念，始能端正研究的途徑及方法，以避免各種錯誤。因為任何研究方法均有其限制，而比較教育研究也有其陷阱，研究者若沒有意識或注意到陷阱所在，遽下結論，提出建議，甚至形成政策，可能引起「水土不服」或者「橘逾淮為枳」變了質，甚或造成無法彌補的損害。國內比較教育學者早已提醒比較研究陷阱所在（王家通，1987；林清江，1983；歐用生，1992，頁 208-288），值得研究者深思。以下將提出四項重要觀念，以使比較教育研究能更臻完善。

壹、注意我族中心問題

人很容易以自我為中心來衡量外界的各種事物，這是一種普遍存在的心理，而以自己民族為中心而衡量與其有關的事物，即是我族中心主義（eth-nocentrism）。它既是一種種族的偏見，也是一種文化的偏見，遇到事情無

論好壞，總要為自己的制度辯護。這種觀念的形成是漸進的，每個人從小即
接受各種教育或其他影響，而慢慢形成這類態度及行為趨勢。這種觀念上的
偏見，不只一般人會有，即使是訓練有素的比較教育學者也很難避免。兩位
知名比較教育學者之例可引為說明。1956 年時，英國比較教育學者 King 在
《英國教育研究》期刊，發表一論文名為〈種族隔離與美國社會〉。1958
年時，美國教育學者 Bereday 在《美國公共教育》一書，撰寫一章名為〈美
國教育中的種族問題〉。這兩篇文章討論同一問題，但是兩者的觀點完全相
反。

　　King 從美國種族平等的理想觀點討論，對於美國教育中的種族問題，抱
著悲觀的態度。他認為美國南部及北部雖然都有融合黑白學校的努力，但是
美國人並未絕對信賴種族平等的理想，因此美國的種族關係將難改善。Be-
reday 不從理想觀點出發，而從歷史演進的事實探討，抱著樂觀的態度。他
從歷史演進事實分析，認為美國促進種族平等的影響因素日多，黑人自助的
力量也日大，因此改善種族關係的前途必定充滿希望。他認為 King 的論斷
值得懷疑，因為美國的黑人學生數要比英國學生總數為多。

　　值得注意的是，這兩位學者又共同討論英國的社會階級問題。1958 年，
Bereday 又發表了〈平等、機會均等及英國綜合中學〉和〈英國教育中社會
地位的比較研究〉兩篇文章。1959 年及 1960 年，King 亦先後在《比較教育
評論》（*Comparative Education Review*）上發表專文，分別是〈英國綜合中
學的內容〉及〈英國綜合中學的展望〉。這兩類文章的觀點又大異其趣，而
情形和上一事例剛好相反，King 抱著樂觀的態度，Bereday 則抱持著悲觀的
態度。

　　美國學者對於英國社會階級問題的看法是悲觀的，Bereday 強調美國社
會積極平等的崇高理想，認為英國人雖然迫於時勢，從事社會改革，但是終
究無法遵守階級平等的理想，所以教育機會均等問題無法解決，今後恐難有
所改進。可是 King 對此卻非常樂觀，他從歷史演進的事實探討，認為英國
在這方面的努力已獲致顯著的成效，因此未來這方面的教育及社會改革充滿
希望（林清江，1983；Bereday, 1964）。

　　這兩位作者都獲得比較教育的博士學位，都曾到對方的國家任教，都是國際知名的比較教育學者，同時彼此還有良好的私交，唯一的不同是國籍的差異。英國人論美國種族問題從理想出發，論本國的階級問題則從歷史事實出發；美國人論英國階級問題從理想發出，論本國的種族問題則從歷史事實出發，最後結論迴異，態度完全不同。當然這是一種值得重視的爭論，但是這種爭論是我族中心主義的例子。

　　有些人常以為其他國家的社會及教育不如本國，有些人則常以為其他國家的教育成果優於本國，這兩種極端的現象都是不適當的。特別是如臺灣在教育發展過程中，常需參考其他國家之發展經驗，但若未清楚了解各國教育之背景因素，而只從表層理解教育現象，並抓取空的架構意圖借鑑，一切都將毫無成效。因此在從事比較教育研究的過程中，確知「西方中心主義」之潛在議事問題，避免各種觀念偏差現象的產生是非常重要的。這正是比較教育研究經常為人所討論的問題。

貳、避免以偏概全論述

　　在介紹外國之教育或其他趨勢時，以少數幾個地區的特殊現象，而視為代表該國整體現象的情況常常可見。這種情形在介紹一些聯邦型國家，如美國、德國、澳洲時，應該特別注意，因為美國和德國等的教育制度常因地而有差異，所以絕不能將「個別」視為「全部」，將「地方」等同「全國」處理，否則就是患了以偏概全的毛病。

　　以偏概全的另一種現象，是只看到某一國家改革措施，即把它說成好像是各國都有這種趨勢。其實如果仔細查看一下其他國家，你就會發現並沒有這種現象，這時你的看法就會有所修正，例如：大家在談論的教育自由化問題，常會提到美國及歐洲國家教育是多麼自由、課程是多麼有彈性，好像只有我國是既僵化又死板，非改革不可。殊不知歐美各國由於課程太過自由化，已經發現導致學生「學習低成就」問題，間接促成國力日漸衰微的現象，所以美國等國家自 1983 年後，即開始加強課程標準的訂定與統一，像英國還頒布「國定課程」，美國也頒布教育標準，這種趨勢和我們所認知的

現象有相當大的差異，值得注意。

其次，以偏概全的另一種現象，是屬於偏見或意識型態所促成的問題。每個人因受其經驗的制約，易將某些信念視為理所當然，因此偏見或意識型態很難避免。我們對於外國教育的觀察和了解，已經過自己的經驗、文化和價值認知的過濾，再如何期望以客觀角度掌握，也會有所偏頗。因此，研究教育時，要意識到偏見所在，並儘量減低其影響。

我們常以「刻板印象」來看一個國家及其教育制度，如美國是實用主義的、法國是理性主義的、前蘇聯是集權主義的，而忽略了其他特性或個別差異，例如：前蘇聯的教科書制度就比我國自由，而且各共和國可用「方言」上課，「俄語」只是必修科目之一而已。

另外，以往國民小學社會科教科書，在比較臺灣和大陸時，不僅活用語言的結構，以敘述、對話、比喻和隱喻等方式呈現，更以統計數字和圖片佐證。介紹臺灣的圖片都是彩色的，介紹大陸的圖片都是黑白的（歐用生，1992，頁 280-288），當然這種敘述方式已經是過去式，不會再次發生。但透過像這種類似「偏見」來理解各種現象，卻常存在人的意識之中，一不注意就可能冒出，而結果自然和真相會有一些差距，這也是應予注意的。

參、比較基準必須同義

比較不同的教育制度或問題時，要考慮兩者的「基準點」是否相同、是否可以比較的問題。這可分兩項來說明：第一是名詞定義是否相同？比較教育研究要先確定在不同的國家中，相同名詞的意義是否相同，例如：英文的 public school，在英國是獨立的私立學校，而在美國是指公家支持的地方學校；在澳洲的新南威爾斯邦，政府設立的學校叫 public school，而在另一邦，如維多利亞邦卻相反，指私立學校。「地方分權」這個名詞，在英、美兩國的涵義也不相同。college、school、curriculum，甚至teacher，在不同的國家，意義可能不一樣。第二是比較點是否相同？因為即使在相同類型之文化背景下，也經常存在不可比較之東西，例如：討論美國和歐洲各國大學生教育成就之比較研究中，學者T. Husen對那些暗示歐洲大學生智能勝過美

國大學生的結論表示懷疑，因為兩地大學生所占同年齡層學生比率就差異很大，歐洲大學生只占3至6%，而美國卻占25至35%（朱勃、王孟憲編譯，1984），所以做比較時必須非常慎重。另外，如各階段教育之比較，如初等教育、中等教育或高等教育可能因學制不同，因而年齡層不同，甚至統計之範圍或意涵不同，所以各種呈現之數據引用都必須慎重。雖然學者 Noah 與 Eckstein 對數據的蒐集與校正，提供很多建議，但整體而言，社會科學之比較研究，仍只能是「準比較」而已，而雖然如此，但注意可比性之問題，仍是最值得注意之課題。

肆、適用問題應該謹慎

　　比較教育的研究結果並無普遍適用的性質，比較結果提供一種借鏡，使我們在不同的參考體制中，了解本國教育問題的可能癥結與解決的可能途徑，不過這並不代表比較結果有必然的適用可能性。

　　醜人學美，愈學愈醜。教育制度也是一樣，如果未仔細研究其國家背景及精神所在，而只將表面的措施模仿過來，即使不帶來更大的困擾，也不會生根落實。因此，適合某一社會的制度，並不一定能適合另一個社會。但是這並不是說，外國的制度完全沒有參考價值，而是說，必就其國家背景、社會層面加以研究，然後考慮本國的文化背景和社會需要審慎利用。生長在北方的動物，大多毛長得很長，帶到南方可能就無法養活。教育制度也是一樣，都可能會有水土不服及無法生存的問題（王家通，1987）。比較教育的主要目的不在抄襲或模仿，而在從各國社會與教育相關背景中，去理解本國的制度並解決其問題。比較提供解決問題的工具，我們要善用工具，而不要反為其所用。

　　比較教育之研究必須在制度運作之背後，深入探討其制度背景因素，包括文化、歷史、政治、經濟、社會等，方能真正掌握其教育之「真實狀況」，所以比較教育不在單純之借用，而是要間接借鑑，最後更要「理性借鑑」之。

第四節　比較教育的歷史發展與研究方法

壹、比較教育的歷史發展

基本上，比較教育的歷史發展可分為以下三個時期：(1)1900 年以前的主觀借用時期；(2)1900 至 1960 年的重視影響因素時期；(3)1960 年以後至今的社會科學方法時期。

在主觀借用時期，歐美各國紛紛到教育先進國家蒐集有用的教育資訊與典範，以作為借用至自己國家教育發展之用（楊思偉，1999）。此一時期的最大缺點是，忽略了教育背景的重要性，只以主觀觀察或研究所得的結果應用至教育改革上。然而，教育的決策及改革必須有其科學的事實根據，主觀的研究結果化為實際的教育改革內容，很容易產生偏差的現象。不過，此一時期的一項重要成果，是促進國際合作，使各國重視世界性的教育問題，為以後的國際教育合作鋪築大道（林清江，1983）。

在重視影響因素時期，比較教育的研究逐漸重視探討教育制度背後的影響因素（楊思偉，1999）。在此一時期，研究者特別注意教育借用的適應性，因此特別強調教育制度影響因素的重要性，不過其方法仍具有濃厚的哲學性質，缺乏證驗性的研究（林清江，1983）。

而在社會科學方法時期，主要在於引進社會科學的各種方法於比較教育研究中，使得比較教育研究脫離以往歷史及哲學的研究法，走向科學研究之路（楊思偉、沈姍姍，2000）。值得注意的是，從 1960 年代以後，由於方法的應用呈現百家爭鳴的現象，加上有具體的發展情況，因此可再細分為發展期、停滯期、反省期、重整期（楊思偉，1999），而進入二十一世紀則進入復興期，以下參照表 1-1 說明。

表 1-1　比較教育的發展歷史與研究方法之沿革

時程	歷史發展	研究方法
1900 年以前	主觀借用時期	傳統研究方法時期
1900 年至 1960 年	重視影響因素時期	
1960 年代	社會科學方法時期（發展期）	社會科學方法時期
1970 年代	社會科學方法時期（停滯期）	社會科學理論取向時期（重視質化方法）
1980 年代	社會科學方法時期（反省期）	
1990 年代	社會科學方法時期（重整期）	
2000 年代	社會科學方法時期（復興期）	社會科學理論取向時期

一、1960 年代——發展期

1. 1960 年代可說是「美國帝國主義」的顛峰期，也可說是因為冷戰，使美國外交轉向，促使第三世界和美國之間產生連結，這就表示教育也是其戰略之一部分，因此帶給比較教育蓬勃發展的機會。

2. 此時期的比較教育學者，為了探討第三世界的社會發展原則，或尋求解決自己國家社會問題的理論根據，常常使用社會學的研究方法。

二、1970 年代——停滯期

1. 比較教育在進入 1970 年代以後，失去了 1960 年代的活力，可說是走入停滯時期。其原因在於 1960 年代對教育寄予過多的期待，以為它是經濟成長和社會問題的萬能藥，但進入 1970 年代以後，教育學相關研究的結果改變了這種看法，使得對教育的信心迅速衰微。隨著教育研究預算的刪減，連帶地使得比較教育的研究經費受到刪減，因此受到很大的打擊，有些大學甚至關閉比較教育的研究部門。

2. 不過，1970 年代對比較教育研究也不盡是只有不利的一面。該時期的
發展包括下列三點：
(1)比較教育學者的國家分布更加擴大了。
(2)國際開發教育有了快速的發展。
(3)各學會有很大的發展。

三、1980 年代──反省期

1. 1980 年代比較教育的研究再次逐漸恢復活力。因為國際上尋求「卓越
性」的運動重新興起，使得教育研究者又開始重視比較教育的研究。
2. 在研究主題方面，此一時期逐漸注意課程與學校內部的問題。亦即由
原本重視國家發展和社會階層等巨觀的問題，走向學校內的微觀問題
上。這樣的趨勢，與教育社會學內重新探討新教育社會學之定位有關，
這樣的改變與趨勢正是比較教育研究再反省的時機。

四、1990 年代──重整期

1990 年代比較教育的發展，有以下兩個重點：
1. 方法論的探討：比較教育宜在理論與方法之間、理論與實際教育政策
之間做深層的方法論省察，才能使比較研究獲得客觀實質的知識，也
才能使比較教育研究作為決策過程的可靠依據。
2. 比較理論的多樣化：比較教育埋論與方法的多樣化是一重要的趨勢。

五、2000 年代──復興期

由於各國在為新世紀之教育做準備時，進行各種較激烈之教育改革，
2000 年代比較教育的發展，有以下兩個重點。

（一）繼續關心與發展方法論之議題

以往學者認為，由於比較教育學沒有自己的方法論，因此如何將其他學
科方法論引用到比較教育研究，並將其「比較教育研究化」，是重要的課

題。而二十世紀末期方法論之多樣化，到底是缺點或是生機，學者 Rust、Soumare、Pescador 與 Shibuya（1999）提出發人深省的看法，他們認為：「研究方法的多樣性可能（might）被認為是一個嚴重的問題，因為方法論是對比較教育學進行定義和使其具有專業感之重要條件。方法論的多樣性也可能（might）導致它產生離心力而失去控制，從而失去學科身分，失去促進學科成長與興盛之內聚力。然而，研究方法的多樣性也可以（might）被視作擺脫 1950 至 1960 年代那令人窒息的理論與方法論方面的正統派觀念的重要力量，它代表該領域之自然擴展。」因此在經歷量化到質性研究方法之過程，已大大擴充比較教育研究之視野，今後仍會如此發展下去。

（二）研究領域將更加擴充

比較教育研究從巨觀至微觀，首先，個別學校、社區和少數族群、性別教育、婦女教育、學前教育、課程評鑑、課程設計等，都已成為可研究之議題；其次，比較教育在終身教育理念影響下，研究私立教育、社會教育、非正式教育等也成為重要之趨勢；進而，發展中國家或地區之教育，以及新的議題如戰爭、暴力、人權教育、價值教育與愛滋病教育等，也成為新的研究主題，這可充分顯現比較教育之前瞻性與時代性。

貳、比較教育的研究方法

自從比較教育之父 Jullien 開始宣示比較教育研究的最終目標在「演繹並決定出真正的原理與原則，以使教育能夠被轉化為幾近實證的科學」後，實證論一直是比較教育研究中的重要傳統。到了 1950 及 1960 年代時，實證論與後起的功能論甚至支配了當時的比較教育研究。至 1970 年代以前，實證論及功能論（包括相關的人力資本論、現代化理論）一直是比較教育研究中最重要的知識及理論基礎。

不過這種情形在 1970 年代以後開始有了一些轉變，一些新的理論思潮如馬克思主義及其所衍生的相關理論（包括衝突理論、合法化理論、新馬克思主義等），以及世界體系理論、依賴理論等，都進入了比較教育研究的理

論基礎中，成為研究者新的理論依據及知識觀點，甚至於受到民族誌的影響，「質的研究方法」也被引介到比較教育研究中。

簡言之，比較教育的研究方法大致可分為以下三個時期（如表 1-2 所示）：(1)1960 年以前的傳統研究方法時期；(2)1960 至 1970 年的社會科學方法時期；(3)1970 年以後的社會科學理論取向時期。至 1960 年左右的研究，包括美國以及其他國家，都是採取歷史及哲學的研究方法，以記述和解釋各國的制度為主。從 1950 至 1960 年代的前半，因為對歷史及哲學的研究方法有所質疑，而逐漸有學者開始引用社會科學、行為科學和文化人類學等的方法論，試圖將比較教育的研究引向科學研究之路（楊思偉，1994）。因此接著量化研究一面受到重視，一面逐步引用各種社會科學理論納入比較教育之研究，各種結構功能理論、衝突理論與解釋理論都廣泛受到引用且有成果發表，而研究主題也更加多樣化。目前進入二十一世紀時間仍短，但學科理論和方法論之探討仍會是比較教育學領域之重要課題。

在 2001 年召開之美國國際比較教育學會（Comparative and International Education Society, CIES）年會，即以國際與比較教育學的本身發展問題，諸如比較教育學研究的人類學與質的研究方法、比較教育學的社會基礎、比較教育學教學的內容範圍與標準、與後現代主義之發展、國際與比較教育學的全球化運動及基礎文獻等主題為大會之重要專題。同年召開之第十一屆世界比較教育學大會上，比較教育學的理論及其變遷這一問題也被列為專題討論，可見學界仍然非常關注學科理論問題。比較教育方法及理論取向之發展整理，如表 1-2 所示。

而學者沈姍姍（2000）所做的分類，比較教育的研究方法可分為以下兩類：(1)學科本位的研究法；(2)社會科學研究法。可以說，比較教育的研究除了比較教育學者本身研究出的學科方法外，因其為社會科學的一支，故也適用於一般社會科學的研究方法。根據沈姍姍（2000）所做的分類，學科本位的研究方法有下列三類：

1. 社會、歷史與文化研究取向：Kandel、Hans。
2. 實證主義研究取向：Bereday、Noah、Eckstein、Holmes。
3. 教育決策或教育洞察法：King。

表 1-2　比較教育研究方法的分期

分　期	研　究
1960 年以前—— 傳統研究方法時期	Jullien——1817 年《比較教育的計畫和初步構想》
	Kandel——歷史原因的研究
	Hans——因素分析論的研究
	Mallinson——民族性的研究
	Lauwerys——哲學的研究
	Moehlman——文化理論模式的研究
1960 至 1970 年—— 社會科學方法時期	Bereday——四階段（四步驟）研究模式
	Noah、Eckstein——假設驗證法
	Holmes——問題中心法
	King——教育預測法
1970 年以後—— 社會科學理論取向時期	結構功能論：和結構功能論相關的理論有「現代化理論」、 　　　　　　「人力資本論」
	衝突理論：衝突學派的相關理論包括「世界體系理論」、 　　　　　「依賴理論」、「新殖民主義」、「複製理 　　　　　論」、「新馬克思主義」
	解釋論：知識社會學、現象學、俗民方法論、符號互動論、 　　　　詮釋學、批判理論

　　至於比較教育較常用的社會科學研究法，則包括「歷史研究法」、「調查研究法」、「實驗研究法」和「民族誌法」。歷史研究法最重要的是資料的取得與詮釋。調查研究法是針對欲研究的群體抽樣調查蒐集資料，以了解教育問題。實驗研究法即在研究者建立的人為條件下，檢定一個變項或多個變項對其他變項之影響。民族誌法則是採用文化與社會人類學研究社群的參與觀察法（沈姍姍，2000）。這種分類方式，是從學科本位出發之整理，也有助了解方法論之內涵。

　　關於比較教育方法論的論述甚多，本節分兩部分論述：第一個部分針對比較教育研究應用一般社會科學的研究方法來論述；第二個部分則針對比較教育學者所提出的研究方法來探討。至於社會科學理論取向部分則放在第二章敘述。

一、社會科學研究法

　　比較教育研究為社會科學的一支，故也適用於一般社會科學的研究方法，所以教育科學研究中普遍使用的方法，如抽樣法、觀察法與調查法、實驗法與追因法、經驗總結法、比較法、歷史法、文獻法、預測法、統計法、測量法、表列法、圖示法、內容分析法等，都適用比較教育研究（王家通，1998，頁 14-18；沈姍姍，2000，頁 105-107；趙中建、顧建民，1994）。本節將概述各種社會科學方法，而這些方法依性質又可分為量化的社會科學研究方法與質化社會科學研究方法，以下扼要敘述之。

（一）量化的社會科學研究法

1. 調查研究法

　　Jullien 首創利用問卷和調查的方法，從事教育的比較研究，系統分明，層次井然，故稱他為「系統分析研究法」的始祖（楊國賜，1975，頁 21）。針對欲研究的群體抽樣調查蒐集資料，以了解教育問題的一種方法。此種方法採用的工具包括問卷、調查表、參觀訪談、測驗及態度量表等，從調查得到的資料，可用描述和統計等方法加以整理。其研究目的則分為描述性目的與解釋性目的，與一般社會科學的研究法相同。

2. 實驗研究法

　　在研究者建立的人為條件下，檢視一個變項或多個變項對其他變項之影響，在特定的實驗情境下，不同的研究設計用以去達成其研究目的。

　　量化的社會科學研究有助於比較教育的統計分析，能更客觀地預測教育未來趨勢，透過統計科學方法的分類，可將毫無系統的資料整理出規則，從已知的事實推測未知的現象，進行科學的推理與思考，整體而言，有助於比

較教育方法的科學化與客觀化。

（二）質化的社會科學研究法

此種分類主要係針對與量化研究之不同而做的歸類，因此有部分會和社會科學理論取向重複，不過為便於做整體之掌握，在此仍舊將其列出，且做簡要之論述。

1.歷史研究法

學術研究應建立在分析其起源和發展特點的基礎上，才能具完全科學的性質。而歷史研究法更有助於深刻地理解所分析的教育現象的現狀。其要點為資料的取得與詮釋，與歷史研究法相關的尚有詮釋法與內容分析法，分述如下。

(1)詮釋法

詮釋法是一種解釋的藝術或科學，用來解釋文獻與文件之意義，有六種技巧：

①確認一份文件。

②重塑作者的價值體系與假定。

③溝通作者與讀者。

④建立分析一份文件的社會—歷史基礎，藉由探討作者當時所處的社會對其論述之影響，以及原始文件出版時，社會因素對當時讀者詮釋此文件的影響兩種方式達成。

⑤詮釋作者使用之符號。

⑥激發教育想法之靈感，藉由詮釋文件之理念以解決問題而達成。

(2)內容分析法

調查文字或大眾媒體中與研究主題相關之意涵，其方法是由研究者先準備許多待答問題，然後選擇文件或文獻，找出可能答案。確定與已陳述的目標或認可的標準相聯繫的外顯內容和隱藏內容，這主要被用來對教科書進行比較。

2.民族誌法

採用文化與社會人類學研究社群的參與觀察法，是質性研究方法之一種。此方法採取實地觀察和記錄在一個社會情境內個人行為或交互作用，並解釋這些交互作用之文化意義。在比較教育研究中，此方法有以下三項特色：(1)從內側理解現場；(2)在現場發現問題；(3)活用在研究場域的各種素材。

3.文獻法

分析重要教育文獻以了解教育情況，是比較教育研究的重要方法。比較教育研究中，運用文獻蒐集資料，要經查閱、抽樣、判別、整理。蒐集資料時要注意材料的客觀性、代表性、重要性、充足性。

4.分析法

分析的概念是廣義的，包括形式邏輯分析與辯證邏輯分析：

(1)形式邏輯分析：包括分析、綜合、抽象、概括、判斷、推理（歸納與演繹）等。

(2)辯證邏輯分析：包括運用唯物辯證法的基本規律、基本範疇進行分析。

其次，分析可採用定量分析和定性分析：

(1)定量分析可使問題分析精密化。

(2)定性分析是為了判明問題的實質。

從比較教育研究的過程來看，它的範式是：選擇比較主題→廣泛蒐集材料→初步比較分析→篩選補充材料→深入比較分析→做出比較結論→驗證所得結論。從選擇比較主題和蒐集比較資料出發，以比較分析為中介，以得出比較結論為歸宿，這是比較教育研究的一大特色（王家通，1998，頁18）。

5.解釋學方法

又分為符號互動論、現象學、人種誌方法論、新教育社會學。其基本假設是，研究社會制度的形式結構或在研究者預定的方面調查這些制度的結果，都是不恰當的。必須以對日常生活世界的微觀系統觀察與分析為依據。人種誌方法論致力於對小片段互動進行嚴密的微觀分析；現象學則包含著更

大的哲學取向，它試圖理解對事件的主觀解釋。

二、學科方法論

　　此部分主要探討比較教育的研究方法與類別，是比較教育學科本身使用的研究法，以區別後來所借用社會科學的研究方法。

（一）社會、歷史與文化研究取向：Kandel、Hans、Schneider

1. Kandel：研究比較教育必須深入了解構成教育制度的隱晦、無形與精神的動力，即探究何種動力造成兩個制度或多個制度之異同。他認為，必須以決定國家教育制度之政治的、社會的與文化的動力來探討教育的意義。他將各種影響因素列舉以研究教育。

2. Hans：將教育發展的因素區分為三類：自然因素、宗教因素、世俗因素。他較明確地指出論述依據而用以描述及分析其他國家之教育狀況。他反對蒐集統計資料，其比較教育的核心概念為「民族性」，認為教育制度為民族性的表現，需自歷史發展的觀點來分析。

3. Schneider：將影響教育因素區分為內部動力因素與外部動力因素。以十項動力因素解釋其對教育的影響。

（二）實證主義研究取向：Bereday、Noah 與 Eckstein、Holmes

　　當比較教育研究正處於歷史研究取向及個別國家資料描述的主流時期，美國 Bereday 在 1960 年代發軔了比較教育的新研究方法。

1. Bereday：Bereday 的研究法，後人稱之為四階段研究模式（或稱四階段法），也是目前比較多人使用的比較教育研究法。此方法根據一定標準，對不同國家的教育制度或教育實務進行比較研究，找出各國教育的特殊規律和普遍規律的方法。可分為縱向比較和橫向比較：

(1)縱向比較是在不同歷史時期表現的比較，也可是兩個或兩個以上國家的教育在不同歷史時期的表現交叉比較。

(2)橫向比較是對同時並存的事物進行比較。

　　　教育比較法對同時比較提出兩個步驟：並排和比較。這兩個步驟

還可進一步劃分，把圖表並排與文字並排，以及均衡比較（balanced compurison）與闡釋比較（illustrative comparison）區分開來。並排可以解釋為初步配置不同國家的資料，為比較做好準備。這種配置必須包括將資料系統化，使之歸併在同一類目或可比類目之下，以便對每一個國家進行研究。這一過程中也包括探尋某種假設。最簡單的並排形式是圖表式（或垂直式）或文字式（或水平式）。在圖表式並排中，用來比較的材料彼此列成縱行；在文字式並排中，文字材料是一行一行往下寫的。總的來說，描述性事實或靜態細節適宜用圖表呈示。動態細節、有關變化及趨勢的描述也可列表呈示，但用橫列式羅列則更好。並排就是為做比較而對材料進行整理的過程，它對材料進行處理，對教育的基本實踐做概觀或進行較仔細的審視。

比較可分為兩類型：一為均衡比較，一為闡釋比較。均衡比較是在兩個研究區域間做對稱的穿梭運動。這種方法的實質是從某一國獲取的每一類訊息，必須同時從別的國家獲取可比資料相匹配，使進行平衡比較，這類作法有利於養成跨越國界獲取對等材料的習慣（趙中建、顧建民，1994，頁 180-182）。闡釋比較是將不同國家的教育資料隨意取來，對資料所提示的比較觀點加以說明。在闡釋比較時，只是通過含蓄的方式，對比較的資料做分析（趙中建、顧建民，1994，頁185）。

2. Noah 與 Eckstein：其在著作中，直接界定比較教育科學研究的步驟為：

(1)選擇及界定研究問題。

(2)形成假設。

(3)確立觀念及研究指標。

(4)選擇研究案例。

(5)蒐集資料。

(6)處理資料。

(7)結果解釋。

3. Holmes：提出比較教育的「問題中心法」，並認為包括下列步驟：

(1)問題分析或理智化。

(2)提出假設或政策辦法。

(3)細述前提條件或背景。

(4)從被採納的假設邏輯來預言可能有的結果。

(5)比較邏輯預言得出的結果和可能觀察到的事件。

4. King：教育決策或教育洞察法。King 比較教育研究分為兩大部分：研究階段、實務階段。再針對此兩部分，配合比較教育研究層次，區分比較研究步驟為三大階段：資訊階段、洞察分析階段與形成決策訴諸改革階段。

三、比較教育研究的類型

比較教育研究的類型，針對不同學者的看法，可整理為下述幾類：

1. Keeves 和 Adams 認為可區分為：描述性研究、發展性研究、分析性、相關性與歷程研究。

2. Rust 等人也將比較教育的研究區分為九種類型：理論與概念研究、實驗研究、既有資料分析、文獻分析、歷史研究、比較研究、評鑑研究、內容分析與田野調查（包括參與觀察、訪談與問卷調查）。

3. 王家通（1998）認為，比較教育研究可分為兩類：區域研究、問題研究。而區域研究可分為整體研究和局部研究；問題研究可分為專題比較和總體比較。

參、比較教育的發展趨勢

比較教育學發展至今，雖然對於學科自我定位，曾經度過紛紛擾擾的時代，儘管部分學者仍對比較教育學科的存在有所質疑，然而學術團體的日益增加、會員人數也持續增加的現象，似乎也展現此學科蓬勃發展的一面。進入二十一世紀的今日，正如前文已經述及，比較教育的研究領域日益擴大，對教育實務的服務層面正有增無減，第三世界國家研究團體的成立，都凸顯其不可忽視的地位。以下分學科與國內兩個面向敘述。

一、學科部分

　　比較學科本身面臨的問題包括學科定位問題，以及研究方法的探討不足之問題。對於前者到底是不是可以成為一個問題，見仁見智，但畢竟仍是一項問題，可能影響學科之發展。後者議題則由 Rust 等人（1999）對世界三大比較教育學期刊，即《比較教育評論》、《比較教育》（*Comparative Education*）、《國際教育發展期刊》（*International Journal of Educational Development*）所發表有關研究方法論文章之統計，在《比較教育評論》方面，自 1955 至 1994 年間的 947 篇文章中，僅有 40 篇是研究方法論的；《比較教育》期刊方面，1965 至 1994 年的 675 篇文章中，研究方法論的文章也僅有 17 篇；而《國際教育發展期刊》自 1981 至 1994 年所發表的 347 篇文章中，屬於方法論的只有 8 篇，其情況可見一斑。因此就學科本身，未來有關學科本身理論問題仍會是必須面臨的課題。另外，由於全球化帶來的影響，對教育改革的貢獻仍會是研究的重點所在，並協助彼此的借鑑；進而研究領域的擴大，也是未來要挑戰的課題。

二、國內部分

　　國內比較教育學會成立很早，會員人數也不少，特別是暨南國際大學成立了從大學部至研究所一貫培育比較教育的專業人才體系，對比較教育學術的發展助益很多。不過臺灣地區比較教育的整體狀況，由於真正致力於此專業的研究人員仍然不多，專業社團的運作以及專業期刊的出版，仍有許多努力的空間。而有關方法論與比較相關論文已逐漸增加，但能否提升研究水準與專業地位，則仍需觀察。因此積極培育研究人才、深化相關研究論文水準、提升研究方法等，是未來應努力的課題。

關鍵詞彙

外國教育學　　　社會科學研究法
自我認同危機　　學科方法論
我族中心

自我評量題目

1. 比較教育的意義是什麼？
2. 比較教育研究的目的是什麼？
3. 比較教育研究中所謂我族中心問題是指什麼？
4. 比較教育研究的歷史發展為何？
5. 比較教育研究的學科方法部分主要有哪些？

參考文獻

一、日文部分

吉田正晴（1990）。**比較教育學**。日本：福村出版。

沖原豐（1981）。**比 較 教 育 學**。東京：有信堂。〔國內有中譯本，徐南號（譯）（1989）。**比較教育學**。臺北市：水牛。〕

二、中文部分

方永泉（2002）。**當代思潮與比較教育研究**。臺北市：師大書苑。

王家通（1987）。比較教育的陷阱。**比較教育通訊，16**。

王家通（1998）。**比較教育論叢**。高雄市：麗文文化。

朱勃、王孟憲（編譯）（1984）。**比較教育的研究方法**。北京市：教育科學出版社。

吳文侃、楊漢清（主編）（1992）。**比較教育學**。臺北市：五南。

沈姍姍（2000）。**國際比較教育學**。臺北市：正中。

林清江（1983）。**比較教育**。臺北市：五南。

楊思偉（1991）。比較教育基本概念。**比較教育通訊，26**，7-15。

楊思偉（1994）。比較教育學研究的回顧與展望。載於國立政治大學教育研究所（主編），**教育研究方法論文集**（頁 159-175）。臺北市：臺灣書店。

楊思偉（1999）。**當代比較教育研究的趨勢**。臺北市：師大書苑。

楊思偉、王如哲（2004）。**比較教育**。臺北縣：國立空中大學。

楊思偉、沈姍姍（2000）。**比較教育**。臺北縣：國立空中大學。

楊國賜（1975）。**比較教育方法論**。臺北市：正中。

楊國賜（1978）。比較教育研究方法的新趨向。**師大校友月刊，178**，6-7。

楊國賜、楊深坑（主譯）（1992）。**比較教育理論與方法**（原作者：J. Schriewer & B. Holmes）。臺北市：師大書苑。

趙中建、顧建民（選編）（1994）。**比較教育理論與方法：國外比較教育文選**。北京市：人民教育出版社。

歐用生（1992）。比較研究的陷阱。載於**開放社會的教育改革**（頁 280-288）。臺北市：心理。

薛理銀（1993）。**當代比較教育方法論研究**。北京市：首都師範大學。

二、英文部分

Altbach, P. G. (1991). Trends in comparative education. *Comparative Education Reviews, 35*(3), 491-507.

Bereday, G. Z. F. (1964). *Comparative method in education*. New York, NY: Holt, Rinehart & Winston.

Halls, W. D. (1990). *Comparative education: Contemporary issues and trends*. UK: Jessica Kingsley.

Kandel, I. L. (1933). *Comparative education*. Boston, MA: Greenwood Press.

Noah, H. J., & Eckstein, M. A. (1966). *Toward a science of comparative education*. New York, NY: Macmillan.

Rust, V. D., Soumare, A., Pescador, O., & Shibuya, M. (1999). Research strategies in comparative education. *Comparative Education Review, 43*(1), 86-109.

Ulich, R. (1962). *The education of nations: A comparison in historical perspective*. Cambridge, MA: Harvard University Press.

第二章
比較教育之學者與
方法論

在閱讀過本章內容後，學習者應能夠：

1. 了解 Bereday 之理論觀點。

2. 了解 Bereday 之四步驟法。

3. 探討四步驟法之限制。

　　本章主要敘述 Bereday 之方法論。Bereday 提出了二階段四步驟（四階段法）比較研究模式（方法），即是描述、解釋、並排、比較四項，提供了比較教育研究進行時的概念架構與實際著手之道。

　　Bereday 針對四個步驟做了詳細的分析，是真正比較研究之基本步驟，其方法論兼融了社會科學與人文科學的方法、融合了歷史研究法與科學研究法，也反映其時代背景上的實證主義精神。這種方法至今仍是一般進行比較教育之基本流程，所以一直受到重視與使用。

第一節　緒論

　　比較教育學界現代外國學者中，對比較教育學術發展有所貢獻者很多，
而在現代學者中有具體著作者，包括：Hans、Bereday、Noah、Eckstein、
Holmes、King、Knôi、Schriewer 等人，本章主要敘述 Bereday 之方法論。

　　Bereday 是美國著名教育學家，長期在美國哥倫比亞大學師範學院任
教，歷任美國《比較教育評論》和《哥倫比亞比較教育期刊》之主編，以及
《教育年鑑》之聯合主編等。

　　Bereday 對比較教育的主張，可區分為下列五點加以概述（王家通編
譯，1979，頁 113-120；洪雯柔，2000，頁 54-71；威鈺譯，1992，頁 170-
193）。

壹、比較教育的起源

　　雖然一般學者將比較教育之父 Jullien 於 1817 年發行的《比較教育研究的
計畫與初步構想》視為比較教育的起源，Bereday 卻認為比較教育為新興教
育學（pedagogy）的次級領域，其起源可推溯至 J. J. Rousseau（1712-1778）
至 J. F. Harbart（1776-1841）等人的思想（徐南號譯，1995；Bereday, 1964）。

貳、比較教育的目的

　　Bereday 認為，比較教育乃是以國家（或文化區域）為研究變項進行外
國教育制度的分析調查。比較教育的目的則在實現下列三個主要目標，而其
最終目標則在「法則」或「類型」的建立：(1)跨國收錄教育方法，自各國
教育制度的異同中尋求意義；(2)比較教育有其自為完足的知識性意義，亦
即致力於滿足人們對知識的追求，因而研究目的之一即在尋求比較教育自身
的知識根基；(3)對實際教育施行與社會科學發揮貢獻。

而為了了解他國，也知悉本國教育，需要掌握比較教育研究的兩項要素：(1)準備度（readiness）：只有在不斷地處理兩種或多種文化內涵的實際工作洗鍊中，才能形塑更廣博、更能同時兼顧各種細節的心智架構，因此準備度的提升，有賴於持續不斷地研究與磨練；(2)可比較性（comparability）：比較教育學者必須在可比較性的基礎上達成比較教育的功能。

參、比較教育的定位

Bereday 認為，只有在倫理、理論與方法論三個面向上持續不斷地發展，才能固著比較教育這一學科的建構。因此他主張比較教育不僅是一系列的區域研究，或是對各國異同的檢視，更應是一套系統的、精鍊與科學的比較方法，所以他致力於比較教育方法的整理與構築，而以政治地理學或政治科學為比較教育的理論基礎所在（Bereday, 1958）。其中，政治地理學乃是將探究人與自然、人與空間、人與地方的關係，這些地理學傳統的主題置於政治的考量中。而政治科學則是探究權力關係之結構、行政控制與政治功能等面向的學科（林清江譯，1990，頁 139-163）。

總之，比較教育是學校的政治地理學，凝聚人文主義與社會科學的關注焦點，並藉助對諸如哲學、人類學、心理學、文學、統計學等其他領域研究方法的統籌，自不同社會情境之教育施行所演繹出的共同教育變項中加以學習。

肆、比較教育研究者的基本條件

Bereday（1964）認為，比較教育研究者應具備三項基本要件：(1)具備所研究文化的語言的知識；(2)在研究地長期居住或旅行；(3)對自身文化與個人偏見時時警惕。

伍、比較教育研究的問題與建議

Bereday（1964）提出比較教育研究必須面對的五個主要問題：(1)如何蒐集教育制度中精確事實的問題；(2)如何在基礎學科的啟發下，應用前述蒐集來的資料的難題；(3)如何將蒐集來的資料進行適當的詮釋；(4)如何將相關材料進行有意義之並排與比較的困境；(5)受限於文化偏見的視野。

Bereday 在《教育中的比較方法》（*Comparative Method in Education*）一書（Bereday, 1964）中，建議設立比較教育資源與教學中心，因為比較教育未來的發展，乃依賴資料索取與學習管道便捷暢通的資源與教學中心的設立。而他自身也在書末的參考文獻裡，概述資料的內涵並詳細說明來源與出處，使讀者能獲悉相關論述的參考資料。

第二節　Bereday 的比較教育研究模式

Bereday 主張比較教育研究的主題是學校，而教育的事實根植於社會情境中，因此研究時必須將學校置於其所發展的情境脈絡中來探討。其所強調的系統研究，即為對外國教育制度的分析調查，其任務乃是以國家為研究變項，自教育制度的異同中發現意義（洪雯柔，1996，頁11）。

而 Bereday 有鑑於過去研究方法的不完整，乃建立一套比較教育研究方法的模式，將比較教育研究區分為二階段四步驟法，茲分述如下（洪雯柔，1996，頁12-20；謝文全，2001，頁39-48；Bereday, 1964, pp. 4-21）。

壹、區域研究

區域研究是指，對所要比較研究的國家（或地區）之教育制度做個別的研究，以便對各國家（或地區）的教育制度有個別深入的了解，作為日後比較的基礎。所謂的「區域」可以是一處村落或省區，範圍也可大到涵蓋由類

似性相當高的國家所組成的一塊大陸，一般則多以國家的教育措施為研究對象。

Bereday強調，區域研究是了解特定文化區域之教育制度的必經歷程，並為後續進行的比較研究提供所需的學術資源。而在比較中，觀察者在進行文化評估之前需有充足的準備，在儘量不扭曲真相的情況下發展對文化的整體了解。區域研究的兩個步驟說明如下。

一、描述（description）

指描述所要比較研究的國家（或地區）的教育制度現狀，亦即對教育資料的蒐集與編目。在蒐集資料之前，需先進行分類的工作，列出資料搜尋的面向，避免在蒐集過程中有所遺漏，以利於資料的系統收錄與分析，之後才進行資料的收錄與分類編目。

在描述階段，主要從兩個面向來進行外國學校的研究，一為資料的追蹤研究，一為學校訪視。

（一）資料的追蹤研究

Bereday 認為，研究比較教育需從廣博的閱讀著手，因為現行與歷史書籍資料的豐富知識為比較教育研究的根基。而資料來源應包括三類：

1. 第一手資料：指未經全面精細學術分析過的原始資料，如各國教育部的報告、立法機關的討論紀錄、專家會議的紀錄、反映民眾意見的書刊，以及報紙雜誌實地採訪的報導等。
2. 第二手資料：凡非屬第一手資料，而與教育直接相關的資料，均屬於第二手資料，包括二手的質的報告書（如評論）、摘要等。而閱讀資料時需注意以下要點：①避免來自準備基礎貧乏的作者所寫資料的錯誤導引；②注意資料的均衡性，應包括被研究國與外國學者的研究，且注意描述性、分析性與勸誡性資料的適當比例；③評估資料的代表性，因有些資料表面上代表全國性意見，實則僅為少數壓力團體代言。
3. 輔助資料：指與教育沒有直接或明顯關係，但有某程度相關性的資料，如討論該國或該地區文化、戲劇、社會及經濟等有助於闡明教育特質

與內涵的資料均屬之。

（二）學校訪視

　　資料閱讀之後便是持續進行學校的訪視。為了達成區域或比較分析之目的，Bereday 建議學校訪視需遵循一些系統規則：

1. 方法：進行訪視時應注意方法與有效性。Bereday 認為，較好的方法是由研究者在地方或學區自己挑選訪視的學校，或可計畫一份涵蓋該國所有學校的總表，再在各鎮、或都市與鄉村地區、或每一區域選一學校進行訪視，一般常用的方式是依類型來選擇訪視的學校。

2. 資料蒐集：由於區域研究被視為比較研究的預備，因此資料的系統化蒐集有助於可比較性的建立，而為使比較順利進行，尤其進行多國學校訪視之前，更應先對資料的蒐集進行系統規劃，以免發生在甲國資料蒐集以初等學校為主，乙國則以中等學校為主的情況。

3. 時間安排：在訪視時間表的規劃與研究模式的決定上，需注意一些細節，例如：安排訪視時需避開學校不上課的例假日，以免浪費時間且影響進度；在無法進行學校訪視的日子，可以進行對被研究國文化或其他層面的了解；對被研究國氣候應有所了解，以免因暴風雪等因素耽擱進度。而為了達成系統觀察，在單一學校進行訪視的理想期限是六星期至三個月。

4. 學校調查研究：僅學校訪視不足以成為全面性的學校考察，考察時可由一組包括班級教師、教育哲學家、教育行政人員、心理學家、社會學家與統計學家等組成的專家團體，由他們進行教育社會學研究。其研究規劃一如社會學的田野研究：先形成工作假設，再進行先導研究以建構整體學校觀察、實地訪談、學生測驗與意見調查等方案的根基。此類聯合報告書是最具研究價值的第一手資料。

5. 組織資料：他提出「教育地理學」的概念，認為最後工作是對資料的組織，以地圖呈現研究學校的分布情形、教師樹、學生年齡分組占總人數的百分比等；以統計表呈現入學情形，圖解方式則很適宜表現組織結構。以圖表呈現資料具有兩項優點：①將研究範疇以井然秩序呈

現；②自動為比較的進行做好準備。

二、解釋（interpretation）

指分析各國（或各地區）教育制度的形成因素，以了解其教育制度的成因。因一國（或一地區）的教育制度是其社會生活的反映，而社會生活又受歷史、政治、經濟、社會、地理、哲學、其他因素的影響，故詮釋教育制度時應綜合應用歷史、政治學、經濟學、社會學、地理學、哲學、心理學等學科的知識來解釋。

解釋階段乃依國別來檢驗蒐集而得的教育資料與社會的相關性（relevance）。研究者應盡可能就社會的角度尋求教育資料更廣博的意涵。舉例來說，學校中的兒童不僅是學生身分，也是年齡團體（統計）、青少年次級文化（社會學）、成熟中的心靈（哲學）、人力資源（經濟）。解釋階段乃運用社會科學各學科與方法於教育資料，並對教育事件、其原因與相關因素加以整理與評鑑。此階段強調對教育事件的原因探究，而不僅是對教育現象的描述。

由於一個人很難具備這麼多方面的知識，必要時可由各方面的專家學者來共同研究解釋。此外，Bereday 基於比較教育研究的需要而主張：從事比較教育的研究者，除了具有教育的專門知識，還應有至少一門或二至三門其他領域的副主修專門知識，以運用於研究主題，且將其他領域的方法統合運用在教育分析中。

貳、比較研究

比較研究係指將列入比較研究範圍的各國（或各地區）教育制度加以比較研究，以便獲得比較研究的結論，這一部分才是真正對各國的教育制度做比較研究。比較研究也包括兩個步驟。

一、並排（juxtaposition）

指將各國（地區）的教育資料依相同或可資比較的類別加以系統化的排

列，以便找出研究的假設，供正式比較之用。因蒐集到的各國資料在未經整理排列之前，一定十分混亂，很難從中窺知頭緒，故必須將這些資料加以分類，然後再將同類的資料排列在一起，才好做比較的工作。

舉例來說，在比較英美兩國的教育制度時，應將該國的資料依研究需要所訂的標準加以分類，如分為課程、教學法、行政管理、學校建築設備等類。將兩國資料各別分類之後，再將兩國同類的資料排列在一起，例如：將美國的課程資料與英國的課程資料排列在一起，把美國的學校建築資料和英國的建築資料排列在一起等，這就是所謂的並排流程。

並排有兩種形式，即圖表式及文字式，其基本形式如圖 2-1 所示。

文字式（水平式）	
比較的初步基礎	
各國的資料	甲國 乙國 丙國
比較的最後假設	

圖表式（垂直式）		
比較的初步基礎		
各國的資料		
甲國	乙國	丙國
比較的最後假設		

圖 2-1　圖表式及文字式並排的基本形式

圖表式及文字式並排各有優劣，通常是依資料的性質交互使用，一般說來，靜態資料（static details）較適合採圖表式的並排，而動態資料（dynamic details，即對興革及趨勢的描述）則較適合採用文字式的並排。

並排只是將資料有系統的整理，其目的主要有三：(1)使各國教育的基本事實能一目了然；(2)分析所蒐集到的資料是否有可比較性，譬如經並排後發現，只有英國而無美國的課程資料，則無法比較英美兩國的課程；(3)透過對這些並排資料的初步印象，建立暫時性的結論或假設，供下一步驟「比較」來進行驗證。

二、比較 （comparison）

比較又稱為「同時比較」（simultaneous comparison），因為唯有透過實際比較，同時分析不同國家之資料的方法才能得到改進。此階段是對多個國家同時處理，以證明得自並排階段的假設。比較不在「呈現」教育資料，而是使教育事實更加「凸顯」。此階段可拓展研究者的觀點，這種全面思考過程是比較研究最重要的貢獻。

比較又可有兩種方式：均衡（對稱）比較及闡釋比較。茲分別說明如下。

（一）均衡比較

又譯為「對稱比較」，係對各國（或各地區）的資料作對稱的反覆比較。每當提及某一國家（或地區）的某類資料時，也必須提到其他國家（或地區）的同類資料。此種比較因各國的同類資料項相對稱，故稱為「對稱比較」。對稱比較的密度可大可小，章（chapter）、節（section）、段（paragraph）或句（sentence）均可作為對稱的單位。其中，以段及句為單位較富比較的意義；以章及節為單位則顯得像「並排」而非「比較」。所謂以「段」為單位，即是敘述某國一段後，再敘述另一個國家一段，如此以「段」為單位反覆輪流敘述。其他單位的作法依此類推。

對稱比較又分為輪流比較（comparison by rotation）與融合比較（comparison by fusion），前者是接續地列出各國資料以闡述社會因素的運作，後者是將各國的資料同時在同一句話中加以討論，而非分段落或句子來分別陳述。

（二）闡釋比較

係將各國的相關資料隨時穿插引入，以說明所要比較的要點，而不顧及其對稱與否的比較方式。當蒐集到的各國資料不相對稱時，根本無法做「對稱比較」，只能做此種「闡述比較」，亦即只能在比較時，隨時將各國的有關資料引入說明。由於闡述比較中各國的資料並不對稱，故很難做類化的工作，自然也很難歸納出教育的原理原則了。

Bereday 的比較教育方法論模式，如圖 2-2 所示。

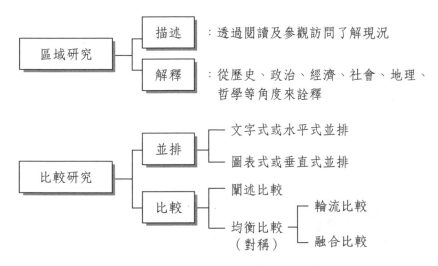

圖 2-2　Bereday 比較教育方法論模式

第三節　Bereday 方法論評析

　　為了使比較教育的研究更合乎科學的原則，必須要在方法方面取得更嚴謹的架構。基於這樣觀點，1930 年以後，有更多人致力於探討比較教育研究的科學方法，其中特別是所謂「比較的方法」是什麼？也就是說，身為比較教育學基本研究方法的「比較」方法，是何物？其過程與順序又應如何呢？

　　回應這樣的認知與要求，幾乎是同一時期，在西德和美國幾乎有同樣的「比較的四階段研究法」的提倡，西德的 Hilker（1962）在其著作《比較教育學：其歷史、理論與實際》書中，美國哥倫比亞大學的 Bereday（1964）在《教育中的比較方法》都提到同樣的觀念（引自楊國樞，1975）。

　　Hilker 談到「比較」就是「有兩個或更多的同種現象，用以表示彼此之間的同一性、相似性、異質性等關係的概念」，它是「組合運用觀察、分析、整理等活動的知性作業」，以此為定義。而此知性作業的比較研究過

程，可分為描述、解釋、並排、比較等四個步驟。這就是比較研究法的四步驟（階段）。

　　Bereday 也跟 Hilker 一樣，主張採取比較四個步驟，而他又比 Hilker 提出更具體的比較研究程序。

　　Bereday 所提出的二階段四步驟比較研究模式，提供了比較教育研究進行時的概念架構與實際著手之道，其方法論兼融了社會科學與人文科學的方法、融合了歷史研究法與科學研究法，也反映其時代背景上的實證主義精神。綜合來說，其貢獻與限制可歸納如下（洪雯柔，2000，頁 190-195；楊國賜，1975）。

壹、Bereday 的貢獻

　　Bereday 對比較教育學術的貢獻，可概略整理成下列幾點：

1. 提倡比較教育跨學科的性質，賦予比較教育豐富的面向。
2. 提出比較教育研究者所需培養的條件。
3. 建構系統的比較教育研究方法架構。
4. 借重社會科學的理論與方法。
5. 引導比較教育的分析性研究，強調從比較架構中進行教育議題的分析。
6. 兼融質性與量化研究的方法架構。
7. 強化蒐集資料的方式與內涵。
8. 凸顯「區域研究」的重要性。

貳、方法論之限制與討論

一、比較教育學術方面

1. 比較教育的目的：Bereday 以「法則」或「類型」的建構作為比較教育的終極關懷與最終目的，卻並未對其加以界定，運用上也未釐清，而常相互混用。此外，人文社會現象是否存有普遍法則也是有待商榷的問題。

2. 比較教育的研究對象：Bereday囿於當時時代之見解，僅以「學校」、「正式教育制度」為研究對象，以今日眼光來看，比較教育研究應可將之擴充至更廣泛的教育問題上。

3. 區域研究的基礎：Bereday主張區域研究的進行必須奠基在廣博教育制度與社會背景知識的基礎上，這對研究者來說，是一項艱難且可能是窒礙難行的任務。

二、比較教育研究方法方面

1. 「描述」階段資料蒐集的範圍太過廣泛而籠統。

2. 解釋之統一性的要求太過狹隘。

3. 描述與解釋很難截然劃分。

4. 比較與並排的區別遭受非難。

5. 「比較」階段的論述較為籠統，未詳細論述如何驗證假設（吳文侃、楊漢清，1992，頁27）。

6. 闡釋比較的問題：闡釋比較的問題在於分析結果可能僅是個人的直覺，或是以經過選擇的比較事例來支持自己的觀點，而忽略不提反證的事例。

7. 可比較性的問題：Bereday 並未說明可比較性之規準的正確性如何得知，以及用何種方法檢證的問題。

　　Bereday 是比較教育研究發展中研究方法論的重要先鋒學者之一，其所提出的比較教育思想與研究方法，為比較教育研究的理論與實務均提供了相當的貢獻，帶領比較教育進入具科學性的研究領域。儘管以現今的眼光觀之，其思想與方法論皆需有進一步拓展之處，但 Bereday 在比較教育上的成就仍是不容抹滅的。同時，藉著對 Bereday 思想及方法論的反省與拓展，應有助於比較教育研究進一步的理論建構與實務發展。

關鍵詞彙

Bereday　　　　描述、解釋、並排、比較
四步驟法

自我評量題目

1. 比較教育四步驟法是什麼？
2. 四步驟中「比較」之方式可分幾種？
3. Bereday 研究方法的特色與定位為何？

參考文獻

一、中文部分

王承緒等人（譯）（2001）。**別國的學校和我們的學校：今日比較教育**（新版）（原作者：King）。北京市：人民教育出版社。

王家通（編譯）（1979）。**比較教育學導論**。高雄市：復文。

吳文侃、楊漢清（1992）。**比較教育學**。臺北市：五南。

吳姈娟（1999）。**金恩的比較教育理論與方法**。臺北市：揚智。

沈姍姍（2000）。**國際比較教育學**（頁82-117）。臺北市：正中。

林清江（主編）（1983）。**比較教育**（頁15-51）。臺北市：五南。

林清江（譯）（1990）。**教育社會學**（原作者：O. Banks）。高雄市：復文。

姜旭岡（1999）。應用Holmes與King之比較教育理論模式檢視中英教育優先區政策。載於中華民國比較教育學會（主編），**教育研究與政策之國際比較**（頁63-95）。臺北市：揚智文化。

洪雯柔（1996）。貝瑞岱比較教育方法。**比較教育，44**，11-21。

洪雯柔（2000）。**貝瑞岱比較教育研究方法之探析**。臺北市：五南。

徐南號（譯）（1995）。**比較教育學**（原作者：沖原豐）。臺北市：水牛。

戚鈺（譯）（1992）。教育的比較方法論反思（1964-1966）（原作者：G. Z. F. Bereday）。載於趙建中、顧建明（選編），**比較教育的理論與方法：國外比較教育文選**。北京市：人民教育出版社。

陳幸仁、王雅玄（1998）。Holmes與King比較教育方法論的比較與評述。**比較教育，45**，38-50。

陳錦瑩（1999）。以Holmes問題解決模式研析美國社區學院及其對我國的啟示。載於中華民國比較教育學會（主編），**教育研究與政策之國際比較**（頁97-119）。臺北市：揚智文化。

陳錦瑩（2000）。**霍穆斯的比較教育理論與方法**。臺北市：揚智文化。

楊思偉（1996）。**當代比較教育研究的趨勢**（頁58-78）。臺北市：師大書苑。

楊國賜（1975）。**比較教育方法論**。臺北市：正中。

楊國賜（譯）（1992）。因果論、決定論與比較教育（原作者：B. Holmes）。載於楊國賜、楊深坑（主編），**比較教育理論與方法**（頁123-145）。臺北市：師大書苑。

盧家慶（2000）。**侯姆斯比較教育思想之探究：超越實證主義與現象學**（未出版之碩士論文）。國立暨南國際大學，南投縣。

謝文全（2001）。**比較教育行政**。臺北市：五南。

蘇永明（譯）（1990）。比較教育研究典範的更替（原作者：B. Holmes）。**比較教育通訊**，**24**，33-44。

二、英文部分

Bereday, G. Z. F. (1958). An editorial. *Comparative Education Review, 1*(3), 1-3.

Bereday, G. Z. F. (1964). *Comparative method in education*. New York, NY: Holt, Rineehart and Winston.

Holmes, B. (1981). *Comparative education: Some considerations of method*. London, UK: George Allen & Unwin.

King, E. J. (1968). *Comparative studies and educational decision*. London, UK: Methuen Education.

第三章
比較教育理論與國際教育

在閱讀過本章內容後，學習者應能夠：

1. 了解教育依賴理論的意義。

2. 了解區域研究的重要意義。

3. 了解國際教育與比較教育之相關性。

4. 了解國際組織之狀況。

比較教育的理論發展一直受到社會科學理論之影響，而基本上，當一股新的思想潮流興起後，它必然牽動當時人文及社會科學研究的現場，並且為人文及社會科學研究者提供了新的靈感，而開啟更豐富且多元的研究方法論之可能。本章第一節針對比較教育理論取向做一分析，其中特別就衝突論中的教育依賴理論，包括世界體系理論、依賴理論、新殖民主義、複製理論、新馬克思主義等進行分析。第二節則對區域研究做分析，第三節談國際教育，第四節對國際組織、學術組織與學術期刊做介紹。

　　本章為比較教育理論中最重要理論取向部分，以及對國際教育與比較教育之相關性，國際教育之發展及學科相關組織和刊物做了介紹，為比較教育之理論發展提供重要之訊息。

第一節　教育依賴理論

　　本節針對比較教育理論取向做一分析，所謂理論取向（approach）是指，在 1950 至 1960 年代，由於比較教育學引入社會科學相關理論來作為比較教育分析架構時，所使用的很多理論觀點。而歸納言之，這種理論取向可分成三大類：即結構功能論（structural functionalism）、衝突理論（conflict theory）和解釋論（interpretationalism）（楊思偉，1999）。這三種理論取向時間順序大致如所述順序，而結構功能論又可分現代化理論（modernization theory）和人力資源論（human capital theory）；而衝突理論則又分世界體系理論（world systems theory）、依賴理論（dependency theory）、新殖民主義（neo-colonialism）、複製理論（reproduction theory）、新馬克思主義（neo-marxism）等；而解釋論學派可分知識社會學（sociology of knowledge）、現象學（phenomenology）、俗民方法論（ethnomethodology）、符號互動論（symbolic interactionism）、批判理論（critical theory）、詮釋學（hermeneutics）等。本節因限於篇幅，僅就衝突理論中的幾種理論進行分析，而後現代和最近之社會科學理論則在下節再敘述。

壹、依賴理論的興起和發展

　　依賴理論正如一般所熟知的，它是因為對現代化理論的不滿與反省，在經濟學和政治上，為了說明第三世界的「低開發」現象，而發展出來的理論。依賴理論正是試圖解答上述問題的一項理論之探討。它並不把第三世界包括教育制度等的未開發原因，向第三世界的各國去尋求，而是用「中心」（center）——即高度發展國家，與其「邊陲」（peripheral）——即低發展國家，從文化的、教育的依賴觀點來說明其中的因果關係。

　　從 1960 年代後期，以拉丁美洲研究為主的經濟學者、政治學者和社會學者等，開始熱烈討論依賴理論，而且這項觀點逐漸擴散到對第三世界的發

展保持關心的社會科學學者之間。它對學術界的衝擊，一方面有助於研究第三世界年輕的激進派知識分子的心態，另一方面，在方法論方面，對歷年來由歐美所掌握的社會科學的研究，給予深刻反省的契機。

綜合上述，依賴理論的共同研究取向，主要放在「試圖說明不同社會結構的整體性」，並把分析的重點放在「由國際的各種關係（經濟的、政治的、文化的等關係）對依賴國內的社會結構的影響」上（Rama, 1985, p. 1360）。依賴理論應用在包含教育分析的社會科學研究上，其所以能夠給予很大的衝擊，主要也是因為上述的研究取向所致。因此歸納而言，依賴理論乃是由拉丁美洲的研究所產生的學術術語，二、三十年來，不論在理論上或政治上，特別是在拉丁美洲的研究上，不斷地被討論和引用。這概念的基本是，即使在沒有受到直接的、物理的殖民地支配（殖民地主義）的狀況下，「支配的國家」和「不是支配的（非支配的）國家」間所確立的經濟關係，會影響和製造非支配國家的社會結構假設上。亦即，「要說明各個經濟的、社會的發展階段相異的社會，彼此之間有何相互關係，以及說明國家經濟低發展的原因、資本主義的生產制度為何在邊陲國家中失敗的理由」（Rama, 1985, pp. 1360-1367）。這種支配的國家（國家群）就稱做「中心」，非支配的國家（國家群）就定義為（邊陲）。簡單而言，這是「中心」支配、榨取「邊陲」，「邊陲」被「中心」壓榨，依賴於「中心」的結構。因此，這種理論假設在依賴關係中的「邊陲」國家的社會制度（學校制度也是其中之一），發揮貢獻「中心」利益的功能，而且那是社會制度的最重要任務。而最近的依賴理論，受到保護多國籍企業所構築的「世界經濟體系」的影響，使得「中心」由原來指單一國家的依賴理論，走向超越國家，以世界體系為單位的「世界體系理論」（Arnove, 1980）。

以經濟關係為基本內容的依賴理論，應用到教育相關研究之後，對應經濟的依賴研究，而有「教育的依賴」的研究，也就是從依賴關係之邊陲國內部學校制度的任務和功能之探討，發展成比較教育學的研究。在這些依據依賴理論而進行的教育研究中，最常被援用的基本理論，包括「新殖民主義」理論、「世界體系」理論、「中心—邊陲」理論（center-periphery theory）、「複製」理論四種。至目前為止，各國學者對依賴理論和世界體系理論等理

論之間如何區分界定，並沒有很清楚的分析。依筆者個人看法，可將前兩者——新殖民主義理論和世界體系理論，視為教育依賴理論的主要理論方向（或可稱為派別）；而後兩者，即「中心—邊陲」理論和「複製」理論，視為教育依賴理論的主要概念內容，以下將分別敘述之。

貳、新殖民主義理論

儘管在第二次世界大戰後，第三世界幾乎所有的國家在政治上都達成獨立的目標，但在政治、經濟、技術等領域，卻仍舊和西方宗主國的關係無法斷絕，而兩者的關係不是對等的，是支配和依賴結構的現象，對於這種在後殖民地主義概念下，舊宗主國對第三世界維持主導權的立場，就稱為「新殖民主義」。

在教育上有關「新殖民主義」的用語，直到目前為止有下列各種定義：

1. 殖民時代所創出的教育體制的維持，是特權階級延續其作為權利基礎的理論依據，是操縱思考方式和價值觀的最強工具（Mende, 1972, p. 106）。

2. 我們所談的，教育上的殖民主義概念，是結合獨立後的世界複雜現實，以及過去被強迫的依賴和服從的理論嘗試（Altbach & Kelly, 1978, p. 40）。

3. 殖民時代的教育發揮雙重的功能：其一是為使接受服從的旨意，乃提高歐洲文化地位，貶抑當地國的價值觀；其二是培養中下級行政人員和同級的經濟人士。因為這種意識型態的影響非常強大，因此儘管今日已經「獨立」，但是大部分新一代國家政府要人，以及居於指導地位的人們，即使他們在處理國內政策上，有時候在口頭上必須強調「回歸本源」及「文化的自我」，但仍然都把過去殖民母國文化放在最高位階上（Lê Thành Knôi, 1976, p. 591）。

參、世界體系理論

　　世界體系理論是當代西方比較教育新馬克思主義流派所提出的一種新研究方法和觀點。它和上面敘述的新殖民主義理論，以及中心—邊陲理論有重疊和不可分的部分，而且此理論的代表性人物和上述理論代表有重疊的部分，因此學者分析這種理論時，常有不同的歸納。不過雖然如此，世界體系理論的分析架構，不論在一般社會科學或比較教育學研究中，皆已成為一重要的理論，實不需贅言。

　　世界體系理論的提出，可追溯到 M. Carnoy 於 1974 年出版的《作為文化帝國主義的教育》（*Education as Cultural Imperialism*）一書為發端。他首先對比較教育中以國為研究單位的傳統提出了挑戰，其後經過 R. Arnove 及 Altbach 等的繼續探討，逐漸建立世界體系的分析架構。他們主要認為，一國教育制度受到外部世界體系的分析架構的影響，常常會比該國內部的影響更大，比較教育研究任務之一，就是要探討這些外部力量。他們強調，自二次大戰以後的教育發展，已經無法用一個國家的政策制度、社會結構、經濟管理等內部因素加以解釋。由於技術和資訊交流手段的改變和勞動市場的國際化，須從廣闊的世界範圍去尋求教育現象和問題的答案。不過他們也指出，因為歷史的原因和資源（包括知識資源）的不平等分配，西方資本主義工業國家對發展中國家的經濟和教育體系處於支配地位，且把一國的教育體系置於國與國之間不平等的權力關係中。而促成這種現象之因，乃因西方工業國家在國際知識體系和教育體系中的統治地位和控制，就在於維持現存的國際不平等，使第三世界繼續處於不發達和依賴的狀態。世界體系分析法就是要超越一個國家的範圍，考察國與國之間、各洲與各洲之間，以及種族間、階級間等不限於國際疆界之間的因素，以作為解釋教育現象的動態因素。

　　在比較教育文獻中，研究單一國家教育者占很大一部分，而依賴理論者則把發展中國家的教育放在世界政治經濟體系下進行分析，世界體系理論則是以巨觀的國際角度來做分析。Arnove 是美國印地安那大學的教授，他與 Altback 和 Kelly 一起主編了《比較教育》（*Compurative Education*）一書（Altbach, Arnove, & Kelly, 1982），他是比較教育持依賴理論觀點的代表人物之一，發表了〈比較教育與世界體系分析〉（Comparative Education and World-Systems Analysis）（Arnove, 1980）一文，對世界體系做了分析。

肆、中心—邊陲理論

在教育研究上援引「中心—邊陲」理論，以拉丁美洲為事例，期望探討教育的依賴結構的代表性研究，是 Carnoy 的研究。Carnoy 是美國史丹佛大學的教育學和經濟學教授，在 1974 年寫出了至今仍被廣泛引用的名著《作為文化帝國主義的教育》；除此之外，主要的著作還有（包括與他人合著）：《教育改革的限制》、《一種新的社會契約：雷根之後的經濟與政府》、《國家與政治理論》、《民主國家中的學校教育與工作》、《第三世界的教育與社會變遷》等。

Carnoy 在《作為文化帝國主義的教育》一書中提到拉丁美洲的「歐洲型的學校模式」和「美國型的學校模式」，雖然將人們從「傳統的階層體制」帶到「外面」，但卻只是重新編入「資本主義的階層體制」裡面而已。學校教育雖隱含有「解放」（liberation）的內涵，卻反而帶來更嚴重的「依賴和疏離」。在現代資本主義社會中，「受到外國（擁有不同的文化、歷史、社會結構的別的世界）直接或間接的控制」，而且學校（歐美模式）對該國而言，並不是「培養對經濟的、政治的、社會的發展有用的人才」，「沒有改善人們依賴的狀態，只有改變成別的角色，並不是真正解放了人們」。他又主張，雖然接受教育的人們在經濟上或許變成稍微豐裕些，但卻依然被納入透過「邊陲」的支配集團，處在「受到中心文化、技術及商品的支配」的體系中（Carnoy, 1974）。因此他試圖證明，由經濟的依賴而產生教育的依賴，學校並不是為各該國的發展方向提供作用，而是在對「中心」的支配提供奉獻，也就是作為文化帝國主義的學校功能。

其次，有關直接引用「中心—邊陲」理論，於比較教育學的研究之論文內容，包括 Noah 與 Eckstein 在批評依賴理論研究模式中（Noah & Eckstein, 1985），所列舉的研究事例；Altbach 的「精神的奴役」和大學的研究（Altbach, 1982）；A. Mazrui 有關非洲大學的研究等即是（楊思偉，1999；Mazrui, 1975）。

伍、複製理論

比較教育學的研究中，引用依賴理論時，另外一個重要的觀點即是文化的「複製」理論。有關引用這個理論說明學校和教育的功能及性質的研究，包括 Kelly 、Barrington 與 Bullivan 的論文常常被提到。

Kelly 在〈教師與國家知識之傳承──越南殖民時期之個案分析〉（Teachers and the Transmission of State Knowledge: A Case Study of Colonial Vietnam）論文中（Kelly, 1982），說明為了解「學校為了維持支配集團的權力，如何傳達有利的意識型態的特性」，因此以曾是法國殖民地的越南為事例，分析學校教師如何處理「被交付的任務」。她指出，法國殖民時期的教育政策一貫執行合理化某種定型的知識，以使學校複製對法國最有利益的權力關係，特別是透過對老師的指示、控制及選拔等，試圖確保文化複製的目的。

可是，Kelly 得到的答案並不是「殖民地下達命令，被殖民者服從命令」的當然結果，她發現檢驗依賴理論困難的問題，也就是說，依賴理論並不是討論殖民地支配中的依賴關係，而是探究後殖民主義中的關係，雖然那是要說明後殖民主義的模式，但在這個事例中，卻是在古典的殖民地對被殖民地的關係狀態，而且在那種殖民地主義狀況下的教師們，卻無視於法國政府的命令，展開各種對抗的活動。他們獨立自主地進行教學活動，有選擇性地教授教材，並且排拒法國式的道德教育和官式課程，因此法國雖然擁有政治、司法及警察等強大權力，其結果卻讓「複製」文化無法成功，因此 Kelly 結論說「在有些情況，複製也許並不能非常完美」。

陸、結語

正如上述，依賴理論應用在比較教育學的研究上，仍存留很多問題，且受到很多的批評。而其最根本的批判焦點，乃在於這項解釋模式，並無法在

比較國家的研究或比較文化的研究上，提高其確證性（可靠的證明）。目前很多的研究仍是在理論挑戰的階段，或只可說是解釋模式的主張或說明而已。本文最後依照前面的論述，試著歸納五項結論，以總結對依賴理論的看法。

第一，依賴理論的援用，特別是用到比較教育學上有關學校的研究，基本上是因為對現代化理論的失望，以及悲觀主義的抬頭所帶來的。這項理論強調，學校對於公正社會的實現、社會平等的實現，或是發展中國家真正的發展之目標達成，因為依賴的關係而被疏離了，雖然如此，這些學校變成合理化依賴關係，並成為複製「中心」價值觀的社會制度的性質，學校乃成為唯一合理化「中心」的支配，且是慢性麻痺精神「奴役」狀況的工具。不過，正如上面不斷重複陳述的，這種解釋模式在比較教育學的研究上，並沒有獲得充分的驗證。為了強調依賴理論在學校研究模式的正當性，以及提高其確證性，必須檢討上述的批判點，並在方法論上，慎選適當的國家或地區的事例，並加以追蹤研究不可。

第二，至目前的研究，大致上以邊陲（第三世界）的學校為主要的事例進行研究，然而「中心」的學校在依賴理論上，具有何種性質，以及發揮怎麼樣的功能和任務呢？亦即，對於「邊陲」而言，「中心」的學校具有何種意義，又發揮怎樣的功能呢？關於這項主題，Altbach 雖然在〈影響的大學〉有所探討，但內容不充分，因此如何解釋上述問題，尋求解釋模式的研究實有必要。

第三，Noah 與 Eckstein 對於依賴理論曾經提出三個弱點（Noah & Eckstein, 1985）：(1)認定社會的弱者在文化的複製過程中，無法判斷自己的利害問題；(2)只用權力的觀點來分析教育的領域；(3)把第三世界的菁英只視為「中心」對「邊陲」的控制工具而已。這樣的批評，實際上就在強調依賴理論特別輕視第三世界社會變動行為主體的存在。關於這一點的確沒錯，不過就如上面所述，依賴理論事實上不是單一的理論，它擁有多元的理論研究取向，以及由此而導出的不同結論，因此他們兩人的批評不一定適用於全部的依賴理論。而且，依賴理論的重點，已由 Noah 他們所批評的「新殖民主義」的分析角度，逐漸移向「世界體系理論」的典範上，因此其批判的有效

性範圍，應該說是有限制的（前平泰志，1987）。

　　依賴理論和世界體系理論，距離理論的完成尚有一段遙遠的路途，但是為使教育和文化的問題提高至全球的視野來分析，把這種平等及不平等的世界性結構問題，援引地理的及空間的概念，所謂「中心─邊陲」模式來解釋，應是這理論的最大功勞。如何把這巨觀的研究取向，應用到研究第三世界的分析架構，並且將巨觀的研究方法精緻化，將是留給後代研究者的一個重要課題。

　　第四，比較教育學和教育社會、教育政治學或教育人類學等其他的教育科學不同，沒有所謂當作理論的、方法論基礎的「母學問」（mother or foundation discipline）。因此，其研究對象也是沒有特別限定的，雖然有偏向研究學校制度的傾向，但是其他主題也一直是其研究對象，因此可說，比較教育學乃是援用各社會科學的方法，並在強調跨學科的性質上，努力追求自己學問的特性和自我的學問。因為具備上述的特色，因此比較教育的研究以反映各社會科學的理論動向，進而以映現出各教育科學的研究動向的型態，一直進行理論的及方法論的挑戰研究（Kelly & Altbach, 1988）。Halls 把比較教育學的方法論分為三種：(1)比較教育學的「傳統的研究取向」；(2)援用的「理論」；(3)借用的「方法」。所謂「傳統的研究取向」，指歷史的、哲學的、國民性研究的、文化的、脈絡的（context）、問題解決的、數量的或社會科學的研究取向皆是；至於「援用的理論」是指結構功能主義理論、現代化理論、經濟理論（人力投資論、人才預測研究等）、超國家理論（國際關係論）、馬克思主義理論（衝突理論）、複製理論、依賴理論、合理化理論等；而「借用的方法」的例子，他舉出人種誌法（ethnogrophic method）為代表，他特別強調由社會科學所引用來的「援用的理論」，對比較教育學不斷給予新的問題刺激和啓示（Halls, 1990）。另外，Theisen 與 Adams 也檢討比較教育學中常援用的理論，其內容包括四種：(1)結構功能主義的理論（人力資源模式、現代化模式、產出模式等）；(2)馬克思主義理論、新馬克思主義；(3)依賴理論、世界體系理論；(4)詮釋學的理論。他並指出，可當作理論的挑戰的是，對(1)結構功能主義方法的挑戰（Theisen & Adams, 1990）。

　　第五，早在 1980 年代，Kelly 與 Altbach 在批判比較教育學方法論時，就指出「事實上，傳統的研究取向被批判著」，他們並提出目前比較教育學研究有關理論及方法的挑戰，共包括四種：(1)對「比較研究的重要單位——國民國家（nation-state）或國民性」的疑問；(2)「輸入—輸出模式和量化」方法論的挑戰；(3)對結構功能主義的挑戰；(4)對新的研究主題之挑戰（Kelly & Althach, 1988）。就這樣，在比較教育學中，從 1970 年代後半起，即以因應新挑戰的方式進行研究，依賴理論的援用正是其中重要項目之一。因此，儘管說依賴理論的應用方面仍有許多未解決的困難，也無法提供更完整的解釋模式，不過即使只是居於對理論的挑戰階段，這件事本身仍具有十足的意義。也就是說，這樣的嘗試對比較教育的研究本身，仍含有重要的啟示。

第二節　區域研究

壹、區域研究之性質

　　本節所提的區域研究（area study），和一般學術上通用的意義一樣，是指對某個地區所進行的學術研究。區域研究這個學術領域，產生自第二次世界大戰時期，而在戰後迅速興起，它和美國的對外政策有密切的關係。嚴格來說，它是一種為政治目的而發展的科學，其原始動機是具「支配性」的。不過在此對於區域研究的功過，不是本文想探討的，所以略此不提。

　　此處所用的教育上的「區域研究」，和原來的各國教育（或外國教育）的研究有些不同。因為原來各國教育的探討，是以國家為單位，而「區域」則是較為廣義且具伸縮性。有關比較教育研究單位的變化，有擴大和縮小的趨勢，前文已經敘述過。這裡所指的擴大範圍是指文化圈、地理圈、政治圈這些所謂跨越國家界限的單位；而縮小範圍則是指一國之內的州、縣等。其所以會有這樣的改變，和社會學各種質的方法的研究成果有關，所以在此要先區分「區域」和「國」的差別。

其次，就社會科學的各個領域來看，原來各個「學科」多少都會用到區域研究的方法，但原有的各學科在採用區域研究法時，可能只抽取某地區的部分事象出來探討，這和教育的區域研究會針對某個時間和地點的事象做整體探討這項關鍵點上是截然不同的，這是就研究空間來做分析時有此特點。

再就研究的時間來看，研究「現代」或「現狀」仍是區域研究的重點，因為區域研究必須「田野調查」（field survey），所以研究現代或現狀才可發揮這個特色，但是這樣的想法，並沒有否定歷史法的重要性，因為「現在」代表時間累積的總體，所以歷史研究的重要性不言可喻。不過比較教育史的研究，仍以擺在教育史中去探討比較妥切，區域研究中的歷史法是為了解釋現狀，了解因果關係而做的。

區域研究是以「現代」為研究對象，採取跨學科的（inter-disciplinary）並且是多專門的（multi-disciplinary）研究取向，使對研究對象做廣泛綜合地分析，這是區域研究的最大特色（馬越徹，1992，頁 24）。

貳、區域研究之方法

進行區域研究時，必然的必須赴現地進行調查研究，而此時「比較」的方法是必備也必做的。至於如何進行比較呢？則有所謂「三角測量」的方法，也就是首先必須對自己國家教育有深刻了解，且長存於心中，而據以作為比較之基礎；而在比較進行時，應再有第三國資料，以作為校正之用，這就是所謂三角比較方式。

進而，區域研究之重點乃是深入進入研究現場，利用訪問、晤談、資料蒐集、觀察、記錄等方式，與進行研究之對象做近距離接觸，所以包括懂得當地語言、蒐集第一手文獻和資料、重視現地調查和生活體驗等，都是必備條件，其中二、三項最重要，且最好是週期性、長期性之訪問調查最好。這種方式源自於文化人類學、社會人類學之研究成果，在比較教育之研究場域中應該逐步推廣，而非只是文獻之蒐集與整理而已，如此才能深化研究之成果，因此應鼓勵國內之比較教育研究能逐步以赴國外訪問調查，甚至逐漸以區域研究之方式，以獲得研究之結論。

第三節　國際教育

　　教育的國際化和教育問題的國際化（全球化），是近年來耳熟能詳的教育用語，前者代表一種趨勢與期望，強調教育的內容和型態應走向國際化；而後者代表一種現象，強調教育的問題和關係出現全球一致的現象，其中教育問題方面如校園暴力、道德教育衰微、學力低落等問題，教育關係方面如人與物的交流、教育國際組織的發展、教育援助等交流活動皆是。而後者中「教育的國際關係」的研究，在歐美就將它稱為「國際教育（學）」（international education），近二十餘年來，世界各國在這領域的研究論文有明顯增加的現象。

壹、何謂國際教育

　　有關國際教育，也有一些西方及日本學者將之冠上「學」字，成為「國際教育學」。然而，加不加上「學」字的問題，和比較教育研究加不加上「學」字的問題有些相異。亦即，加上「學」字表示是一種學術領域，甚至於是「學科」，強調學術研究的意味；而沒有「學」字的話，則表示一種「實體」，是作為實踐之用的教育現狀的事象。所以就「國際教育學」而言，它表示將「國際教育」的「現實問題」作為對象，來進行比較分析和理論研究。但比較教育的研究加上「學」字，雖有是否為一學科的爭議問題，但「比較教育」並不能代表一種「教育事實」，所以在性質上不同，因此有學者認為「比較教育」加不加「學」字影響不大（石附實，1974，頁 34）。不過，在此為了避免衍生其他爭議，所以在行文上以「國際教育」來稱呼之。

　　何謂國際教育？似乎學者的想法不同，在學術上也尚無固定的定義。從過去到現在，各國之間、不同文化之間，已經有教育的相互接觸和交流，為此而成立的教育組織及推展的運動，也逐漸在增加。如此以突破國界或民族

文化的隔閡而展開教育的接觸及交流，就是一般所謂的國際教育。這種活動今後將要更活潑進展且提高層面。

有學者把國際教育解釋為國與國合作、促進友好和平、實施國際了解的教育。有人進一步解釋，為實現「世界聯邦」或「世界大同」（又稱地球國家）而實施的教育。這樣的定義有偏重理念或強調實踐的差異，亦即後者似乎強調它的功能，希望透過國際教育而促使世界和平。

有關國際教育論的歷史淵源，或說是教育國際化理念，可以追溯至希臘時代。以前的學者提倡把民族或國家的教育向國際開放，促進教育合作的構想及運動，在基本上是希望解除對國民的限制，以實現民族的友好與國際間的和平。這種思想以國際主義為背景。國際主義是以國家的獨立及主權為前提。在相互尊重及協助的原則之下，追求國與國之間（internations）的友好親善，追求世界和平，因此這是國際主義。它與世界主義（cosmopolitanism）或普通主義（universalism）是不同的。後兩者是否定個別的主權國家，使個人直接變成世界國的構成份子，想建立單一的世界國家，因此世界主義是不承認現有國家之存在的。

自希臘時期的哲學思想至文藝復興的人文主義思想，其所主張的世界國家的思想，比較傾向於世界主義，他們所構思的理想國家，係以人類的普遍共同體、平等與平和的世界為實現的目標，雖有國際教育之思想，本質上卻屬於世界主義或普遍主義的流派。他們都是對於現實世界的戰亂及人間社會的荒廢深感不滿而產生的思想。

其後，由於在各國政治或宗教對立產生的戰爭悲劇之下，希望透過教育使各國之間恢復和平，而實際從事此活動者，就是 J. A. Comenius。他可算是崇奉國際主義、早期提倡國際教育論的代表人物。

十八世紀以後，以國際主義的思想為教育奠定基礎的是 Rousseau。Rousseau 認為人類的和平，端賴正義（自然法）的實現，而正義是由共同意志來維護的，它又需要靠個人特殊意志來充實。具體的方法是培養理性（合理主義）及同情心（人文主義）。受 Rousseau 的影響，I. Kant 等人將其主張傳承發揚之。

　　Kant 主張各國全面廢除常備兵制，提出劃時代的永久和平理念及具體的機構案，並在 1795 年所著的《企求永恆和平》中提出來。以人類的尊嚴及自律的思想為本的國際主義，實際上就是批評偏狹的國家主義。為了知己知彼，更清楚、更廣泛、更深刻地認識人，Kant 也勸人多旅行，如此方能知道各國都有其個性，知其多樣性，方能彼此尊重，維持和諧的世界。

　　十九世紀以後，和平的教育才具體的萌芽，那就是由倡導比較教育的 Jullien 加以宣揚。Jullien 是把 J. H. Pestalozzi 的思想傳入法國的實踐家。十九世紀中葉，各國開始建立國民教育制度，為了蒐集資料，到德國做教育考察頗為盛行，後來又擴大範圍，各國之間的教育流動更加頻繁。在此國際教育開始抬頭時刻，Jullien 的《比較教育研究的計畫和初步構想》一書首先問世。他主張各國交換教育資料，並提倡設置教育的國際組織。這種創見也是後來聯合國教育科學與文化組織的一個原點，具有歷史意義（沖原豐，1981，頁 186-190）。

　　以上是有關於國際教育思想的歷史沿革。

貳、國際教育和比較教育之異同

　　從以上有關「比較」的內涵及「比較教育學」相關概念之討論中，吾人不難發現，比較教育學科的豐富性與不確定性。其豐富之處便在於所含涉的範疇相當廣泛，能使接觸的人有擴大視野與顛覆原有思想框架的優點，透過了解別國的人事物，特別是其最核心的教育觀點與作為上，對於堪稱保守的教育人員而言，其益處往往超越了只在了解他國的制度或課程而已，其大者乃在明瞭本國的侷限與個人的侷限。就此，比較教育的研究必須建立在對於國際教育認識的基礎上，唯有對於各國教育有系統的處理後，方能期望比較教育研究的成熟。唯對於「比較教育」與「國際教育」之名詞定義與範圍，迄今尚無共識。

　　比較教育是一應用社會科學理論與方法來研究國際教育問題之領域。它與其他跨社會的研究，諸如比較政府、比較經濟學及比較宗教相類似。比較教育是一門學術性與跨學科領域的活動，因此它雖然與國際教育有關，但彼

此之間卻有明顯的區別。「國際教育」通常指透過有組織的努力，以便使來自各國的學生、教師及學者相互交流，並彼此學習（Epstein, 1992）。

　　國際教育的實務人員是國際間交互流動的專家，有部分原因在於因為擁有比較教育的知識，使其成為專家。但最重要的是，比較教育學者的興趣在於解釋教育如何及為什麼會與構成教育脈絡的社會因素與影響勢力產生關聯，而並非只是獲悉其他人民之文化及教育。影響所及，比較教育主要仰賴分析的方法；相對地，國際教育則涉及有關國家與社會的描述性資訊。國際教育與比較教育是同時繁榮而且又互相補充的兩個領域，國際教育與比較教育之差異可簡要歸納，如表3-1 所示（王如哲，1999）。

表 3-1　國際教育與比較教育之差異

	國際教育	比較教育
問題焦點	重視實務性問題	注重理論性問題
研究取向	描述性取向	分析性取向
研究目的	增進國際間學者之交流及相互了解	促進使用比較的學術性觀點，加深對於本國教育問題之了解
特　　性	關注國際性教育問題	注重學術性研究領域

　　此外，Bereday（1967）認為，比較教育分化出發展教育與國際教育兩領域。比較教育致力於教育的靜態比較；發展教育則關注於動態研究。比較教育力圖將在某一時刻、時間序列、一組事件或趨勢當中補捉到的教育現象集中後進行比較；發展教育則關注於行動的方式，或作為教育政策的參考與應用，其嚴謹度不若比較教育；國際教育則是以國際視野進行教育研究，其內容包括對不同文化間的思想交流、跨國界的人員流動，以及國際組織所進行的研究等。雖然國際教育與發展教育都是關注動態研究，但前者較重視不同文化及國家間的互動；後者則較關注學校與其他社會機構間的依存關係（沈姍姍，2003，頁18-19）。茲整理如表 3-2 所示。

表 3-2　Bereday 的比較教育、發展教育和國際教育

	比較教育	發展教育	國際教育
研究取向	靜態比較	動態研究	動態研究
研究焦點	對某一時刻間的教育現象進行比較	關注教育行動的方式,以作為教育政策的參考	以國際視野進行教育研究
研究內容	注重既存的教育制度、課程內容的比較研究	關注學校與其他社會機構間的依存關係	重視不同文化及國家間的互動

　　除了上述的觀點外,Halls(1990)將比較教育研究分為四類,包括比較研究(comparative studies)、外國教育(education abroad)、國際教育(international education)、發展教育(developmental education),如圖 3-1 所示,茲分別說明如下。

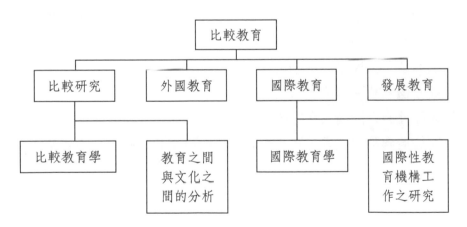

圖 3-1　Halls 的比較教育分類模式
資料來源:Halls(1990)

一、比較研究

　　分為以下兩類:

1. 比較教育學(comparative pedagogy):指不同國家的教學及教育歷程之研究。

2. 教育之間與文化之間的分析（intra-educational & intra-cultural analysis）：指探究教育的各個階段，且有系統地研究歷史、社會、政治、宗教、經濟及哲學的各類影響動力，和教育制度間相互的影響關係，並比較兩個以上的制度、區域，甚至於全球區域上所導致的結果，此種研究類型也是最主要的方式之一。

二、外國教育

係研究其他國家教育制度的各層面，也包括了區域研究。

三、國際教育

亦可區分為以下兩類：

1. 國際教育學（international pedagogy）：指多國的、多元文化的與多種族間之教育研究，諸如國際學校、跨國學校（歐盟內的學校），或少數語言或少數民族的教育。此外，亦包含為了促進國際間相互了解的和平教育、國際人口與生態研究的教育學科研究。另外，亦需解決各國有關爭議性主題教學之差異，使教科書「客觀化」，使課程和諧以建立國際教學規範。
2. 國際性教育機構工作之研究：這與前述國際教育的部分有重疊，但較關注於政策的重要主題，如國際間認可文憑之建立、教育交流之提升及文化協議的達成等。

四、發展教育

指蒐集資訊與規劃方案來協助政策制訂者，特別是針對新興國家而言，目的在幫助發展適當的教育方法與技術，並訓練人員來執行計畫。

另外，Thomas 主編的《國際比較教育學：實踐、問題和展望》一書的第十一章「比較教育學研究」，將比較分成：(1)比較理論（comparative theoies）；(2)全球教育（global education）；(3)發展教育；(4)比較教育；(5)發

展中國家教育（developing countries education）。而顧明遠、薛理銀（1996）
則認為，比較教育已經發展到國際教育和發展教育兩個領域，他們認為在中
國的比較教育研究，不存在任何爭論。

　　至於兩者之間的差異，石附實指出有兩大差異。第一是國際教育是以關
係（relation）為主的，而比較教育是以並排（juxtaposition）為主的。他認
為，比較教育是以教育和其背景為主，透過兩個以上國家進行比較分析；而
國際教育則是以國與國之間各種型態的教育移動、傳播及交流等現象為對象
的研究。第二是研究方向互異。比較教育是從教育的內部原因分析，試圖從
各種相關領域對教育的理想及成因做綜合的分析；而國際教育則透過一個以
國外地區的教育關係為窗口，以了解本國的教育，亦即從教育的外側分析是
其特徵（石附實，1974，頁 31-32）。

　　基於前述可知，在討論比較教育與國際教育概念的異同時，至少存在著
兩種不同的見解。第一種見解主張：比較教育與國際教育是擁有相同位階的
相對概念，兩者各有其關注的焦點、不同的取向及迥異之特徵。比較教育是
以國際的觀點來研究教育的學問，也就是透過國際的觀點，將各國教育做理
論的考察，以發揮實踐的功能。而國際教育則是以各國之間的交流和國際間
的人與物移動為基點，檢討分析教育的學問。不過，正如對比較教育的看法
仍有爭議，有關國際教育的概念、研究課題及研究方法等也是有些爭議，所
以也有學者認為兩者是一體的，兩者合稱為「世界教育學」也可以（石附
實，1974，頁 30）。

　　第二種見解則傾向於將比較教育視為國際教育的上位概念，比較教育的
範圍較為廣泛，國際教育相對較為狹隘，而且只是比較教育的一環（王如
哲，1999；楊思偉，1999）。換句話說，大部分的比較教育學者均將外國教
育或國際教育作為比較教育的研究基礎，或包含於其中，是下位概念。

　　因此正如上面的分析，教育是由國家性格逐漸邁向國際性格的道路，而
在這發展中產生了比較教育的研究領域，其後等到國際教育人事交流更形興
盛以後，乃有國際教育的研究領域產生，所以孰先孰後可以清楚區分開來，
故應該可以說，國際教育是比較教育的下位學術領域。

此外，在 1960 及 1970 年代開始受到重視的全球教育，由於世人相互依賴關係愈深，為有助於世界和平與全球了解，認為應可以透過跨文化的研究及資訊傳播，以比較、客觀的方法探討生活習俗，故全球教育似乎也成為比較教育研究的目的之一。

參、國際教育與教育國際化

國際教育之意涵未必與教育國際化直接有關，不過因為現在是一個地球村之時代，所以教育國際化成為重要的課題。而教育國際化應包含兩個意涵：其一是教育政策及作法應該國際化，這就是留學生派遣與接受，以及教育交流之領域；其二是向國際化努力之教育，其意義是指國際理解教育和多元文化教育之作法。美國一直是留學生之最大收留國，前總統 Clinton 於 2000 年 4 月 19 日曾以「國際教育政策」為題，對聯邦、州、地方行政機關主管發出備忘錄，藉以闡釋國際教育的重要性及方針，認為教育國際化乃全球之趨勢，美國若要能持續在全球經濟中扮演常勝軍並維持世界領導的地位，必須確保人民對整個世界有更廣泛的了解、能流利運用他國的語言，以及認識其他國家的文化。其具體的政策有以下幾點（施吟詹，2000）：

1. 鼓勵其他國家的學生來美國留學。
2. 促進美國學生到國外留學。
3. 支持社會各階層的教師、學者和公民的交換。
4. 加強美國機構發展國際夥伴關係和專門知識與技術的努力。
5. 擴展美國民眾高品質的外語學習及對其他文化深度的認識。
6. 幫助和支持教師們教導學生有關其他國家和文化方面的努力。
7. 開發新的技術以協助全球的知識傳播。

由於地球村的形成，國際化是世界性的潮流，其中教育國際化是首要的關鍵，除如上述美國積極推動外，鄰近的日本亦然（劉慶仁，2000）。要使學生具有上述之新觀念，則教育政策的制定必要有國際的視野才行。是故，為促進教育的國際化，則對於國際教育的關注，必當深加著力才是，這也闡明了國際教育學門的特殊定位與價值。

肆、國際教育的內涵

　　有關國際教育的內涵，石附実提出五項，即：(1)人的交流；(2)教育（制度和資訊）的移動；(3)面向世界教育（即國際理解的教育）；(4)教育的國際組織；(5)教育援助（石附実，1974，頁 43）。而美國百科全書〈美國〉中對國際教育的定義是：(1)學生及教員的「國際交流」；(2)國際的教育資訊蒐集和比較研究；(3)協助發展中國家的經濟發展和近代化的「開發教育」；(4)異文化理解教育；(5)企圖促使不同文化間的團體和社會中的教材能共通化與標準化的「共通文化的教育」（引自江淵一公，1994，頁17）。上述兩者雖然用詞不同，但基本上內涵是相同的。不過，最近由於各國教育交流逐漸複雜，所以有各種新的問題產生，如「海外學校的教育」（如中文僑校）、「多元文化教育」、「外國人子教育」（如國內的美國學校）等，也都可納入其範圍中，因為這三種教育都是超越國境，以民族和文化團體為對象，並且通常在一種國際的緊密關係中展開，而其目標仍和國際教育的基本目標「異文化的共生」一致（江淵一公，1994，頁 18）。

　　依照上面的論述，可以歸納國際教育的內涵包括八項（石附実，1974；江淵一公，1994）：

1. 有關教育研究中的國際人與物的交流。
2. 國際間的教育資訊交流（包括思想、制度、方法等有計畫的引介及其效果的評估）。
3. 開發教育（development education）。
4. 國際理解教育。
5. 國際機構的功能。
6. 國際學校教育及民族教育。
7. 多元文化教育。
8. 海外子女教育及外國人子女教育。

伍、走向比較與國際教育學的新領域

　　由於國際交通與通訊的發達,加上國際關係的日趨緊密,所以國際教育乃應運而興,成為一個值得研究的學問領域。它和比較教育之間,應是一種相輔相成的兄弟學術,不需特別去爭辯孰先孰後、誰是上位誰是下位的問題。我們可以看到兩者陸續結合的現象,如 1969 年美國國際比較教育學會由 CES 改稱 CIES,英國地區也稱英國國際比較教育學會(BCIES);另外,澳洲與紐西蘭稱國際比較教育學會(Australian and New Zealand Comparative and International Education Society, ANZCIES)等。其次,也有很多學者將這領域稱為比較與國際教育(學)(comparative and international education),一些大學的研究機構改以合併式的名稱,如英國倫敦大學於 1985 年合併比較教育系和發展中國家系成為國際與比較教育系(Department of International and Comparative Education, DICE)。而美國的一些大學,像紐約大學的水牛城分校,也以類似的名稱整合國際教育和比較教育的研究,而大陸北京師範大學比較教育研究所也於 1995 年改名為國際與比較教育研究所,可見國際教育實際上已經和比較教育同時受到重視。

　　國內由於政治環境特殊,未能加入聯合國教科文組織(UNESCO)等國際性教育機構,所以失去了一些國際教育合作及研究的機會,加上教育學術的研究與發展有待努力之處仍多,未能有暇顧及更多層面的教育研究,因此有關國際教育的研究尚待發展。未來應該有更多人進入國際教育之領域,由「比較教育學」走向「比較與國際教育學」,多從國與國之「關係」著手,深入了解國與國之交流互動關係,畢竟只做靜態之國別研究或比較研究,並無法真正了解各國教育之真相,由國際教育切入是一個可以努力之目標。

第四節　國際組織

本節分國際組織、學術組織與專業期刊三種敘述。

壹、比較教育的國際組織

一、聯合國教科文組織（UNESCO）

1953年組成，是隸屬於聯合國組織之一，不過是由聯合國會員國出資自由參加，對會員國之教育研究、協助、交流等貢獻很大。

二、國際教育局（IBE）

身為國際教育事務主要處理中心的「國際教育局」（IBE），1925 年成立於瑞士日內瓦，起初為一私人機構，1929 年開始允許各國以政府名義加入，因此成為教育領域中第一所跨越國家隔閡的國際機構。IBE 的設立宗旨是：「在其職能範圍內，努力實現聯合國教科文組織關於教育、科學、文化之理念，並促進各國之間合作，為和平做出貢獻。」同時，伴隨著此一宗旨的是三項主要的行動方針，分別為：

1. 策劃一系列國際教育研討會，使教育政策之擬訂有對話之場合。
2. 蒐集、分析及傳播教育訊息與文獻，尤其特別關注課程及教學法兩方面。
3. 從事比較教育領域的調查和研究。

三、國際教育發展理事會（International Council for Educational Development）

總部設在紐約，辦事處在康涅狄格州埃森市，是非營利性聯合會，其主要關心教育的發展和教育對社會、經濟發展的促進作用。它實際上是個人網絡，其成員透過政府或獨立之途徑研究教育與發展的相互關係與作用，有來

自東歐、西歐、非洲、亞洲、拉丁美洲、美國之三十多位理事組成的理事會
監督研究計畫和財政事務。

四、國際發展研究中心（International Development Center）

　　總部設在加拿大渥太華，成立於 1970 年，是一個自治的公共機構，該
中心發起、鼓勵、支持和引導對世界發展中國家和地區問題之研究，並支持
研究尋求應用科技和其他知識的方法，以促進這些地區經濟和社會之發展。

五、國際教育規劃研究所（International Institute for Educational Planning）

　　設在法國巴黎，主要負責培訓第三世界國家的教育規劃人員，同時還有
發展和研究教育規劃與管理的任務。

六、教育研究與革新中心（Center for Educational Research and Innovation）

　　是經濟合作暨發展組織（OECD）的附屬機構，主要由歐美二十四個工
業發達國家組成，主要任務是研究教育如何適應經濟發展之需要。

七、漢堡教育研究所（UNESCO Institute for Education, Humburg）

　　UNESCO 的下屬機構，設在德國漢堡，專門協助研究教育相關議題。

八、聯合國大學（United Nations University）

　　1975 年設在東京，既是國際教育的教學組織，又是國際組織之研究機
構，主要目的是通過國際學術和科學工作的協調與合作，幫助解決「緊急的
全球生存、發展和福利問題」。

貳、比較教育的學術組織

一、世界比較教育學會（World Council of Comparative Education Societies, WCCES）

1970 年成立，目前已有約三十個國家、跨地區或地區代表參加，約每三年舉辦一次世界大會，致力促進世界比較教育學研究之發展，是聯合國教科文組織承認的 B 類非政府組織，臺灣以「中華民國比較教育學會」（Chinese Comparative Education Scoiety－Taipei, CCES‐T）組織加入為會員。這個學會的成立宗旨，是要促進世界比較教育學會及國際教育的發展，並希望藉此來改善現代教育問題。總部設在日內瓦聯合國教科文組織國際教育局內。會員國有美、加、日、韓、法、荷、西班牙、澳、英、德等。

二、國際比較教育學會（CIES）

成立於 1956 年，是世界各地所設比較教育學會成立最早的，其成立宗旨是為改善大學的比較教育課程，促進比較教育學研究活動及出版，定期舉辦會議，並發行《比較教育評論》期刊。

三、英國國際與比較教育協會（British Association for International and Comparative Education, BAICE）

旨在於提升國際與比較教育所有層面的教學、研究、政策與發展。此一新的學會係於 1997 年 9 月由英國海外教育的教學與研究人員協會及英國國際比較教育學會合併成立的協會。

四、澳洲與紐西蘭國際比較教育學會（ANZCIES）

旨在提升教育的學術研究水準，包括在全球性、區域性、地方與社區的政策、過程和實務，以及教育的社會與文化脈絡中來進行研究工作。設立於 1972 年，ANZCIES 是世界比較教育學會聯合會的團體會員。此學會強調比

較教育學科之國家教育制度與政策的比較，目前致力於結合教育的文化、社會學與政治學的研究。

五、加拿大國際比較教育學會（Comparative and International Education Society of Canada, CIESC）

本學會成立於 1967 年，其成立的宗旨在於鼓勵與提升加拿大教育的比較與國際研究，透過提升並改進在高等教育機構中比較教育科目的教學、激勵研究、助長教育的比較研究之擴展與出版、引發其他學術領域教授與教師們對於其本身研究工作之比較與國際層面的興趣、鼓勵教育學者對於全世界的教育機構與制度之訪問研究等方式，來達成學會的目標。

六、南非比較與教育史學會（Southern African Comparative and History of Education Society, SACHES）

係由一群來自肯頓教育年會的人於 1991 年所成立，主張南非反種族隔離政策。在南非的主要政治變遷脈絡中，此一學會的主要目標在於提供整個南非區域教育學者之間一項論壇的機會，以克服種族隔離政策引發的孤立與分化局勢。

七、香港比較教育學會（Comparative Education Society of Hong Kong, CESHK）

係世界比較教育學會聯合會的會員，設立於 1990 年，其目標為：提升香港教育比較研究的興趣；使用比較的觀點，傳播教育研究的資訊與理念；提供環境予比較教育學者，以茲交換理念及研究發現；此外，並舉辦有助於達成前述目的之研討會與學術活動。

八、歐洲比較教育學會（Comparative Education Society in Europe, CESE）

1963 年設立於荷蘭阿姆斯特丹，目前歐洲教育正處於新世紀及大幅度教

育制度改革之際，此學會專注於研究並解決歐洲地區教育的多樣性與統一性
的問題。

九、亞洲比較教育學會（Comparative Education Society of Asia, CESA）

成立於 1995 年 5 月，其成立的宗旨在於提升亞洲比較教育的教學與研究
之合作與交流，並提升亞洲教育學者之間的相互了解與友誼。此學會的會員
是以個人為主，任何對於比較教育研究與教學感興趣的學者或學生均可申請
加入。

十、北歐國際與比較教育學術網組織（Nordic Network of International and Comparative Education, NICE）

是由北歐研究人員研究院贊助成立的組織，以辦理工作坊、博士生與研
究人員交換、會議規劃及類似的合作活動，其組織目標在於提升與增加比較
與國際教育領域內北歐研究訓練與研究合作的效率，並希望藉著強化北歐國
家研究人員與研究生團體之間的非正式接觸與具有彈性的合作方式，來達成
此一目標。

十一、日本比較教育學會（Japan Comparative Education Society）

1965 年成立，為學者之研究團體，1970 年參與創立世界比較教育學會，
目前會員約 800 人，每年輪流在各地召開一次會員年會，並定期出版《比較
教育研究》刊物，2005 年起改為一年兩期。

十二、中國比較教育學會（China Comparative Education Society）

為大陸研究比較教育之專業組織，在大陸正式名稱是中國教育學會比較
教育分會，成員近千人，兩年召開一次年會。

十三、中華民國比較教育學會（CCES-T）

英文名稱是參加世界比較教育學會之名稱，中文則是在內政部立案之名稱，於 1974 年成立，為比較早成立之教育學術團體，會員約 500 人，每年召開一次會員年會及研討會，並出版學會雜誌，每年兩期。

以上介紹了十三個比較教育相關的學術團體，有些是國際性質的，有些是區域性質的或國家性質的。其成立的目的，不外乎在於提升比較與國際教育的學術研究水準，並進一步促進本國教育的了解及國際上的互信合作空間。

參、比較教育領域的專業期刊

比較教育相關之專業期刊中，較著名的英文刊物有以下幾種可茲參考。

一、《比較教育評論》（CER）

此為 CIES 創設之國際性期刊，旨在探究全世界教育，以及形成教育的社會、政治與經濟等影響勢力。創刊於 1957 年，為提升比較教育研究的知識與教學而努力。創刊以來，此期刊已成為研究與分析美國以外的國家教育之角色最值得信賴的資料來源。

二、《比較教育》（*Comparative Education*）

此為國際性教育研究期刊，以探討全世界的趨勢與分析重要問題來提供最新的資訊，並著重於比較研究對於政策形成與實踐的啟示，不僅在教育領域，亦擴及社會、國家及國際的發展。

三、《比較》（*Compare*）

此刊物係由英國國際比較教育學會（BCIES）所出版的刊物，旨在針對比較教育與國際教育及其有關研究領域的教師與研究人員的需求，提供服

務。主要提供最新的資訊、分析與討論，並針對教育政策、過程及結構，以
及其與在政治、社會與經濟脈絡下的相互關係進行跨國性比較研究。

四、《國際教育發展期刊》（*International Journal of Educational Development*）

主要報導全世界正在發生的教育發展與改革活動，包括正式與非正式的
教育領域，旨在促使教育領域的專家們注意第三世界的問題與爭議。創刊於
1981 年，編輯群由來自世界各地區的學者共同組成。

五、《國際教育雜誌》（*International Review of Education*）

係由聯合國教科文組織（UNESCO）下設置於漢堡的教育研究所創設之
刊物。

六、《展望：比較教育季刊》（*Prospects: Quarterly Review of Comparative Education*）

由 UNESCO 下的國際教育局（IBE）所發行的刊物，已有三十五年歷
史，主要重點在比較教育領域的相關問題討論。

關鍵詞彙

UNESCO	區域研究
WCCES	國際教育
世界體系理論	教育依賴理論

自我評量題目

1. 比較教育理論取向可分哪幾類？
2. 教育依賴理論對比較研究之意義是什麼？
3. 新殖民主義是指什麼？
4. 區域研究之意涵為何？
5. 國際教育之內涵為何？
6. 國際教育與比較教育之異同點何在？

參考文獻

一、日文部分

石附實（1974）。國際教育學と比較教育學。**日本天理大學學報，25**（4），125-134。

江淵一公（1994）。教育の國際關係。**比較教育學研究，20**，25-30。

沖原豊（1981）。**比較教育學**。日本：有信堂。

前平泰志（1987）。比較教育學と從屬理論：教育の巨視的アプローチのために-。載於小林哲也等（著），**國際化社會の教育課題**（頁 103-124）。日本：行路社。

馬越徹（1992）。地域研究と比較教育學。**名古屋大學教育學部紀要（教育學科），39**（2），21-29。

二、中文部分

方永泉（2002）。**當代思潮與比較教育研究**。臺北市：師大書苑。

王如哲（1999）。比較與國際教育初探。**比較教育，46**，67-82。

石偉平（1998）。**國際與比較教育專題研究**。臺北市：商鼎文化。

吳文侃、楊漢清（主編）（1992）。**比較教育學**。臺北市：五南。

吳麗君（1991）。待開發的領域：比較教育方法論。**國民教育，3**（31），25-30。

沈姍姍（2000）。**國際比較教育學**。臺北市：正中。

林清江（1983）。**比較教育**。臺北市：五南。

施吟詹（2000）。**柯林頓總統的國際教育政策備忘錄**。臺北市：外交部駐休士頓文化組。

國立暨南大學比較教育研究所（主編）（1999）。**比較教育與教育改革：比較教育研究所演講集**。南投縣：作者。

楊思偉（1999）。**當代比較教育研究的趨勢**。臺北市：師大書苑。

楊深坑（譯）（1992）。比較方法和外在化的需求：方法論規準和社會學概念（原作者：J. Schriewer）。載於楊國賜、楊深坑（主譯），**比較教育理論與方法**（頁 25-94）。臺北市：師大書苑。

劉慶仁（2000）。**談美國的國際教育政策**。臺北市：外交部駐休士頓文化組。

顧明遠、薛理銀（1996）。**比較教育導論：教育與國家發展**。北京市：人民教育出版社。

三、英文部分

Altbach, P. G. (1982). Servitude of the mind? Education, dependency, and neocolonialism. In P.

G. Altbach, R. F. Arnove, & G. P. Kelly (Eds.), *Comparative education* (pp. 469-484). New York, NY: Macmillan.

Altbach, P. G., & Kelly, G. P. (Eds.) (1978). *Education and colonialism.* New York, NY: Longman.

Altbach, P. G., Arnove, R., & Kelly, G. (Eds.) (1982). *Comparative education.* New York, NY: Macmillan.

Arnove, R. F. (1980). Comparative education and world-systems analysis. *Comparative Education Review, 24*, 48-62.

Bereday, G. Z. F. (1967). Reflections on comparative methodolody in education: 1964-1966. *Comparative Education Review, 3*(3), 169-187.

Carnoy, M. (1974). *Education as cultural imperialism.* New York, NY: Mckay.

Epstein, E. H. (1992). Editorial. *Comparative Education Review, 36*(4), 409- 416.

Frank, A. G. (1972). *Lumpenbourgeoisie: Lunmpendevelopment; depentency. Class and politics in Latin America.* New York, NY: Monthly Review Press. 本文直接參考日本譯本《世界資本主義とラテンアメリカンペン・ブルヅョッヅ―とルンペン的發展－》（西川潤譯），岩波書店，1978 年。

Halls, W. D. (1990). Trends and issues in comparative education. In W. D. Halls (Ed.), *Comparative education: Contemporary issues and trends* (pp. 21-65). London, UK: Jessica Kingsley Publishers.

Kelly, G. P. (1982). Teachers and the transmission of state knowledge: A case study of colonial Vietnam. In P. G. Altbach, R. F. Arnove, & G. P. Kelly (Eds.), *Comparative education* (pp. 176-194). New York, NY: Macmillan.

Kelly, G. P., & Altbach, P. G. (1988). Alternative approaches in comparative education. In T. N. Postlethwaite (Ed.), *The encyclopedia of comparative education and national systems of education* (pp. 232-245). Oxford, UK: Pergamon Press.

Lê Thành Knôi (1976). Aid to education: Co-operation or domination? *Prospects, Quarterly Review of Education, VI*(4), 591.

Mazrui, A. A. (1975). The African University as a multinational corporation: Problems of penetration and dependency. *Harvard Educational Review, 45*, 191-120.

Mende, T. (1972). *De L'aide a la recolonisation: les lecons d'un echec.* Paris, France: Editions du Seuil. 本文參考日文譯本チボ-ル・メンデ《豐かな世界、貧しい世界南北と援助政策の再檢討－》（加藤・友田譯），サイマル出版會，1973 年，頁 106。

Noah, H. J., & Eckstein, M. A. (1988). Dependency theory in comparative education: The new simplicitude. *Prospects, Quarterly Review of Education, XV*(2), 213-226.

Rama, G. W. (1985). Dependency theory and education. In T. Husen, & T. N. Postlethwaite (Eds.), *The international encyclopedia of education* (pp. 1360-1367). Oxford, UK: Pergamon Press.

Rust, V. D. (1991). Postmodernism and its comparative education implications. *Comparative Education Review, 35*(4), 610-626.

Theisen, G., & Adams, D (1990). Comparative educational research. In R. M. Thomas (Ed.), *International comparative education: Practices, issues and prospects* (pp. 277-300). Oxford, UK: Pergamon Press.

Thomas, R. M. (1990). *International comparative education: Practices, issues and prospects.* New York, NY: Pergamon Press.

Watson, K. (1982). Educational neocolonialism: The continuing colonial. In K. W. Legacy (Ed.), *Education in the third world* (p. 183). London, UK: Croom Helm.

第 二 篇

各國教育篇

第四章

美國教育

 基本資料

國　　名：美利堅合眾國（United Stated of America, USA）

面　　積：9,629,091 平方公里

人　　口：3 億 2,860 萬人（2018 年）

種　　族：白種人（70%）、非洲裔（12%）、亞洲裔（5%）、拉丁美洲
　　　　　裔及其他（18%）

國民所得：62,850 美元（2018 年），世界第 4 名

學　　制：6-3-3、8-4、6-6、5-3-4、4-4-4 等多元制度

義務教育年限：九至十二年（各州自訂）

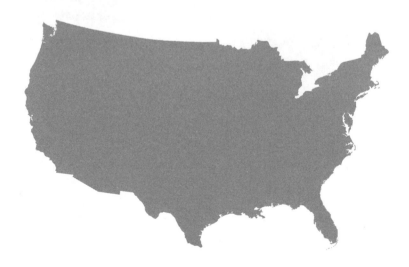

在閱讀過本章內容後，學習者應能夠：

1. 了解美國教育的歷史文化、政治與經濟等背景。

2. 了解美國教育之行政財政制度。

3. 了解美國現行之學校教育制度。

4. 分析美國教育之特色。

5. 藉由美國教育經驗思考我國的教育問題。

　　美國教育行政體制採三級制：聯邦、州及地方學區。但聯邦受到《憲法》限制，故不具有實際教育行政權，實權在各州及各地方學區。在實際運作上，各州與學區的教育委員會具有決策權，並組成州及地方教育局執行教育任務。

　　美國的學校制度採取單軌、多元及地區自主等方式進行，近來「替代性學校」、「自由學校」、「磁性學校」、「委辦學校」為了個別學生的需要，提供學生選擇學習其所感興趣之特殊專長學科的機會，都是美國學校制度多元與彈性的表現。至於美國的高等教育數量多、層次多、類型多為其特點，也吸引全球菁英人士前往就讀。

　　美國教育地方分權所產生的彈性自主、學校教育型態多元、重視專業認證等，都是美國教育制度的特色，也讓各國模仿美國教育制度。1980年代後，不斷地推出《沒有孩子落後法案》、「邁向顛峰計畫」、「共同核心標準教學計畫」、《職業與技術教育法案》，以及《教師培育法規——最後制定規則通知》等，進行教育改革。

第一節　國家背景

　　美利堅合眾國，通稱美國，是位於北美洲的一個擁有民主、分權、制衡傳統的聯邦共和國，以下分幾項主軸說明之（楊思偉、王如哲，2004；維基百科，無日期）。

壹、歷史與文化

　　美國之歷史的起源可追溯到 1776 年英屬的十三個北美殖民地發表獨立宣言，而從英國統治中獨立，1789 年成為聯邦共和國，是世界上第一個現代的民主國家。從十九世紀初開始，美國從北美大陸東部最初的十三州逐漸向中部和西部發展，之後美國本土面積日益增大。同時，美國在海外目前也有多處領地。蘇聯解體後，美國成為世界上唯一的超級大國，而且是唯一在世界上諸多國家駐紮並使用軍隊的軍事大國。

　　美國文化是包括本土印第安人在內的各族群文化融合在一起的產物，以白人（不包括拉丁裔）為主導，非裔美國人文化、拉丁裔美國人文化和亞裔美國人文化也有很大的影響力。二十世紀之前的美國文化從學習模仿歐洲（尤其是英國）逐漸發展到擁有自己的社會文化特色。今日，美國音樂響徹全球，美國電影和電視也在全球播放，影響世界流行文化甚大。

貳、地理及人口

　　美國本土幅員遼闊，地形複雜，各地氣候差異較大（大部分地區屬溫帶和亞熱帶氣候，阿拉斯加州則屬寒帶或亞寒帶氣候區）。美國位於美洲大陸南部，東瀕大西洋，西臨太平洋，北靠加拿大，南接墨西哥及墨西哥灣。美國國土地形變化多端，東部是阿巴拉契亞山，西部屬於科迪勒拉山系，中部是寬闊的中央大平原，密西西比河流貫中部地區，西南部則有廣大的沙漠。

美國幅員廣大，面積約為 963 萬平方公里，東西與南北距離遼闊，因此使教育行政地方分權成為必要及可能，以便教育設施能因地制宜而適應各地區之所需。

　　據 2018 年 3 月的人口普查顯示，美國人口約 3.286 億（Census United States Bureau, 2018a）。美國是一個種族差異大的多民族國家，據 2000 年人口普查，國內有三十一個族群人口都大於 100 萬，且大多數美國人主要人口是歐洲移民的後代。2004 年數據顯示為 74.67%，主要的歐洲原籍是德國（15.6%）、愛爾蘭（10.8%）、英格蘭（8.7%）、義大利（5.6%），以及斯堪第納維亞（3.7%）；很多也來自斯拉夫國家，如波蘭和俄羅斯等；其他的移民來自東歐、南歐和加拿大的法語區。

　　拉丁裔美國人是美國最大的少數種族，占總人口的 17.6%（2017 年普查）。黑人（或名非裔美國人）占 12.3%（2017 年普查），在全國各地定居，不過以南方黑人區為最大聚集區。亞裔美國人（不包括夏威夷人和太平洋島嶼住民）是第三大的少數族裔，2017 年普查中占 5.3%。大多數亞裔美國人集中在西海岸和夏威夷。最大的族群來自菲律賓、中國、印度、越南、韓國和日本。美國原住民，如印第安人和因紐特人等，占總人口的 0.7%（2017 年普查）（Census United States Bureau, 2018b）。

參、政治及經濟

　　聯邦政府本身由三個部分組成：行政機關、立法機關和司法機關。行政機關的首長是美國總統。立法機關由美國國會組成，而美國最高法院是美國最高的司法機關。三個機關之間彼此獨立又相互制約。美國是第二次世界大戰主要戰勝國，故是聯合國安全理事會常任理事國，並對議案擁有否決權。

　　美國的聯邦和州政府主要有兩個政黨競爭：美國共和黨和美國民主黨。

　　美國係採自由經濟政策的國家，鼓勵社會的自由競爭，不論在科技發展、經濟實力，以及學術研發成果上，都居世界領先地位。美國經濟之現況，被認為是世界上最大也是最重要的經濟體。美國經濟高度發達，長期保持穩定增長，維持著低失業率及低通貨膨脹率。美國經濟動脈主要掌握在大

型金融財團手裡,各個財團對美國經濟有著重大影響力。

美國有豐富的礦產,包括黃金、石油和鈾,同時也是全球最大的農業出口國之一,主要農產品包括玉米、小麥、糖和菸草。美國工業產品主要包括汽車、飛機和電子產品。美國的服務業占最大比重,全國四分之三的人口從事服務業。美國最大的貿易夥伴是比鄰的加拿大,其他貿易夥伴還包括墨西哥、歐盟、日本、中國和韓國等。

肆、行政

美國由五十個州和華盛頓哥倫比亞特區組成,華盛頓哥倫比亞特區由國會直接領導,美國聯邦法律高於各州所制訂的不同法律。一般而言,州內事務的主導權完全在各州政府手中。在一些領域中,州的管轄權與聯邦政府的管轄權有所重疊。

美國首都設在華盛頓,除去美國的夏威夷和阿拉斯加兩個州,其餘的四十八個州和哥倫比亞特區被稱為美國本土或美國大陸。每一州分為更小的行政區域,大多數州被稱為縣或郡(county,但路易西安納州的郡則是用英文parish)。一個縣可能包括幾個城市和市鎮,但有時只包含城市的一部分。

美國以民主立國,奉行民主政治,至今美國仍為民主世界的領導國。美國因民主政治注重法治及尊重個人自由和決策參與,故教育行政盡可能採地方自主方式,以使各地居民有機會參與教育決策。

第二節　教育行政財政制度

壹、聯邦教育行政

基本上,美國教育行政體制採三級制:聯邦、州及地方學區。但美國《憲法》第 10 條修正案規定:「凡憲法未授予聯邦,或未禁止各州行使的權力,皆保留給各州或其人民。」是故,聯邦教育行政機構的職能相當有限。

目前美國聯邦政府中直接負責教育的行政單位是教育部（U.S. Department of Education），於 1979 年設立，地位與聯邦其他各部會平行。但是其職權仍然沒有增加，教育部的設立旨在改善聯邦教育工作的效率，而不是在提高其權限（林寶山，1991，頁 7-12）。

雖然美國《憲法》未賦予聯邦政府教育的權責，但是就美國教育史來看，特別是 1980 年代以後，聯邦政府已經漸漸地涉入各州的教育，迄今美國各級各類學校教育的發展，仍或多或少受到聯邦政府的影響。簡言之，美國聯邦政府透過下列方式或服務，來達成其任務。

一、國會立法

如前所述，透過國會制訂法律的方式，是聯邦政府近幾十年來逐漸涉入各州教育的管道之一。

二、經費補助及獎學金

聯邦政府分配經費來補助各級各類學校及地方教育行政機關，或某些特定的教育計畫，以促進教育機會之均等等。另外，對於大學生或接受職業訓練人員，給予獎助學金或貸款等。

三、教育研究

聯邦教育部常就全國的教育問題，進行各種調查研究及分析，並根據研究結果，釐定各種改革方案，或將研究成果加以推廣，以促進美國教育的發展。

四、教育宣導與解決問題

傳播、報導各種教育訊息和實況，以供各地決定教育政策或社會大眾之參考；另外，對於較難解決之教育問題，擔負與州政府或學區對話之角色。

貳、州教育行政

一、依權責來源

　　州政府負責教育之權責來自《憲法》，也來自州立法機關和法院。依聯邦《憲法》之規定，教育為各州的權利，故各州政府可自主辦理其各自教育。此外，各州立法機關及法院所頒訂之法律、規章、司法意見等，對教育的各方面也有明文規定，這些都是州政府教育行政的準則。各州教育法主要規範以下四項：(1)教育行政組織；(2)公立學校之財政制度；(3)教師證照制度；(4)教職員之身分保障制度。

二、機關組織

　　州教育行政機關包括決策單位州教育委員會（或稱董事會；State Board of Education），以及執行單位州教育廳（State Department of Education）。由於依照《憲法》，各州可自行推展各項教育措施，故各州的教育行政可能有所不同，在此僅就一般的情形略加敘述。

（一）州教育委員會

　　除了威斯康辛州以外，所有的州都設有教育委員會。州教育委員會之設置依據，約半數的州由州《憲法》明定，其他州由州教育法規定之。州教育委員會的組成人數各州不一，有七至十四人以上不等，但大多為七至十一人。其任期亦各州不同，有短至三年、長至九年，一般約為四至六年。而委員的產生方式也因州而異，較常見的方式有：由州長指派、由人民或議員選舉，或選舉與指派各半。其中又以「由州長指派」（33州）為多（文部省，2000）。而至於委員的資格，大部分的州均無規定，唯被指派或選出者大多具有大專以上學歷。

　　州教育委員會為決策單位，其詳細職責各州不完全相同，基本工作包括：(1)制訂州的教育政策及有關州的教育法規；(2)核准州教育廳所提之預算案，並轉呈州長及州議會審核；(3)根據州教育廳長的推薦，任用州教育

廳的專業行政人員並核定其薪俸；(4)制訂教育人員資格之標準；(5)對州之教育進行監督與評鑑等。

（二）州教育廳

　　州教育廳為州教育之執行機構，州教育廳的組織各州不一。一般而言，廳長之下還有副廳長或助理。其下則分科辦事，通常包括各類教育（如初等、中等、職業、成人、特殊教育）、人事、總務、計畫、評鑑、師資、資訊服務、外部關係、研究發展、測驗、各類教育審議會等科室。

　　至於州教育廳長則大多由州教育委員會或州長任命，其餘或由州民選舉。這是因為州教育廳是州教育委員會的執行機關，廳長由委員會任命之方式較易於政策的推行，其理念與想法也較相近。廳長之任期大致是三至五年。

　　州教育廳為執行州教育委員會政策之單位。其職責各州不同，大致包括：(1)執行州有關的教育法令及政策；(2)擬定州的教育計畫，經董事會核定後加以實施；(3)規劃教學課程方案；(4)擬定和執行州教育預算，並分配經費；(5)檢定教育人員資格及頒授證書；(6)辦理各種能力測驗；(7)參與教育評鑑工作等。

參、地方教育行政

一、地方學區之劃分

　　由於美國是地方分權的國家，因此地方教育行政機構擁有極大的自主權，各地方所推行的教育方案也常因各地方的教育行政機關而異。故許多州根據法律規定，由州來決定教育基本方針，如義務教育年限、全年之上課日數、高中畢業之條件、州統一學力測驗之實施等，而把大部分實際管理權委託給地方學區來決定與行使。

　　美國的地方教育行政單位是學區（school district）。通常一個地方教育行政機關所管轄之區域即為一個學區。全美各州所劃分的學區數差異頗大，每個學區的範圍和規模大小也不盡相同，有的小學區只有一、二所學校，但有些在都市的大學區所管的學校數卻相當多。而「學區」主要是有別於行政

單位之教育行政單位。

2015 至 2016 年，全美國有 18,328 個學區（Institute of Education Science, 2018, p. 7）。美國地方學區依規模與功能，可分成兩種類型。一為依負責教育階段之分類；一為依地理範圍或行政單位之分類（文部省，2000）。茲分述如下。

（一）依負責教育階段之分類

即以所管轄之教育階段而做之分類，大致可分負責初等教育之學區、負責中等教育之學區，以及負責初等及中等教育之學區。

（二）依地理範圍或行政單位之分類

普通行政區域為地方教育行政學區，兩者範圍大致一致。至於是以何種普通行政區域，則各地不同，包括以小規模初等學校為主之普通學區（common school district）、鎮（town）、鄉（township）、市（city）或縣（county）為單位者都有，夏威夷則是州學區。

另外，美國多數的州在州與地方教育行政機關——學區之間，尚存一種稱為「中間學區」（intermediate school district）的區域性服務機構。中間學區是一種跨學區的機構，它介於州與學區之間，所轄之區域包括兩個或兩個以上的學區。它與學區不同，並不直接管理學校，最近大致以州教育廳之分區事務所性質，對轄區內之學區提供協助、溝通與監督之功能。

二、機構組織

學區的行政組織與州相似。有決策單位地方教育委員會（Local Board of Education 或 Local School Board 等），以及執行單位地方教育局（Office of Superintendent 或 Central Office）。由於其組成及職權各地方並不完全相同，故在此僅就一般的情形略加敘述。

（一）地方教育委員會（或學區教育委員會）

地方教育委員會之委員，依州法之規定，大多由居民選舉產生，有些是

由地方政府官員（如州長、州議會、市長、市議會等）任命。組成人數一般為三至七人，其任期以四年最為常見。因這些委員都不是教育專業，所以其意義是「代表性」大於「專業性」，這種特殊制度可以說是「素人教育」（layman control）。地方教育委員會之職權包括：(1)選派教育行政官員，如教育局長；(2)訂定學區之教育目標及政策；(3)審理學區預算；(4)訂立相關之教育人事規章；(5)對學區之教育進行監督與評鑑等。

（二）地方教育局（或學區教育局）

地方教育局的組織各地不同。一般而言，包括局長、副局長、教學、特殊教育、保健及交通、社區服務、人事、總務等課室。

教育局長絕大多數是由地方教育董事會所選派，只有少數地區是用民選產生，這是因為地方教育局是地方教育董事會的執行機關，局長由董事會任命之方式較易於政策的推行。

地方教育局為執行單位。其職責大致包括：(1)執行董事會所制訂之教育政策或法規；(2)設立並管理所屬之中小學；(3)籌集地方教育經費，並分配經費；(4)制訂地方教育計畫，並審定地方中小學教材；(5)甄選、任用及考核地方教育人員；(6)為地方教育人員提供在職進修；(7)視導地方教育等。

肆、教育財政制度

美國的教育財政制度分別由聯邦、州、地方三部分負責，各級政府分別有獨立的預算編製。美國在地方層級，除了市和鎮以外，另有為上下水道之管理、公園之管理等特別服務而設的特別區，特別區所管理的範圍不一定，可能比一般行政區小，但也可能是兩個以上行政區組成，但都擁有徵收稅金或費用之權利，因此都有自己的財源與預算編製權，而學區即是一個特別區。

美國大部分的州將初等及中等教育的權限交付學區，因此學區擁有課稅權，有稅收及補助金之收入，以此作為學區中小學之教育經費。而就教育經費來源而言，2010 年度之統計，全國平均聯邦占 37.1%、州占 34.9%、學區占 28.0%（文部科學省，2013）。為避免區域落差，因此州政府另有「基本

金制度」，以補貼稅金較不足之學區（文部省，2000）。至於學區所徵收的財源，稱為「學校稅」（school tax），主要是針對房屋及土地之財產稅。

第三節　學校制度

壹、學制特色

　　美國學制採取單軌、多元、地區自主等方式，美國學校的組織系統通常是採垂直的劃分方式，分成學前、初等、中等及高等教育等四階段。在每個階段都各自包含不同性質的學校，但現行學制中各級各類的學校教育在結構上相互銜接，上下溝通。

　　另外，美國的學制——單軌學制，在形式上與某些歐洲國家的雙軌學制有明顯的不同，這是美國學制的一大特點。在法律條文上，人人都有平等的受教權，不分性別、民族、階層與宗教信仰，因此入學機會是均等的。這種教育制度被美國自詡為民主平等教育的典範，在在反映美國自由民主社會的價值觀。

　　美國學制之設計權力歸州掌管，州再把權力委讓學區負責，因此雖然從小學至綜合制高中全國一致為十二年，但其學制卻是非常多元。學制會因學區而不同，也可能在同一學區內有不同的學制。目前有 6-3-3、8-4、6-6、5-3-4、4-4-4 等學制。以下分別敘述各階段教育，請參考圖 4-1。

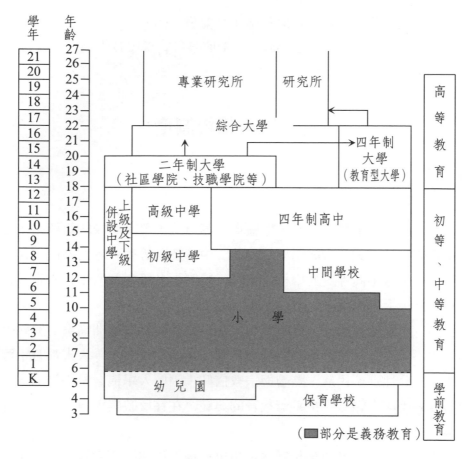

圖 4-1　美國學制圖

資料來源：文部科學省（2017）

貳、學前教育

　　將學前教育列為義務教育，只有馬里蘭州和維吉尼亞州等少部分的州，但對學區要求必須義務提供學前教育機會的州卻有一半以上。

一、學前教育機構

　　美國的學前教育機構，主要有公立和私立的保育學校（nursery school）（招收三至五歲兒童）和幼兒園（kindergarten）（招收四至六歲兒童）兩

種，或單獨設置，或附設於各級教育機構中；2014 年美國幼兒園三至五歲人數總計有 3,233 人，保育學校三至五歲人數有 4,658 人（文部科學省，2018）。

二、學前教育現況

美國自 1965 年 Johnson 總統時，為照顧文化不利家庭之兒童，特別是種族文化不利之小孩，推動「啟蒙教育計畫」（Head Start Program），間接促使學前教育的普及。學前教育的教育宗旨可概括為：幫助兒童在飲食起居方面養成良好的習慣、運用身體發展體育技能、了解社會生活的準則和道德觀念、學會讀寫算的基本常識、具有一定的表達能力、增強獨立性、責任感與成就感。

保育學校通常是私立的，以三至五歲兒童為主，每班約十六至十八人。兒童日常活動有自由遊戲——玩沙箱、看圖書；團體活動——唱歌、講故事；戶外活動——遠足、參觀動植物園、划船等。

幼兒園通常是公立的，以五歲兒童為主，每班約二十人，通常附設在公立小學中。他們的活動以遊戲為主，寓教育於遊戲之中，其程度比保育學校略高一些，沒有正規的學科安排。為使兒童可以順利進入小學，幼兒園的活動多少都會具有某些小學學科的內容，並提供上小學的某些經驗，例如：參觀小學、激發兒童對閱讀的興趣、建立數的概念和簡單運算、外語教學和電腦遊戲等。根據 2017 年之統計，五歲小孩入園率為 85.5%（National Center for Education Statistics [NCES], 2017a）。

依據上述，保育學校或幼兒園以不再單純為代管孩子的場所而已，而是對兒童進行五育均衡的教育機構，以便讓兒童獲得基本的生活能力和良好的生活習慣，順利過渡到小學上課。

參、義務教育

美國是地方分權國家，所以依各州教育法之規定，其開始年齡與年限都因州而異。一般而言，入學大致是六歲，而結束通常是十六歲，而義務教育

年限以九年或十年為多。有關義務教育之規定,是指對公立學校入學之義務,若就讀私立學校或申請在家教育,皆可免除就學之義務。美國各州義務教育之年限,依 2017 年之統計,十年有七州,十一年有十二州,十二年有十州,十三年有十二州,十四年有十州(NCES, 2017b)。

肆、初等教育

美國初等教育(elementary school)經長期的發展,迄今已極為普及。公立小學不收學費,由政府稅捐設立及維持;私立小學則由私人設立,收取學雜費。

傳統的小學為六年制,六歲入學,十二歲畢業。若是 8-4 制,小學則是六歲入學,十四歲才畢業,目前也有三年制、四年制或五年制等。依 2017 年之統計,以五年制(37.7%)最多,其次是六年制(15.2%),另有中間學校(middle school)占 19.6%(NCES, 2018a)。有些大都市為了實施種族合校,又採行 K 至三或四至六年級的型態。由於幼兒園幾乎已成為公立小學的一部分,因此小學教育大部分都是從 K 年級開始的。

美國小學的教學科目主要有英語、社會、數學、科學、藝術、音樂、健康及體育、外國語(包括西班牙語、法語、德語、俄語、中文等)(沈姍姍,2000)。小學課程以教導學生基本學習能力為主,因此以英語閱讀、寫作、文法、拼字及數學為主要核心內容。

伍、中等教育

一、課程與學分

中等教育在中學(high school)中實施,又分初級中學(junior high school)和高級中學(senior high school)。中等教育是自哪一年級開始和其修業年限,必須視其屬於何種學制而定,例如:8-4 制是自九年級起,其他 6-3-3、6-6、5-3-4 等學制之起始年級就各有不同。依 2015 至 2016 年之統計,四年制之中學(65.0%)最多,其次是六年制(12.6%)、二或三年制

（10.7%）、五年制（3.9%）等（NCES, 2018a）。至於學校類型，綜合型中學占九成，其他是專門型高中和職業型高中（全美約占 5.4%）。另外，中學課程以學科為基礎，大致有：英文、社會、數學、科學、藝術、音樂、健康教育、體育、工藝、家政、外語、職業及工商業教育等科目，採用學分選修制。1980 年代以後，由於大力推動基本能力測驗，所以課程內容逐漸趨於一致。

美國採用「卡內基單位制」（Carnegie course units）已超過百年，一個卡內基單位的最低上課節數為 120 節，其主要目的為希望標準化各學科的授課時數與份量（Heitin, 2015）。2010 年，美國各州教育廳委員會（Council of Chief State School Officers, CCSSO）和全美州長協會 （National Governors Association, NGA）公布的一份 K 至十二各年級共同核心課程標準，各州可一體適用且相互比較，並標榜確保學生於高中畢業時能具備「大學與就業準備度」（college and career ready）（王浩博、洪逸婷，2014）。

2013 年全美高中畢業標準，州最低畢業要求為 13 學分，最高為 24 學分；其學科領域包含：英語、數學、科學、社會研究和其他學分（NCES, 2013）。以華盛頓州為例（如表 4-1 所示），2015 至 2018 年高中畢業總應修 20 學分，2019 年以後則為 24 學分；其學科領域包含：英語、數學、科學、社會研究、藝術、健康與健身、職業和技術教育、選修課、世界語言或個性化途徑要求（Washington Office of Superintendent of Public Instruction [OSPI], 2016）。

二、美國中等教育機構類型

（一）初級中學和中間學校

初等教育之後經常為初級中學或中間學校。初中的功能是在銜接小學及高中教育。初級中學的創設，是以學術預備為主要目標，但是這樣的目標逐漸受到批評。因此到了 1960 年代，遂有中間學校的創設。此一新型學校的成因，除了是對於 50 年代中小學教育的不滿之外，另一方面則是要解決當時小學階段種族隔離色彩等因素。目前由於中間學校的不斷增加，而成為一

表 4-1 華盛頓州畢業最低學分要求表

必選修與學科領域	州畢業最低要求		
	2015 年	2016 至 2018 年	2019 年以後
英語	3	4	4
數學	3	3	3
科學	2	2	3
社會研究	2.3	3	3
藝術	1	1	2
健康與健身	2	2	2
職業和技術教育	1	1	1
選修課	5.5	4	4
世界語言或個性化途徑要求	0	0	2
總計	20	20	24

資料來源：OSPI（2016）

種與傳統初級中學功能相近的中等學校，不過這類中學帶有較濃厚的改革與開放教育的色彩，重視個別學生的需要、強調發展學生的基本智能。根據統計，2015 至 2016 年，中間學校占全體學校的 13.25%（NCES, 2018a）。

（二）傳統式高中

美國傳統的高中大約有下列三種型態。

1. 綜合型高中

此類高中是以培養未來通才型的公民為主要目標，課程要兼顧升大學的學術預備和就業前的職業預備。此一類型高中是根據美國教育家 J. B. Conant 的主張而設置，目前占 94.9%以上（NCES, 2018a）。

2. 專門型高中

此類高中是以培養某些專門人才為目標，其課程以適應學生的特別需求為原則。各類藝術、體育、數學及自然科學的資賦優異學校即屬此類型。

3. 職業型高中

第三類是職業性質高中，雖然也兼顧學術性課程，但其要求並不和第一類綜合型高中一樣。這類高中提供學生較密集的職業選修課程，以便適應學生將來就業需求，目前校數約占公立學校之 5.4%（NCES, 2018a）。

（三）新型態中學

除了傳統式高中外，在美國也出現了一些新式中學，這些新式中學亦稱「改革式中學」，大致臚列於下。

1. 自由學校（free school）

自由學校是 1960 年後所興起的一種學校，倡議自由學校者，試圖創造一個較為自由、以人性為主的新學習環境。

2. 替代性學校（alternative school）

替代性學校常被視為自由學校運動興起後，試圖替代公立學校教育的另一種新型學校，有時替代性學校與自由學校常被視為同一類。

3. 磁性學校（magnet school）

美國為解決公立學校面臨學生高缺席率及高退學率的經營困境，以及解決種族融合問題，自 1970 年代開始，在各州大都市地區普遍出現具有學校特色及允許跨學區就讀的「磁性學校」。

「磁性學校」顧名思義，係以其辦學特色吸引學生就讀；磁性學校提供學生選擇學習其所感興趣之特殊專長學科的機會。在磁性學校中，除可學習讀、寫、算等基本技能外，亦可習得特殊專長的學科，如音樂、戲劇、電腦、科學及視覺藝術等。磁性學校並無學區的限制以及入學條件的限制，學生自願申請入學，經各校審查通過後通知入學。2015 至 2016 年，磁性學校約占全體學校 3.3%，約 260 萬人就讀（NCES, 2018a）。

4. 委辦學校（charter school）

1990 年代以後開始興起，推動有特色之教育，其目的與替代性學校與磁性學校相同。不過，最大之差異在於上述學校是由學區設立，但委辦學校卻

由家長、教師或企業等為主體申請承辦，與學區訂立契約，使用公費而運作之公立學校。

委辦學校特別針對低學力、有問題之學生為對象實施教育，讓有教育理念者發揮理想，可以辦出特色，但必須定期接受評鑑。依 2015 至 2016 年之統計，全美委辦學校有 6,855 所（約占全部學校 7%），約 280 萬人在就讀（NCES, 2018a）。

（四）新型態美國高中（New American High School）改革計畫

新一代美國高中計畫，係美國教育部為迎接二十一世紀全球化知識經濟來臨，加速學校教育改革，培養下一代成為有效能、具備高水準的專業技術、善於溝通和資訊處理能力之新經濟時代的公民，而於 1996 年首度和「國立職業教育研究中心」（National Center for Research in Vocational Education）共同遴選十所在追求卓越學業成就具有領導優勢（leading edge）的新一代美國高中，開始了這項計畫（張明輝，2002a）。

新型態美國高中強調重視學生是否達到挑戰性的學科能力標準，以及協助學生做好升學和就業準備。一般而言，這些新型態美國高中通常運用新的教學技術、使用科技增進教師專業成長、實施社區服務以增加學生的學習經驗，並且也能和企業界、高等教育機構、社區領導人士及家長等，共同發展合作夥伴關係。

此外，新型態美國高中的選拔標準較高，必須曾經獲選為「藍帶學校」（Blue Ribbon School）才有資格參加遴選。「藍帶學校計畫」（Blue Ribbon School Program）始於 1982 年，係美國教育部選拔全國辦學最成功學校的計畫（張明輝，2002b）。該項計畫所選拔的學校，在行政領導、教學、課程、學生成就、家長參與和表現均十分傑出。這些學校證明了家長、教師、行政人員和學生的團隊工作、承諾和努力的結果成就了傑出的學校。

陸、高等教育

一、高等教育結構

美國高等教育自 1636 年哈佛大學創立以後，擁有三百多年之歷史，目前是世界上高等教育最發達的國家之一。依 2017 至 2018 年之統計，四年制州立大學 750 校，二年制州立大學 876 校，四年制私立大學 2,078 校，二年制私立大學 609 校，私立高等學校的校數占高等學校的總數約 62.3%，但學生數僅占 26.33%；就四年制大學而言，私立大學校數占全體四年制大學 73.4%，但學生數僅占 35.9%；而二年制學院中，州立及地方設立占全體二年制大學 58.9%，學生數占 96.0%（NCES, 2018b, 2018c）。

美國高等教育類型大致包括綜合大學（universities）、文理學院（liberal arts colleges）、專業大學（separately organized professional schools），以及初級學院（私立）或社區學院（公立）（junior colleges/community college）等四大類。不過，由於這四大類總數約在 4,000 所以上，而各校性質又不一致，因此對美國高等教育機構分類並不容易。有名的卡內基高等教育基金會 2000 年之分類中，將大學分為授予博士學位之大學、授予碩士學位之大學、授予學士學位之大學、授予準學士學位之大學、專業大學及少數民族為對象之大學（文部科學省，2004）。具體而言，例如：綜合性的大學大都頒授有學士、碩士或博士學位，而「學院」僅授學士學位，但卻也有些學院（如麻省理工學院）卻是科系規模極完備且設有博士課程，因此院校名稱（如「大學」或「學院」）已很難確切反映其規模和水準。因此，近年來美國出版的教育年鑑和其他統計資料，通常以高等院校所能提供的課程種類和程度，以及所能授予的學位作為分類依據，而不拘泥於院校名稱，皆統稱為高等院校。

二、高等學校的招生

美國高等教育機構數量極多，其總數達 4,313 所（2017 至 2018 年之統

計），包括公立 1,626 所、私立 2,687 所（NCES, 2018b）。每年約有兩百萬以上的高中、職校畢業生想要進入高等教育機構就讀。而美國高等學校招生一般有以下三種方式。

（一）開放型（open）

只要有高中畢業資格，都可以申請入學，與成績高低無關，社區學院大致以此方式入學。最近，美國大學入學人數受到人口出生率下降的影響，有所減少，有些學術水準較低的院校為了招攬學生，降低入學標準，高中畢業生只要繳納學費就可以入學。

（二）符合資格入學型（selective）

不經由考試入學，憑高中畢業證書、特定課程選課證明、學業成績及學業性向測驗成績，符合所定之規準即可直接申請入學，主要是一些州立大學採用這種方式。

（三）競爭入學型（competitive）

大多數學術水準較高的院校，入大學部者要提出學業性向測驗（Scholastic Assessment Tests, SAT）成績或美國大學入學測驗（America College Test, ACT）的分數，並參考中學時的學業成績（Grade Point Average, GPA）；入研究所者要提出研究生入學測驗（Graduate Record Examinations, GRE）的成績。至於外國留學生還要有托福（TOEFL）測驗成績。此外，有些重量級私立院校自己另訂選材標準，除了要求中學畢業生履行上述程序外，還要看學生在中學時的成績名次，以及招生院校自行舉辦的小論文測驗成績等。

第四節　師資教育

壹、培育機構

美國培養小學師資的師範院校，始於十九世紀前期。1823 年赫爾首辦私立師範學校，1838 年麻州頒布《師範學校法》，於是各州紛紛設辦師範院校。初等教育的普及必將促使中等教育的發展，因此在十九世紀，地方政府亦開始負擔中學經費。而因原有的師範學校不適合培養中學教師，故創辦師範學院，培養小學及中學師資，但大學的教育系並沒有被師範學院所取代。1882 年後，各地師範學校相繼升為師範學院，二次世界大戰後，為了提高師範教育的專門學術水準，愈來愈多大學與文理學院設置教育院系，培養中小學師資。

美國培養中小學教師的任務由文理學院、綜合大學和師範學院承擔。承擔培養師資任務的文理學院和綜合大學均設有教育學院或教育系，但師範學校全國僅有七所。而為便於各州之間教師的流通，統一各州對教師的基本要求，美國成立了全國師資培育認可協會（National Council for Accreditation of Teacher Fducation, NCATE），該協會為非營利非政府之機構，制定了全國統一的師資教育規準，達到這些標準後，得到該委員會認可的大學所頒發的教師證書，在全國才有效力。

文理學院和大學的教育系或教育學院，一般招收讀完大學二年級的學生，之後再學習二至三年。而錄取的條件，各州不一，但有愈來愈嚴格之趨勢，例如：需通過各州自辦之測驗，或使用委託民間測驗公司研發之考試，並且規定合格之基準分數；而各大學自訂之修課標準，包括參考大學成績、推薦信等，修課標準有愈來愈嚴的情況（日本教育大学協会，2005）。

鑑於美國初、中等學生學力低落情形嚴重，所以從 1983 年提出各種改革教師培育之建議書，並逐步落實到各大學及各州政策上，包括：

1. 大學逐漸提高修讀教育學程之標準，且必須具備州要求之基本能力。

2. 大學教育學程逐漸增加必修科目及修讀學分數之比重，並特別重視臨床經驗，而其中的教育實習（student teaching），有些大學甚至要求需達 300 小時。

美國採取教師資格證書制度，大學畢業生若修完教職課程，原則上可以取得合格教師證書。頒發證書的機關是州教育委員會和經認可的高等院校。不過，目前有一些州在申請教師證書時，必須通過州自訂的「基礎學力測驗」，此種測驗委託美國教育測驗服務社（Educational Testing Service, ETS）辦理（二宮皓，2006），這是強化對欲取得教師資格者之選拔，以提升教師素質及社會地位。另外，教師培育也有提升至研究所培育之趨勢，即以專業研究所（professional school）之方式培育。

貳、在職進修

美國大學教育院系提供中小學教師在職進修的機會，進修課程一般開在夜間或暑期。在美國，進修教育普遍受到教師的重視，這與教師證書的有效期限與加薪制度有關。

中小學教師證書的有效期限通常為四至十年。因此，現職教師大多在夜間或暑期進修，並利用每七年有半年到一年的休假時間，前往大學或研究所修讀規定學分，以換取新證書並提高待遇。在某些州裡，只有連續任教十年期間修完碩士學位，方可得到終身任教資格。除了換證、加薪外，較高學位也可使教師得到行政職位，同時提高社會地位與待遇。

教師待遇的高低，視教師所擁有學位加上進修所得學分數而定。以紐約州東傑斯特學區為例，教師薪資從第四到第八分為五個等級：

第四級：具有學士學位。

第五級：學士學位外加修 30 學分。

第六級：學士學位外加修 60 學分。

第七級：學士學位外加修 90 學分。

第八級：具有博士學位。

　　此外，大學教育院校也會派遣教授前往各地開授推廣進修課程，有時候在週末或學期中開辦短期研習會供教師進修。美國教師的在職教育，本由師資培育機構規劃推行，而近年來，各州及地方政府、教育團體、中小學校本身對此愈來愈重視，甚至負起此一任務。每週一次或每月幾次，各學校提早放學，以便教師進修，學校本身也往往規劃在職訓練。

　　進而，對於教師之生涯發展，各州更加重視。2004 年時有二十一州要求在第五年或第五年以後必須進行實質之進修教育，而已經實施初等及中等教師之證照晉級制已有四十一州，例如：在第二階段要取得較上位之證照，要求要有相當於第五年之進修教育或要求取得碩士學位之地方有十四州，但尚未要求一定要取得碩士學位（日本教育大学協会，2005）。

　　另自 2014 年開始，美國教育部指出，從 2013 至 2014 年約有 46 萬人參加傳統或另類（traditional and alternative route）授證師資培育課程（certification teacher preparation programs），然而這些準師資對於其所參與的方案及未來之路所知有限，甚至有許多教師在完成課程後仍覺得「尚未準備好」（U.S. Department of Education, 2016a）；為加強教師培育，美國教育部依據高等教育法而擬定「師資培育監管改進方案」，進而於 2016 年公布新的教師培育法規最終版本（Final Teacher Preparation Regulations），對外發布《教師培育法規 —— 最後制定規則通知》（Teacher Preparation Regulations: Notice of Final Rulemaking, NFR），其目的在於提升新任師資培育品質及確保所有學生均能受教於優良教師，法案內容尤其針對師資培育機構及師資培育方案的透明度（transparency）及效能（effectiveness）進行要求，並責成各州必須善盡監督及輔導之責（U.S. Department of Education, 2016b）。

第五節　教育特色與改革趨勢

壹、教育特色

綜觀美國教育制度，具有下列五項特色。

一、地方分權的教育行政，充分展現多元特色

美國《憲法》規定，未授予聯邦的事權保留給各州。由於《憲法》未將教育事權授予聯邦，故教育權屬於各州的保留權。因此，美國重要的學校政策或課程係由州與學區負責，而且規範學校的教育制度或方案內容與結構的法律，亦可能隨各州與學區而有所不同。至於聯邦政府則無教育實質行政權，只是透過經費的補助、研究與統計等服務手段，發揮其影響力，達到規範地方教育行政當局的目的。這種教育制度的運作，顯示出美國擁有高度分化教育制度的特色。

二、地方教育行政機制獨立，避免政治介入

地方學區多數與普通行政區域不完全一致，地方教育行政機關獨立於普通行政機關之外，而且自行徵收教育稅捐辦學，亦能全權任免教育人員。換言之，地方教育行政在區劃、組織、財政及人事四方面均獨立，如此可避免政黨政治勢力對於教育輕易之介入與影響。

三、學校教育方式多元，強調實驗發展

美國是由各國移民組成的國家，因此「美國化」一直成為學校的重要任務。教育的哲學已從早期的「大熔爐」（melting pot）觀點演變成近年來的多元文化（multi-culture）觀點。另外，就學校制度而言，美國的學校系統更是繁多，由於地方分權的色彩，即使在同一州內，各地學校的型態也有不

同，呈現高度多樣性。而且美國受 Dewey 實驗主義哲學影響甚深，故極重視研究發展，提供良好的實驗及改革機會。聯邦除設有國立教育研究所專司研究或協助研究外，州及地方教育行政機關也經常從事資助研究，使美國的教育經常能夠推陳出新。

四、教育行政人員及機關專業化，有全國性的認證體系

美國教育行政人員專業化程度可由三方面得知：(1)大學校院設有教育行政研究所培訓教育行政人員；(2)已建立教育行政人員專業證書制度；(3)成立了許多教育行政人員專業的組織（謝文全，1995，頁 87）。

另一方面，美國的全國性認證機構對於教育實務深具影響力，目前得到美國教育部認可的機構有 67 個（U.S. Department of Education, 2019）。這些認證機構對於美國教育機構與教育方案的設立予以認證，以維持教育方案與實施的品質，只有通過認證之機構才能取得聯邦政府經費資助的資格（王如哲，1999，頁 102）。

五、公私立並存的高等教育體系，重視競爭與發展

美國高等教育體系採公私立並行的體制，以滿足多元的教育需求。雖然說私立大學較仰賴學費等財源，但公私立大學與學院均可獲得聯邦政府的研究獎助款和其他資助，而且政府公款並不是唯一經費來源，因此公私立高等教育機構均具有競爭力。

貳、教育問題

1980 年代以來，美國經濟內外交困，危機迭起，因日本在汽車工業以及其他製造業的生產力超越美國，引起美國追求卓越的風潮。1983 年 4 月美國卓越教育委員會（National Commission on Excellence in Education）發表報告書《國家在危機之中》（A Nation at Risk），暴露美國教育諸多缺失，具體而言有下列幾方面，也因為這些問題的提出，激起美國進行跨世紀之教育改革。

一、功能性文盲大量增加

根據美國卓越教育委員會所提出的報告，在日常讀、寫、算的基本測驗中，美國十七歲青少年之中，功能性文盲者占13%，而少數民族的青少年之中，則高達 40%。功能性文盲充斥的後果使得勞工工作能力低落，國家稅收減少，社會福利支出加重，犯罪率上升。

二、中學教育品質下降

《國家在危機之中》報告書中提出：

1. 與二十一個國家相較之下，美國同年齡組學生在十九項學科成就測驗中，沒有一項取得第一或第二，卻在七個項目中名列榜尾。
2. 全國科學評量在不同年度的調查結果顯示，十七歲組高中生的科學成就測驗成績，有程度逐漸下降的趨勢。
3. 高中學生在學術性向測驗的平均成績，在1963至1980年之間持續滑落。
4. 十七歲組的青少年，很多缺乏高層次的思考能力，功能性文盲者達13%，少數族群的青少年更達 40%。
5. 企業界與軍方領袖均抱怨得耗費巨資於補救教育與訓練課程，以加強新進人員的基本能力。

三、學校紀津混亂，學生犯罪率上升

由於校園環境不佳，學生吸毒、參加幫派情形嚴重，學生犯罪的平均年齡逐漸降低，犯罪的區域擴張，影響正常教學工作。

四、高等教育品質降低

絕大多數的兩年制學院和五分之一的四年制院校，都是無條件地接受本州所有中學畢業生，而一些選擇性較強的高等教育學校也不得不降低入學標準，大學學生成績下降，準備獲取大學學位而上大學的學生中，僅有一半取得文憑。

五、師資數量不足及素質也差

　　美國中小學教師中，數學和科學教師嚴重缺乏，原因在於教師薪水低，待遇不佳，無法吸引學術能力強者加入教師的行列，且程度高的教師大量外流，師範教育不能吸引優秀學生，無法確保師資素質。

參、改革趨勢

　　美國由於國內學校教育的缺失，加上來自外國的競爭壓力，使得美國政府以《國家在危機之中》報告書為惕，並於 1980 年代中期前後，分別由政府以及民間團體，提出十五種以上的教育改革報告書，如「派代亞建議書」（The Paideia Proposal）、「為卓越而行動」（Action for Excellence）、「一個名為學校的地方」（A Place Called School）等。1980 年代的美國教育改革喚醒了美國人對教育的關注，但 1980 年代的改革侷限於部分地區的少數學校，缺乏全國性的領導以及制度化的改革策略，也缺少全盤的教改架構。因此，1980 年代的教育改革，力求突破改善 1980 年代的瓶頸，繼續追求卓越教育，而二十一世紀之改革，基本主軸大致沒有改變，仍意圖化解國家危機，推動教育改革的新構想。

一、《讓每個學生成功法案》

　　美國的《中小學教育法案》（Elementary and Secondary Education Act, ESEA）在 2015 年 12 月 10 日完成法定再授權程序後，接續《沒有孩子落後法案》（No Child Left Behind Act, NCLB）成為未來基礎教育指導方針的是《讓每個學生成功法案》（Every Student Succeeds Act, ESSA）。

　　ESSA 繼承了 NCLB 追求教育改革與教育資源平均分配的精神，但也針對一些成效不彰的政策做出了修改，最重大的改變是 ESSA 限制了聯邦政府干涉基礎教育的權力，並給予州政府更大的空間去管理該州基礎教育的發展。新法案的主要特色如下（駐美國代表處教育組，2016）：

1. 州政府必須向聯邦政府教育部遞交績效責任計畫書，州政府提出的目標必須涵蓋最少三項學術指標，其中二項與學生整體學習表現有關，第三項則是可依當地實際情況來進行評估的指標，如偏鄉地區學生評鑑成績之進步幅度等。此外，州政府還會被要求增列一項非典型指標，這項指標可以是任何州政府認為該州應加強的地方，如曠課率、校園安全、學習風氣等。

2. ESSA要求各州必須加強監管評估成績墊底的三類學校 —— 評估結果排名最後 5%的學校、學生畢業率低於67%的學校、特定學生（如身心障礙學生、少數族群學生）表現極差的學校。

3. ESSA要求各州持續進行全國性的閱讀與數學的年度測驗，同時要求這些考試的參與率必須達 95%，且整體性的測驗結果也必須公開讓社會檢視，但各州可自行決定該如何處理無法達到標準的學校。

4. ESSA 要求各州加強輔導母語並非英文的學生（English-Language Learners, ELL）。

5. 關於特殊教育，ESSA 規定全國所有學生中只有 1%的學生可以參與特別制定的測驗。

6. 美國教育部將原本的數十個教育補助款合併成一個金額達 16 億美元的分類撥款（block grant），這些款項將用於包含自然科學課程、大學先修課程（advanced placement）、校園輔導、教育科技等次計畫。

7. ESSA將學前教育列為重點項目之一，並規定教育部與衛生和公眾服務部必須針對此項目提供定額補助，以改善學前教育單位之間的合作、教學品質，並保證所有幼童能平等地得到參與學前教育的機會。

8. ESSA 不再將學生的成績納入教師評鑑，也放寬了教師證照的考取標準。ESSA更精確地提出，將更多資源投資到教師培訓中以利於地方政府，教育部也將提供額外的補助金給有意願以教師教學成果來敘薪、或是願意致力於改善教師素質的學區。

9. ESSA 將允許 50 個學區將地方政府、州政府、聯邦政府提供給低收入戶學童及特殊學生的補助金，合併起來做更有效的利用。

二、改革特色

美國在二十一世紀競爭的時代，展開更切合國情之改革，綜合美國近年教育改革的特色與趨勢，可歸納為下列八點：

1. 基本能力標準朝一致化：大部分州政府建立學生學習的方向和標準，讓教師、學生與家長有所遵循，但「共同核心標準教學計畫」所提供 K 至十二各年級共同核心課程標準，可使各州一體適用且相互比較，以標榜確保學生於高中畢業時能具備「大學與就業準備度」。

2. 採取統一評量：增加州級的強迫統一評量，並要求提出成果報告，目的在有效控管學生的學業成就。

3. 強化地方與學校的自主性與績效責任：權力除了在地方教育主管機關手中，也下放更多權力到學校，使學校能依照地方與學生的需求提供適當的教育。

4. 重視學生與家長的選校權：學區制的觀念逐漸部分被打破，另類學校逐步產生，家長與學生的選校權大為增加。

5. 提高家長的參與機會：除了決策的參與，另外也要將學校狀況、學生成績儘量提供給家長，讓家長了解學生與其他狀況。

6. 提升師資素質：美國學校教育不算成功，因此近年教育改革的重點項目之一，便是提升師資素質，而《教師培育法規——最後制定規則通知》更是精確監管教師培育。

7. 加強運用科技教學：加強科技在教學上的運用，包括教師需具備科技運用的能力，以及軟硬體設施的加強等。

8. 成果導向，既問耕耘也問收穫：透過評量，使教育不只重視過程，也希望努力有成果。

三、改革之趨勢

美國的這一波教育改革，是自 1980 年代 Reagan 總統時，受到新保守主義與新自由主義雙重影響所致，而其具體之原理乃是市場競爭機制，藉由競

爭與比較，並引進社會力量，以達到提升教育水準的目標。直到二十一世紀初的時候，這些改革主軸並沒有改變。

　　以《讓每個學生成功法案》而言，其具體的作法，包含州政府必須向聯邦政府教育部遞交績效責任計畫書、加強監管評估成績墊底的三類學校、持續進行全國性的閱讀與數學的年度測驗、加強輔導母語並非英文的學生、全國 1%的學生可以參與特別制定的測驗、教育補助款採分類撥款、學前教育提供定額補助、使地方政府強化投資教師培訓、低收入戶學童及特殊學生的補助金合併利用等。

　　其次，委辦學校（或稱特許學校）的發展，也促使公共教育制度的傳統觀念面臨重大挑戰，民間企業等辦校的時代已經打開。為了解決公立學校學生學力低落的問題，1991 年明尼蘇達州首先制定《委辦學校法》後，全美國開始推動「公辦民營」的學校。英文的 charter 即是「特許狀」和「認可狀」之意，可由州或學區取得此特許狀，其最大優點是可不受州和學區法律的限制，依照自己的理念辦學；但相對地在接受政府補助款後，必須達成契約上所約束的提升學力的目標，到目前已有不少此種學校因未達目標遭到廢校的命運。很多家長選擇此種學校，但美國教師聯盟（AFT）一直反對到底，特別對於沒有教師證卻可以教書特別有意見。但另一特殊現象是 1990 年代後半起，股份公司開始參與辦校，成為「企業學校」，最有名的是「愛迪生學校」（Edison Schools），它是股票上市公司所辦理的菁英學術型學校，上課時間比公立學校多了許多，這種現象也將對教育改革引發更多的討論（二宮皓，2006）。

　　最後，美國在 2016 年又一顯著的改革，就是有關確保教師基本學力，以求改善教師素質的作法，在上節已有所敘述，不論是師資生選拔、教師證的核發，以及教師的在職進修，美國聯邦政府都持續試圖有更積極的作為，這也是值得思考的。

　　2017 年 1 月 Trump 總統上任，撤銷多項 Obama 政府所提出之教育政策，包含《每位學生成功法案》、《教師培育法規》、《跨性別學生指導原則》、《教育法修正案第 9 條指導原則》、「促進『學校一體化』的經費」；可能有變數的教育政策有《特殊教育差距之規定》、《學生紀律指導

原則》；暫時維持的政策有「『希望鄰里』計畫」、「學齡前教育發展經費」、「教育創新和研究計畫基金」、「青少年預防懷孕計畫」（駐舊金山辦事處教育組，2018）。Trump 政府對前任政府教育政策的撤銷、修改或維持，其目的皆指向：將教育政策的制定及管理歸還給各州政府，鬆綁美國教育部對各州教育的干預能力。

Trump 政府的教育政策重點另外有：積極推動學校選擇權、擴增學徒培訓制度、美國優先原則、刪減教育預算等（蔡進雄，2018）。

目前中小學部分，仍以追求「績效責任」為重點。但在 Trump 政府積極推動自主擇校下，使得擇校成為一項基本民權，通過公共財政支持低收入家庭自主將子女送入學區外的公立學校、私立學校、特許學校、教會學校和磁性學校，或者支持他們在家上學（秦琳，2017）；為配合學童的需求，致使特許學校、磁性學校或在家教育等教育經費在2017年仍各自保有補助3.33億美元和9,700萬美元（駐波士頓教育組，2017）。可見在 Trump 政府大力推動自主擇校下，特許學校或磁性學校的學生數會持續增加。

就教育經費而言，2008 年雷曼兄弟公司倒閉所引起的「大低迷」（Great Recession）時期，對於教育經費之編列影響很大。為確保教育經費之編列，2009 年 2 月美國聯邦政府通過《美國再生及再投資法》（American Recovery and Reinvestment Act of 2009），確定 7,870 億美元的財政規劃之中，其中13%屬於教育經費。而其中又大部分（10%）撥給州政府以推動教育政策，如「邁向顛峰計畫」，以及確保公立學校教員職位之經費。

但是，2017 年 Trump 政府刪減聯邦教育計畫經費超過 100 億美元，使美國教育部所掌管總預算減少90億美元，當時Trump總統的預算主要刪減計畫有：(1)刪減公共服務貸款豁免計畫、已補助的史丹佛貸款計畫及追加教育機會獎補助款；(2)開始逐步淘汰國家藝術、人文基金會；(3)同意「聯邦柏金斯就學貸款」（Federal Perkins Loan）計畫到期不再執行；(4)將聯邦工作研究計畫的經費減半；(5)統刪國家衛生研究院五分之一的預算；(6)刪除加強外語學習的計畫方案；(7)減少支持國際教育和交換計畫的經費，如「富爾布萊特學者計畫」（Fulbright Program）刪減 55%預算等（駐芝加哥辦事處教育組，2017）。

　　從 2009 年 Obama 總統到 2017 年 Trump 總統，其改革經緯都圍繞在提升高中以下學生之學習成效，以為國家培育優秀之下一代，只是改革價值觀呈鐘擺搖盪，由強化教育部的干預功能，到鬆綁教育部的干預功能；從統一確保學校教學品質到積極推動自主擇校；從確保經費補助來源到經費刪減。從 Obama 政府到 Trump 政府，美國教育將未來如何發展，值得關注。

關鍵詞彙

磁性學校　　單軌學制
特許學校　　學區
教育委員會

自我評量題目

1. 美國教育所處之歷史、地理、政治、經濟等之特色為何？請說明之。
2. 美國教育行政體制為地方分權制，請分析聯邦、州與地方學區間教育事務權力分配之情形。
3. 試述美國較常見之學校制度類型。
4. 請說明美國中等教育學制的特色。
5. 請說明美國的教育特色。
6. 針對美國教育之問題，試說明我國教育之特色為何？

參考文獻

一、中日文部分

二宮皓（2006）。**世界の学校**。東京：学事出版。

日本教育大学協会（2005）。**世界の教員養成 2**。東京：学文社。

文部科学省（2004）。諸外国の高等教育。**教育調查，第 131 集**。東京：作者。

文部科学省（2013）。**諸外国の教育型財政：7 か国と日本の比較**。東京：作者。

文部科学省（2016）。**諸外国の初等中等教育**。東京：作者。

文部科学省（2017）。**諸外国の教育統計，平成 29（2017）年版**。取自 https://reurl.cc/20yrbX

文部科学省（2018）。**諸外国の教育統計，平成 30（2018）年版**。取自 https://reurl.cc/D9LvNE

文部省（2000）。諸外国の教育行財政制度。**教育調查，第 126 集**。東京：作者。

二、中文部分

王如哲（1999）。**比較教育**。臺北市：五南。

王浩博、洪逸婷（2014）。**美國各州共同核心標準之源起、宗旨與特點**。取自 https://reurl.cc/V6Q3bA

沈姍姍（2000）。**國際比較教育學**。臺北市：正中書局。

林寶山（1991）。**美國教育制度及改革動向**。臺北市：五南。

秦琳（2017）。**川普會把美國教育引向何方**。取自 https://reurl.cc/9ELZKO

張明輝（2002a）。**新一代美國高中計畫**。取自 http://web.ed.ntnu.edu.tw/~minfei/artical/artical(american)-9.doc

張明輝（2002b）。**美國藍帶學校計畫**。取自 http://web.ed.ntnu.edu.tw/~minfei/artical/artical(american)-4.doc

楊思偉、王如哲（2004）。**比較教育**。臺北縣：國立空中大學。

維基百科（無日期）。**美國**。取自 https://reurl.cc/g7p8qb

蔡進雄（2018）。**美國川普政府的教育政策動向**。取自 https://reurl.cc/b5azOv

駐波士頓教育組（2017）。**美聯邦新年度預算　教育經費前景不明**。取自 https://reurl.cc/V6Q395

駐芝加哥辦事處教育組（2017）。**川普政府 2018 年預算案對高等教育的意義**。取自 https://reurl.cc/7XLyad

駐美國代表處教育組（2016）。**美國新版教育法案「讓每個學生成功法案」重點**。取自 https://reurl.cc/AqLg5Y

駐舊金山辦事處教育組（2018）。**美國總統川普大幅修改前任政府教育政策**。取自 https://reurl.cc/QdG7rp

謝文全（1995）。**比較教育行政**。臺北市：五南。

三、英文部分

Census United States Bureau. (2018a). *U.S. and world population clock*. Retrieved from https://reurl.cc/O1L0qX

Census United States Bureau. (2018b). *U.S. and world population clock*. Retrieved from https://reurl.cc/E7L2xR

Heitin, L. (2015). *Credit hours are still useful measures for schools, study concludes*. Retrieved from https://reurl.cc/mn4q87

Institute of Education Science. (2018). *Number of operating public schools and districts, student membership, teachers, and pupil/teacher ratio, by state or jurisdiction: School year 2015-16*. Retrieved from https://reurl.cc/R4E65e

National Center for Education Statistics. [NCES] (2013). *Course credit requirements and exit exam requirements for a standard high school diploma and the use of other high school completion credentials, by state: 2013*. Retrieved from https://reurl.cc/7XLyGN

National Center for Education Statistics. [NCES] (2017a). *Enrollment of 3-, 4-, and 5-year-old children in preprimary programs, by age of child, level of program, control of program, and attendance status: Selected years, 1970 through 2017*. Retrieved from https://reurl.cc/1x7g6D

National Center for Education Statistics. [NCES] (2017b). *Table 5.1. Compulsory school attendance laws, minimum and maximum age limits for required free education, by state: 2017*. Retrieved from https://reurl.cc/4RvyA3

National Center for Education Statistics. [NCES] (2018a). *Digest of education statistics edition 2017* (53rd ed.). Retrieved from https://reurl.cc/9ELZjn

National Center for Education Statistics. [NCES] (2018b). *Degree-granting postsecondary institutions, by control and classification of institution and state or jurisdiction: 2017-18*. Retrieved from https://reurl.cc/ZOqQ03

National Center for Education Statistics. [NCES] (2018c). *Total fall enrollment in degree-granting postsecondary institutions, by control and level of institution, attendance status, and age of student: 2017*. Retrieved from https://reurl.cc/62Yy1r

U.S. Department of Education. (2016a). *Improving teacher preparation: Building on innovation*. Retrieved from https://reurl.cc/ar89vD

U.S. Department of Education. (2016b). *Teacher preparation issues*. Retrieved from https://re-url.cc/L3L0R3

U.S. Department of Education. (2019). *Accreditation in the United States*. Retrieved from https://reurl.cc/E7L2ER

Washington Office of Superintendent of Public Instruction. [OSPI] (2016). *Earn high school credit*. Retrieved from https://reurl.cc/ex791Q

第五章

英國教育

 基本資料

國　　名：大不列顛與北愛爾蘭聯合王國（United Kingdom of Great Britain and Northern Ireland, UK）

面　　積：244,820 平方公里

人　　口：6,695 萬人（2019 年）

種　　族：白人（94.3%）、其他民族（非洲裔、
　　　　　印度、巴基斯坦、孟加拉、
　　　　　華人等）

國民所得：41,330 美元（2018 年），
　　　　　世界第 18 名

學　　制：6-5-2-3

義務教育年限：十一年

在閱讀過本章內容後,學習者應能夠:

1. 了解英國教育的發展背景。
2. 了解英國教育行政制度與特色。
3. 了解英國教育自學前至高等教育之學制。
4. 藉由英國教育改革經驗思考我國的教育問題。

　　英國是一個在政治上保有形式的君主政體與實行內閣議會制度,而在社會上仍存有階級意識,但卻又大力推動社會福利政策,是兼有保守與革新特色的國家。自 1960 年代中期以來,漫長的經濟不景氣深刻地影響了教育的發展。

　　在教育行政制度上,傳統的地方分權制仍是主流,但是教育權力有逐漸往教育部與學校基層集中之趨勢。學校制度可區分為學前教育、初等教育、中等教育與高等教育四個部分。義務教育年限為五至十六歲,唯年滿十六歲仍願繼續留在英國準備升學及就業者,可享有免費之教育至十八歲。

　　1988 年《教育改革法案》是英國教育自 1944 年以來改變最大的一次,其中尤以國家課程與考試制度之實施,影響中小學最巨,而改革造成的教育權力之轉移,使得家長獲得較多之教育選擇權。在發展趨勢上,英國教育明顯地在反應經濟發展之需求,並往中等教育卓越化及擴充高等教育改革中。

第一節　國家背景

　　大不列顛與北愛爾蘭聯合王國，簡稱聯合王國或英國，其地處西北歐，除不列顛本島外，尚包括愛爾蘭島上的北愛爾蘭，為大西洋、北海與英吉利海峽所繞。其面積為 244,820 平方公里，約為日本的三分之二，臺灣的 6.6 倍，以下分項說明英國之國家背景（楊思偉、王如哲，2004；維基百科，無日期）。

壹、歷史

　　現在的英國是過去一千年中幾次合併的結果。1800 年，大不列顛王國與愛爾蘭（1169 至 1691 年逐步被英國控制）合併，組成大不列顛與愛爾蘭聯合王國。1922 年愛爾蘭共和國獨立，愛爾蘭北部仍留在聯合王國內。

貳、地理及人口

　　英國主要分英格蘭、蘇格蘭、威爾斯及北愛爾蘭四個部分。英格蘭大部分地區地勢綿延起伏，北部多山區。主要的河流包括泰晤士河和塞文河，其中塞文河是英國最長的河流。主要城市包括倫敦、曼徹斯特、利物浦、紐卡斯爾和伯明罕。

　　蘇格蘭的地勢則變化多端，南部為平原，北部和西部主要是高地。威爾斯地勢崎嶇，大半屬於坎布里安山脈的範圍。北愛爾蘭位於愛爾蘭島東北部，多山丘。

　　根據 2018 年之統計，英國人口大約有 6,643 萬人（Office for National Statistics, 2019）；英國每十年進行一次人口普查，最近一次人口普查為 2011 年，就人口數而言，白人占 87%（5,500 萬），其餘 13%（810 萬）屬少數族裔群體，占英國八分之一人口；其中，亞洲（包含華人）族群占英國人口

7%（440 萬），其他少數群體是黑人（3%）、混合族群（2%）、吉普塞人和其他群體（1%）（Office for National Statistics, 2011）。

英國事實上的官方語言是英語。英格蘭以外地區也有其他官方語言，如威爾斯語（威爾斯 26%的人口使用）、蘇格蘭蓋爾語（6 萬人使用）等。根據 2011 年人口普查，波蘭語已成為英格蘭第二大語言。世界各地移民到英國的人也講自己的家鄉語言，如孟加拉語、粵語和印地語等。由於過去大英帝國的擴張，英語幾乎擴散到世界每一個角落，是世界上最普遍的第二語言。

參、政治及經濟

英國現任的君主（同樣是國家元首）是女王 Elizabeth II，她的角色是象徵性的，國家的政治實權控制在英國議會手上。英國採用的民主政體是君主立憲制，首都位於倫敦。英國在十九世紀已是領先的世界工業強國和海上霸主，並且是早期議會民主制度的誕生地，無論是科學技術還是文學藝術的水平都居於領先地位。在強盛時期，曾經控制了世界四分之一的土地和三分之一的人口，號稱「日不落帝國」，曾是人類歷史上最大的帝國，不過二十世紀前五十年，經歷了兩次世界大戰的英國國力銳減。而在後半個世紀中，這個殖民帝國土崩瓦解，殖民地紛紛獨立或被原主權國奪回。1973 年，英國加入歐盟，但英國出於國內政治及經濟的考慮而拒絕加入歐元區。2016 年英國脫離歐盟公投中，民眾決定脫離歐盟，至 2020 年 12 月 31 日為脫歐過渡期（2020 年 1 月 31 日已脫離歐盟）。

英國是英聯邦（大英帝國的繼任組織）和北約的成員國。以往英國是十分集權化的國家，由位於倫敦西敏寺（Palace of Westminster）的英國國會負責整個王國的政治事務。然而近年來，蘇格蘭、威爾斯和北愛爾蘭都分別建立了自己的分權政府，擁有不同程度的自治權利。

雖然英國對這些國家的政治影響力十分有限，英國的君主同時還是其他十五個國家的象徵性國家元首。英國是聯合國安理會常任理事國。英國的政治體制為君主立憲，政體為責任內閣制，國王僅擁有形式上的行政權，實際

權力則為內閣擁有。政府由在下議院（House of Commons）贏得多數席的政黨組成。政黨方面，主要為保守黨（Conservative Party）與工黨（Labour Party）兩黨輪流執政。

英國作為一個重要的貿易實體以及金融中心，是世界第五大經濟體。英國的農業以畜牧業為主，較為集中且高度機械化，因此效益十分高，1%的勞動人口能夠滿足大約 60%的食品需求。英國擁有大量的煤、天然氣和石油儲備，其主要能源生產大約占總國內生產總值（GDP）的 10%，在工業國家是算非常高的。服務業，特別是銀行業、保險業和商業服務業占 GDP 的比重最大，而工業的重要性則不斷下降，儘管英國仍是歐洲最大的軍火、石油產品、電腦、電視和手機的製造地。

經濟方面，英國自 1960 年代中期以來，即為不景氣所困擾，包括政府財政收支無法平衡、通貨膨脹及失業率增加等。其中特別是失業率居高不下，影響所及乃為對教育之目標強調培育學生的職業技能。

肆、行政

英國劃分為四個部分：英格蘭、蘇格蘭、威爾斯和北愛爾蘭；其中，英格蘭被劃分為9個行政區，威爾斯被劃分為22個行政區，蘇格蘭被劃分為32個議會區，北愛爾蘭被劃分為 26 個行政區；英格蘭除大倫敦地區下設 32 個自治市（borough）之外，各個區域下設郡或特別管轄區。蘇格蘭包括 32 個自治市，威爾斯有 22 個自治市，北愛爾蘭有 24 個自治市、2 個市、6 個郡。

第二節　教育行政財政制度

英國的教育行政往往被視為中央政府與地方教育局（Local Education Authority, LEA）的「合作事業」，它們的關係建立在共同協商和合作的基礎上，這是英國教育行政的特色，也是得以正常運作之主要原因。由於英國採取地方分權制度，蘇格蘭及北愛爾蘭有其略異的制度，因此本文以英格蘭與

威爾斯兩邦為主探討。

壹、中央教育行政機構

英國中央原設教育與技術部，2007 年改設「兒童、學校與家庭部」（Department for Children, Schools and Families, DCSF），大學由「創新、大學與技術部」（Department for Innovation, Universities and Skills, DIUS）掌管，2010 年 5 月再改名為「教育部」（Department for Education, DFE）；本部主管部門皆由執政黨國會議員擔任，形成政務官團隊（ministerial team）其成員與執掌如下（Department for Education [DFE], 2017a）：

1. 教育部長（Secretary of State for Education）：為國務大臣，綜理部務，既為國會議員亦為內閣閣員。
2. 國務次長（Minister of State）4 人：分別掌理中小學教育（Minister of State for School Standards）；兒童與家庭（Minister of State for Children and Families）；高等教育、科學、研究、創新（Minister of State for Universities, Science, Research and Innovation ）；學徒與技能（Minister of State for Apprenticeships and Skills）之教育政策與實務。
3. 政務次長（Parliamentary Under Secretary of State）1 人：掌理學校體系（Parliamentary Under Secretary of State for the School System）。

貳、地方教育局

由於英國的教育行政制度傳統以來採取地方分權制度，所以中央的教育部並未擁有實際執行教育的權力。雖然自《1988 年教育改革法案》實施以來，中央的教育權力有增加的趨勢，但各地區的地方教育當局仍是實際負責教育事務的機構。

英國的地方行政劃分，以大區塊先分成都市圈與非都市圈，其中各再設置「縣」（county）、區（district）及自治市（borough），然後在上述三種行政單位中再設置屬地方團體性質的「政務會」（council）。依 2011 年之統

計，全英國共有 353 個此種地方團體（文部科學省，2013，頁 95）。

政務會是由選舉產生的議員（councillor）組成的地方議決政案及執行的機構，任期四年。政務會是地方行政機構，掌管包括教育等各種任務，其中針對教育行政方面，就稱為「地方教育局」（LEA），而其實是指政務會中設置的教育專門委員會（education committee）。《1993 年教育法》修訂為非必設之機構。地方教育局中為執行業務設教育局，其首長為「教育局長」。教育局的職責為管轄區內公立學校及學院的行政事務，以及負責教師的招募及薪資事項，另學校建築、教材、設備及教育諮詢等事宜，亦是其責任。教育專門委員會（Education Committee）之成員組成，一半以上由政務會議員兼任，另外由對教育具有專門知識之專家與教師擔任，其職責是教育決策。而教育局之組成，包括局長一人、副局長一人、助理局長與指導員若干人，職責是執行決策及日常行政事務。地方教育局在 1980 年代的教育改革中，部分權利委讓給學校，以強化學校理事會之功能；另外，有關多元技術學院及繼續教育機構之管轄權亦被拿掉。

參、學校的行政運作

英國在學校層級設有「學校理事會」（school governing body），發揮學校管理運作之決策功能，其依據為由學校理事會所訂定的《學校管理規則》（School Governance (Constitution) (England) Regulations），其成員包含家長、地方教育局、教師、地區代表及校長，其人數依學生數決定（文部省，2000）。以《2012 年學校管理規則》為例，公立學校家長代表最低 2 人、教職員代表校長和教師各 1 人、地方教育局代表 1 人等（DFE, 2012）。學校理事會組織是在理事會之下分設各種委員會，理事會的討論以一學期一次，各委員會也以一次為原則（文部省，頁 2000）。

公立學校依法律規定，是在學校理事會監督（direction）下運作，其與校長之責任分擔，原則上理事會是決策機構，而校長是執行機構，兩者互補互助（文部科學省，2013，頁 106）。

肆、教育財政制度

英國的教育財政分成中央與地方兩個層級，中央與地方各自依其職權，分別執行其任務。而中央為執行其教育政策，利用補助款方式，以貫徹及執行教育目標。

中央主要針對高等教育及成人教育之財政負擔，地方教育局則負責初等及中等教育之教育支出、青少年之校外事務、成人教育設施之補助等（文部科學省，2013，頁 114）。近年來由於政府經費緊縮，所以政府鼓勵學校資金可來自家長的捐款（contribution）或學校可自籌財源。而學校層級也因《1988 年教育改革法案》之後，學校在「學校自主運作」（Local Management of Schools）政策下，可獨立進行預算編制及執行，地方教育局以監督（monitoring）為主（文部科學省，2013，頁 122）。英國中小學原則是免費，而高等教育原本亦不需要費用，但近年來因財政困難，除一部分因獲得獎學金之故，不用學費以外，都已經收取學費，以補政府財源之不足。另外，英國最近鼓勵民間資金對教育部門之投資，特別是對學校設施改善與設施維護之投資。

伍、教育行政制度特色

英國教育行政制度之特色，歸納為四點說明之（陳奎憙、溫明麗，1996，頁 221-222）。

一、宗教影響教育至深且巨

宗教信仰在英國雖被認為是私事，但對教育卻深具影響力。公立學校也依基督教共同的教學綱要，實施宗教儀式和宗教教育。在教育統治權上，國家與教會取得均衡與妥協，成為英國獨特的教育行政制度與學校管理方式。

二、教育權力的適當分配與運作

英國教育行政既不偏於中央集權，也不偏於地方分權，中央與地方適當分配教育行政權和責任、相互協調與合作。中央政府擁有指揮與命令之權，適當調整全國教育；地方教育當局亦擁有相當權限，推行適合地方的教育，此即比較教育專家 Kandel 所謂「中央和地方合作」的教育行政型態。

三、協調聯繫功能的發揮

中央教育行政機關雖握有權力以訂定教育政策，但並不由上命令或強制，而是與教育有關的個人或團體相互協調與合作。同時，中央教育行政機關及地方教育當局設有各種審議會及諮詢委員會，協調重要的教育政策與教育問題。另外，教育部設有地方課長，各自負責一、兩個地方教育局，接受部內專門人員及皇家督學的建議，負責中央與地方的聯繫工作。

四、制衡原理的妥善運用

為防止權限的濫用，英國各級教育行政機關保有抑制和均衡的關係。教育部確立教育政策之指標，並擁有督導實施此政策之權，地方教育局在其指導之下，沒有完全的自由和自主性。學校教育經費完全仰賴地方教育局，而地方教育局的經費大部分來自教育部的補助，因此在學校建築、教師薪俸上，教育部深具影響力，而地方教育局和學校僅限於在經費的可能範圍內運作，目前學校在預算總額內，擁有較大之運用裁量權。

第三節　學校制度

英國的學校有公、私立之分，私立學校多為教會所設，受地方教育局監督，並接受公款補助。另外，還有一種完全不受國家補助的私立學校，稱為獨立學校（independent school）。在獨立學校系統中，實施初等教育的學校

為預備學校（preparatory school）。預備學校的在學年齡為八、九歲至十三歲，下接三至八、九歲幼兒所就讀的前預備學校（pre-preparatory school），上接公學（public school），公學是屬於中等教育階段，其自成一套系統，與一般學校不互相銜接，為英國學校制度的一大特色。預備學校的課程偏重學術性，特別是古典語文，以作為學生參加升入公學的普通升學考試之準備。

　　另外，依 1960 年代「普勞頓報告」（Plowden Report）所提出的建議，有些地方發展一種新式的學校制度，稱為第一級學校（first school）及中間學校（middle school）。前者就學年齡為五至八、九歲，後者多為八至十三、十四歲，其教學內容和一般小學無異。再次為高級學校（upper school），屬中學階段，十三、十四歲讀至十八歲。如圖 5-1 所示。

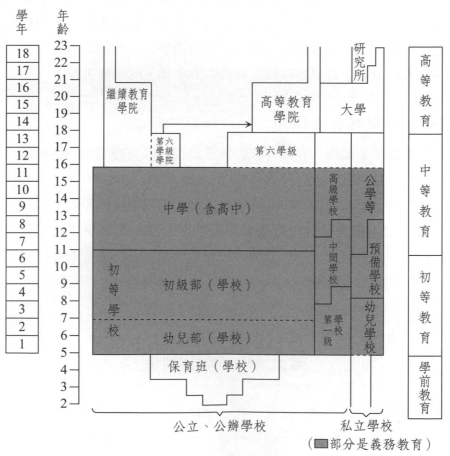

圖 5-1　英國學制圖

資料來源：文部科學省（2017）

壹、學前教育

　　英國的學前教育包含三類：第一類是二至五歲以前的幼兒可進入保育學校（nursery school）；第二類是進入附設於小學的保育班（nursery class）學習，以三至五歲為主；第三類是進入小學前提早進入讀書的預收班（reception/first class）（文部科學省，2016，頁95）。依2018年之統計，二至四歲幼兒總數有112.8萬人，其中公立部分，就讀保育學校者有49,500人，占約4.4%；就讀附設小學保育班有213,300人，占18.9%；就讀小學預收班或其他者有805,000人，占71.3%。私立部分，就讀者有60,600人，約占5.4%（DFE, 2018a）。

　　除上述外，另有屬於社會福利機構之保育所（day nursery），以及由家長組成之「遊戲團」（playgroup）所辦之保育工作發揮很大功能，其運作經費一部分由地方福利機構補助，另也可交給個別保育員（childminder）托保（文部省，2000）。

　　學前教育階段無正式的課程，主要以遊戲、故事、歌唱、繪畫等為活動內容。學前教育的功能在培養兒童個人良好生活習慣，以及幫助他們適應規律的團體生活。

貳、初等教育

　　初等教育的年齡為五至十一歲，大部分在六年制初等學校〔（primary school，有時稱junior mixed infant（JMI）〕。初等教育分為兩階段：五到七歲為幼兒部（infant department），七到十一歲為初級部（junior department），兩者多為合設，一部分分開設置。另外，也有為中小學能順利銜接起見，第一級學校是五至八或九或十歲，再接中間學校，年齡為八至十二或九至十三或十至十四歲（文部省，2000，頁44）。

　　英國小學的課程原由各學校自行編定，自1988年的教育改革後，始有

國定課程（National Curriculum）的設計，目前共有十二科，作為學校規劃教學內容的依據。英國小學學校課程應包含三類，即：(1)國定課程；(2)國定課程以外必須指導之課程；(3)學校本位課程（文部科學省，2002）。

國定課程規定小學課程中，英語、科學、數學三科為核心科目，其他另有藝術與設計、公民、電腦運算、設計與科技、外語、地理、歷史、音樂、體育等科目；國定課程以外必須指導之課程，包含：宗教教育、性和關係教育（DFE, 2014a）；學校本位課程則由學校自主決定（文部科學省，2002）。英國小學的課程評量於七歲和十一歲分別進行KS1和KS2統一性測驗，施測時間由學校自行安排，以 100 分為期望標準（expected standard）（盧雪梅，2017，頁121）。

《1996年教育法》對於國定課程的基本性質有較細之定義，並對教育目標有所規定。即依各必修科目，自五至十六歲分成四個關鍵階段（key stages, KS）：初等教育第一、二年級是 KS 1，三到六年級是 KS 2，初中七至九年級是 KS 3，十至十一年級是 KS 4。每一階段有具體之學習目標（attainment targets），教育部於 2014 年公布學校在英語、數學、科學、藝術與設計等十二科目應教導的「學習內容」（program of study）（DFE, 2014b）。

參、中等教育

一、前期中等教育

中等教育為十一至十八歲，共七年，最初五年是義務教育，英國一般沒有前期和後期的說法，此處為方便起見，義務教育階段稱為前期，義務教育後稱為後期；中等學校之一般型態是綜合型中學（comprehensive school），初等教育畢業後原則上自動升上，沒有測驗；綜合型中學之特色，是能依照學生之能力、性向、志願等而給予適當之教育（文部科學省，2016，頁98）。

英國中等教育另可依是否接受政府補助，分成兩類。

（一）非政府補助辦理之學校系統（non-maintained sector）

英國目前中等教育的學制有所謂的「獨立學校系統」（independent school system），公學就是顯著的例子，其他還包括部分教會學校，還有一些接受政府補助但獨立辦學的學校，「獨立學校」的私立學校仍需要接受地方教育局的監督。其教育方式，注重青少年的品格陶冶、寄宿制度及小班教學。另外，其獨立教育體系之升學管道，通常由公學預備學校→共同入學考試（十三、十四歲）→公學→更上層教育（多半進入牛津、劍橋大學）。

（二）政府補助辦理之學校系統（maintained sector）

此類型中等學校，主要包括傳統三分歧制（tripartite system）學校、綜合中學（comprehensive schools）、學苑（academies）和自主學校（free schools）。

1. 中等教育三分歧制

《1944 年教育法案》正式統整中等學校為三類，即文法中學、技術中學、現代中學。1960 年代開始發展綜合中學，目前只剩一部分的文法中學和現代中學，技術中學幾乎沒有。根據 2001 年英國教育與技術部之統計，全部中學 3,481 校，其中綜合制 2,825 校（81.2%）、文法中學 159 校（4.6%）、現代中學 145 校（4.2%）、技術中學 3 校（0.1%）、中間學校 316 校（9.1%）、其他 33 校（0.9%）（文部科學省，2002，頁 44）。

2. 綜合中學

為達成「教育機會均等」的目的與實現「全民中等教育」的理想，過去依據「十一歲考試」，而將兒童分配到三種學校，事實上已經蘊含了篩選的意涵。中等教育產生階級上的不平等，而「過早的分化」對於兒童的發展不但無法達到「適性」的理想，反而造成了教育上的差別待遇，因此英國取消了十一歲考試，凡已達十一歲的兒童，讀完初等學校均可進入綜合中學就讀。目前英國最多的一類中學便是「綜合中學」，學生的在校人數約達 90%。

綜合中學結合文法中學、技術中學與現代中學的課程設計，形成多樣的學校型態，包括：(1)一貫制綜合中學：十一至十八歲；(2)雙階制綜合中學：低級階段三年（十一至十四歲）、高級階段四年（十四至十八歲）。

3.學苑和自主學校

政府補助的學校除上述所提之學校，尚有公辦民營的學苑和自主學校，這些學校在法律上屬於私校，但是由中央補助（教育部，2018，頁 3）。其中，學苑和自主學校雖由中央直接撥款補助，但享有高度校務自主權，其差異在於學苑辦學宗旨主在提升績效，而自主學校允許學校選擇各自的特色與方式（丁志權，2016，頁 179；蔡宗明，2015）。教育部要求學苑和自主學校一定要提供英語、數學、科學與宗教教育等課程，同時課程必須是廣博且均衡的（教育部，2018，頁 3）。

根據2018年統計之資料，英國中等學校總計有4,190所，中間學校有110所，學苑有 2,220 所，自主學校有 171 所（DEF, 2018b; The Royal Society, 2016）。

二、後期中等教育

後期中等教育部分，是指義務教育後之中等教育，此階段乃為大學之升學準備或為特定職業之教育訓練等，因應學生之進路需求而有各種教育及訓練之機構（文部科学省，2016，頁 99）。義務教育後之教育，一般稱為「十六歲以後之教育與訓練」或「十六至十八或十九歲之教育與訓練」。若是強調職業訓練與教育時，則指十六至十九歲為多。

此階段之教育機構，主要是第六學級（sixth form）和繼續教育學院（further education college）。

（一）第六學級

這是專為升學高等教育機構而做預備教育之學校，是第十二年至第十三年之教育二年之課程，以學術型課程為主，是為準備「普通教育證書」（General Certificate of Education, GCE）的 A 等級（advanced level）考試。一

般型態是在七年制一貫中學之最後兩年，如果是單獨獨立設置之學校，則稱為第六學級學院（sixth form college）。最近也有開設部分職業課程，升入條件是「普通教育修畢證書」（General Certificate of Secondary Education, GCSE）會考獲得某程度之成績。依據 2017 年統計資料，十六至十八歲就讀第六學級者有 10,000 人，總計有 128,200 人（DFE, 2017b）。

（二）繼續教育學院

此種學院包括農藝、商業、技術、藝術設計等機構，主要針對不升學之學生而提供之職業教育。要升入此種學院沒有特別資格（文部科學省，2016，頁 100）。

另外，綜合具有上述兩種性質之學校，稱作第三級學院（tertiary college）。

（三）職業教育與資格

英國職業教育除了上述繼續教育學院、第三級學院外，另有社區學院等，以取得職業資格為主，這種屬於中等教育階段之資格，且經由學校教育而獲得，稱作全國職業一般資格（General National Vocational Qualification, GNVQ），種類包括商業、流通、健康福祉、資訊、建設等十五種資格。此為對應於 GCE 的 A 等級之資格，一般分為「基礎」、「中級」及「高級」三級，「基礎」與「中級」之準備課程為一年，「高級」資格則要兩年課程後再參加考試，為與 GCE 資格改革配合，2000 年 9 月「高級」資格改稱「職業A 級」，「基礎」與「中級」資格，2002 年改稱為「職業 GCSE」。

另外，可經由在職場的評量，取得之職業資格，稱為「全國職業資格」（National Vocational Qualification, NVQ），包含約 160 種之特定職種，依技術水平分為五級，NVQ 一級至三級屬中等教育階段，四、五級相當於高等教育階段之學位與資格。

進而，為使國民學得基本應用技能，2000 年英國政府公布六項基本技能內容，包括：溝通能力、數的處理、資訊技術、共同作業、改善學習、問題解決，並將溝通能力、數的處理、資訊技術三項訂為基本技能資格（key skills qualification），期望中等學校以上學生都要取得，特別是大學升學者，除 GCE 的 A 等級資格外，也被要求應取得該資格（文部科学省，2002）；但 2017 年英國資格與考試管制局（The Office of Qualifications and Examinations Regulation, Ofqual）宣布有意撤回基本技能資格的冗長規定，例如：基本技能資格必須使用管理機構指定的評量模型、授予機構評估方式中的測試必須是國家測試等（Ofqual, 2017），使基本技能資格的評估能更具彈性。。

三、英國中等教育考試與證書

（一）「普通教育修畢證書」（GCSE）會考

為十六歲修完義務教育者參加的考試，考試科目約提供三十科左右，考試範圍大致以國定課程科目，如英語、數學為主，選數科至十科應考，每科從最高之 A' 到 G 級，不到 G 級就不及格。

（二）「普通教育證書」（GCE）的 A 等級

十八歲時參加考試獲得 GCE 的 A 等級，以作為升學高等教育之用，考試科目提供約五十科，考生因應自己未來升學之志願選考三科左右，評量分 A 到 E 共五級，而 A 到 C 是優秀成績。1989 年起，另提供 GCE 之 AS 等級（advanced supplementary level，又稱準 A 等級）測驗。AS 等級是指只用 A 等級學習時數的一半所學習的內容，但課程內容水準相同，因此在升學時的應用，是兩科 AS 等級科目等同一科 A 等級。做此改革的目的，是期望學生能多學幾種學科，以避免狹窄的視野與學識。不過因無法普及，所以 2000 年再做修正，準 A 等級改為「前期 A 等級」（advanced subsidiary level），只在第一年推動 AS 等級科目，可選修五科左右，二年級（稱 A2）時再從其中鎖定三科攻讀，未繼續的科目仍可在升學時作為參考。

四、中學課程

中學課程中，英語、數學、科學三科為核心科目（core subject），藝術

與設計、公民、電腦運算、設計與科技、外語、地理、歷史、音樂、體育等科目，共有十二科，稱為基礎學科（foundation subject）；另外，包括國定課程以外必須指導之課程和學校本位課程（DFE, 2014c）。

五、國定課程評量

依照《1988 年教育改革法案》之規定，在國定課程各關鍵階段（KS）結束時，即七、十一、十四、十六歲時分別實施學習成就測驗，考試科目以核心科目英語、數學、科學為原則，1991 年自部分地區及部分學科開始辦理，1995 年以後全面實施。國定課程評量〔National Curriculum Assessment, NCA，又稱國定考試（National Test）〕每年 5 月舉行，以各階段「標準成就水準」為基準評定，例如：KS1（七歲）是二級，KS2（十一歲）是四級，KS3（十四歲）是五級或六級。

但自 2014 年 9 月起，國定課程評量取消原先用來說明學生成就和進步的成就層級（level of attainment），促使教師在課程計畫和評量上有更大的彈性（DFE, 2014d）。自 2014 年以後，國定課程評量在各階段有不同的作法，例如：KS1 每年 5 月舉行，施測時間由學校安排，測驗結果以量尺分數呈現，100 分為期望標準；KS2 也是每年 5 月舉行，但施測時間全國統一，每天考一個科別，由外部機構計分，科學則採抽樣施測，每兩年舉辦一次；為減輕學校負擔，自 2014 年起，取消 KS3 國定課程評量；KS4 結合「中等教育普通證書考試」（GCSE），自 2016 年起更成為中學學校績效指標，以學生在八個科目（二科核心科目、三科英格蘭文憑科目、三科其他科目）證書考試的表現為依據（丁志權，2016，頁 176；盧雪梅，2017，頁 121-123）。

近年來，英國為追求各學校之教育績效（performance），每年會將各校之國定考試結果、GCSE 結果、學生缺席狀況及學生的升學狀況，以學校為單位公布全國成績總一覽表，這是仿效足球比賽名次表（league table）的方式（文部科學省，2002）。

肆、高等教育

一、學校類型

（一）大學

　　此處大學是指頒授自準學士到包括博士學位在內的研究所學位之高等教育機關，可分成舊大學與新大學兩類，新舊之分是以《1992年繼續及高等教育法》（Further and Higher Education Act 1992）頒布為分界點，舊大學是以學術課程為主，新大學則以提供實務性課程為其特徵，依據 2017 年統計資料，目前共有142 所大學（DFE, 2018b）。

（二）高等教育學院

　　高等教育學院（college of higher education）是以前的培養師資機構，或稱大學學院（university college）的一群非大學高等教育機構，目前有55所高等教育學院，有部分與鄰近大學或公開大學（open university）合作，接受課程認定後，約二成有學士學位頒授權（幾乎都是大學學院）。

（三）繼續教育學院

　　除了上述兩個機構外，為義務教育後青少年教育或職業訓練課程之機構，統稱為繼續教育學院（further education college）。廣義而言，包含後期普通教育的第六學級，不含第六學級，依據 2017 年統計資料，目前此種學校約 371 所（DFE, 2018c）。其中半數以上設有高等教育課程（advanced course），主要頒授準學位的文憑（diploma）或證書（certificate）；其中也有部分因與附近大學合作，接受課程認定後，可以頒授學士學位〔或稱第一學位（first degree）〕，此時前半階段在學院就讀，後半在大學就讀，可取得該合作大學之學士學位。近年英國政府期望此種學院皆能達到準學位之水準，正大力擴充中。

　　目前英國所有大學皆已法人化，設置核可手續及名稱，因大學設立時期

而有差異，舊大學稱為「敕許法人」（chartered corporation）、個別法規範之法人或「公司法人」（company limited by guarantee）等，新大學則稱作「高等教育法人」（high education corporation），繼續教育學院稱作「繼續教育法人」（further education corporation）。

二、經費、入學條件、學位

（一）經費

英國高等教育經費超過三分之一來自公家機關（分別是英格蘭高等教育撥款委員會、威爾斯高等教育撥款委員會、蘇格蘭擴充與高等教育撥款委員會、北愛爾蘭就業與學習部），其他則來自私人民間企業之資金或捐贈（Higher Education Funding Council for England [HEFCE], 2009, p. 11）。最大經費來源是高等教育財政審議會（Higher Education Funding Council, HEFC）之補助金，以及研究審議會（Research Council）的研究補助金及學費補助金。高等教育財政審議會之補助金包含三類，即教育補助金、研究補助金、特別補助金；而研究審議會補助金，則依領域分為六個審議會，分別審查及撥款，以協助高等教育機構之研究發展。2017 至 2018 年英國政府在教育經費編列上，主要以高等教育為主（駐英國代表處教育組，2018）。

（二）入學條件

入學制度方面，英國每個大學可全權決定學生入學，某些大學如牛津、劍橋則可由其各個組成學院來決定。至於大學內部之各系則可訂出其錄取標準與條件，這包含外部測驗機構的成績，以及中學校長之推薦書或面試結果。有關入學申請作業，則委由大學及學院入學服務處（Universities and Colleges Admissions Service, UCAS）辦理。

申請大學時有一般條件（general entry requirement）和課程特殊條件（course entry requirement），前者是申請大學時，不論何種科系都必備之條件，後者是申請某種科系之特殊條件。一般條件通常是 GCSE 一至數科成績在 C 等級（優良成績）以上，而 GCE 的 A 等級（A2 時，即第六學級第二

年）有二至三科合格的情況；課程特殊條件則在一般條件之基礎下，必須提出各課程規定必要修得之科目內容及成績，以及 GCSE 相關科目和其成績。

　　近年來，代替 GCE 的 A 等級之測驗，在蘇格蘭稱為蘇格蘭教育證書考試（Scottish Certificate of Education, SCE）測驗，傳統大學已經逐漸接受。另外，兼採職業證照資格，所謂「職業 A 級」也有，而留學生則有國際會考證書（International Baccalaureate）或歐洲會考證書（European Baccalaureate Diploma）。進而，超過二十一歲以上之成人大學升學志願者（mature applicant），可參酌其工作經驗，降低一般和特殊條件之分數錄取。

（三）學位

　　英國高等教育學位與資格分的比較多樣，就學位而言，分學士層級「第一學位」和研究所或高度研究成果之上級學位（higher 或 postgraduate degree）兩種。其他另有非學位之文憑和證書課程，又分為修讀比學士學位課程修業年限較短之對象，以及以修讀學士學位為目的，但在第一年修畢後先頒給證書兩類，前者在高等教育學院辦理，後者在一般大學辦理。其次，大學學位分四個等級：學士、碩士、哲學博士、高級博士。英國大學生修業年限一般為三年，學士學位分普通學位和榮譽學位（專門學位）兩種，普通學位學三至四門科目，榮譽學位要求專攻一門科目或一、兩門相關科目。碩士課程分為修課與研究兩種型態，修讀博士則僅有研究一途，經由論文之提出、口試通過方能獲得學位。高級博士學位（higher doctorate），如文學、科學、神學和法學博士學位，一般授予在各個領域頗有建樹的傑出學者。

第四節　師資教育

壹、教師養成

　　英國的師資培育是由一般大學及公私立中小學學校（School-Centered Initial Teacher Training, SCITT）培育。一般大學部分，以巨觀角度，可再分兩

個途徑。第一種方式是在大學部養成，初等教育教師培育課程中，大部分授予教育學士（BED）學位，而通常大學之學位與發給教師資格分開處理，有些大學也授予文學士（BA）、理學士（BSc）學位。在文學士與理學士的情況中，學生需另修與教師證書相關之學分，此與我國相似。但課程修讀方式則分全職（full time）、部分時間（part time）、大學中退者之短期課程等，非常多元。一般全職學生要取得教育學士，並取得教師資格，通常需要三年至四年，大多是四年。其他的學士課程，通常只要三年。依 2004 年之統計，由此途徑培育的初等教師占 42.3%，中學教師占 6.8%（日本教育大學協会，2005）。

另外，第二個方式是學士後師資課程（Post Graduate Certificate in Education, PGCE），亦即已經從大學畢業者或已經在大學在籍很多年之學生為對象。大學畢業者必須到有登錄在「畢業後教師訓練課程」（Graduate Teacher Training Registry, GTTR）之大學申請，然後用一年或兩年修讀必要的教師課程。一年的課程，是因與大學部修讀的專攻一樣時進入就讀；而兩年的課程，是因與大學專攻不同，必須先用一年修讀專門課程，以取得該領域的修畢文憑，這種課程也有部分時間制的。依 2004 年之統計，由此途徑培育的初等教師占57.6%，中學教師占91.4%（日本教育大学協会，2005），可說這種方式是最重要的途徑。

至於公私立學校聯合會之師資養成，主要是輔助 PGCE 制度之用。對象是高等教育機構畢業者或在籍兩年以上者，也可在此 SCITT 取得教師資格。利用這種方式的學生，近年有增多的趨勢。課程設置方式是地緣上鄰近的公立學校或私立學校，包括小學和初中，一起建立合作關係，然後向師資訓練局（Teacher Training Agency, TTA）申請培育課程認定，培養後可授予教師資格；另外，由參加SCITT 的高等教育機構（有與中小學合作）授予資格的也有。在這種課程中，SCITT 有義務向認可的中小學提供課程，師資生在學校有輔導老師（tutor）輔導，也有合作大學的指導老師在旁指導。

另外，在培育階段中，有愈加重視教育實習傾向，例如：學士課程三年即需實習二十四週，四年即需三十二週，而 PGCE 的小學課程要十八週，中學課程要二十四週（二宮皓，2006）。

貳、在職進修

師資培育的內容及考核在 1983 年以前，均是由大學擔任主導的地位。1984 年「師資培育認可協會」（Council for the Accreditation of Teacher Education, CATE）設立，才開始規範初任教師訓練課程內容之有效性。

1994 年 10 月「師資訓練局」（TTA）成立，取代原有的「師資培育認可協會」，乃將原本分散的師資培育功能統合。2005 年 9 月 1 日將師資訓練局原有之功能加以擴充，改為「學校訓練發展局」（Training and Development Agency for Schools, TDA），不再只著眼於師資培育，更包括學校整體教職員素質與環境效能之提升，以提供學生更高品質的學習環境；故學校訓練發展局的任務乃是提供學校所有教職員相關的訓練及發展，使其具備現代技巧與知識，激發學校團隊的全部潛能，以便能提供學生更具福利的學習。所以，原師資訓練局的許多任務仍然繼續，如初任教師之訓練、教師的專業發展等，但更多加入了提供中小學資訊、指引及支持的功能，其主要目標如下：(1)吸引有能力之人來從事教職；(2)提供學校及教職員優良的訓練、發展及重塑工作場域的資訊；(3)創造一訓練和發展的環境，以促使整體學校工作場域發展出自己的效能。

英國是一非常重視教師在職進修的國家，其基本理念是建立在「專業職能繼續發展」（continuing professional development）的概念下，當一個教師從初入教職，即必須依職涯成長階段不斷發展。首先對新（初）任教師（newly qualified teacher, NQT）施以重要的導入教育，即在新任的一年間（三學期），接受初任者特別的課程，研習結果記錄在一份「初任及職能發展紀錄」中。

其次，現職教師則在一份「教職成長檔案」上，詳細填寫職涯成長內容。研習包含義務性研習，如新任者研習及改善學校之相關研習等；一般性研習為取得上一級資格及增長其他能力之研習。

而由教育部、各地方教育局等行政機構、大學及學院等教育機構、綜合教職審議會（General Teaching Council）、民間教育機構（舊教師中心及研修

中心民營化的機構）、民間企業等舉辦之研習，這些是屬學校外的認定講習及主題研習，基本上是需付費的，因此可能採由學校付費、學校部分負擔或個人付費方式。目前其研修已經成為一項資金來源。

但近幾年英國師資培訓課程申請途徑過於繁雜，導致有不少有意願從事教職的人放棄，並改從事助教工作；即使成為正式教師，又因過度的工作量和缺乏專業發展，佐以教師在工作中未感受到被信任和具有價值感，使得教師離開教學工作，根據 2016 年統計資料，自 2015 年的全職教師空缺為 730 個，至 2016 年 11 月全職教師空缺急遽增加為 920 個，超過 3,280 個全職教師職位暫時由合約不到一年的教師填補，2010 年在公立學校開始其教學生涯的新教師，約有三分之一在五年內便離開教學崗位（駐英國代表處教育組，2015，2017a）；以上數據資料皆顯示英國教師面臨嚴重短缺問題，師資培育與在職進修面臨重大危機與考驗。

第五節　教育特色與改革趨勢

壹、《1988 年教育改革法案》之影響

英國二十一世紀之教育改革，大致延續《1988 年教育改革法案》之理念，歸納 1988 年改革的重要轉變，可從下列三點中得到了解。

一、賦予家長更大的選擇權力

這裡所講的權力是用以監督學校的進步與發展，至於如何監督學校進步、發展，法案中規定中小學校學生人數超過 300 人以上者，學校理事會可以申請獨立於地方教育局之外，改由中央政府補助。

另外一點是家長權力的擴張，這表現在家長可以自由選擇學校讓子女就讀，學校在各項硬體設施許可範圍內不得拒收學生。假如學校家長會與董事會確認不再有足夠的空間容納學生，必須要獲得教育與就業大臣獲准，訂定

最低限額人數。此法案增加了家長選擇的權力，將學校的存廢由市場的機制決定，由此顯現保守黨提出教育市場化的觀念。

二、賦予學校財政與經營自主權

因為這個法案的規定，促使學校的理事會能有更大的權力處理自己的財務，理事會可以授權校長或其他教職員共同行使這項權力，一改過去中小學財政完全受制於各地方教育局，讓學校更有展現的空間。

三、實施與改革國定課程與評量制度

《1988 年教育改革法案》指出，所以採行國定課程的目的在於：(1)發展學生在學校以及社會之精神的、道德的、文化的、心智的及身體的能力；(2)培育學生未來成人生活的機會、責任與經驗。為達此目的而設有三科核心科目——英文、數學與科學，以及九科基礎科目——藝術與設計、公民、電腦運算、設計與科技、外語、地理、歷史、音樂和體育。此外，《1944 年教育法案》所規定的宗教課程仍然必須修習。

為了確定國定課程確實施行與了解其成效，因而必須定期對學生學習成就進行測驗與評估，所以《1988年教育改革法案》規定，七歲、十一歲、十四歲與十六歲的學生均須參加全國性的測驗。當時的教育科學部部長 Beck 指出全國性測驗的三個目的：(1)讓父母與老師曉得學生知道了些什麼、能做些什麼，以及能了解什麼；(2)找出學生需要進一步診斷的問題，以及是否需要額外的協助或要求；(3)測驗與評估之結果有助於了解各個學校與地方教育當局辦學的成效。這種目標非常冠冕堂皇，但仍無法擺脫重視學術能力之批判。

但 2014 年以後，為了讓教師在課程計畫與評量上有更大的彈性，同時也為減輕學校和教師負擔，國定課程評量取消長達二十多年的成就層級制度，改以量尺分數呈現測驗結果，取消KS3評量，而以KS4評量作為學校績效表現依據；整體而言，國定課程評量的改革雖減輕學校和教師的負擔，但仿效足球比賽名次表的方式已深植英國教育評量體制。

貳、改革特色

依據上述，總結英國 1988 年至今以來的教改趨勢，主要有下列四項特色。

一、教育市場化

1988 年教育改革使得教育仿如市場，學校與教師為產品提供者，學生與家長為消費者，知識與技能是商品，消費者有權力比較商品的優劣，選擇商品最合用者，所以家長有權力選擇最適合其子女需要的學校就讀，因而各校招生名額應盡可能開放以滿足家長的需求。而由於教育的市場化，商品講求多樣性，所以學校應各自發展不同的特色，以便家長的選擇，由於選擇商品之前提是對商品的優劣有充分的資訊，因而必須定期公布學校的表現成績，包括學生考試成績、國定課程評量結果、學生曠課等。此外，由於自由市場講究產品競爭，產品不良、消費者不購買，自會遭到淘汰之命運，所以學生入學率低的學校，因無經費來源將會遭受關閉的命運。

如此市場化的理念與措施引起頗多質疑與矛盾，這樣的市場是由政府主導建立的，強調需求面由消費者選擇，而不太談供給面的利益，供給面的產品製造者——學校，終將重視自我利益，以獲得最大的利潤為考量，因而在學校的招募上勢必有所選擇，以保證其品質，而形成了會以能力為選拔的標準。

然教育市場化，不僅發生在初等與中等教育階段；2016 年初，英國政府發布的《高等教育與研究白皮書》（Higher Education and Research White Paper），和 2017 年通過的《高等教育與研究法》（Higher Education and Research Act），更加深高等教育的市場化，而此高等教育的市場化與 1988 年的教育市場化，呈現不同教育階段的市場化面貌。

二、教育權力之上下轉移

　　1988年的教育改革是在從事一種教育權力的轉移,長久以來採用地方分權的英國教育,權力多處於各個地方,1988年的改革則將教育權力在中央、地方與學校三者間移轉,將地方教育當局的權力往上、往下移動,向上增加教育與技術部的權力,向下增加家長的權力。學校方面雖然被剝奪了有關課程與學生成就評量等自主權力,卻獲得自行管理財政、聘用老師,以及選擇是否脫離地方教育當局管轄,改制津貼學校(是由中央教育與技術部直接管理的學校)的權力以作為補償;而家長則獲得為子女選擇學校與知道子女各項成就報告的權力。在這場教育權力「爭奪戰」中,最大的輸家非地方教育當局莫屬,傳統上,其具有詮釋國家教育政策與建構地方教育制度的功能,如今這些功能在學校可以選擇直屬中央管轄,或動輒以脫離地方教育當局控制為威脅下而漸失作用。

三、回歸菁英式教育的趨勢

　　英國教育在1960、1970年代已應世界潮流與趨勢,廢除了小學畢業「十一歲考試」作為選拔學生進入不同類型學校的制度。但《1988年教育改革法案》鼓勵學校自主,脫離地方教育當局管轄與尊重家長選擇權等措施,均使人以為菁英選擇性教育將再恢復,將違反教育機會均等的理念。政策內容告知學校在選擇脫離地方教育局管轄時,也可改變學校性質,因而某些學校選擇放棄綜合型教育而回歸選擇性教育。雖然英國教育部極力否認學校會恢復菁英式教育,而辯稱學校只在專供某些科目發揮特色,是根據學生性向與適應力發展,而非以學術能力為選擇標準,但實際在區分學術性選擇與性向專攻上是一件很困難的事情,難怪會令英國人有這種疑慮。

四、重視終身教育

　　終身教育也已經成為英國教育改革的主要理念,並對英國教育制度的調整與發展產生重大的衝擊與影響。終身學習已經成為貫穿教育體系的概念,

而非只侷限在成人教育領域，因為終身學習的實現關鍵不只是提供更多的學習機會給予成人，更重要的是，必須全面變革學校教育的內容與過程，使接受中小學教育的學生，從小培養終身學習的觀念、能力與方法。學校教育的教學方法也必須有重大的變革，而且必須改變傳統教師的教學角色，新的方式必須確保學生可在接受教育過程中，培養出獨特個人化的學習方法，在其離開學校之後，可以應用至實際情境中來解決問題，而且成為終身受用的能力。

參、教育改革趨勢

英國保守黨發布《1988 年教育改革法案》，啟動了英國跨世紀的教育改革。1997 年工黨取得政權，繼續推動以「教育」為最優先課題的政策。2010 年改由保守黨執政後，持續加強挹注教育經費，推動教育改革。然分析英國最近的教育改革趨勢，可分以下三項說明。

一、國定課程評量改革持續重視初等及中等教育學習成效，教師教學與評量更具彈性

英國在 1995 年由「國際學生評量學會」（IEA）所做的有關數學的評鑑結果，英國在先進國家中排名最後，於是激起英國激烈的學校教育改革措施，例如：在「全國提升讀寫策略」政策中，要求公立學校每天至少要有 1 小時的英語課時間；而在「全國算術策略」政策中，要求 KS1 階段每日 45 分鐘，KS2 每天 50 至 60 分鐘的算術課等，並要求在十一歲的國家考試時，英語與數學一定要達到學習目標。

另外，如公布學校之績效排名表（如前文所述）也是很極端之作法。又如重視家庭學習之重要，所以強調回家作業必須明確規定，也是很值得注意。但 2014 年國定課程評量的改革，雖持續重視學習成效，但已有逐漸鬆綁教師教學和評量的跡象，同時減輕學校負擔。2001 年以後將改革重點移向中學，推動專業學校（specialist school），2004 年英格蘭地區已經有一半的中學改制成專業中等學校，也有「學苑」性中學、自主學校之盛行，加上原

有的文法中學、現代中學、綜合中學和獨立學校,中等教育呈現多樣化。

二、高等教育、研究、創新新體系,加深高等教育市場化

另外,2016 年初,英國政府發布《高等教育與研究白皮書》,針對三大部分,提出十項建議(The Royal Society, 2016)。首先,「管理與領導」的建議有:(1)設立「英國研究與創新」(UK Research and Innovation, UKRI)單位,全面主持英國科學、研究和創新組織的工作;(2)由研究和創新組織主導 UKRI,而不是政府;(3)研究理事會的變更需與研究團體進行協商;(4)「創新英國」(Innovate UK)應納入 UKRI 的範疇;(5)妥善運用體系內的研究資助計畫,使研究經費發揮最大效用。其次,「教育與研究的銜接」的建議有:(1)促進研究辦公室和 UKRI 在教學與研究銜接問題的合作;(2)研究和教學評估架構應充分考慮教學和研究的關係;(3)高等教育機構的改革應能保證教育質量,且改革措施對新舊機構同等對待。第三,「策略設施和能力」的建議有:(1)審查國內大型設施;(2)支持跨學科研究。

2017 年 4 月 27 日英國《高等教育與研究法》獲得皇室御准,係繼《1992 年擴充與高等教育法》(Further and Higher Education Act 1992)實施二十五年以來,首次針對現今英國高等教育制度進行的系統性改革,此改革促使英國高等教育未來更趨向市場化發展;另一項變革為英國高等教育部,將開放營利大學的成立,以提供大學之間更多的競爭,並讓學生有更多的選擇機會(駐英國代表處教育組,2017b)。

三、教育行政機構持續革新

關於此項改革,例如:中央教育機關已經數易其名,現在改稱教育部;另外,如教育標準局(OFSTED)、學校訓練發展局(TDA)、資格及課程發展機構(Qualifications and Curriculum Authority, QCA)等機構的準政府機構化(Non-Departmental Public Bodies)轉型,都是市場化原理的改革結果。其次,地方教育局及學校理事會的改革,逐步強化自立的學校經營(local managerment of schools);第三,2017 年《高等教育與研究法》中,新設

「學生辦公室」（Office of Students, OfS）與「英國研究與創新」（UKRI）
單位，以規範未來英國各類高等教育機構。

其中，「學生辦公室」將取代並擴展「英格蘭高等教育撥款委員會」
（Higher Education Funding Council for England, HEFCE）原扮演的角色，擴充
其權力至核准新大學的成立、學生權益保護、大學的學位授予權、學費調整
機制等，扮演高等教育的市場規範者及學生利益保護者兩個角色；「英國研
究與創新」單位則將納入現行七個英國研究委員會、強調研究與知識移轉的
「英格蘭研究」（Research England）以及聚焦在商業模式的「創新英國」，
並接下和品質保證相關的經費分配工作（駐英國代表處教育組，2017b）；
未來英國高等教育在上述兩個新設組織下，如何促進高等教育與產業互助合
作，互為表裡，值得關注。

關鍵詞彙

GCSE　　　　　　國定課程評量

地方教育局　　　　教育市場化

高等教育財政審議會

自我評量題目

1. 請說明英國中央教育部與地方教育局之關係為何？
2. 試述英國中等學校的類型及教育目標。
3. 請描述英國高等教育入學資格的特色何在？
4. 請論述英國的教育特色及發展趨勢。

參考文獻

一、日文部分

二宮皓（2006）。**世界の学校**。東京：学事出版。

日本教育大学協会（2005）。**世界の教員養成 2**。東京：学文社。

文部科学省（2002）。諸外国の初等中等教育。**教育調集，第 128 集**。東京：作者。

文部科学省（2013）。**諸外国の教育型財政：7 か国と日本の比較**。東京：作者。

文部科学省（2016）。**諸外国の初等中等教育**。東京：作者。

文部科学省（2017）。**諸外国の教育統計，平成 29（2017）年版**。取自 https://reurl.
cc/20yrbX

文部省（2000）。諸外国の教育行財政制度。**教育調査，第 126 集**。東京：作者。

二、中文部分

丁志權（2016）。**六國教育制度分析：美德英日法中**（第三版）。高雄市：麗文文化。

教育部（2018）。**英國學制手冊**。取自 https://reurl.cc/WdM3Dk

陳奎憙、溫明麗（1996）。**歐洲教育，文化記趣**。臺北市：師大書苑。

楊思偉、王如哲（2004）。**比較教育**。臺北縣：國立空中大學。

維基百科（無日期）。**英國**。取自 https://reurl.cc/z84eAp

蔡宗明（2015）。**英國學苑之研究**。取自 https://reurl.cc/vD4qkA

駐英國代表處教育組（2015）。**英國教師培訓途徑所面臨的困境**。取自 https://reurl.
cc/9ELr1X

駐英國代表處教育組（2017a）。**英國教師面臨短缺問題**。取自 https://reurl.cc/z84erp

駐英國代表處教育組（2017b）。**英國公布新的「高等教育與研究法」**。取自 https://
reurl.cc/NjLr2Q

駐英國代表處教育組（2018）。**英國政府的教育經費分配概況**。取自 https://reurl.cc/
yZ4Eml

盧雪梅（2017）。英國國定課程評量的沿革與其對十二年國民基本教育課程評量的啟
示。**教育實踐與研究，30**（2），105-142。

三、英文部分

Department for Education. [DFE] (2012). *Constitution of governing bodies by category of gov-*

ernor(annex A). Retrieved from https://reurl.cc/rx4gvZ

Department for Education. [DFE] (2014a). *National curriculum.* Retrieved from https://reurl.cc/62Yadd

Department for Education. [DFE] (2014b). *Programmes of study by subject.* Retrieved from https://reurl.cc/D9Lgle

Department for Education. [DFE] (2014c). *Statutory guidance national curriculum in England: Secondary curriculum.* Retrieved from https://reurl.cc/NjLrle

Department for Education. [DFE] (2014d). *National curriculum and assessment: Information for schools.* Retrieved from https://reurl.cc/qd4gng

Department for Education. [DFE] (2017a). *Department for Education ministerial portfolios announced.* Retrieved from https://reurl.cc/7XLr4d

Department for Education. [DFE] (2017b). *National statistics participation in education, training and employment: 2017.* Retrieved from https://reurl.cc/d0lG18

Department for Education. [DFE] (2018a). *National statistics schools, pupils and their characteristics: January 2018.* Retrieved from https://reurl.cc/L3Lb5K

Department for Education. [DFE] (2018b). *TABLE 1.2: Full-time and part-time pupils by gender (1), age and school type, 2017/18.* Retrieved from https://reurl.cc/MvLA3v

Department for Education. [DFE] (2018c). *National statistics education and training statistics for the UK: 2018.* Retrieved from https://reurl.cc/7XLrKd

Higher Education Funding Council for England. [HEFCE] (2009). *A guide to UK higher education.* Retrieved from https://reurl.cc/d0lGQ8

Office for National Statistics. (2011). *2011 census: Key statistics and quick statistics for local authorities in the United Kingdom.* Retrieved from https://reurl.cc/3DpaK0

Office for National Statistics. (2019). *Population estimates.* Retrieved from https://reurl.cc/5lZrVq

Population by Country. (2019). *Countries in the world by population(2019).* Retrieved from https://reurl.cc/qd4gYg

The Office of Qualifications and Examinations Regulation. [Ofqual] (2017). *News story: Removing key skills criteria.* Retrieved from https://reurl.cc/V6QEWY

The Royal Society. (2016). *Reforms to the UK higher education, research and innovation system.* Retrieved from https://reurl.cc/ZOqGN3

第六章

法國教育

 基本資料

國　　名：法蘭西共和國（République Française）

面　　積：551,602 平方公里（本土）

人　　口：6,550 萬人（2019 年）

種　　族：法蘭克人（84%）、阿爾薩斯、不列塔尼人等（8%）、
　　　　　非洲移民（8%）

國民所得：41,070 美元（2018 年），
　　　　　世界第 19 名

貨　　幣：歐元（Euro）

學　　制：5-4-3（2,1）

義務教育年限：十年

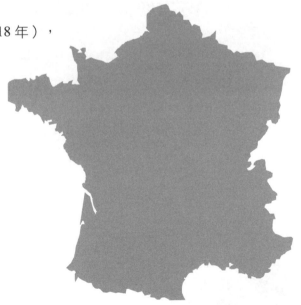

在閱讀過本章內容後,學習者應能夠:

1. 了解法國國家發展背景。

2. 了解法國各級學校教育之制度。

3. 了解法國職業教育證照之種類。

4. 了解法國教育之特色。

5. 了解法國教育之問題及改革趨勢。

　　法國位於西歐,在政治上是總統行政權、國會立法權與法院司法權的三權分立,且若總統與總理彼此協調,則法國政治制度便容易運作。基本上,法國經濟制度採取資本主義精神與政府干預制度,故重要產業由國家掌握。

　　法國教育制度採取中央集權制,設有中央、大學區、省、縣四級。中央設有國家教育部主管教育。法國目前設有二十六個大學區,每大學區包括二至七省。學校制度是採 5-4-3(2,1)制,由小至大,學費是免費的。而其義務教育的階段由小學到高中第一年,共十年的義務教育。在中等教育的第一階段為初級中學(college),注重進路輔導,後期中等教育則重視資格及證照為其重要特色,大學則分成基礎階段、專門化階段與博士階段。

　　法國教育行政偏於中央集權,常過度牽制干涉地方教育事務,而教育經費支出龐大、教師任用未透明化、大量臨時及約聘教師造成師資教育受到影響;此外,教育的嚴格淘汰也造成大量重讀生。故 1990 年代後以重建教育觀念方式,不斷在各級教育、課程重組與師資培育上進行革新。

第一節　國家背景

　　法蘭西共和國，或簡稱法國（La France），位於歐洲西部，與比利時、盧森堡、德國、瑞士、義大利、摩納哥、安道爾和西班牙接壤。法國是第二次世界大戰主要戰勝國，故是聯合國安理會常任理事國，對議案擁有否決權。法國也是歐洲聯盟和北大西洋公約組織的創始會員國之一，同時也是申根公約的會員國（楊思偉、王如哲，2004；維基百科，無日期）。

壹、歷史

　　法國最早的根源自大約西元十世紀，查理曼帝國分裂，東部的部分形成現在的德國，而西部則逐漸成為法國。十五世紀末法國形成中央集權的國家，直到 1789 年爆發的法國大革命，推翻了封建制度及君主制。然後，法蘭西第一共和國建立（1792 年），直到 1804 年 Napoléon 成為法國皇帝，結束了短暫的共和國歲月。其後，法蘭西第二共和國於 1848 年開始，直至 1852 年。

　　1870 年法蘭西第二帝國於普法戰爭中崩潰，成立了法蘭西第三共和國。經過第一次世界大戰，第三共和一直到 1940 年被德國納粹滅亡為止。

　　第二次世界大戰之後，法蘭西第四共和國開始。雖然法蘭西是兩次世界大戰的贏家，但是法蘭西在戰爭中財富、人力損失慘重。第四共和一直維持到 1958 年阿爾及利亞戰爭爆發。1958 年，法蘭西第五共和國建立，汲取了前幾次議會民主制度失敗的教訓，開始了半總統半議會民主制。最近幾年，法國和德國的密切合作成為歐洲經濟一體化不可或缺的主要動力，例如：1999 年歐元的流通就是一例。今日的法國，站在歐洲國家尋求在更多領域進行更密切合作的最前端。

貳、地理及人口

　　法國國土形狀接近六角形，地理總面積為 55 萬 1,602 平方公里，位於西歐，與德國、比利時、盧森堡、西班牙等國接壤，為歐洲第三大國，約為臺灣的十五倍。根據 2019 年資料，全國共有 6,550 萬人，其中男性占 48.7%，女性占 51.3%（聯合國經濟和社會事務部，2019）。

　　法國地勢複雜，西部和北部地區為海岸平原，法國在此瀕臨北海和大西洋。南部地區有庇里牛斯山，東南部是阿爾卑斯山地，中南部還有中央高原。主要大河有羅亞爾河、隆河、加倫河和塞納河。

　　法國官方語言為法語，法國政府直到最近才開始鼓勵學校和政府機構使用一些地方語言，一些學校開始教授當地方言，但是法語依然是全國官方語言。阿爾薩斯人的英語正在成為法國第二語言。不列塔尼人中的一些農村居民以不列塔尼語為口語。科西嘉人日常生活中亦操當地的兩種方言：一種與義大利托斯卡方言相近，另一種與撒丁島北部方言相近。

參、政治及經濟

　　第五共和國的《憲法》於 1958 年由法國民眾全體公投通過。1958 年制訂的《憲法》，決定了第五共和國的國家運作方式。此後《憲法》經歷多次修訂，它大大增強了行政機關與議會的關係。法國主要之政治結構包括總統、總理、國民議會（Assemblée nationale）及參議院（Sénat）。

　　共和國總統：國家元首由普選直接產生，任期五年（2000 年全民共決之後確立總統任期五年制）。共和國總統任命總理，並根據總理的提名任命政府其他成員。總統主持內閣會議，頒布法律，並擔任三軍統帥，有權解散國民議會。在面臨重大危機時，他擁有採取非常措施的權力。

　　總理：在總理的領導下，政府決定並主管國家的政策。政府向議會負責。總理領導政府的運作，保證法律的實施。

　　國會（Parlement français）：是國家的最高立法機關，由上、下議院組

成，上議院又稱參議院，下議院又稱國民議會，當兩個議會意見不同時，國民議會擁有最後裁決權。

參議員是由地方代表間接選舉，2004 年 9 月以後任期縮短為六年，參議院的立法職能受到限制；國民議會的每一位議員代表單一選區，成員由民眾直選產生，任期五年，國民議會目前共有 577 個議席。

基本上，法國經濟制度採取資本主義精神與政府干預制度，故重要產業由國家掌握，如鐵路、電信等。2005 年法國農業人口占總人口的 3.8%，肥沃的田土、先進的技術以及歐盟補貼使法國成為歐洲領先的農業生產國，70%的法國出口農產品輸出至其他的歐盟會員國；法國是七大工業國組織的成員，是世界上工業最發達的國家之一，工業產值約占 GDP 的 11.2%；服務業現為法國經濟最為重要的產業，2014 年法國服務業人口占總就業人口的 76.9%，並以旅遊業為主。

然而，法國目前因持續的高失業率以及福利政策的支出，如養老、失業及教育津貼，使得其經濟負擔沉重；目前經濟困境主要以失業和政府預算改革為主。法國雖掌握重要產業，但自 1990 年代初以後，政府正在緩慢地釋出在法國電信、法國航空、保險、金融、國防企業的控制股份。1999 年法國和其他 11 個歐洲國家參與使用歐元，並在 2002 年初正式開始使用歐元硬幣和紙幣，完全取代之前使用的法郎。

肆、行政

2016 年起，法國全國分為 18 個省區（région），其中本土為 13 省區，海外為 5 省區，這些行政區再進一步分割成一百個縣（或譯為區份）。這些區份都被編號（主要按字母順序），被用於郵遞區號或車輛牌照。縣由專區（arrondissement）組成，每個專區被分為幾個鄉（canton），每個鄉包括幾個市（commune）。市是法國最小的行政單位。

在海外的大區是法國的前殖民地，這些地區在法國享受著與歐洲國家相似的待遇。它們可被認為是法國的一部分（或歐盟的一部分），而且也使用相同的時間。除此之外，還有三個「海外領地」（territoires d'outre-mer,

TOM）：法屬波利尼西亞、瓦利斯和富圖納群島，以及法屬南方和南極洲領地。另外有三個分開的海外地區（collectivit d'outre-mer）：新喀里多尼亞（曾經是一個海外領地）、聖皮埃爾和密克隆群島，以及馬約特。最後，法國擁有一些太平洋和印度洋小島的控制權。

　　2013 年時，全國有 18 個省區；全國共 101 個縣，其中本土 96 個，海外 5 個；省下則為市，全國共 36,681 個，本土 36,552 個，海外 129 個。縣及市之數目視行政區改革劃分或合併則略有增減，並不固定（駐法國臺北代表處教育組，2013）。

第二節　教育行政財政制度

　　法國在大革命以前是君主專制國家，革命後雖有短暫民主共和政體出現，卻因 Napoléon 的稱帝破壞，所以中央集權的精神至今存在，使法國成為典型的中央集權國家，地方政府全受中央的控制。而在教育上亦然，一切教育有關的法令、政策、課程等，多由中央決定，全國各地及各學校絕少有自由決定權的餘地，全國教育極為整齊劃一（王文科等人，1973，頁 77-80），這種教育的中央集權制度，在歐美崇尚自由民主方式國家中是一個例外。

　　法國的普通行政層級很多，計有中央、省區、縣、市等四級，唯省區依法規定不屬於地方自治團體，所以真正說來，只有中央、縣及市（commune）三級才具有教育上的職權；而在中央及縣之間，法國尚設有一種教育行政專門區劃稱為「大學區」的單位。故就教育行政層級而言，法國設有中央、大學區、縣、市四級。而大學區設有「大學區總長」（réctor），而縣則有「大學區督學」，市則有「國民教育督學」，分別負責各級教育政策之實施。

　　簡言之，法國教育行政體制結構以中央政府為統一政策主導，交由各地學區（académie）執行與監督；學區為中央派駐地方之代表，並不隸屬於地方政府。

壹、中央行政機關

　　2007 年法國中央行政機關，掌管全國教育之部門有兩個獨立部會，一是國家教育部（Ministère de l'Education nationale），其主要職責為負責國民教育；另一是高等教育研究創新部（Ministère de l'Enseignement supérieur et de la Recherche）負責高等教育及研究兩大方面之政策擬定、執行與發展；2014 年以後上述兩部已合併為法國國家教育、高等教育與研究部（Ministère de l'Éducation nationale, de l'Enseignement supérieur et de la Recherche, Menesr）（丁志權，2016，頁 265；教育部，2018，頁 1）。

　　該部為中央政府之單位，受內閣總理、共和國總統之節制及指揮，並受國會、《共和國憲法》之約束。該部設部長 1 人，其由內閣總理提請總統任命之，以下分設若干司、處、局及委員會；司處之下再分設若干科，科之下再分設若干股辦事。

　　此外，該部並設有不少審議會作為諮詢機構，如中央教育審議會（Conseil superieur de l'Education, CSE）、教育高等審議會（Haut Conseil de l'Education, HCE）、國民教育地域審議會（Conseil territorial de l'Education nationale）、部長級聯合技術委員會（Le comité technique paritaire ministériel）等（文部科学省，2016，頁 142-143）。

貳、地方行政機關

一、大學區

　　在中央與省之間，法國特別設置負責教育行政的大學區。就 2018 年，法國大學區總計有 31 個，其中 24 個為本土，7 個為海外（DEPP & SD-SIES, 2018, p. 2）。各大學區設有教育行政主管一人，稱為大學區總長，由總統任命，於任命之前須經內閣會議的同意，其須具有國家博士資格，通常由高等教育機構之教授中選任，特別是有學院院長或大學校長資歷者。大學區總長公署（Rectorate），為教育部之直屬派駐機構；大學區總長為中央教育部長

在大學區的代表，管理轄區內的高等、中等及初等教育。

各大學區並設有許多審議機構供大學區總長諮詢，其中較重要者有：大學區審議會、區域高等教育及研究審議會、大學區學校配置委員會、區域獎學金委員會、區域社會工作委員會等。大學區總長代表中央之國家教育部及其他有關部會，監督其大學區轄區內的各級各類教育（包括大學、中學及小學），以及其他有關事項。

二、縣

法國目前有 101 個縣，設有縣教育廳〔又稱大學區督學廳（Academic Inspectorate）〕為縣的教育行政主管機關，其行政首長稱為大學區督學，係由教育部長提名，依法任命之，負責管理轄區內的初等及中等教育。透過大學區督學，教育部長及大學區總長的命令可傳達至各教育機關，而各教育機關的情況及需要也才能傳達至部長及大學區總長。縣教育廳為縣的一個部門，故須受縣長的監督指揮，而縣長又受縣民意代表省議會的約束。此外，縣教育廳亦設有許多審議機構，主要有縣小學教育審議會、縣輔導審議會、縣設備委員會及省學童保健委員會等供諮詢之（陳奎熹、溫明麗，1996，頁167-171）。

三、市

法國目前約有 36,000 多個市，它們是法國最基層的行政區劃，大小極為懸殊，人口數有較大差異。縣市在教育上主要負責轄區內的學校建築及設備費。市設有市長為行政首長，以及市議會為民意代表機關，市有專設教育行政主管，稱「國民教育督學」（文部省，2000）。其資格為具有大學學歷，為國家教育部職員即可，由國家教育部任命之；其職責為負責區域內小學之管理與運作。

四、學校層級

1982 年起，法國也在教育上逐步推動地方分權制度，中央的許多教育之

權限逐步移至各級政府機構。學校層級並非正式之教育行政機構，但學校本位行政也逐步在落實中，特別是向社區及家長開放之走向與其他國家一致。法國在小學設有「學校評議會」，成員包括校長（擔任主席）、全部教師、國民教育督學、縣市長、縣市議會負責教育之議員、社區代表及家長代表等，權責是有關學校教育活動之審議與決定。具體而言，是對學校分配到的預算之執行、全國教育目標的達成、學校保健與安全、各種課外活動及學校運作有關之問題，經由校長之委託，協助審議內容，也協助決定校規、上課課程之編製、輔導程度不佳學童等相關措施。

　　初中（考萊治）和高中（里賽）則設「管理評議會」，其權責比小學的職責更寬，校長依其決議而執行。評議會人數依學生數而決定，初中學生人數超過 600 人者設 30 人，未滿 600 人則設 24 人，高中則一律 30 人。管理評議會沒有人事與預算權，但包括校務計畫、校規、學校課程、會計報告等，都由該會加以討論和決議（文部科學省，2016，頁 154）。

　　另外，比較特殊的是在初中（考萊治）和高中（里賽）各年級設有「學年委員會」，成員包含學年導師、學生代表、家長代表、進路輔導師等，該委員會負責決議有關學生生活和學習的相關問題。特別是對於是否升級或留級的決定，以及未來升入上級學校之決定等，負有實質的決定權力（文部科學省，2016，頁 155）。

參、教育財政制度

　　法國的一般行政分為四級，即中央、省區、縣、市，因是中央集權制度，所以國家權限很大，在教育財政上也如此。國家負責主要的教育經費，如國立機構的高等教育經費，國家負擔大部分，而初等、中等部分因為屬於國家公務員，公立教師薪給全額由國家負擔。

　　就 2015 年，法國學前與初等教育經費成本，中央提供的經費占全部經費 55.3%，地方政府提供的經費占全部經費 36.2%，其他經費來源為一般家庭（占 6.0%）和其他行政系統（2.5%）；中等教育經費成本，以中央提供為主，占全部經費 66.9%，其次為地方政府（占 21.7%），第三為一般家庭

（占 7.0%），其餘經費來源有：其他行政系統（占 2.4%）和企業（占 2.0%）；高等教育經費成本，以中央提供為主，占全部經費 67.9%，其次為地方政府（占 10.7%），第三為一般家庭（占 9.4%），其餘經費來源有：企業（占 8.8%）和其他行政系統（占 3.2%）（Ministère de l'Éducation nationale, 2016a, pp. 17-21）。簡言之，法國從學前至高等教育階段的教育經費，主要來自中央，其次為地方政府，且中央經費提供在每一個教育階段支出皆超過五成。

其中，法國政府在 2017 年花在每位小學生的教育成本為 6,500 歐元，花在每位國中生的教育成本為 8,800 歐元，每位高中生的教育成本為 11,200 歐元（Ministère de l'Éducation nationale, 2017）。簡言之，法國政府在中等教育的支出約是初等教育支出的兩倍。

第三節　學校制度

直到 1980 年代初，法國的學制才大致穩定下來。這時，義務教育階段由雙軌制向單軌制的過渡已經完成，形成了幼兒學校一年、小學五年、初中四年、高中三年的學制（參考圖 6-1 之學制圖）。其中，幼兒學校不是強迫的，二至五歲兒童自願入學。從小學到高中第一年的十年為義務教育階段，所有兒童（提前兩年進入職業高中的少數學生除外）都接受相同的教育。高等教育以大學的三個階段為基準，透過不同層次的多種機構，培養不同規格的人才。同時，包括中等教育在內的各種機構之間轉換方便，可以滿足學生的不同情況和需要，且學費是免費的。

法國各級學校的課程，由國家教育部統一頒布課程標準，規範課程內容及實施方式等。目前法國中小學課程綱要以 2016 年所提出的「共通基礎知識技能教育」課程綱要（Découvrez le socle commun de connaissances de compétences et de culture）為主，藉由該綱要發現構成共同基礎領域的細節與問題，以期學生學會思考、運用知識、選擇合宜的思考路徑、解決問題、在意外情況下解決複雜任務等（Ministère de l'Éducation nationale, 2016b）。

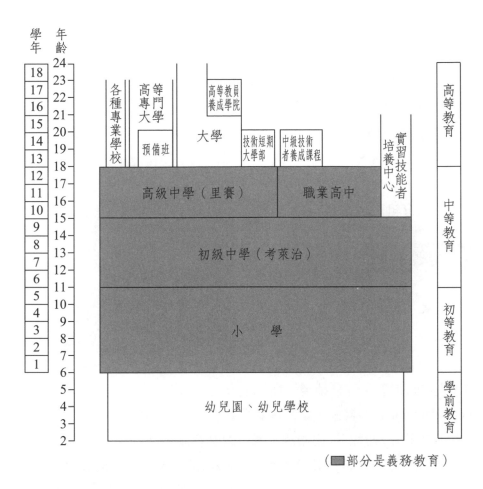

（■部分是義務教育）

圖 6-1　法國學制圖

資料來源：文部科學省（2017）

壹、學前教育

　　對象以年齡二至五歲者為主，大多在公立幼兒園（école maternelle）實施，私立幼兒園或公私立小學附設的幼兒班（classe maternelle）也有，約占三成（1998 年度）。另外，從三個月至三歲的幼兒，也有由職業扶助部所設置的保育所照顧。其方式為非強迫性，採自願入學。公立園所全部免費。就2017 年的統計資料，就讀幼兒園和幼兒學校者有 6,806,400 位（Ministère de l'Éducation nationale, 2017）；幼兒園有 14,333 所，其中公立幼兒園為 14,179 所，私立幼兒園為 154 所，公立幼兒園占全部幼兒園數 98.9%（DEPP & SD-SIES, 2018, p. 29）。2018 年，法國總統 Macron 為彌補兒童學習落差，將於 2019 學年起，將義務教育的起點從現行的六歲提早到三歲，這將是法國自 1882 年實施義務教育以來，首次提前義務教育的起始年齡；根據 2016 學年度的統計，全法三歲兒童的入學率已達 97.6%；換言之，此項措施的目的在於讓剩下約 25,000 名父母社經地位較弱勢的兒童能更早開始上學（駐法國臺北代表處教育組，2018a）。

貳、初等教育

一、制度

年齡自六歲開始至十一歲結束。只要是法國國民，年滿六歲均須以各種方式接受教育，殘障兒童及偏遠地區兒童無法到校就讀，也得接受電視教學或接受巡迴輔導員到家輔導，所以它既是義務教育也是免費的。在小學（école élémentaire）實施，是法國義務教育的第一階段，共讀五年。不過，經由父母或幼兒園教師提出申請，學校教師會議通過，也可在五歲入學。根據2017年統計資料，目前就讀小學者有 4,267,000 人，小學校數總計有 51,300 所（Ministère de l'Éducation nationale, 2017）；其中公立小學占全體小學校數 85.43%（DEPP & SD-SIES, 2018, p. 29）。

法國義務教育執行嚴格，是世界實施最嚴格進級的國家。小學就學率雖達百分之百，但對學業要求嚴格，為求維持高的教育品質，採嚴格淘汰制，平均每年級約有10%的學生被留級。但法國基礎教育評鑑委員會（Cnesco）研究指出，長遠看來留級對課業進步並無助益，反而對整體學習生涯有害；法國公共政策研究院（Institut des Politiques Publiques）的研究亦曾指出，留級制度對於免學費的法國而言，是個沉重的財政負擔，每年耗資約 20 億歐元；因此法國教育部在 2014 年制定嚴格留級標準，以逐漸廢除此制度；但 2016年，法國教育部指出，一味地讓課業嚴重落後的學生升學並無助益學生學習，計畫重啟基礎教育留級制度的同時，全力推動補救教學機制（駐法國

臺北代表處教育組，2017）。所以，法國留級制度攻防戰，是法國教育需要關注的課題。為補救學生的學習失敗問題，各級學校均有配合措施，1982年教育改革曾有「教育優先地區」（zones prioritaires）之政策提出，對一些學生學習困難比率高的地區實施優先教育，並努力改善這些地區之教育與教學品質，動用各科教師和實習教師指導社區兒童讀書，設置圖書館，實施實驗教學計畫等措施。1989 年公布《教育導向法》（Loi d'Orientation de juillet 1989），提出「建立所有學童都成功的學校」政策目標，具體將學前教育共四年與小學五年，分成三個各三年的「學習階段」，即二至四歲為初期學習期，五至八歲為基礎學習期（保育所年長組與小學第一、二年），八至十一歲為深化學習期。而是否留級就以三年為單位評量，以減少學生學習之挫折。根據經濟合作暨發展組織（OECD）的研究，指出法國是第五大留級生製造國；約 28%的十五歲學生宣稱起碼留級過一次；但不同專業差別很大，如攻讀職業適任證（CAP）的學生，82%留過級，這個比例在讀職業高中畢業文憑一年級（Seconde Professionnelle）學生中占 57%，在普通科和科技科高中一年級學生中占 20%。不過近十年來留級比率有所下降；然而，在高中分科前，即高中二年級和高中三年級前，留級生依然很多；小學繼續實行留級制，小學預備班（CP，相當於小學一年級）的留級比例為 7%（世房網，2015）。所以各年級皆有稍年長的學生，這是法國義務教育階段中特殊的現象。

　　小學階段在兩個學習階段的最後一年，即二年級和五年級學期末（其學期制與我國同），由該學年教師召開會議，決定學童可否升級。若決定留級時，則正式通知家長，家長若有異議，可向由大學區督學所任命組成的校外不服審查委員會做最後決定。

二、課程

　　目前法國中小學課程綱要以 2016 年所提出的「共通基礎知識技能教育」課程綱要為主，此一共同基礎能力、知識與文化包含五大領域：(1)用以思考及溝通之各種語言；(2)用以學習之方法與工具；(3)個人與公民之養成；(4)自然與技術系統；(5)認識世界與人文活動。

在「用以思考及溝通之各種語言」方面，運用法文、外語或地方語、數學、科學及電腦語言、藝術及肢體語言等四種語言形式來理解與表達；在「用以學習之方法與工具」方面，獨自或團體，在教室內外學得學習方法，包含查閱資訊及文件資料、數據工具、個人或團體計畫之執行、學習步驟和計畫；在「個人與公民之養成」方面，傳遞《憲法》中記載之基本價值和原則，包含學習社會生活、群體行動和公民行為、公民道德之養成、尊重個人選擇及個人責任；在「自然與技術系統」方面，教導學生數學、科技文化之基礎，包含從科技認識地球與宇宙、好奇心與觀察能力、解決問題之能力；在「認識世界與人文活動」方面，發展地理空間與歷史時間之意識，包含了解時間與空間範疇內之社會、人類文明產物之表述和認識現代世界社會（Ministère de l'Éducation nationale, 2016b）。

另外，小學至初中之課程設計以階段為標準，每一階段訂定應習得之知識能力及方法；各階段及小學與初中之課程銜接應確保連貫性並使學生漸進學得各階段應具之能力知識基礎，以達循環設計歷程；共分三個階段，包含九個年級（Ministère de l'Éducation nationale, 2018a）：

1. 基礎學習期：包含小學一、二、三年級。
2. 鞏固學習期：包含小學四、五年級及國中一年級。
3. 深入學習期：包含國中二、三、四年級。

法國小學學制階段可分為基礎學習期和深化學習期。在基礎學習期，共有法語（每週10小時）、數學（每週5小時）、世界的發現、外國語、藝術教育、體育（每週9小時），共24小時（每1小時是以60分鐘為基準，而學校依各自情況實施，可能是55分鐘，甚至50分鐘）；深化學習期則有法語（每週8小時）、數學（每週5小時）、體育、外國語、實驗科學與技術、人文教育（包含歷史、地理、道德）、公民教育（包含藝術與藝術史）（每週11小時），全部共24小時（文部科學省，2016，頁142）。

法國在課程實施方面，發展出獨特的「學習節奏」模式。法國9月開學，在行事曆上被四個約十至十五天的假期隔成五個學習期間，即包括11月1日前後的萬聖節、12月中旬的聖誕節、2月中旬的寒假、4月中旬的春假，形成「7-2節奏」的週期，即上課七週後，休假兩週，以調整師生心理和肉體

上的疲勞。另外，1972 年起，法國原訂星期日為宗教教育日，為使不同信仰者在家實施，故學校休假，後來為了配合學習節奏的概念，改為星期三放假。至於因將每週上課時數訂為 26 小時，實施時則以 3 小時為一教學塊（block），故星期一、二、四、五上午和下午各一個教學塊，再加上星期六上午。但 1991 年以後，學校可自由推動上課四天制，此時則縮短暑假時間，以確保全年上課 936 小時（全年約 36 週）。依統計，2005 年實施四天制的學生數占 32%，另外，採取星期三下午和星期六休息的方式占 17%，其餘為星期六上課方式（二宮皓，2006）。而每一教學塊，只在中間休息 15 分鐘，其餘由任課教師掌控。小學自小學一年級就上課至下午四點半，然後參加學校的「課外自習」到六點，或參加校外政府單位辦的文化和體育活動，民間團體也積極與學校合作辦理「課業補習」活動。

參、中等教育

分成兩個階段：第一階段為初級中學，自十一至十五歲共四年；第二階段為高級中學（lycée）。高級中學又分為三類：普通高中（lycée général）三年、職業高中〔職業里賽（lycée professionnel）〕二至四年，以及實習技能者培養中心一至三年（如圖 6-1 所示）。

2017 年法國就讀初中者有 3,228,700 人，就讀普通高中（里賽）者有 1,599,200 人，就讀職業高中（職業里賽）者有 665,200 人；初級中學有 7,100 所，普通高中和職業高中計有 4,200 所（Ministère de l'Éducation nationale, 2017）。

一、初級中學

初級中學學生之年齡為十一至十五歲。初中讀四年，在第三、四年除了普通課程外，也有職業課程，以配合學生未來的進路需求。另外，在第三學年時，對於學習困難的學生，提供「學科調整課程」，在四年級時也提供包含企業實習的「職業陶冶課程」，這些不同課程的分流學習，需要經由教師的進路指導及家長的同意（文部科學省，2002）。

　　以往初中前兩年稱為觀察期，後兩年稱為輔導期；但 1996 年修訂公布的初中（考萊治）新課程中，第一年稱「適應期」，第二、三年稱「中間期」，第四年稱「進路指導期」，而在進路指導期將課程分成「普通課程」與「技術課程」。各年級皆對學習低成就者有特別輔導，例如：第一學年有小班式的補救教學，或「附指導的學習」（教導學習方法的課程）或「附監督的學習」（在圖書館由教師指導的自習方式）等。初中課程包括必修科目的法語、數學、外國語（第一外國語、地方語）、史地與公民、科學技術（生物與地球科學、物理與化學、科技）、藝術（造型和音樂）、體育，其他有選擇必修及自由選修，基本總時數為 26 小時，另加 4 小時的補充指導（文部科學省，2016，頁 144）。

　　初中升高中時，由各學年之「學級委員會」依各學年之成績單評定，該委員會成員包含教師、家長代表、學生代表、進路指導諮商師等組成。初中兩年結束時，也可以升入職業里賽，因此對於學習成效不佳者，判定其留級或升入職業里賽；不服建議時，仍送如小學一樣的校外委員會決定。依 1998 年之統計，各學年之留級率在 5.5 至 10.4%之間（文部科學省，2002）。初中畢業時，依最後兩年成績，若合格時，授予國家的修畢資格證書（文部科學省，2016，頁 154）。

　　升入高中時，沒有入學考試，仍由初中之學年委員會依成績及家庭期待，綜合判斷學生之進路，是升入普通高中或職業高中。若家長不同意時，可先與學級委員會協調；再不服時，仍可如小學由校外委員會審查。當決定好學校類型時，則由省級教育行政機構設置的「分配委員會」分配學校，該委員會由省級教育行政機構代表、初中校長、高中及高職之校長、父母代表組成，因是學區制，所以大致在學區中的高中職入學。

二、高級中學

　　後期中等教育分普通高中（里賽），修業三年，學生數占七成；職業高中（職業里賽），修業二至四年，學生數占三成。以上這些學校由教育部管理，但另外也有三年制農業里賽（以下稱農業高職），則由農漁業部設置。

（一）制度

法國因其義務教育為十年，亦即相當於高中一年後即結束，所以高二以後的在學率逐年降低。普通高中（里賽）在第二學年以後，分成普通課程（3 科）及技術課程（8 科）（文部科学省，2016，頁 135）。

分化是在第一學年結束時依輔導而決定，第三學年結束時，普通課程者參加國家「高中普通會考」（baccalauréat, bac），技術課程者參加「高中技術會考」，此兼有高中畢業資格和大學入學資格。

職業高中（職業里賽）部分，則分前半二至三年之取得職業資格課程，與後半兩年為取得「職業會考證書」之課程，各有其取得資格與證照之目的。進而，有一部分職業高中也有為前期中等教育學生而設的課程。

2018 年法國政府針對高中普通會考進行改革，此改革將於 2021 年生效，這項改革涉及普通類（général）和技術類（technologique）會考，包括 70%的高中生；其中，會考總成績將由四項筆試和一項口試（占 60%）成績及平時測驗（占 40%）成績組成；普通高中之分科改由選擇 12 科專業課程代替，高二和高三總課時各為 12 小時；技術類會考的分科類別不變（關宇寧，2018）。

（二）課程

普通高中與農業高職因為都是三年，所以一起說明。兩者之第一年是共同科目，第二學年起，則依想取得之會考證書而做課程分流。

1. 普通高中與農業高職第一學年

配合第二學年課程分流，此學年是決定的過渡時期，稱為「進路決定期」。2010 年公布的課程包括必修學科共 8 科，即法語（4 小時）、歷史與地理（3 小時）、第一和第二外語（5.5 小時）、數學（4 小時）、物理與化學（3 小時）、生物與地球科學（1.5 小時）、體育（2 小時）、道德公民教育（0.5 小時）；進路決定選擇必修 2 科，從約 16 科中選修；另外自由選修 1 科，從約 9 科中選修。此外，再加「個人指導」（2 小時）及「班會」（年約 10 小時）組成（文部科学省，2016，頁 145）。

2.普通高中第二、三年

　　高中的第二學年以後，分為普通課程與技術課程。普通課程中再分成三組，即文學組（L）、經濟社會組（ES）、科學組（S）；技術課程分八組，即企業暨財經管理科技組（STMG）、衛生與社會科技組（ST2S）、酒店和餐飲業科學技術組（STHR）、工業暨發展科技組（STI2D）、實驗室科技組（STL）、設計暨應用美術科技組（STD2A）、音樂暨舞蹈技術組（TMD）、農業科技組（STAV）（Ministère de l'Éducation nationale, 2018b）。但是，2018 年法國教育部提出高中會考（baccalauréat）改革，以選擇 11 科專業課程取代普通高中之分科，其專業課程包含藝術、生態學—農業—領土特徵、歷史—地理—地緣政治—政治學、人文—文學—哲學、外國語言和文學、數學、數碼與計算機科學、生物與地球科學、工程科學、經濟與社會科學、物理—化學；其中，高二和高三專業課程總課時各為 12 小時（關宇寧，2018）。

三、職業教育

　　後期中等教育的職業教育包括：(1)職業高中（修業年限二至四年）；(2)普通高中技術課程之一部分（修業年限三年）；(3)實習技能養成中心（修業年限一至三年）。

　　中等教育階段取得的職業資格，包括職業適任證（CAP）、職業教育修畢證（BEP）、職業證書（BP）、技術者證書（BT）等。上述證書 CAP 和 BEP 稱第五水準，是短期職業教育資格，也是最低水準；而 BP 和 BT 是第四水準，和職業會考證書同級。另外，職業高中為取得各種資格者進行補習指導一年，可取得補習科修畢證書（MC）。

1. 職業高中以取得CAP和BEP之課程為主，自初中後兩年（修三年）或第四年（修二年）開始修讀，可取得CAP；而BEP是在初中畢業後讀兩年取得，且兩者都必須在企業實習，分發實習是學校的責任。另外，職業高中也為已取得BEP者，設置兩年為取得「職業會考證書」的課程，「職業會考證書」是 1987 年開始推動，原也具有高等機構入學資格之意涵，但實際上憑此資格入學者很少。

2. 普通高中技術課程之一部分，在普通高中二、三年級實施，而職業里賽中，也有實施職業教育，以取得技術者證書（BT）為目標。但實際上學生數很少。

3. 實習技能者培養中心是一種非學校的職業訓練制度，以十六至二十五歲青年為對象。根據 1997 年之統計，十六、十七歲人數占全部登錄職業教育或訓練人數的 42.4%，此種機構是由工商團體或企業所設置的，透過這種技術人員養成中心的教育，以及企業的實地訓練，以協助取得職業資格。其課程包含技術、理論及實務課程，一年約有 400 小時以上（文部科學省，2016，頁 137）。

四、證照（資格）考試

普通高中進入第二年要進行課程分化，由第一學年的學級委員會決定進級與否，家長不服仍可如前述向校外提申訴。據 1998 年之統計，高中留級率在 7.9 至 16.1% 間，職業高中在 5.8 至 9.8% 之間。

在第三學年結束時，每年由國家統一辦理會考。高中普通課程者參加「高中普通會考」，技術課程者參加「高中技術會考」。職業高中則以取得 CAP 和 BEP 為目標，另也可取得「職業會考」資格。

肆、高等教育

一、大學類型

法國高等教育機構可分大學（及附設機構）、高等專門大學（grandes écoles）、師資培育學院（Institut Universitaire de formation des maîtres, IUFM）及各種學校。高等專門大學有一部分附設在大學中，而高中也有附設高等教育課程。以下分項說明之。

（一）大學

2017 年，就讀法國大學者有 1,491,800 人，大學的學生數約占所有高等院校學生數 2,748,600 人的 54.27%（DEPP & SD-SIES, 2018, p. 13）。科系配置

與其他國家相同，依 2017 年之統計，本土內有 68 所（DEPP & SD-SIES, 2018, p. 63）。到取得博士學位共分三階段，第一階段課程二年，第二階段二年，第三階段四年，醫學院年限不同。而各階段中授予各種學位與資格。另外，大學附設機構有大學技術學院（Institut universitaire de technologie, IUT）、大學附設高級技術者學校、大學附設職業教育中心（IUP）。2017 年 IUT 總計有 111 所（DEPP & SD-SIES, 2018, p. 63）。

　　大學皆依法律設置，由國家教育部掌管，其附設之機關也是國立。不過在統計資料中有「私立大學」名稱，人數占高等教育機構的 1%，但此種學校在法律上不承認是大學，沒有學位授予權。私立高等教育機構，法律上禁止稱為「大學」，但在法律制定前，已有一所「基督教大學」是特例。

（二）高等專門大學

　　此種大學為培養公務人員和產業界幹部機構之總稱，在學者之人數不到一成，培養有關工商業、農業、建築、藝術、文化等高等職業專門人才，其機構包含國立行政學院、巴黎政治學院（高級官僚），以及高等師範學院（培養上級中等學校教師及研究者）等。入學者必須在主要的高中附設的預備學校就讀一至二年，經由入學考試而進入，修業另需三年。2017 年高等專門大學預備班（classes préparatoires aux grandes écoles, CPGE）有 450 所（DEPP & SD-SIES, 2018, p. 63）。

（三）師資培育學院（IUFM）

　　此為培養初等和中等教師之國立機構，1991 年以後，每個大學區各設一所，這是改組原有的培育小學的師範學校與中學教師實習機構而成，學生來自大學修畢三年的學生，入學後需再修業二年。但自 2013 年開始，由高等教育暨教育學院（ESPE）取代原先封閉的 IUFM，2017 年 ESPS 總計有 30 所（DEPP & SD-SIES, 2018, p. 63）。

（四）各種學校

　　除了上述學校外，另有如獸醫系、醫療周邊系、社會福祉系等各種專門

學校，2000 年約 600 校，入學條件和修業年限非常多元，當然不需要任何會考之證書。2017 年除大學、大學附設機構有技術短期大學部、高等教育暨教育學院、高等專門大學預備班（CPGE）以及中級技術者養成課程（STS）外，其他各種學校總計有 1,937 所（DEPP & SD-SIES, 2018, p. 63）。

（五）高中附設課程

自 1976 年以後依法即可設立，主要是高等專門大學預備班（CPGE）和中級技術者養成課程。前者修業年限為一至二年，分成以高級技術學校為目標的「科學班」，以商科學校為目標的「經濟班」，以高等師範學校為目標的「文學班」，在 2017 年時有 450 所（DEPP & SD-SIES, 2018, p. 63）。而中級技術者養成課程，是以培養中級技術者的短期高等教育課程，在主要的普通高中裡設置，修業兩年，含服務業共有八十八個組別。2017 年共有 2,449 所，其中公立有 1,503 所，私立有 946 所（DEPP & SD-SIES, 2018, p. 63）。

二、入學決定方式

（一）高中會考

法國高中生在 6 月底參加「高中會考」（le baccalauréat）之前，必須在 1 月至 3 月底使用「高考後錄取學制」（admission post-bac, APB）網路系統，填選欲申請之志願大學，最多可有 24 個選擇。7 月初會考放榜後，考生可就獲得錄取資格的大學（l'université）志願名單中，選擇想要就讀的學校（季茉莉，2018）。但是以網路系統方式申請志願大學，會發生某系申請人數超過招生數時，要隨機抽選學生的情況，以致成績好的學生不能讀自己嚮往的專業，而缺乏專業基礎的學生則被抽中，提高大學學士考核的失敗率（關宇寧，2017a，2017b）。

（二）高等專門大學獨立招考

除了透過會考升學，目前法國也有「高等專門大學」學制；和大學不同，大學校有自己的考試，或者按照高中生的分數與表現來選擇，欲就讀高

等專門大學，要先讀完兩年制的「預科班」（les classes préparatoires），接著經過競爭激烈的考試入學，錄取率相對較低。被錄取的考生將會在大學校裡學習三到四年的時間（季茉莉，2018）。

2018 年法國總統 Macron 簽署《學生指導和成功法案》（Loi d'orientation et de réussite des étudiants, ORE），意圖使法國的每一所大學都將以「個性化」方式來處理申請人，並依學校的預期標準做決定；其改革內容包含在高中加強專業指導、班級委員會將參與設計高考志願、全新在線高校錄取系統取代 APB、大學的回覆有三種（同意、有條件的同意、等待）、專設委員會為等待者找專業、為學士學位量身定做學習進程、終止大學生社保制度、改善大學生生活條件等（關宇寧，2017a，2017b）。

三、大學的學位與資格

法國高等教育學位和資格，於 2002 年推行與國際接軌之學碩博學制（LMD）高等教育新制，2012 年配合歐盟新制，致使法國大學學位和資格呈現種類繁多與複雜，說明如下（駐法國臺北代表處教育組，2018b）：

1. 大學文憑：大學之科系稱為「教學研究單位」（unité de formation et de recherche, UFR）。高中會考及格者，登記後分發入學。法國自 2002 學年度起，推行與國際接軌之 LMD 高等教育新制。高等教育學程仍然分為三階段，高中畢業會考後修業三年為學士（Licence），等於 bac+3；學士後修業兩年為碩士（Master），等於 bac+5；碩士後修業三年或三年以上為博士，等於 bac+8。為銜接舊制，其中碩士階段尚分為碩士第一階段（專業碩士）與碩士第二階段（研究碩士），以分別取代往昔之舊制碩士學程與高等深入研究文憑／高等專業文憑學程。

2. 大學職業學士文憑（Licence professionnelle）：招收持有二年制高級技師文憑（Brevet de technicien supérieur, BTS）、大學技術學院文憑（Diplôme universitaire de technologie, DUT）者，修業一年。

3. 大學技術學院文憑（DUT）：大學技術學院（IUT）修業二年後授畢業文憑；高級技師班學生以二年時間修讀高級技師文憑（BTS）。

4. 醫學科系文憑：醫學科系（醫科、牙醫、藥學）一年級學生進升二年級時有名額限制。一般醫科博士學位（Doctorat de médecine générale）須在大學修業九年。牙科與藥學博士學位（Doctorat de chirurgie dentaire, Doctorat de pharmacie）修業期間六年。

5. 高等專門大學文憑：以數理工程、商學、管理、文學等專業為主，招收高等專門大學預備班（CPGE，修業期間二年）畢業生，或持有二年高等教育同等學力者，透過入學競試（concours），擇優錄取，修業三年後發給各校文憑，具有碩士學位資格。亦有直接招收高中會考及格生進入高等專門大學修業五年之課程。若干高等專門大學設有專業（Mastère）研究課程，供已獲得高等專門大學文憑者以一年時間攻讀，為其最高文憑。

6. 美術學院文憑：隸屬文化部，2012 年起亦配合歐盟新制，短期課程修業三年，授造型藝術國家文憑（Diplôme national d'arts plastiques, DNAP）或藝術與技術國家文憑（Diplôme national d'arts et techniques, DNAT），相當大學學士同等學力；長期課程修業五年，授造型表達國家高等文憑（Diplômc national supérieur d'expression plastique, DNSEP），具有碩士學位資格。有些美術學院則另授各校自訂之文憑。

7. 建築學院文憑：亦隸屬文化部，自 2005 學年起配合歐盟新制，學程分為三階段。第一階段修業三年，獲頒建築文憑（Diplôme d'études en architecture），具學士學位；第二階段修業二年，獲頒建築師國家文憑（Diplôme d'Etat d'architecte），具碩士學位資格；第三階段則與大學博士學院合作，核發建築博士學位文憑（Doctorat en Architecture）。

四、高等教育特色

（一）提供免費的教育

　　法國為全民免費教育，無年齡、性別、國籍、學習年限之限制，只要能申請入學，則可享受免費的教育，在年齡上自二至二十六歲係為接受教育的年齡，可享受免費教育。依據 2015 年統計，大學每年每位學生教育支出約

11,680 歐元（46 萬 7 千元臺幣）左右（Ministère de l'Éducation nationale, 2017, p. 20）。

（二）入學機會公平，自由競爭

　　法國雖有明星學校，如專業學院、醫學院等，都是學生嚮往的學校，但均以公平會考方式甄選，學生只要能力夠，不分貧富背景，機會均等。在自由競爭下「以科取仕」，因此即使出身寒門者仍有出人頭地，躋身社會政要名流之機會。

第四節　師資教育

壹、師資培育

　　《1989 年教育導向法》取消了近兩百年的師範學院（校）（école normale），而另創設一附在大學或大學之外具有行政性質之公立機構，稱為「師資培育學院」（IUFM）。但自 2013 年開始，由高等教育暨教育學院（ESPE）取代原先封閉的 IUFM，2017 年 ESPE 總計有 30 所（DEPP & SD-SIES, 2018, p. 63）。

一、提高師資培育到碩士畢業水準

　　法國自 1990 年開始實施的師資培育，其入學資格已提升至學士學位。入學後，經過二年專業訓練後獲得畢業證書，經過教師證照考試取得一般教育教師適任證書者，才能當中學或小學老師。然 2010 年起，法國政府提高教師資格報考門檻，必須要碩士畢業才能報考，並廢除實習制度，改成論文撰寫。制度改革後，學生可於課程結束後拿到等同於碩士資格（bac+5）的畢業證書，並藉此取得正式教師資格；同年 9 月起，全法國各大學也可開設專門的教師考試準備課程，學生有更多準備教師資格考試的管道（李岳霞，

2011）。但此改革造成法國自2010學年起，新任教職的年輕教師中，幾乎有70%以上是毫無教學經驗的新老師，原因是原可提供教學實習的師範學院及實習制度已不復存在，而改為在師資培育改革措施中設於大學的教學科系取而代之（駐法國臺北代表處文化組，2012）。

二、高等教育、中小學和幼兒園之師資培育和在職進修合流訓練

以前中學教師由高等師範學院（école normale supérieure）培養，小學由師範學院培養，訓練方式不同。1990年以後規定大學師範學院可以培育中學師資。中小學師資培育課程僅部分有分別而已，大部分則相同，畢業後參加不同類別的教師證照考試。從此學前、初等、中等教育師資培育機構相同，待遇相同，社會地位也相同。但2013年ESPE的設置，負責幼兒園、中小學師資培訓外，另一項任務為負責大學區內中小學教師在職訓練；而高等教育機構內的教師職前與在職訓練，也是由ESPE負責；同時ESPE將有自己的裁決機制和預算（黃照耘，2013；駐法國臺北代表處，2013）。因此，ESPE主責所有教育階段之師資培育與在職訓練時，有回應各項師資培育的需求以及各個教育專業工作的需求，並發展完善的科學、教學法與教育學的培育制度。

三、教學技能與學術研究能力並重

以前師範院校的教育訓練較強調教學技能的培養，其後師資培育附設於大學，則可接受大學教授就學術研究方法的特長提供有關能力之訓練，以加強未來教師教學的能力，同時亦培養其對教育或教學有關問題的研究能力，在師資素質之提升與教育品質之提高上同時獲益良多。至2013年ESPE的設置，培育對象更廣泛的同時，與大學的關係也更為緊密（王薇，2015，頁2）；使ESPE充分發揮善用大學各種不同教學與研究單位的多樣性與豐富性。

四、師資之培育理論與實務兼重

法國 ESPE 師資培育，以交互交叉教育方式為重點，期望學術與實務兼有，所以論文之撰寫特別重視以實務問題為主軸，以理論基礎為依據，使獲得有實踐依據之有效知識。

ESPE 同時隸屬法國國家教育部與大學區，為專責培訓國家教師之高等教育機構，持學士學位者可申請入學（駐法國臺北代表處，2017）。

法國自 2013 年設置 ESPE 後，由 ESPE 負責幼兒園、中小學和高等教育機構之師資培訓和在職訓練，其「教學、教育與專業培育」碩士文憑可分成四項專長，包含：初等教育、中等教育、教育行政、育成實務與策劃（駐法國臺北代表處，2013）。

法國要求 ESPE 自行制定的課程目標及設置的課程，需以國家課程標準為基礎，並報國家教育部批准；同時，基於統一的教師教育課程標準和相似的課程目標，法國各大學區的 ESPE 中小學教師教育課程設置雖有差別，但課程結構大體相似，基本劃分為通識教育課程、學科專業課程、教師專業課程和綜合實踐（含學術研究）課程四大部分；ESPE 學制為二年，教學內容與 IUFM 相似，包括教學理論、教學實踐與實習（王薇，2015，頁 2）。

如前文所提，因 2010 年師資碩士化改革而式微的「實習、學業交替制」也因 2013 年 ESPE 的設置，重新獲得重視，學生在 ESPE 課程會進行多種實習（學士班「探索」實習、碩士一年級「觀察」實習、二年級「責任」實習）和「共同課程」的學習，而「共同課程」包含班級管理、輔導面臨困難的學生、評量、性向引導等的；ESPE 的課程時數，由各大學自行決定，碩一全年約 500 小時，碩二約 250 至 300 小時（駐法國臺北代表處，2013）。同時，ESPE 透過學院、行省與學區彼此緊密合作，建立與進行完善的實習制度（許宏儒，2012，頁 2）。

貳、在職進修

IUFM 培育除了中學（高中及初中）的高級教師資格（agregation）外，

包括小學、初中、高中、高等教育機構之普通教育、技術教育、職業教育、特殊教育，及非教職之學生指導員都有培養，有關教師之初期專業培養、聘用考試合格後之研修，以及初等及中等教師之在職進修都有實施。

2013 年「高等教育暨教育學院」（ESPE）取代師資培育學院（IUFM），承接所有教師進修，因此統合連結了師資職前教育與在職教育，其有兩項特色：

1. 強化進修教育的學術性：ESPE 因與大學區聯合，連結學術、專業實務與進修課程，並且 ESPE 與各類進修教育之教學人員合作，提供教學理論、技術與工具所需之相關資源。

2. 進修課程之訂定及執行：大學區總長訂定轄內教育人員的進修教育政策，並形成年度進修課程計畫（考慮要項有工作適應、實務職業發展、國家需求、職位晉升與環境配合等）→由督學、人力資源主管、師資培育學院校長、各學校校長、進修教育講師、教師公會代表等共同完成課程計畫→接著由大學區籍師資培育學院統籌計畫推動→再由大學區負責經費，師資培育學院負責選聘講師，進行進修活動→總體評鑑績效，以為後續改進之參考（楊深坑，2001）。自 2013 年 ESPE 取代 IUFM 以後，由校內特別設置的 ESPE 委員會管理，委員會的成員超過 30 位，分別為：教師、學生代表、行政人員代表、實習教師代表、在職進修人士代表、校外教育界人士代表等，代表任期為五年，ESPE 負責人任期也是五年（張國蕾，2016，頁 112）。

參、師資改革趨勢

2005 年伴隨著其他教育改革推動，法國政府於 2005 年 4 月 23 日頒布《學校前景計畫與發展導向法案》（la, loi du 23 arril 2005 dorientation et de programme pour lavenir de l'Ecole），其中有關 IUFM 之改革，是將 IUFM 整合到大學之中，基於此，將此機構之使命、目的與組織型態明確做了修訂。2005 年 9 月並提交「全國高等教育審議會」審議，2006 年 9 月開始適用（日本教育大学協会，2005）。進而，2010 年開始，教師培育移至碩士階段頒授教師

證書，亦即在大學讀完三年後，進入碩士讀兩年，再通過教師甄試，成為初任教師之第一年，屬試用階段，名份是非正式公務員，然後經過審查，再授與正式資格成為正式教師。

2013 年法國政府通過《法蘭西共學校重整規劃法》（ loi d'orientation et de programmation pour la refondation de l'École de la République）後，廢除全國各地大學 IUFM，改在法國每個大學區都設有一所 ESPE，ESPE 培育的項目包含初等教育、中等教育、特殊教育、教育行政、大學教師培訓和在職進修、非教育類的職業培訓、一般學科學術研究及國際合作教育（張國蕾，2016，頁 112）。

第五節　教育特色與改革趨勢

壹、法國教育特色與討論

一、留級問題的檢視

法國並不像我國之自動升級制，乃是採取「課程制」，亦即必須被認定修了該年度之課程者才能升級，否則就是「留置原級」（redouble-ment）。其比例小學低年級約 7%，小學高年級約 20%，因此進入初中時，已有三成留級過，初一時年齡差距已經出現；而在初中時，每一年又約一成留級，因此到第四學年時，比十四歲還大的約達到四成以上。一般皆知，留級制度方面，若有一次留級，可能再次留級，且其出現時間愈早，愈有其可能性，甚至提早離開學校，再與失業連結。因此，在 1980 年代出現「學業失敗」的流行語，成為法國社會的大問題。1989 年的《教育導向法》新訂定「學習階段」的政策，即是為了解決這項問題。其後留級率一時有下降傾向，不過 2004 年國家教育部發表的調查報告，卻又提及 1989 年進入初中的學生，追蹤研究其自小學至高中畢業的求學經驗，有過一次以上留級經驗者仍有 66.6%（二宮皓，2006）。另外，這份報告亦提出留級制度並無法幫助

學童回復學力外，對於法國也造成沉重的財政負擔（二宮皓，2006，頁49；駐法國臺北代表處教育組，2017）。因此，法國於2014年制訂嚴格的留級標準，意圖逐漸廢除此制度：但至 2016 年，法國因學生升學無助於學生學習，計畫重起基礎教育留級制度，同時推動補救教學機制（駐法國臺北代表處教育組，2017）。所以，法國留級制度未來如何處理，仍是一大問題。

二、偏重知識學習問題的調整

法國傳統重視學校傳授知識的功能，但最近因社會變遷，學生素質改變的影響，這種傳統思維方式受到重大的挑戰。特別是初中和高中生學習意願的下降，所以使得只重知識的傳達已不可行，如何引導學童主動地學習，以體會學習的意義，成為新的課題，法國於是也在初中（考萊治）及高中（里賽）逐步引入橫向統整的學習。

法國 1999 年發表「2000 年之考萊治」，主張從第三學年引入橫斷的統整學習，於是從同年的秋季各校開始試辦。由學生做跨科的主題式探討，最後做出一份可用各種方式呈現的成果報告。2002 年起，此實驗以「發現學習」正式名稱在第二、三學年成為必修科目，每週 2 小時。學生可從「自然與人的身體」、「藝術與人」、「語言與文明」、「創造與技術」四項主題中擇一研究（二宮皓，2006），並與課程中自由選修的兩科結合做研究，以使獲得整合的知識。

而高中部分，也自1999年度的新課程，設有「個別課題研究」（TPE），在第二、三學年每週兩節課，這也是培養問題解決能力的嘗試。

2016 年法國更提出「共通基礎知識技能教育」課程綱要，此一課程綱要，著重於「能力、知識與文化」的共同基礎能力培育，以期學生學會思考、運用知識、選擇合宜的思考路徑、解決問題、在意外情況下解決複雜任務等能力。

三、宗教中立性的遵守

法國的公共教育嚴格遵守宗教的中立性，是其非常大的特色。在《共和

國憲法》中，特別揭示非宗教性的原則，亦即在公共領域排除宗教，遵守宗教分離原則。1989 年巴黎北部女子中學生，帶著回教徒頭巾進校被拒絕之事件，引起了很大的爭論。法國已有 8%的移民，最近非洲裔已近一半，如何處理移民權益，成為重大問題。其後，因國務院判決「頭巾本身雖並不違反教育的中立性，但若意圖影響教育內容或意圖傳教時，則必須禁止」，加上對於伊斯蘭教徒在國內引發治安問題所導致的情緒問題，2004 年制定了一般稱為《頭巾禁止法》的法律，禁止一切與宗教有關的標誌與服裝（二宮皓，2006）。不過這問題仍餘波盪漾，值得觀察。

四、全國學力調查

法國自 1989 年以來，每年新學期開始，就對小三、初一及高一進行學力調查，小中學是法語及算數，高中另加歷史、地理、外國語，之所以選那幾個年級，主要是剛好為各學習階段做成果檢視。教育部在 9 月做完調查，11 月做完全國統計分析後，將學生正確回答及誤答之情況，轉送教師參考，這與英美式的績效檢核目的有很大差異。法國在 2001 及 2003 年兩次 OECD 之 PISA 各國學力調查報告中，都居於中間約十五名前後，應也對後續改革有一些影響。

2015 年 PISA 法國學生成績在經合組織成員國中繼續保持中等水平，但教育不平等問題依然嚴重，法國仍然是學業成績受家庭社會經濟條件影響最大的國家之一，PISA 更直接指出「法國學生的學習成果從出生就被決定了」；其中，家庭條件最好的學生與家庭條件最差的學生科學成績相差 118 分，困難學生人數不在少數（22%），約 40%貧困家庭出身的學生會遇到學業困難，法國的移民子女與其他學生的學業差距（62 分）比經合組織平均水平（43 分）高出近一半（世界教育信息，2017；駐法國臺北代表處教育組，2016）。

貳、教育改革

一、1990 年代的教育改革

1989 年《教育導向法》最大的特色在於，其提供了教育觀念的引導，根據觀念的修正或澄清，而有新的教育政策與諸種配合措施的呈現，故具有教育改革法令依據的角色。其主要內容在於重新界定法國教育制度的目標、重新規範國家教育的任務，以保障國民接受教育的權利。由此衍生的教育改革便反應了以下之教育理念，並落實在教育政策與教學上（黃政傑，1996，頁187-189）。

二、2000 年以後之教育改革

2000 年以後，法國政府陸續提出新的改革措施（駐法國臺北代表處文化組，2000），主要針對高中以下之基礎教育進行較大幅度之改革，包括：(1)小學推動外國語文教育；(2)強化學生評量；(3)加強國中生個別輔導；(4)推動高中課程改革。

三、2005 年以後的教育改革

當歐洲各國都在大力推動教育改革之際，特別是以英美為首的新自由主義市場原理橫掃全世界之際，法國仍能堅守「平等」的教育哲學，實屬不易。不過，基於國際競爭之觀點，致力提升國民的基礎學力仍屬必要，1985年設定十年內青少年應有 80%達到高中職相關會考之能力，目前尚未達到。2005 年新的《教育基本法》除設定上述 80%的目標外，另加同一年齡層所有的人都應擁有職業文憑，這顯示已能尊重個別能力差異，並同時確保全體素質的提升。

另外，2003 年 11 至 12 月，法國國民間曾廣泛討論有關制定新《教育基本法》的意見，焦點集中在「如何有效果地給予學童強烈動機，並使努力向學」，這問題也成為 2005 年新法的重點。在第 9 條中明列義務教育的共同基

礎（socle commum）是國語的習得、數學主要基礎原理的習得、行使公民權的人文與科學修養的習得、一個以上現代外國語的能力、日常運用資訊與通訊技術的習得。而且決定這些學力在初中結束時，將原有任意頒發的「初中結業證書」，改成考試方式，可見其更加注意義務教育基本能力的學得；其次，對於學校中部分學生的偏差行為，導致影響初中的教學，必須加以處理，例如：增設中繼班、有效防止校園問題、強化學生生活教育等都要推動。

2008 年，在初等及中等教育方面，小學廢止週六之上課，正式推動上課四天制。另外，為了學童能充分學得「共同基礎知識技能」，在小學二年級和五年級開始實施「學力測驗」。

2010 年，法國教育部改名，而高中（里賽）之新課程也自 2010 年在高一階段開始實施；另外為協助家庭文化不利小孩，也開始設置「優質宿舍」，供教育優先區小孩住校讀書，以提升學力。進而，在 2009 PISA 結果發表後，法國也大力推動理數科之科學教育。

四、2012 年以後教育改革趨勢

1. 教育行政：大學區由原先的 28 個，變更為 31 個。
2. 師資培育：(1)提高師資培育到碩士畢業水準；(2)設置 ESPE 取代原先 IUFM；(3)從高等教育至學前教育的一體化師資培育與在職進修。
3. 義務教育：(1)義務教育向下紮根，2019 學年將義務教育的起點從現行的六歲提早到三歲；(2)2016 年提出中小學「共通基礎知識技能教育」課程綱要，從共同基礎能力、知識與文化方面，培育學生學會思考、運用知識、選擇合宜的思考路徑、解決問題、在意外情況下解決複雜任務等；(3)從 2014 年的逐漸放鬆留級制度，到 2016 年的重啟留級制度和全力推動補救教學機制。
4. 高等教育：(1)2012 年以後，配合歐盟新制，致使法國大學學位和資格呈現種類繁多與複雜，包含大學文憑、大學職業學士文憑、大學技術學院文憑、醫學科系文憑、高等專門大學文憑等；(2)《2018 年學生指

導和成功法案》，使法國的每一所大學都將以「個性化」方式來處理申請人，並依學校的預期標準做決定；(3)2021 年開始的高中會考，普通高中以專業課程取代原先分科制度。

5. 教育經費：法國中等教育和高等教育經費支出，逐年攀升。

關鍵詞彙

高等專門大學　　　　大學區
深化學習期　　　　　高等教育暨教育學院（ESPE）
學習節奏　　　　　　高中普通會考（bac）

自我評量題目

1. 請說明法國教育行政制度架構。
2. 請比較法國教育制度與臺灣教育制度的不同。
3. 請論述法國中等教育制度之特色。
4. 請說明法國教育的特色。
5. 就你個人對於我國教育之了解，試比較法國教育與我國教育問題之異同。

參考文獻

一、日文部分

二宮皓（2006）。**世界の学校**。東京：学事出版。

日本教育大学協会（2005）。**世界の教員養成 2**。東京：学文社。

文部科学省（2002）。諸外国の初等中等教育。**教育調查，第 128 集**。東京：作者。

文部科学省（2016）。諸外国の初等中等教育。**教育調查，第 150 集**。東京：作者。

文部科学省（2017）。**諸外国の教育統計，平成 29（2017）年版**。取自 https://reurl.cc/20yrbX

文部省（2000）。諸外国の教育行財政制度。**教育調查，第 126 集**。東京：作者。

二、中文部分

丁志權（2016）。**六國教育制度分析：美德英日法中**（第三版）。高雄市：麗文文化。

王文科等（編著）（1973）。**各國教育制度**。臺北市：文景。

王薇（2015）。**中法中小學教師職前教育 課程結構比較研究**。取自 https://reurl.cc/GVLelp

世房網（2015）。**法國基礎教育持續採用留級制度**。取自 https://reurl.cc/WdMDVZ

世界教育信息（2017）。**PISA 2015：法國教育不平等問題再次凸顯**。取自 https://reurl.cc/8GLqL4

李岳霞（2011）。**法國師資培育「碩士化」**。取自 https://reurl.cc/1x7e7X

季茱莉（2018）。**法國大學鬧教改？「入學自由」造成的教育不平等**。取自 https://reurl.cc/MvLRLK

張國蕾（2016）。法國師資培育中的國際合作教育。載於溫明麗（主編），**國際教育人才培育之策略研究**（頁 109-128）。臺北市：國家教育研究院。

教育部（2018）。**法國學制手冊**。取自 https://reurl.cc/ar81Al

許宏儒（2012）。**法國「教師與教育高等學院」**。取自 https://reurl.cc/ZOqXvA

陳奎憙、溫明麗（1996）。**歐洲教育，文化記趣**。臺北市：師大書苑。

黃政傑（主編）（1996）。**各國教育改革動向**。臺北市：師大書苑。

黃照耘（2013）。**法國當前教師教育改革與職前課程介紹**。取自 https://reurl.cc/g7pZ1R

楊思偉、王如哲（2004）。**比較教育**。臺北縣：國立空中大學。

楊深坑（2001）。法國中小學教師在職進修制度研究。載於楊深坑（主編），**各國中小學教師在職進修制度比較研究**（頁 175-188）。臺北市：揚智文化。

維基百科（無日期）。**法國**。取自 https://reurl.cc/ex7XAb

駐法國臺北代表處（2013）。**法國高等教師學院培育系統尚待完善**。取自 https://reurl.cc/0olEel

駐法國臺北代表處（2016）。**PISA 揭露嚴重階級差距　法政府：改革需時間**。取自 https://reurl.cc/j7YleZ

駐法國臺北代表處（2017）。**駐法國代表處張銘忠大使主持教育組與法國教師與教育高等學院系統合作備忘錄簽約典禮**。取自 https://reurl.cc/NjLq86

駐法國臺北代表處文化組（2000）。**法國教育改革措施**。取自 http://education.br-asso.fr/intor_1.html

駐法國臺北代表處文化組（2012）。**法國師資培育改革政策未盡理想**。取自 https://reurl.cc/nz47M1

駐法國臺北代表處教育組（2013）。**教育行政體制**。取自 https://reurl.cc/GVLeqx

駐法國臺北代表處教育組（2017）。**擬重啟基礎教育留級制度　法國社會正反看法兩極**。取自 https://reurl.cc/nz4721

駐法國臺北代表處教育組（2018a）。**提前義務教育至三歲　法國致力填補幼兒學習落差**。取自 https://reurl.cc/ZOqXgl

駐法國臺北代表處教育組（2018b）。**法國學制簡介**。取自 https://reurl.cc/NjLq8Q

聯合國經濟和社會事務部（2019）。**法國人口**。取自 https://reurl.cc/7XLRAN

關宇寧（2017a）。**法國大學錄取不公平　馬克龍誓言改變抽籤方式**。取自 https://reurl.cc/AqLdWQ

關宇寧（2017b）。**法國高校改革　不再抽籤錄取**。取自 https://reurl.cc/3DpOlj

關宇寧（2018）。**法國高中會考新規則出爐**。取自 https://reurl.cc/MvLRx4

三、英法文部分

DEPP & SD-SIES. (2018). *Repères et références statistiques sur les enseignements, la formation et la recherche 2018*. Retrieved from https://reurl.cc/ar81j7

Ministère de l'Éducation nationale. (2016a). *The state of Education 2016: 30 indicators of the French education system*. Retrieved from https://reurl.cc/0olE8A

Ministère de l'Éducation nationale. (2016b). *Qu'apprendront les élèves de 6 à 16 ans à la rentrée 2016 ? Découvrez le socle commun de connaissances de compétences et de culture*. Retrieved from https://reurl.cc/GVLeyx

Ministère de l'Éducation nationale. (2017). *Key figures*. Retrieved from https://reurl.cc/V6Q8OZ

Ministère de l'Éducation nationale. (2018a). *Programmes et horaires à l'école élémentaire*. Retrieved from https://reurl.cc/yZ4kN2

Ministère de l'Éducation nationale. (2018b). *The organisation of the school system*. Retrieved from https://reurl.cc/KkLMWM

第七章

德國教育

 基本資料

國　　名：德意志聯邦共和國（Bundesrepublik Deutschland, BRD；
英文縮寫 FRG 在國際間也很常用），簡稱德國
（Deutschland）

面　　積：357,021 平方公里（世界第 63 名）

人　　口：8,141 萬人（2019 年）

種　　族：德意志人、其他民族（丹麥人、索布斯拉夫人）、
外國人（土耳其、義大利、俄羅斯、波蘭等）

國民所得：47,450 美元（2018 年），
世界第 14 名

學　　制：4-9（6, 5）-4

義務教育年限：九年（其中部分邦十年）

在閱讀過本章內容後,學習者應能夠:

1. 了解德國教育的發展歷程。
2. 了解德國教育行政制度之特色。
3. 了解德國教育自學前至高等教育之學制。
4. 藉由德國教育經驗思考我國的教育問題。

　　德國為世界主要的工業化國家之一,位於歐洲中部,北部是北海、丹麥和波羅的海,東部與波蘭和捷克接壤,南臨奧地利和瑞士,西面則臨法國、盧森堡、比利時以及荷蘭。

　　德國共有十六個邦組成,教育屬各邦權限,各邦各設教育部,設計並執行各自之教育政策。學校制度方面,基礎教育所有學童上相同的基礎學校四年,中學則採三分歧式(或稱刀叉式、鼎力式)之教育體系。學童滿六足歲開始接受義務教育九年,讀完四年(柏林市為六年)之基礎學校(Grundschule)教育後,家長可依學童之能力、性向,為其選擇三種不同中等教育機構之一就讀,各自年限不同,若不是繼續就讀學術型中學,則必須接受職業訓練,以使取得職業證照。而高等教育歷史悠久,分一般大學和高等職業專門學校,入學方式則以獲取成熟考試(Abitur)合格證書等申請排序進入。

　　德國整體教育基本上仍保留菁英理念,但高等教育入學率也在提高,中小學教育,如學力提升問題、改為全天制上課問題等,是教育改革之重大課題。

第一節　國家背景

　　德意志聯邦共和國，簡稱德國，為世界主要的工業化國家之一，位於歐洲中部，北部是北海、丹麥和波羅的海，東部與波蘭和捷克接壤，南臨奧地利和瑞士，西面則臨法國、盧森堡、比利時以及荷蘭，以下分項說明之（楊思偉、沈姍姍，2000；維基百科，無日期）。

壹、歷史與文化

　　雖然中世紀以來，德語以及德意志民族神聖羅馬帝國（Heiliges Römisches Reich Deutscher Nation 或 Sacrum Imperium Romanum Nationis Germanicae）已經存在，但直到 1871 年德意志帝國成立，才建立現代民族國家。

　　其次，由 Adolf Hitler 領導的德國國家社會主義黨（納粹黨，NSDAP）於 1933 年取得政權，在他的主導和其他政黨讓步下，通過了一系列反猶太人和反阻擾納粹黨的人的法律。Hitler 對鄰國領土的野心導致了第二次世界大戰的爆發。1939 年 9 月 1 日，德國部隊進攻波蘭。

　　第二次世界大戰初期，德國取得了軍事上的勝利，成功挾制了歐洲本土的大部分地區，以及蘇聯和北非的大片領土。1941 年，德國開始了大屠殺（Holocaust），殺害了大約 600 萬名猶太人、大約 1,000 萬名斯拉夫人和吉普賽人等，以及強迫其他「劣等民族」作為強制勞工。1945 年 5 月，德國在 Hitler 自殺後正式投降。

　　德國在第二次世界大戰後曾被分為西德和東德，當時的德意志聯邦共和國是指西德。1990 年時兩德統一，統一後的德國（包括統一前東、西德的地區）稱為德意志聯邦共和國。基督教新教和天主教是德國的兩大主要宗教，現在占總人口的 68.7%；除此之外，還有 5.8% 的人口信奉回教，其餘 24.7% 的人口則沒有宗教信仰，或屬於其他較小規模的宗教（猶太教 0.3%，佛教

0.3%）；當今德國的猶太人人口約 244,253 人（占總人口 0.3%）；2019 年德國總人口數為 8,141 萬人（聯合國經濟和社會事務部，2019）。

德國對世界文化貢獻良多。德國是多位著名音樂家的搖籃，如 Beethoven、Bach、Brahms 和 Wagner 等；著名的詩人則有 Goethe、Heine 和 Schiller；哲學家有 Kant、Hegel、Feuerbach、Marx 和 Nietzsche；科學家如 Einstein、Planck 等。至今共有 104 位德國科學家獲得諾貝爾獎，其獲獎項目包含物理、化學和生理醫學獎等。

貳、地理及人口

德國位於歐洲中部，南臨阿爾卑斯山脈，北部則環北海和波羅的海。陸上與法國、瑞士、奧地利、捷克、波蘭、丹麥、荷蘭、比利時、盧森堡共九個國家接壤，是歐洲西部鄰國最多的國家。在交通方面，聯通歐洲東西部和南北部的高速公路和鐵路都經過這裡，有歐洲路上「十字路口」之稱。法蘭克福國際機場是歐洲第二大機場，也是貨運量第一大的機場。

德國地勢南高北低，呈階梯狀，南北兩地農業有較大差異。北德多平原，地勢低平，氣候夏季溫涼，冬季陰冷，土壤較為貧瘠。農村主要利用草場發展畜牧業，也種黑麥、燕麥、馬鈴薯，經營比較粗放，人口較為稀疏。南部為高原山地，河谷地帶土壤肥沃，日照時間較長，盛產葡萄、菸草、水果，以及用於製造啤酒的啤酒花。德國境內有多條歐洲主要河流穿行而過，包括了萊茵河、多瑙河、易北河等。

德國人口主要是德意志人。在德國北部有少數丹麥人居住，薩克森地區則有少部分索布斯拉夫人口。德國境內有大約 700 萬定居的外國人，包括了外國僱員、政治庇護人士以及他們的家屬。還有一些來自土耳其、克羅埃西亞、義大利、俄羅斯，以及波蘭的移民。

參、政治及經濟

德國自 1949 年起（第二次世界大戰後），成為一個採用議會民主的聯

邦制國家，聯邦擁有一個兩院制的議會，而各邦（或稱州）在教育、警察和其他方面，皆有高度的獨立主權。

德國的國家元首是聯邦總統（Bundespräsident），任期五年，由聯邦大會（Bundesversammlung）間接選舉產生。聯邦大會由聯邦議會（Bundestag）議員及同樣數目的各邦代表組成，專門選舉國家的元首。總統的權利受到限制，其角色大部分都是象徵性的。

德國聯邦議會由兩院組成，兩院一起組成了德國的立法機構。聯邦議會代表由直選或間接選舉產生，任期四年，設有聯邦議會議長（Bundestagspräsident）一人，在國內外禮儀上享有僅次於聯邦總統的第二高地位。聯邦參議院（Bundesrat）代表則來自十六個聯邦州（Bundesländer），參議院主席（Bundesratspräsident）由聯邦總理輪流擔任，在國內外禮儀上享有第三高地位。

德國總理（Bundeskanzler）雖然在國內外禮儀上僅享有第四高地位，卻是德國聯邦的政府首腦。總理往往是議會多數黨的成員，由議會選舉產生。聯邦政府設副總理一人，現行的《基本法》（Grundgesetz）力圖避免重蹈威瑪共和國的覆轍，規定了如總理的間接產生、政黨必須獲得5%選票或三個直選席位才能進入議會、只有下院全體議員都同意繼任者之後才能免去總理、軍隊除救援外不許使用於國內事務等。也正因為如此，到目前為止的歷屆德國政府都是聯合內閣。德國聯邦的憲法體制（Verfassungsrecht）由《基本法》、《統一協議》（Einigungsvertrag）以及其他國際協議組成，各州另外有自己的憲法，但受聯邦憲法體制約束。

德國擁有一個分立的聯邦司法系統，包括一個憲法法庭、高級法院，以及在行政、金融、勞工和社會議題方面有管轄權的法庭。德國的最高法院是聯邦憲法法庭（Bundesverfassungsgericht）以及歐州法庭（Europäischer Gerichtshof），各邦另外設有邦憲法法院（Landesverfassungsgericht）。公民在有充分理由情況下，可以通過行政訴訟取消政府行政措施，通過憲法訴訟解除政府立法，通過歐洲法院還能夠達到憲法不恰當條款的修改，這樣就確保了憲法解釋的統一性、歐盟協議在全歐洲解釋的統一性，並保護了公民的基本權利。

德國是歐洲貨幣聯盟的創建成員,歐洲中央銀行設在德國的法蘭克福。然而,德國社會市場經濟體系卻出現重大問題,長期為許多社會問題所拖累。經濟結構的僵化導致高失業率,成為長期而非週期性的經濟問題,而德國的高齡化問題也給社會保障體系造成了巨大的壓力。統一後德國是全球技術第三高的經濟體,僅次於美國和日本。德東地區的經濟發展,也是一個長期的、花費巨大的政策負擔。

德國擁有頂尖的技術,有世界領先的機械工業、光學工業、化工,以及汽車、飛機、太空、潛艇等製造業。德國的大部分民眾屬於中產階級,良好的社會福利制度為人民提供了相對世界水平來說較高的醫療服務、失業保障,以及其他社會需要。

肆、行政

德國行政區被劃分為十六個邦(Bundesländer),其中有三個是獨立的城市邦:巴登—符騰堡(Baden-Württemberg)、巴伐利亞(Bayern)、柏林(城市和州)(Berlin)、布蘭登堡(Brandenburg)、不來梅(城市和州)(Bremen)、漢堡(城市和州)(Hamburg)、黑森(Hessen)、梅克倫堡—前波莫瑞(Mecklenburg-Vorpommern)、下薩克森(Niedersachsen)、北萊茵—西法倫(Nordrhein-Westfalen)、萊茵蘭—普法爾茨(Rheinland-Pfalz)、薩爾(Saarland)、薩克森(Sachsen)、薩克森—安哈特(Sachsen-Anhalt)、石勒蘇益格—荷爾斯泰因(Schleswig-Holstein)、圖林根(Thüringen);僅有 4 個邦(巴登—符騰堡邦、巴伐利亞邦、黑森邦和北萊茵—威斯特伐利亞邦)下設行政區(Regierungsbezirk),總計 19 個;郡(Landkreis,也稱 Kreise)和市鎮(Gemeinde)則在邦或行政區之下,目前約有 294 個郡。

第二節　教育行政財政制度

壹、聯邦教育行政

　　德國的教育行政組織基本上可區分為五級：聯邦、邦、省（郡）、縣（市）。德國教育文化權屬各邦，所以各邦規定並不同，除了少數幾所聯邦政府設立大學及私立大學之外，所有大學校院均屬邦立，除幼兒園外，中小學至大學均免學費。各級學校經費皆是由政府所負擔。

　　聯邦主管教育之機構稱「教育研究部」（Bundesministerium für Bildung und Forschung, BMBF），部長下設政務次官與事務次官各 1 人。部本身設一秘書處及八個司，部長、政務次長及秘書處在柏林外，其他司處仍在波昂辦公（Federal Ministry of Education and Research, 2019a）。依照《聯邦憲法》之規定，除高等教育大綱立法權、學校以外的職業訓練和繼續教育、高等教育機構的入學許可和修業資格、獎學金、學術研究和科學技術開發的補助、青少年援助等，其他未明示者皆屬邦之教育權限（文部科學省，2013，頁177-178）。有關全國教育事項之協調機制，則由「各邦教育部長聯合會議」負責，此機構是基於各邦行政協定而組成，只要認為有必要，或經由二位以上成員提議，即可召開，但大致約二個月召開一次。各邦皆有一票投票權，但規定須全部同意才算通過。且在此之決議，對各邦並無約束力，由各邦制定成法律後才有實質規範（文部省，2000）。教育研究部下設有「大學建設計畫委員會」，每四年針對大學之發展提供具體計畫，供決策參考；另外，「聯邦暨各邦教育計畫及研究補助委員會」協助處理教育重大問題及研究補助事項。2017 年「教育研究部」的預算為 12 億歐元，相較 2016 年增加7.6%，可見教育和研究持續是德國聯邦政府關注的焦點（Federal Ministry of Education and Research, 2019b）。

貳、邦層級

　　德國的所有教育相關事項都是被國家所監督。聯邦政府及各邦各司其職，各邦則有大部分與教育相關的立法及行政權。聯邦除了對高等教育及職業教育的架構做規範外，邦可依各自狀況彈性處理。因此兩者並不是上下關係，是一種對高等教育之協助關係（文部省，2000；BMBF, 2019）。

　　邦教育行政機構之設置，包括名稱，又因邦而有不同，此處暫以教育部統稱之。有的邦甚至分成管理初等與中等教育之教育司，與管理高等教育及學術研究之教育司，至於青少年教育和文化行政又由另外的司管理。

　　邦主管各自區域內之中小學教育之制度、教育目標、課程、教師資格及僱用、教育計畫等，而經由配置在各地之督學監督之；另外，還負責各邦高等教育之維持與管理。教師身分是邦的官員，其任用權屬於邦之權限。

參、地方層級

　　地方層級部分，較大的邦分成省學校廳（因邦名稱有異）、郡學務廳、縣、市共四個層級，但面積較小者，可能沒有省或沒有郡層級，只設三層或二層也有。學校部或學務部，原則上隸屬於一般行政機關，但也有獨立設置的。

　　配置在省的督學監督高級中學（Gymnasium）、實科中學（Realschule）及職業教育學校，這些學校之設置及維持由省負責；而配置在郡的督學則監督基礎學校（Grundschule）及主幹學校（Hauptschule），這些學校之經費及管理由郡負責（文部科學省，2013，頁 183-184）。

肆、學校層級

　　學校層級之行政，傳統上校長權力很大，但自 1910 年以後，家長及學生參加或協助學校行政之機制逐漸形成，到 1970 年代以後，幾乎所有的邦

都已經法制化。在《學校法》或《學校參加法》中，名稱是「學校會議」或「學校委員會」等，成員包括教師、家長、學生三者，三者之比例，初等教育是 1：1：0；初中則是 3：2：1；後期中等學校則為 3：1：2。此組織對於重要事項之提案、審議及決定與否之權限，因事項而有所不同，且因邦而有所不同。此學校會議可以處理之事項包括：(1)學校生活及教學組織化事項：校規、功課表、休息時間、教室分配；(2)學生之保護：上下學安全、協助通學、校內事故防止；(3)學校行事：學校間合作、畢業旅行規則、工廠博物館參觀、遠足等。其他另有教科書之選定、班級活動、作業、評量基準、社團活動等一部分事項，進而有些邦對於學校之存廢、分割、合併等之審議及認可也有權限，部分邦對於校長之選任也可部分參與，但人事之最終決定權仍在邦（或省）身上（文部科學省，2013，頁 188-189）。

伍、教育財政制度

德國因是聯邦制國家，所以財政上通常分聯邦、邦、地方三級，各自依靠稅收而編列預算。但因各邦條件不同，所以聯邦政府會運用「財政調整」方式，使財力較弱的邦，也能確保獲得平均每人稅收的 95%。

因教育權實際上落在邦身上，所以教育經費的九成以上由邦和地方負擔。聯邦的教育財政主要是負責高等教育機構的新設與擴充之補助款交付，依《憲法》規定，在此情況時聯邦和邦各負擔一半。另外，依據行政協定及法令，聯邦需負擔部分經費，如高等教育費約 10%，初等及中等教育則負擔獎學金及教育實驗計畫的補助款等，但只占約 1%。相對地，邦則在初等及中等教育方面，負擔教師薪給等，約占全體的七至八成，而高等教育部分的人事費、運作費等，約占全體的一半（文部省，2000）。地方層級因是初等與中等教育的設置者，所以通常負擔二至三成的經費。目前德國從初等、中等至高等教育，原則上是免費，初等與中等教育之教科書也是採取免費借閱的方式。以 2009 年為例，聯邦負擔約 6%，州負擔約 70%以上，地方負擔則為 20%以上（文部科學省，2013，頁 196）。

第三節　學校制度

　　德國學制屬地方分權，且各邦規定不同，以下只就其大致相同之處做簡單的概述。在教育制度上，德國採三分歧式（或稱刀叉式、鼎力式）之教育體系。學童滿六足歲開始接受義務教育，讀完四年（柏林市為六年）之基礎學校教育後，家長可依學童之能力、性向，為其選擇後列三種不同中等教育機構之一就讀：

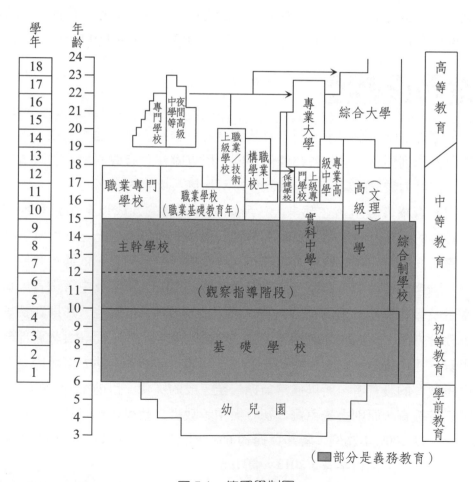

圖 7-1　德國學制圖

資料來源：文部科學省（2017）

1. 高級中學：五至十三年級，共九年。

2. 實科中學：五至十年級，共六年。

3. 主幹學校：五至九年級或十年級，共五年或六年。

　　主幹學校九年級畢業生大部分繼續在德國二元制之職業養成教育體系內，接受三至三年半不等之學徒訓練，並於取得職業證照後進入就業市場。實科中學十年級畢業生取得中間成熟（Mittlere Reife）資格，可選擇繼續接受學徒訓練或選擇升入高級中學或升學就讀全時制之各種不同職業學校，並於通過考試後取得專科學院入學資格（Fachhochschulreife）。高級中學十三年級畢業生通過成熟考試取得大學入學資格（Hochschulreife）。主幹學校及實科中學畢業生亦可透過第二教育途徑（zweiter Bildungsweg），經由就讀夜間高級中學（Abendgymnasium）取得大學入學資格。

　　1990 年以後，兩德統一，教育制度統整為原西德模式（共 11 邦），但目前德東地區（共 5 邦），在中等教育部分，將主幹學校與實科中學合成一種學校，故在中等教育階段只有兩種類型之制度。

壹、學前教育

　　三歲未滿者原則上進入保育所，但也有進入幼兒園者，而年滿三至六歲的兒童可入幼兒園就讀，但幼兒教育非屬國民義務教育，因此並非強迫性的。幼兒園大多由私人機構（如教會、工商業團體）設立，皆要繳費，並非義務教育。德國的幼兒園並不分大、中、小班，採混齡教學，每班至多不超過 20 人。2016 年就讀公立幼兒園三至五歲者有 684,244 人，公立幼兒園數有 5,657 所，就讀私立幼兒園三至五歲者有 1,294,942 人，私立幼兒園數有 12,024 所（文部科學省，2019），足見私立幼兒園在就讀人數和園所數上，皆是公立幼兒園的約兩倍。但就 2011 年統計資料，已經有 7 邦學前教育一年、2 邦學前教育三年是免費的（文部科學省，2016，頁 166）。

　　另外，滿五歲以後，也可進入基礎學校附設之「預備班」；而身心有障礙者，雖達就學年齡，也可以先就讀基礎學校附設或特殊學校附設之「學校幼兒園」。2016 年就讀公立學校幼兒園者有 23,710 人，公立學校幼兒園有

1,129 所，就讀私立學校幼兒園者有 3,882 人，私立學校幼兒園有 131 所（文部科学省，2019）。

貳、初等教育（基礎學校）

　　學生滿六足歲入讀基礎學校，基本上小學教育為時四年，四年級畢業後即升入中學，也有邦如柏林和布蘭登堡等兩邦是六年。之後學生即進入兩年的「觀察指導階段」（Orientierungsstufe），形式各邦不一，大致分為兩種，一種係隸屬於各類中學，一種是獨立的。

　　德國義務教育大部分的邦訂為九年，其中有五邦訂為十年（文部科学省，2016，頁 166-168），義務教育結束後，若沒有繼續讀書，通常還有三年，即到十八歲為止，要接受部分方式（每週一到二天）到職業學校就學之義務，稱為「職業學校就讀義務」，其責任在青少年、家長及接受青少年之企業。

　　德國各級學校之教育目標，由邦自行訂定，而課程也是由各邦自訂。小學部分，科目包括德語、算數、事物科、宗教／倫理、美術、音樂、體育、第一外國語等；其中，事物科內容多為理科、社會、地理、交通教育、性教育等議題之統整課程；另外，多數的邦第一學年是 20 至 22 節，第一學年和第二學年合計 42 節，第三學年和第四學年合計 50 節；其中，第四學年 27 節以下，每節 45 分鐘，多數的州施行每週五日制，但也有學校實施每週六日制，其決定權在學校會議，上課方式一天約 5 至 6 節（從早上七點半或八點半開始，直到下午一點半），只上半天課（文部科学省，2016，頁 181）。

　　2016 年就讀公立基礎學校有 2,672,437 人，公立基礎學校有 14,597 所，就讀私立基礎學校有 96,462 人，私立基礎學校有 868 所，公立基礎學校在學生數與學校數遠多於私立基礎學校（文部科学省，2019）。

參、前期中等教育

　　進入中等教育時沒有入學考試，基礎學校讀完時，升入主幹中學不需考

評，而升入實科中學和高級中學，則須經由學校教師學年會議共同判定「合適」才可；若與家長期望不同時，目前原則上尊重家長意願。但暫時升入以後，過一陣子，部分邦仍會再進行學力適切與否之考評，部分則尊重家長之選擇。

第五學年起是前期中等教育，最初兩年是「觀察指導階段」（或稱定向階段，因邦名稱有異），通常是附設在三種中學之中為多，少部分是獨立設置。中學分下述三種，都是實施普通教育，部分邦有設綜合中學（Gesamtschule），但數量不到10%。依2016年之統計，主幹學校數占28.31%（3,678所），實科中學 14.23%（1,849 所），主幹學校與實科中學的混合學校15.93%（2,070 所），高級中學23.94%（3,110 所），綜合中學17.56%（2,281所）（文部科學省，2019）。

一、主幹學校

主幹學校在為將來的職業教育做準備。在主幹學校讀完九年級，即可升入為時三年的職業學校（Berufsschule）就讀。在職業學校裡，每週上課時間僅 8 至 12 小時，其餘時間則須至工廠或企業實習。

在主幹學校後，部分邦對於成績優秀者，亦可轉入實科中學，讀至十年級，十年級結業，其學歷與實科中學畢業相當。之後可轉學就讀或進入職業學校。

二、實科中學

實科中學的教育方向介於高級中學和主幹學校間，是比主幹中學具更高水準之普通教育機構。實科中學十年級結業，可進入全日制上級專門學校（Berufsfachschule）就讀，亦可在實科中學中讀完十年級，通過畢業考試，然後申請進入高等專門學校（Fachhochschule, FH）。

三、高級中學（或稱文理中學、古典中學）

高級中學的教育期限為九年（五至十三年級），至九年級為止為義務教

育，其後為選擇教育。在德國欲上大學，一定須讀完高級中學十三年級，並通過成熟考試，獲得成熟證書才可。另外，夜間高級中學則為已經在工作者提供大學入學資格之機構。

四、綜合中學

1970 年德國教育參議會建議，將綜合中學納入中學教育體系，但直至1973年聯邦政府才同意。綜合中學的宗旨是想把高級中學、實科中學和主幹學校三種學校的課程融合在同一個學校內。課程實施分為兩種：一是基本課程（Grundkurs），同年級的學生不問程度共同上課；二是專長課程（Leistungskurs），依學生程度分別教學。而其型態亦分兩種，即合併型，原有三種學校之課程並列；另外是統整型，課程完全融合在一起。綜合中學的就讀年限分為兩個階段：一是義務教育階段，由五至十年級或七至十年級（如果小學到六年級）；二是選擇教育階段，最高可到十三年級。十三年級畢業的學生其學歷同高級中學的畢業生。在九年級和十年級分別可取得主幹學校和實科中學之畢業證書。

五、主幹學校與實科中學的混合學校

這是在德東地區新設的學校類型，名稱有中間學校、中等學校、通常學校等。五、六年級是共同課程，七年級起進行分化課程，包含原有之兩種學校課程，九年結束可取得主幹學校之畢業證書，第十年可取得實科中學之畢業證書。

課程方面，前期中等學校課程包括所有類型之學校五至九學年（義務教育是十年之邦則到十年）。德語、第一外國語（通常是英語）、第二外國語（通常是法語）、數學、物理、歷史、政治、音樂、美術、體育、宗教都是核心科目列為必修。選修科目是必修科目的增強或補充，又可分為自然科學和社會科學，學生可依照自己的興趣修課（文部科學省，2016，頁187）。

就節數而言，五至六年級合計57節，七至十年級合計為122至124節，總計為179至181節。各科節數部分，德語、第一外國語每週5節，數學4

節，體育 3 節，宗教／倫理 2 節，美術音樂 4 節，生物 2 節，地理、政治、經濟、歷史各 3 節，班會 1 節（文部科學省，2016，頁 186）。

肆、後期中等教育

德國後期中等教育主要是指高級中學十一至十三年級，以及各種類之職業教育，據統計，十一年級約有四成學生接受職業教育或訓練。以下分兩類敘述之。

一、高級中學上段班

這是指九年制高級中學之最後三年，相當於自小學算起的十一至十三年。德東地區部分因高級中學是八年制，故部分是指十一至十二年級。此階段畢業，有高級中學畢業證書，就可取得大學入學許可。

課程部分，第十一年是共同課程，十二年及十三年課程分基礎學科與重點學科兩類。

（一）導引階段

在導引階段中，每位學生都應必修的科目可包含三大領域：語言／文學／藝術領域、社會科學領域、數學／自然科學／技術領域；其中，德語每週 3 節，外國語（其他外國語）每週 6 節，美術／音樂／舞臺藝術每週 2 節，政治／經濟每週 2 節，歷史每週 2 節、宗教／倫理每週 2 節，數學每週 4 節，物理／化學／生物每週 6 節，體育每週 2 節等（文部科學省，2016，頁 189）。

（二）資格階段

在資格階段中可包含專攻科目、主要科目、補充科目、選修科目；其中，專攻科目和主要科目每週各 4 節，補充科目每週 2 至 4 節（文部科學省，2016，頁 190）。

二、職業教育

此又分為企業與職業學校合作之雙元制型態，以及各種職業教育學校（職業學校、職業專門學校、上級專門學校、職業上構學校、專門高級中學、職業／技術上級學校等）中進行的兩種方式。

（一）企業與職業學校合作之雙元制型態

此是指義務教育結束後，進入企業就業當學徒之際，一方面接受企業實務訓練外，一方面必須義務到職業學校接受職業理論教育和一般教育，每週一至二天，時間依職業別可能是二至三年半，以三年最多。

（二）職業教育學校

1.職業學校（職業基礎教育年）

最基礎之職業教育和訓練，採全日制或定時制方式，第一年修畢算是雙元制職業教育和訓練的職業基礎教育年，進行二至三年半之課程。課程包含德語、社會、經濟、宗教、體育等，每週 4 節，與職業有關之課程每週 8 節（文部科學省，2013，頁 190）。依 2016 年統計資料，就讀公立職業學校有 1,499,366 人，公立職業學校有 2,587 所，就讀私立職業學校有 44,664 人，私立職業學校有 313 所（文部科學省，2019）。

2.職業專門學校

主幹學校或實科中學修畢以後，進入之全日制職業教育學校，修業年限一至三年，學習領域含普通教育和職業教育兩類，每週上課 30 節；其中，職業教育是由專門理論 360 節和專門實踐 760 節所構成（文部科學省，2016，頁 191）。依 2016 年統計之資料，就讀公立職業專門學校有 324,366 人，公立職業專門學校有 1,310 所，就讀私立職業專門學校有 100,374 人，私立職業專門學校有 1,018 所（文部科學省，2019）；職業專門學校在公私立校數差距不大，但學生數差距卻是三倍。

3. 上級專門學校

　　必須是實科中學畢業者升入，全日的三年制學校。課程有技術、經濟與管理、營養與家政、農業、設計等，修畢者可取得進入高等專門學校之資格。第一年課程（十一年級），每週四天的實務課程，和 8 小時之上課，此可拿接受一年之職業訓練資格替代，直接轉入第二年（十二年級）就讀，而第二年課程包括普通教育與專業教育課程（德語、社會、數學、自然、外國語、體育），每週至少 30 節。依 2016 年統計之資料，就讀公立上級專門學校有 125,757 人，公立上級專門學校有 716 所，就讀私立上級專門學校有 13,423 人，私立上級專門學校有 147 所（文部科學省，2019）；因此，上級專門學校多數以公立為主。

4. 職業上構學校

　　以就讀職業學校至少半年以上為入學條件，是對於接受完職業訓練者，或正在職業訓練者，施以深化普通教育和職業教育之目的的教育，修畢時可取得實科中學之畢業證書。分全日制和部分時間制，全日制需一至一年半，部分時間制需一至三年半，以技術、家政、社會福利、農業等為主。依 2016 年統計之資料，就讀學生數 147 人，職業上構學校有 9 所（文部科學省，2019）。

5. 專門高級中學（職業高級中學）

　　以實科中學畢業者為入學條件，全日三年制之學校，修讀與職業有關之領域為主，修畢後可取得大學入學資格。依 2016 年統計之資料，就讀公立專門高級中學有 181,427 人，公立專門高級中學有 775 所，就讀私立專門高級中學有 11,781 人，私立專門高級中學有 117 所（文部科學省，2019）。

6. 職業／技術上級學校

　　職業／技術上級學校修業年限為一至三年，可分為全日制和定時制；課程主要可分五大領域：語言、數學和自然科學、經濟和社會、職業專攻科目、必選修科目；職業專攻科目有：經濟、技術、社會福祉、食品、家政、農業；各邦提供的課程會有差異（文部科學省，2016，頁 194）。依 2016 年

統計資料，就讀公立職業／技術上級學校有 16,749 人，公立職業／技術上級學校有 243 所，就讀私立職業／技術上級學校有 245 人，私立職業／技術上級學校有 11 所（文部科學省，2019）。

伍、高等教育

一、類型

2016 年在德國總計有 428 所大學院校（文部科學省，2019），除了少數的私立學校之外，德國的高等教育是免費的，由聯邦政府撥款辦學，可分為以下幾類（文部科學省，2004）。

（一）大學

大學的科系選擇多，一般而言，設有醫學、自然科學、人文、法律、神學、社會與經濟科學等，大學教育強調「研究與教學合一」的理念，著重在學生科學研究能力的培養。德國許多大學都有百年以上的歷史，西方第一所近代的大學就是在德國的哈列大學。以學校的專業特色來區分，可分為以下類別：

1. 綜合大學（Universitaeten）：傳統有名的大學。依 2016 年統計資料，邦立綜合大學有 140 所，學生數為 809,986 人（文部科學省，2019）。

2. 綜合型大學（Gesamthochschulen, GH）：合併地區大學和高等專門學校而成。依 2016 年統計資料，邦立綜合型大學有 87 所，學生數為 1,724,096 人（文部科學省，2019）。

3. 教育大學（Paedagogische Hochschulen, PH）：現在只剩一邦還有。依 2016 年統計資料，邦立教育大學有 6 所，學生數為 25,109 人（文部科學省，2019）。

4. 神學大學（Theologische Hochschulen）：依 2016 年統計資料，邦立神學大學有 13 所，學生數為 2,153 人（文部科學省，2019）。

5. 藝術大學（Kunsthochschulen）：依 2016 年統計資料，邦立藝術大學有 49 所，學生數為 34,097 人（文部科學省，2019）。

　　想要進入大學者，必須讀完十三年級並通過成熟考試。唯德國屬地方分權制度，各邦乃至各大學都可自行規定哪些科系要有成績的限額。德國大專院校的學程可以分為「基礎課程」與「專業課程」階段。在基礎課程階段學習基本專業知識，並且培養學生進行學術研究基本能力。基礎課程修業完後須經過進階考試（Zwischenpruefung/Vordiplom），通過此項考試始可學習專業課程。一般修業時間約八至十二個學期數。大學規定修讀四年半，但因不必學費，也無修業最高年限之規定，所以平均修讀五年以上是特殊之處。

（二）高等專門學校（Fachhochschule, FH）

　　又稱專科學院，兼具職業進修深造教育與正規高等教育的兩種功能。此為德國新型的高等學校教育。課程設計注重應用、實習和未來的需要，開有工程、技術、經濟、金融、設計、工商管理、社會工作等科系。而專科學院的修業時間比大學短：就讀的年限規定至少七學期，並且須有一學期以上在校外實習；而專科學院的課程也比較緊湊，一般來說，四年可取得高等專門學校學士（Diplom FH）學位，但是比大學所頒的學位低。畢業生成績優良者可繼續進入大學攻讀博士學位。

（三）私立大學（Nichtstaatliche Universitäten）

　　除了由國家資助的國立大學外，在德國還有一些由其他團體組織資助的大學院校，如天主教和基督教的神學院、天主教的高等學院，或是研究猶太文化的學院。這些學院大學的規模不大，設有特別的研究學科。除了宗教性質的私立學院外，在德國也有一些私立大學。這些私立大學的特色是在經濟與醫學科系方面，具有與一般國立大學不同的專業重點與教育成果，但是就讀私立大學是必須繳交學費的。依 2016 年統計資料，私立綜合大學有 107 所，學生數有 185,944 人，私立綜合型大學有 19 所，學生數有 23,419 人，私立藝術大學有 3 所，學生數有 323 人，私立神學大學有 4 所，學生數有 1,883 人（文部科学省，2019）。

二、學位

　　大學校院均採學期制（一年分為兩學期），但是沒有年級與班級制度，德國的大學以前沒有頒發學士學位，不過最近因國際化之需求，2002 年修訂法律，正式開始頒發學士和碩士學位，學士分高等專門學校學士〔Diplom（FH）〕、Diplom、Magister、Bachelor、Master、Doktor；其中，Diplom、Magister、Bachelor 是證書上第一個學位。高等專門學校學士只要修畢申請即可，其他則要通過各自之考試，不同的是專攻數目之不同，例如：Diplom 是一個主要科目，證書且加註「專業」，而 Magister 有二個專攻或主副專攻，Bachelor 則是以一個核心科目為主考試。

三、入學方式

　　一般升大學時，以讀完高級中學上級班成績及格，並參加成熟考試，再以第十二及十三年平常成績和成熟考試成績綜合考量，而授予大學入學資格；升入高等專門學校時，不需參加上述成熟考試，通常實科中學畢業，在進入上級專門學校，讀完十一年級及十二年級，即取得入學資格。

　　成熟考試之方式，聯邦訂了共同原則，細節各邦可彈性自行決定。通常考四科（一部分考五科），四科中三科是筆試，一科是口試。第五科時，由各邦自行決定。考試科目在語言／文學／藝術領域、社會科學領域、數學／自然科學／技術領域三門中必選一門，而德語和外國語是必考外，其他則各邦各有規定。滿分用 840 分計算，其中成熟考試以 300 分計算，平常成績以 540 分計算，通常至少要取得三分之一以上才能算合格，另有具體換算和計算規定。成熟考試通過率約九成，因都是高級中學畢業生（占同年齡層 30%），平常成績不佳時可能已被留級或淘汰了。

　　取得大學入學資格後，申請大學時，由大學名額分配中心（ZVS）全權處理分發問題，分為志願者預測可能超過招生名額科系及不會超過之科系處理，對於前者會在夏季學期和冬季學期分別公布預測，提醒申請者。實際進行時，後者就直接分配，若有落差時，則以申請者之家庭及經濟狀況為主要

考量。前者則先保留 13%名額給外籍學生，剩下的名額再依以下標準分發：
(1)51%名額依成熟考試成績；(2)25%名額依等待分發時間之長短考量；(3)
24%名額給大學自行裁量（文部科學省，2004）。而醫科和齒科部分，有些
大學也辦口試。

四、學費

　　德國的教育體系屬菁英體系，德國的高等教育原則上不收學費，除了有
學習名額限制的學系以外，其他不需要入學考試。德國政府對中下收入水平
家庭的子女提供大學就讀時期的生活費補助，其中一半作為貸款，1%的大
學生獲得不需償還的獎學金。2018 年的大學學費平均為 131.08 歐元（文部科
學省，2019）。

五、校園外國留學生人數遽增

　　2003 年德國政府耗資數百萬歐元推出了為德國大學做廣告，將德國大學
推向國際市場的計畫。根據留學德國學生人數的最新統計數字，該計畫已收
到良好效果。德國學術交流中心（Deutscher Akademischder Austauschdienst,
DAAD）的調查資料顯示，2003 年到德國大學留學的學生人數共 16.3 萬多
名，自 1997 年以來，留學生人數在六年間增長了 63%。另外，在最受留學生
青睞的國家排名中，德國僅排在美國和英國之後，位居第三位。
　　德國自 2002 年教育部長提出了投資 1,500 萬歐元將德國大學推入國際市
場，進行廣泛宣傳，吸收留學生的計畫。外國學生和年輕的科學家選擇到德
國大學留學、研究的原因，大多是德國大學的研究領域非常廣泛，而且大學
層次分明，結構多樣。
　　2018 至 2019 年（冬季學期），有 787,004 位留學生就讀德國高等教育機
構；外國學生占德國學生總人數（5,679,438 人）的 16.08%，與 2017 至 2018
年的冬季學期 749,012 名學生相比，留學生人數增加了 5%（37,992 人），自
2009 至 2010 年冬季學期（489,458 人）以來，留學生增長了 60.79%（Federal
Ministry of Education and Research, 2019c）。大多數留學生來自中國、印度、

俄羅斯、奧地利、義大利、法國等國，其中以中國留學生居多，2017 年有 32,268 名中國留學生，與 2016 年相比，2017 年中國留學生人數增長 6.6%；其次為印度人（13,537 人），2016 至 2017 年間，印度留學生人數的增幅最大，為 16%（Studying in Germany, 2019）。

第四節　師資教育

德國公立中小學教師，身分上是邦的公務員，但在德西地區，教師是法律上具忠誠關係之官員，而德東地區除了柏林等兩邦外，則為私法上之僱員。

壹、培育

德國師資培育可分為新舊途徑兩類，舊途徑為通過兩次國家考試，新途徑為取得學士—碩士兩階段學位學程。

一、兩次國家考試

德國教師培育制度，分為在大學修課和見習二大階段培育，是其最大特色。師資培育大學是由教育大學轉型的綜合大學進行，目前只有一邦仍有教育大學。而在大學修畢 7 至 9 學期（3.5 年至 4.5 年）以後，參加第一次國家考試。不過修課時間通常較長，通過第一次國家考試平均年齡是二十八歲。通過測驗後，就進入見習階段，通常是二年。見習教師在邦教育部所設置的研習所繼續接受理論課程，並同時配置在學校，接受指導教師之輔導，每週試教若干小時。雖然一般情況下，若通過第一次資格考試，皆可擔任見習老師，不過有時因供需關係，若申請人數比培育機構收容量多時，也需要登記等待。

第一次考試之方式各邦自行規定，一般情況如下：

1. 撰寫有關專門學科或教育科學相關之論文（三個月期間內）。
2. 有關專門學科之筆試及口試，有時可能是學科教學法測驗。
3. 教育科學相關之測驗。

　　若考試未通過，則僅有一次再參加考試的機會，通過後，由邦頒發有專門學科及考試成績之教師證書。見習完畢後，再參加第二次國家考試，考試內容包括以下四項（日本教育大学協会，2005）：

1. 與教育學及教育心理學有關的論文，或與教學科目有關的教學法相關論文。
2. 選修的兩個學科之模擬教學測驗。
3. 教育學、學校法及官吏法、學校行政之測驗，有時則是與學校教育相關之社會學基本問題的測驗。
4. 有關任教科目之教學理論與方法之測驗。

二、學士—碩士兩階段學位學程

　　德國教師培育制度，1999 年因 Bologna 進程（Bologna process），開啟學士—碩士兩階段學位學程，係指師資培育學程區分為學士與碩士兩階段；其中，學士學位應具備職業資格的畢業證書；2010 年除薩爾邦與薩克森—安哈特邦外，其他 14 個邦已經全面引進，或部分引進師資培育兩階段學位學程，然目前各邦對於師資培育學程改革方向，意見並不一致，且推動的兩階段學位學程模式也不盡相同，使得德國的師資培育制度朝向更多元（張炳煌，2012，頁 74-75）。

　　2005 年各邦教育部長通過《師資培育學程學士與碩士學位相互認可要點》（Eckpunkte für die gegenseitige Anerkennung von Bachelorund Masterabschlüssen in Lehramtsstudiengängen），明確指出學士—碩士兩階段學位學程應具備條件，包含：(1)師資培育在學士階段與碩士階段均須為整合性學程，並包含至少二個專門學科與教育科學；(2)學士階段開設學校實務的課程；(3)正規的修業期限，應為 7 至 9 個學期（不含學校實習）；(4)依照不同的師資培育類科，區分學程的內容以及畢業文憑；(5)皆須接受認可師資培育的學

士學程與碩士學程的要求，以確保國家在師資培育內涵要求的權責，認可程序中應有教育主管機關的代表，並具有否決權；(6)在認可程序中，應該滿足聯邦共同專業要求（ländergemeinsamen fachlichen Anforderungen），以及各邦在內容與架構上所另加的特定要求（landesspezifischer inhaltlicher und struktureller Vorgaben）（Beschluss der Kultusministerkonferenz, 2015）。

　　在上述條件下，德國師資培育呈現四點特色：(1)師資培育學程由大學負責辦理；(2)師資培育的課程組成分為四大領域：主修專門科目（Fachwissenschaft）、學科教學法（Fachdidaktik）、教育科學（Bildungswissenschaft）及學校實務實習（Schulpraktika）；(3)師資培育兩階段學位學程依據師資培育類科的不同而有所區別；(4)碩士學位為取得教師資格基本學歷（張炳煌，2012，頁 81-84）。

貳、任用

　　成為合格教師可申請參加邦之聘用考試。辦理機構通常是邦之教育部或各級學校直屬之學校廳，部分邦也會交由學校辦理報名，但任用與否則由邦教育部決定。

　　任用之教師若是官員身分，則先有二年半到三年之試用教師期間，才能成為終身官員，而僱員身分之教師則試用時間為半年。

　　德國教師證書可依大項分成兩類，即「學校種類別之教師證書」及「教育階段別之教師證書」。1997 年各邦教育部長聯合會議頒布有關教師證書和教職考試之協議條文，共分成六種教師證書，即：基礎學校或初等教育階段之教師、初等教育階段及前期中等教育階段全學校種類或一種學校之教師、前期中等教育階段全學校種類或一種學校之教師、後期中等教育階段（普通教育學科）或高級中學之教師、後期中等教育階段（職業教育學科）或職業教育學校之教師、特殊學校之教師（日本教育大学協会，2005）。

參、在職進修

　　有關教師在職進修，德國已有悠久歷史。早在十九世紀時，教師為了深化專業知識水準，以回應社會發展起見，在職進修早已定位為教師團體及大學的使命。當時，研修的目的之一，是教師（特別是國民學校教師）為了取得其他學校教師資格或上一級職級的證照或資格，而教師研習成為國家（邦）之任務是進入二十世紀以後的事。

　　最近幾年，由於學校自主性及學校自我責任增加，致力提升教學品質及學校發展的努力更加受到強調，因此研修的必要性更加增大。1999 年 9 月，各邦教育部長聯合會議委託專家委員會研議有關教師培育制度，最後提出「德國教師培育的展望」報告書，其中針對教師的終身學習有重要的建議。

　　負責德國教師在職進修的單位，主要為邦教育部。因是聯邦型國家，因邦不同可能有些差異。原則上負責單位分三級，即邦、郡、縣市層級三級。中央的邦層級，設有邦立教師研習所（名稱因邦不同）負責；郡層級的研修，則由邦立教師研習所或其支部，或另有中級學校監督廳負責；縣市層級則由下級學校監督廳負責。另外，學校也有責任辦理教師進修研習，在校內實施，此時由學校監督廳及教師研習所協助。

　　研修的期間分成半天、一天、二天半、五天等，研習方式包括研討、工作坊、會議等多元方式。參加研習的對象，在各研習課程中公布，通常都有規定特定的對象，若符合條件時，只要對教學等職務上有幫助，原則上都可以參加。有關參加研習的申請、批准及公假等手續，各邦有不同的規定，但原則上由校長或該層級學校監督廳批准（日本教育大学協会，2005）。另外，研習的專業課程可分為學位和非學位兩大類，其中頒授學位的在職進修課程主要是由大學校院各系所開設，教育課程由教育相關系所開設（梁福鎮，2011，頁 184）。

第五節　教育特色與改革趨勢

壹、十歲分流問題

　　德國基本上仍是菁英型學制，而制度主要顯現在中學。其中分為三種類型，學業成就最低的是主幹學校，畢業後只能上職業學校，日後當技工的偏多；中間的是實科中學，日後上較高級的專業學校，如商業學校、護士學校等；另外，日後為上大學準備的中學是高級中學，是三類中最高的一種。而在十歲逐漸分流是否不恰當的問題，一直受到討論。

　　德國小學四年，小學讀完後兒童才十歲。兒童應該上哪一類學校，此一選擇非常關鍵；然而學生自己做不了主，家長也只是具有輔助性作用，這時，教師的建議或推薦至關重要。一般來說，老師是依照學生在校的學習成績向家長做建議的。

　　但德國中小學的問題還在於缺乏統一的標準，教師給學生評定分數時使用的參照，僅僅是自己教授的那個班。顯然，白領居民居住區的學校與社會邊緣的學校面臨的問題不一樣，學生的可比性及他們成績的可比性都很有限。一個學生以同樣的成績在一所學校可以得 2 分（1 分為最高），在另一所學校可能就只能得到 4 分。反之，取得同樣分數的學生，其成績水平高低相差很大。

　　調查顯示，德國的邦和邦之間教師推薦學生上什麼學校的作法也很不一樣。在巴登—符騰堡邦，教師非常看重學生的背景：同樣的成績，主任醫生或公司經理的孩子上高級中學的比例比工人子弟高出 3.6 倍！該邦特性還有：男孩子上高級中學的比例遠比女孩子高得多。

　　在北萊茵—西法崙邦，三個沒有上成高級中學的孩子中，就有一個按其成績是有資格上的。在這方面做得較好的是黑森邦。巴伐利亞邦則將三分之二可以上實科中學的學生推薦到了低一級的主幹學校或高一級的高級中學。

　　有關這種問題之解決，德國的五年級和六年級稱為「觀察指導階段」，在此階段繼續進行觀察和輔導，雖然制度已有這樣調整，但問題仍然存在。不過，此並未造成社會重大問題，主要是社會有很好的職業訓練制度，若能取得職業證照，成為師傅級職業人，仍可有社會地位和良好的收入，這是社會價值觀輔助教育制度發展之良好例證。

貳、雙元制職業訓練

　　德國同年齡層學生，只有約30%走向普通高中，70%的年輕人都會接受或多或少之職業教育和訓練，所以有時會說德國有十二年之義務教育，主要是指若選擇就業時，則到十八歲為止必須義務接受雙元制職業訓練；即雖然已經進入企業當學徒，但企業必須讓該學徒每週一至二天到學校上學，使其繼續吸收職業方面之理論和一般教養課程。這制度的關鍵是依法執行，且企業願意擔負成本同意配合。

　　各國職業教育界無不關心這種制度之優點。職業教育方面，職業教育與職業訓練應如何分工，如何讓職業教育能和職場需求結合，此種制度值得探討。

參、大學入學資格考試制度

　　正如前述，一個年輕人若能進入最佳的「高級中學」後，讀完九年，參加成熟考試，加計最後兩年的成績，作為判定合格與否的依據。此項資格考試，同時具有高中畢業資格和大學入學資格。該考試是採論文撰寫方式，主要以知識程度、分析能力、思考能力作為綜合判斷之標準，採用絕對評量計分。合格率約有九成，因此證書授予者是高中，若高中認定學生可能不合格，學生就不能參加考試。

　　取得成熟考試資格後，理論上全國任何大學之任何學系都可以進入，而此資格也終身有效。但如果想進去的學系人數太多，則會採取入學限制措施，如醫學部或自然科學學系等，優先順序以成熟考試成績、學校成績、等

待時間之長短、家庭條件之順序考量。這種方式在東方國家（如我國）是不可思議的，不過制度本身多有其特殊之社會背景，也不是即可模仿的。

肆、教育改革

1960年代德國在學校制度方面做了結構性改革，以及提供五、六年級之觀察時期，並給予學校間在該時期可互轉之機制。1980年代則進行內部質的改革，例如：課程編制從學科中心轉向學科橫段和學科統整教學方式，以及討論推動提高學校自主性的學校行政政策。2000年以後，質的改革有更進一步之嘗試，特別是學力提升問題，乃因各次國際學生學力調查報告，德國學生皆表現不佳，且在世界大學排名中亦不理想之警惕所致。

目前在中小學教育部分，有兩大趨勢正在運作。其一是訂定全國教育標準。原本課程標準是由各邦自訂，沒有統一之標準，頂多只有關於成熟考試之共同標準。但鑑於 1996 年第三次「國際數學與科學教育成就趨勢調查」（TIMSS），和2001年OECD的「國際學生能力評量計畫」（PISA）中，德國學生表現欠佳，於是 2004 年各邦教育部長聯合會議決議公布三個教育標準，包括基礎學校第四年之德語、算數，主幹學校修畢時第九年的德語、數學、第一外國語，實科中學修畢時第十年之德語、數學、第一外國語、生物、化學、物理，各邦皆將依此標準實施之（二宮皓，2006）。第二是有關全日上課問題。到目前為止，德國之小學和中學，除了綜合中學以外，都是上課半天，大約從早上七點半至下午一點左右。而在檢討上述國際評比中發現，學生學習成就和家庭之學習環境及語言環境有很大相關，而在家時間較長、環境落差造成之影響，以及學生高成就者沒有時間和低成就者有互動機會等，所以逐步推動基礎學校之「全日制」。但因各邦財政不足問題，所以聯邦也逐步撥款補助，實施結果各邦不一，據2003年之統計，約有10%的初等中等學校（普通教育）學生已經接受全日制教育。另外，對愈低年級學童，也有課後保育措施之實施，通常在地方政府設立或教會設立之保育設施，時間自下午一點到下午四點半，包括提供午餐。

2008年之際，聯邦政府以財政支援方式，協助各邦針對學力低落問題尋

求提升之解決策略，包括增加上課時間、提供課後補習及課外活動等。另外，由於財政惡化問題，原本教科書及教材之免費制度，逐步在某些邦廢止，而高等教育也開始由免費走向繳費之方式。

2010年之際，柏林市為積極解決主幹學校學生學力低落問題，乃將主幹學校、實科中學及綜合中學整併成「中等學校」，使中等教育制度調整成高級中學和中等學校兩軌之型態。此一改革成效展現於OECD的2015全球教改評估報告，該報告指出德國在提升接受教育的機會平等性上表現顯著，肯定德國革新後的中學體系，使學習成就優異的學生得以取得高中會考文憑，進而進入大學就讀（駐德國代表處教育組，2015）。

高等教育方面，2001 年 PISA 結果促使德國政府檢討學生過早能力分班，進而推動十年教改，努力加強中學主科教育，讓更多弱勢移民小孩有機會進入文理學校，進而進入大學就讀，這波改革除提升德國 PISA 成績，也致使因 260 萬人同時上大學，比起上職校的 140 萬人多了將近一倍，造成政府財政負擔沉重和國產業缺工的窘境（范捷茵，2014）。

目前德國在教育方面的政策，主要有：「德國職業培訓體系」、「外國專業資格認可」、「Erasmus+計畫」和《德國聯邦培訓援助法》（BAföG）；其中，「德國職業培訓體系」又稱「雙重培訓系統」，透過中小型公司與公立職業學校之間的合作，使學生每週一半的時間在學校，一半的時間在公司，結合現實生活中工作環境的理論和培訓，而修業年限通常持續二至三年半，目前在德國，大約 50%的畢業生接受過公司提供的職業培訓，而這些公司也認為「雙重培訓系統」是培育員工熟練技術的最佳方式（Federal Ministry of Education and Research, 2019d）。

「外國專業資格認可」方面，德國通過《外國專業資格認可法案》（Recognition Act），允許外國技術專業人員審查其職業資格，致使十分之九具有外國職業資格的專業人員找到工作（Federal Ministry of Education and Research, 2019e）。

「Erasmus+計畫」致使愈來愈多的歐洲年輕人，前往國外進行「Erasmus+計畫」，透過「Erasmus+計畫」，學生可在國外進行學習和訓練，同時可以學習新語言，探索異國文化；「Erasmus+計畫」在 2014 至 2020 年期

間，獲得 147 億歐元的資金，相較之前的資助增加 40%，是目前歐洲最受歡迎的教育計畫（Federal Ministry of Education and Research, 2019f）。

　　《德國聯邦培訓援助法》方面，該法提供教育機會，使年輕男性和女性，無論其家庭的經濟狀況，皆能選擇適合其個人興趣的培訓；根據《德國聯邦培訓援助法》，學校學生和高等教育學生可以獲得資助；其中，高等教育學生的二分之一費用是以補助金的形式提供，另二分之一費用則是國家免息貸款，總額不超過 10,000 歐元，國家免息貸款必須在標準學習期結束後分期償還，而補助金部分無需償還；截至目前為止，已有數百萬人從中受益（Federal Ministry of Education and Research, 2019g）。

關鍵詞彙

成熟考試	高級中學
三分歧式	實科中學
主幹學校	學校會議
各邦教育部長聯合會議	觀察指導階段

自我評量題目

1. 德國教育所處國家背景之特色為何？請說明之。
2. 德國教育行政體制為地方分權制，請分析聯邦和邦間教育事務權力分配之情形。
3. 試述德國小學學校制度。
4. 請說明德國中等教育學制的特色。
5. 請說明德國師資培育教育的特色。
6. 請說明德國的教育特色和改革趨勢。

參考文獻

一、日文部分

二宮皓（2006）。**世界の学校**。東京：学事出版。

日本教育大学協会（2005）。**世界の教員養成 2**。東京：学文社。

文部科学省（2004）。諸外国の高等教育。**教育調集，第 131 集**。東京：作者。

文部科学省（2013）。**諸外国の教育型財政：7 か国と日本の比較**。東京：作者。

文部科学省（2016）。諸外国の初等中等教育。**教育調查，第 150 集**。東京：作者。

文部科学省（2017）。**諸外国の教育統計，平成 29（2017）年版**。取自 https://reurl.
cc/20yrbX

文部科学省（2019）。**「諸外国の教育統計」平成 31（2019）年版**。取自 https://reurl.
cc/kd3XyL

文部省（2000）。諸外国の教育行財政制度。**教育調集，第 126 集**。東京：作者。

二、中文部分

范捷茵（2014）。**德國十年教改 職校漸失吸引力**。取自 https://reurl.cc/3Dpx4l

張炳煌（2012）。德國師資培育兩階段學位學程發展之研究。**教育研究集刊，58（1）**，
71-103。

梁福鎮（2011）。德國中小學教師職前培育課程與在職進修課程研究。**教育科學期刊，
10（1）**，173-202。

楊思偉、沈姍姍（2000）。**比較教育**。臺北縣：國立空中大學。

維基百科（無日期）。**德國**。取自 https://reurl.cc/yZ47DM

駐德國代表處教育組（2015）。**評估全球教改　OECD：僅 16％致力教育機會平等**。
取自 https://reurl.cc/NjL0Yp

聯合國經濟和社會事務部（2019）。**德國人口**。取自 https://reurl.cc/1x71X8

三、英德文部分

Beschluss der Kultusministerkonferenz (2015). *Eckpunkte für die gegenseitige Anerkennung von Bachelor- und Masterabschlüssen in Studiengängen, mit denen die Bildungsvoraussetzungen für ein Lehramt vermittelt werden*. Retrieved from https://reurl.cc/mn4DxM

BMBF (2019). *Zusammenarbeit von Bund und Ländern*. Retrieved from https://reurl.cc/5lZ1Kz

Federal Ministry of Education and Research. (2019a). *Political staff and organization.* Retrieved from https://reurl.cc/4RvoL2

Federal Ministry of Education and Research. (2019b). *The budget of the Federal Ministry of Education and Research.* Retrieved from https://reurl.cc/mn4DYM

Federal Ministry of Education and Research. (2019c). *Tab 2.5.77 total students and foreign students, by types of higher education institution, subject groups and sex.* Retrieved from https://reurl.cc/5lZ1Rz

Federal Ministry of Education and Research. (2019d). *The German vocational training system.* Retrieved from https://reurl.cc/oL47Yj

Federal Ministry of Education and Research. (2019e). *Recognition of foreign professional qualifications.* Retrieved from https://reurl.cc/GVLAGZ

Federal Ministry of Education and Research. (2019f). *Erasmus+: Europe's popular educational programme.* Retrieved from https://reurl.cc/GVLAGA

Federal Ministry of Education and Research. (2019g). *The German Federal Training Assistance Act (BAföG) provides educational opportunities.* Retrieved from https://reurl.cc/7XLkbQ

Studying in Germany (2019). *Germany international student statistics 2019.* Retrieved from https://reurl.cc/rx45Ky

第八章

澳大利亞教育

國　　名：澳大利亞聯邦（Commonwealth of Australia）

面　　積：769 萬平方公里

人　　口：2,534 萬人（2019 年）

種　　族：歐裔（83%）、亞裔（12%）、義大利裔、希臘裔、
　　　　　 荷蘭裔、德國裔、華人、原住民（3%）

國民所得：53,190 美元（2018 年），
　　　　　 世界第 10 名

學　　制：6-5-2-3

義務教育年限：十年

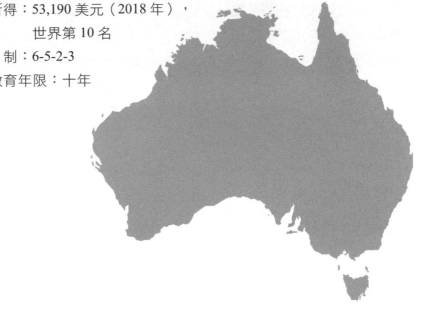

在閱讀過本章內容後，學習者應能夠：

1. 了解澳洲的社會經濟背景。
2. 了解澳洲的教育行政制度。
3. 了解澳洲的學校教育制度。
4. 了解澳洲的學校課程和教學之特色。
5. 了解澳洲的多元文化教育。

　　澳洲位於大洋洲內，面積和美國相當，但人口卻非常少。澳洲原為英國之殖民地，後來陸續移入各歐洲國家的白種移民，最近亦移入部分亞裔移民，加上原有的土著民族，形成一多元之社會。

　　澳洲的教育大致承襲英屬時期的教育，其義務教育為十年，因採取聯邦制度，所以各州亦稍有差異。兒童在修完九年義務教育之後，依在學成績和個人志趣決定進路，可選擇就業或於職業學校或普通中學就讀。普通高中畢業以後，可依考試或在學成績申請大學就讀。大學採取「入學容易，畢業困難」的方式，所以退學率較高；另外強調「回流」教育，所以工作若干年再進入大學的成人比例很高。

　　澳洲因為是多元民族之社會，加上幅員廣大，國民散居各地，所以特殊的隔空教育（函授、廣播等），以及多元文化教育，是澳洲教育的特色。

第一節　國家背景

澳大利亞聯邦，通稱澳大利亞（Australia，縮寫為 AU、AUS），或稱澳洲，該國沒有陸上鄰國，所有近鄰國家均與其隔海相望，其中東南部有紐西蘭；東北部有巴布亞紐幾內亞、萬那杜、斐濟等太平洋島國；北部及西北部是印度尼西亞、東帝汶等國，以下分項說明之（楊思偉、沈姍姍，2000；維基百科，無日期）。

壹、地理與社會

澳大利亞聯邦是全球面積第六大國家，也是大洋洲最大的國家。澳大利亞位於南半球，由澳大利亞大陸和塔斯馬尼亞等島嶼組成。面積占大洋洲絕大部分，東瀕太平洋的珊瑚海和塔斯曼海，北、西、南三面臨印度洋及其邊緣海。與印度尼西亞、巴布亞紐幾內亞、索羅門群島、新喀里多尼亞、紐西蘭隔海相望。

雖然大陸四面環水，但是沙漠和半沙漠卻占全國面積 35%。全國分為東部山地、中部平原、西部高原三個地區，東北部沿海擁有世界上最大的珊瑚礁——大堡礁。

澳大利亞本身是地球上最小的一塊大陸，在其東南部是紐西蘭，北部則有巴布亞紐幾內亞、西巴布亞和東帝汶，印度尼西亞位於澳大利亞的西北部。「澳大利亞」一詞來自拉丁語中的「terra australis incognita」（「未知的南方大陸」）。澳大利亞全國有多種自然景觀，其中包括迷人的熱帶雨林、被稱為「紅色中央」的乾燥貧瘠的沙漠、白雪皚皚的山峰、綿羊遍野的牧場，以及引人入勝的海濱，還有馳名遐邇的天然遺產大堡礁等。

今日澳大利亞原住民的祖先在當時就從東南亞移居澳洲。從十七世紀開始，西班牙人、葡萄牙人、荷蘭人、法國人到達此地，尤其是十七世紀末，英國人進入澳大利亞後，澳大利亞土著對這片大陸長達五萬年的占據宣告結

束。1770 年英國宣稱擁有澳大利亞的主權，1788 年，英國航海家 Arthur Phillip 率領首批移民在雪梨定居，並且在雪梨升起了英國國旗，澳大利亞正式成為英國的殖民地。而此後一段時間裡，澳大利亞一度為英國的罪犯流放地（penal colony），直到 1851 年發現金礦後，自由移民激增。

澳大利亞於 1991 年獨立，正式名稱叫作「澳大利亞聯邦」，首都在坎培拉，是屬於英國聯邦的獨立國家。澳洲國土總面積是 769 萬平方公里，在這片和美國幾乎相等的廣大土地上，居住的人口卻只有約 2,534 萬人（2019 年）（Australian Bureau of Statistics, 2019）。澳洲的人口多半集中在都市地區，內陸部分是乾燥的大平原，荒涼無人煙。

1788 年時，澳大利亞成為英國殖民地的歷史，從來自本國的流放罪犯開始展開，但是其中也包括了許多對社會改革活動充滿熱情的政治犯。他們的自覺意識正好和殖民地的勞動力不足情況相結合，使澳洲比英國提早二十年發展出勞工黨政府，結果被稱為「勞工天堂」的社會福利制度亦能及早實現，1910 年代時就已備妥老年人退休金制度。第二次世界大戰以後，澳洲以產業社會為目標開始發展，並實施以高等教育為中心的教育改革和有計畫性的移民政策。多年來，歐洲各國的移民已經取代傳統的移民，而且來自亞洲各國的移民也急速增加，形成今日的多元文化複合民族社會。澳大利亞由 200 個國家，300 種血統的人們所組成（Department of Foreign Affairs and Trade, 2016, p. 12），目前族群主要以歐裔為主（83%），其次為亞裔（12%）、澳大利亞原住民（3%）、非裔（1.6%）、其他（0.4%）（維基百科，無日期）。現在澳大利亞大約有 64 萬左右的原住民，占人口數的 2.8%（Australian Bureau of Statistics, 2017a）；過去雖然在歷史上成了驅逐政策的犧牲品，但是今日已被政府保障市民的所有權利。聯邦政府基於「全國原住民教育委員會」的建議，對於原住民從就學前到成人教育過程中，皆給予財政支援，以提升他們的教育水準。澳洲定英語為共通語言，國民主要信奉的宗教與基督教有關（大約占全部人口的 52%），其宗教派系則有英國國國教（13%）、天主教（23%）、伊斯蘭教（2.6%）、佛教（2.4%）等（Australian Bureau of Statistics, 2017b）。

貳、政治與經濟

　　澳大利亞是一個君主立憲制國家，「澳大利亞君主」是國家元首。根據澳大利亞法律，英國的君主就是澳洲君主。1901 年時，澳大利亞各殖民區改為州，組成澳大利亞聯邦，成為英帝國內的聯邦或自治地。1931 年，澳大利亞獲得內政外交獨立自主權，成為英聯邦內的獨立國家。

　　1986 年，英國女王 Elizabeth II 在澳大利亞簽署了《與澳大利亞關係法》，該法規定澳大利亞最高法院享有終審權，英國法律對澳大利亞不再有效。1999 年澳大利亞舉行全民公決是否要用共和體制來取代女王，最後結果是否定的。

　　英國女王是澳大利亞的國家元首，由女王任命的總督為法定的最高行政長官。總督由總理提名，由女王任命。在聯邦行政會議的諮詢下執掌聯邦政府的行政權，為法定的最高行政長官。聯邦議會是澳大利亞的最高立法機構，由女王（由總督代表）和參、眾兩院組成。1992 年 12 月 17 日，澳大利亞聯邦政府內閣會議曾經決議，澳大利亞的新公民不再向英國女王及其繼承人宣誓效忠。

　　澳大利亞國全國分為六個州和兩個特區。各州有自己的議會、政府、州督和州總理。六個州是：新南威爾斯、維多利亞、昆士蘭、南澳大利亞、西澳大利亞、塔斯馬尼亞；兩個特區是：北部領地、首都特區。

　　澳大利亞礦產資源豐富，是世界重要的礦產資源生產國和出口國。其礦產資源多達七十餘種。其金、鉛、鎳、銀、鉭、鈾、鋅等已探知儲量居世界首位。其也是世界上最大的鋁土、氧化鋁、鉛、鉭生產國，黃金、鐵、煤、鋰、錳、鎳、銀、鈾、鋅等的產量也居世界前列，同時還是鋁、黃金出口國。森林面積覆蓋率達 20%，森林面積有 122 萬公頃。工業以礦業、製造業和建築業為主。澳大利亞農牧業發達，有「騎在羊背上的國家」之稱，農牧業產品的生產和出口在國民經濟中占有重要位置，是世界上最大的羊毛和牛肉出口國。

　　澳大利亞旅遊資源非常豐富，著名的旅遊城市和景點遍布全國。霍巴特

的原始森林國家公園、墨爾本藝術館、雪梨歌劇院、大堡礁奇觀、土著人發祥地卡卡杜國家公園、土著文化區威蘭吉湖區，以及獨特的東海岸溫帶和亞熱帶森林公園等景點，每年都吸引大批國內外遊客前往觀光，為國家賺取大量的旅遊收入。

第二節　教育行政制度

在《憲法》規定上，澳大利亞的教育行政採地方分權制，由各州政府來負責（聯邦直轄地則是由聯邦政府管轄）。因此，教育行政工作由各州教育部負責推動，但他們卻以中央集權的方式進行。而中央與州之間的協調與經費分配等，乃透過教育部長與州及行政區的教育部長每年召開所謂「澳大利亞教育審議會」來決定。而教育等相關事務之執行，皆由州教育廳直接管理，教育廳的督學具有絕對的權力，連教育學院的師資訓練、課程與師資訓練方針等，悉由州教育廳決定。結果行政上雖有效率地經營，教育條件平等化的推動也有績效，但相反地官僚主義愈演愈熾，學校教育也就不得不蒙上一層權威主義的色彩。

一般而言，各州政府對於學校教育和技術專門教育，負有行政和財政上的責任。另一方面，聯邦政府除了掌管直轄地的教育行政外，同時並負有大學和學院的全部財政責任，以及對於原住民、移民和各州學校教育的財政支援責任。聯邦教育部在 1987 年時和其他部局合併改組，成為目前稱為「教育、技術及職業部」（Department of Education, Skills and Employment）的機構，以強化教育和經濟發展之間的關係。

澳大利亞的教育基本上受到英國的影響。自 1980 年代後的教育行政改革特色，即以「地區居民參加教育」為主軸，在各學校設置學校審議會（School Board 或 School Council），以協助學校運作。亦即為了創造新的學校，由校長、教師、家長、學生、地區居民共同組成審議會，藉以傳達及溝通自己的意見，並能參與學校教育之運作，以下分層級說明。

壹、聯邦教育部

　　澳大利亞聯邦政府主管教育事務的機構在 1995 年時稱為「就業、教育暨訓練部」（Department of Employment, Education, and Training, DEET），後於 1998 年改為「就業、教育、訓練暨青年事務部」（Department of Employment, Education, Training and Youth Affairs, DEETYA），其特色在於將教育與就業結合在一起運作，2001 年再改為「教育、科學暨訓練部」（Department of Education, Science and Training, DEST）。

　　2007 年將原有的「教育、科學暨訓練部」（DEST）、「就業與職場關係部」（Department of Employment and Workplace Relations, DEWR），以及「家庭、社區和原住民服務部」（Department of Families, Community Services and Indigenous Affairs, FaCSIA）等三個單位合併為一體，成為「教育、就業與職場關係部」（Department of Education, Employment and Workplace Relations, DEEWR）。2011 年 12 月，DEEWR 將其所屬第三級教育（tertiary education）、技能及國際教育等業務職掌，轉移到新設的「工業、革新、科學、研究與第三級教育部」（Department of Industry, Innovation, Science, Research and Tertiary Education），直至 2013 年 9 月，澳大利亞聯邦政府為了促進政府管理的方式，宣布新的《行政安排命令》（Administrative Arrangements Orders, AAOs），將內閣的權責與相關部門組織的結構重新編製；因此，原「教育、就業與職場關係部」（DEEWR）依據職責分化出兩個獨立的部門各司其職：一是「教育與培訓部」（Department of Education and Training）負責澳大利亞的國家政策和方案，並全力協助國民獲取高品質的幼兒教育、學校教育、職業教育和培訓，以及國際教育和研究；另一是「就業部」（Department of Employment）則負責研擬國家政策與方案以幫助澳大利亞國民在安全、公平或具有生產性的工作場所找到工作或持續就業；「就業部」於 2017 年 12 月 20 日改名為「澳大利亞就業暨小型企業部」（Australian Gov-ernment Department of Jobs and Small Business）（教育部，2017，頁 1-3）。

　　目前，「教育與培訓部」在其行政配置上設有一位教育部長（minister

for education）、一位小型和家庭企業、技能和職業教育部長（minister for small and family business, skills and vocational education）（Department of Education and Training, 2018a）、一位秘書（secretary），以及秘書之下又設有五位副秘書（deputy secretary），分別負責「學校與青年」（schools and youth）、「技能與培訓」（skills and training）、「幼兒與兒童保護」（early childhood and child care）、「高等教育、研究與國際」（higher education, research and international）、「企業策略」（corporate strategy）等五大業務（Department of Education and Training, 2019a）。

教育與培訓部在教育管理的範疇從學前教育到高等教育和職業教育，強調教育政策的制定和實施；而教育與培訓部展現澳大利亞政府對教育在學校、課程、評量和人員配置上的支配權力（文部科學省，2017，頁 1-2）。

聯邦政府為協調各州教育相關事務，特設立「教育、就業、訓練暨青年事務部長級會議」（Ministerial Council on Education, Employment, Training and Youth Affairs, MCEETYA），以及司處長層級的「聯邦—州聯合計畫委員會」（Commonwealth (Federal)-State Joint Planning Committees）進行。「教育、就業、訓練暨青年事務部長級會議」於 1993 年 6 月由「澳洲教育會議」（Australian Education Council, AEC）、「職業教育、就業與訓練部長會議」（Council of Ministers on Vocational Education, Employment and Training, MOVEET）與「青年事務部長會議」（Youth Ministers Council, YMC）合併成立。MCEETYA 的成員包含聯邦、各州與領地，以及澳洲負責教育、就業、訓練與青年事務的所有部長。

MCEETYA 負責的事務包括所有教育階段的事務（包含中學教育、職業教育與訓練、高等教育、就業與勞力連結、青年政策與跨部會事務）的全國性協調工作，以及政策發展（MCEETYA, 2009）。MCEETYA 的運作與「澳大利亞國家培訓總局首長會議」（Ministerial Council on the Australian National Training Authority, ANTAMINCO）有密切的關係，ANTAMINCO 負責有關職業教育與訓練的特定事務。「聯邦—州聯合計畫委員會」則負責向MCEETYA 提供建言，如有關全國性協議、全國報告範圍與出版形式的協商、全國性議題的協調與合作、高等教育的資源與配置，以及與職業教育與

培訓（vocational education and training, VET）系統的合作等。

2009 年時，MCEETYA 及職業與技術教育委員會（The Ministerial Council for Vocational and Technical Education）的角色與責任重新調整後，分別改組為「教育、幼童發展與青年事務首長審議會」（Ministerial Council for Education, Early Childhood Development and Youth Affairs, MCEECDYA），以及「第三級教育與就業首長審議會」（Ministerial Council for Tertiary Education and Employment, MCTEE）；2011 年，MCTEE 再度改組為「第三級教育、技能與就業常設委員會」（Standing Council on Tertiary Education, Skills and Employment, SCOTESE）；2012 年，MCEECDYA 被「學校教育與幼童常設委員會」（Standing Council on School Education and Early Childhood, SCSEEC）所取代。2013 年 SCSEEC 再次改組為「教育審議委員會」（Education Council），並成為「澳大利亞政府審議會」常設委員會之一（教育部，2017，頁 5）。

貳、州教育行政機構

州教育行政機構因每州不同而名稱各異，如學校教育部、教育與青少年問題部、教育與藝術部等。教育雖是各州的權限，但因聯邦政府負擔大部分的高等教育經費，所以高等教育由聯邦政府主導，而州教育部主要負責初等、中等及技術與職業教育等部分。

各州的職權方面在《澳洲憲法》規定下，各州政府負責掌理公立中小學教育（管理與設立）以及私立中小學教育的部分事務（對私立中小學的補助）。各州的教育部門有權決定自己的教育政策與實施方式等相關事務，如學校教育組織、課程、課程鑑定、學生評量與學位授予。此外，亦負責遠距學習方案、特殊教育與海外學生的相關事務；也必須協調與管理學校資源配置、區域或州的方案與計畫。

澳大利亞各州及北方領地各設有州（區）級的教育部，負責管轄本州（區）的小學、中學、專科技術學院（technical and further education, TAFE），有些州（如新南威爾士州和南澳大利亞州）還設有專門負責職業技術與繼續教育的機構。州（區）教育部根據聯邦教育部的大政方針和宏觀規劃，確定

本地區的教育政策、教學大綱和實施辦法，負責對學校領導和師資的分配情況進行檢查，負責各校所開設課程的登記、備案工作，負責為本州（區）的各級各類教育分配教育經費，決定公立中小學校長的任免和聘用，主持中學畢業會考。州（區）教育部下設學區教育辦公室。

參、學區

一、公私立學校二元體系

澳大利亞基礎教育是以州（區）政府為辦學主體的（聯邦政府只對中小學教育提供資助）二元化辦學體制，州（區）政府對基礎教育發揮著主導作用。州（區）政府辦的公立學校約占中小學總數的 65%，私立學校約占 35%。私立中小學主要由教會創辦，其中大多數是天主教學校，政府按私立學校的在校學生人數給予適當資助。這種二元化的辦學體制，是與澳大利亞的聯邦制政治體制及財稅體制相適應的，也與該國的宗教傳統密切相關。

2018 年澳大利亞中小學總計有 9,477 所學校，3,893,834 人就讀澳大利亞中小學，公立學校就讀占 65.7%，天主教私立學校占 19.7%，獨立經營私立學校占 14.6%；其中，以澳大利亞首都特區（39.1%）和維多利亞州（36.2%）在私立學校入學率最高，北部領地（26.9%）入學率最低；整體入學率持續增加者以澳大利亞首都特區（2.3%）和維多利亞州（1.9%）最高，北部領地則是下降（2.4%）（Australia Bureau of Statistics, 2018b）。

澳大利亞政府鼓勵民辦學校參與競爭，依據 2013 年《澳大利亞教育法》（Australian Education Act 2013），任何人或團體均可在澳大利亞辦教育，但必須到教育主管部門註冊登記。申辦者須以書面形式提出申請報告，就辦學設想、課程設置、人才管理、師資力量、校舍設備、學習時間及經費來源等做出詳細說明，地方教育主管部門經過全面考察，並經州（區）一級的教育部審核批准後，才允許招生（Department of Education and Training, 2019b）。

私立學校雖比公立學校擁有更大的自主權，但是國家對私立學校並非放任不管。私立學校經批准允許招生後，州（區）教育部通過下設的「非政府

學校辦公室」，對私立學校進行追蹤考核，看其是否違章辦學。教育行政當局雖不任命私立學校校長，但仍要對其業務進行考察，考察報告送學校董事會審議，提出留用還是解聘的建議。

二、學區之功能

學區層級設辦公室負責各學區之教育事務，澳洲自1980年代以後，強調權力下放，所以在學區自主及學校本位行政方面有相當成果。在這次改革中，以維多利亞州為例，在教育行政管理體制方面的主要改革措施包括：

1. 精簡州一級的教育行政機構，打破由州教育部集中統一管理的傳統。
2. 下放權力至各地區和全州的各所中小學，改變過去中小學校長只是教育政策的執行者的被動狀況，使各地各學校發揮積極性，獲得管理學校各項事務的權力。
3. 建立由教師、家長和學生代表組成的學校董事會，協助學校進行教育改革，提高教育質量。塔斯馬尼亞州和西澳大利亞州也進行了類似的改革，把各地中小學校長等人員由教育部任命的作法變為由學校董事會負責選聘。與此同時，學校經費的使用、教師的聘用等權力也下放到學校。有的州（區）甚至開展了「自我管理的學校」（self-managing school）的實驗。這些措施都在一定程度上擴大了學校的自主權，調動和提高了地方中小學辦學的積極性。

1989年，新南威爾斯州教育部改名為學校教育部，改變對公立學校實行集中管理的等級制度結構為以學校為中心的分散管理體制，減少州教育部門對各個學校的管理。這樣一來，各學校都要制定其改革與發展規劃，並以此作為整個教育系統改革與發展的基礎。從此以後，各學校校長有權決定本校的財政預算、人員聘任和課程設置，學校有了較大的靈活性，能夠有效滿足學生在校學習的各種需要。

2018年新南威爾斯州教育部管轄 2,209 所公立學校，總計 43 個學區（Centre for Education Statistics and Evaluation, 2018）。在澳大利亞，學區與地方政府不存在一一對應關係，學區實際上是州（區）教育部門的派出機構。當時，新南威爾斯州進行了教育管理權力的下放，擴大基層學校的辦學自主

權，同時進行了教育管理組織的調整和重組。結果由於對州教育部和基層學校之間的學區這一級，沒有作為重點加以徹底改革，學區的力量顯得單薄，嚴重制約了教育管理部門為學校提供教學服務的能力，很難滿足改革後學校的實際需要。

新南威爾斯州進行教育機構改革後，每個學區的人員編制總共只有二十人左右，但其中教學服務人員編制卻占了大多數，其中包括有學監一名，課程（含識字、識數）諮詢員至少四名，負責技術諮詢、學生事務、家庭聯絡、特殊教育、教育職員事務的管理人員各一名，以及根據本學區特殊情況而特別配備的特殊顧問和特殊管理人員若干名。由此看出，通過給學區配備更多的教學服務人員，反映出政府教育管理部門面向基層、面向學校、面向教學第一線的服務意識的增強。這種教育管理模式，既明確了教育管理的職能是加強教育業務管理，為提高教育質量服務，又理順了關係，精簡了行政機構，大大提高了教育管理的效率。這將可以真正實現教育管理機構為學校提供更多、更好和更方便快捷的教學服務的目的，保證學校更好地行使辦學自主權。

第三節　學校制度

澳大利亞教育體系包括學前教育、義務教育和義務後學校教育、職業技術與繼續教育和高等教育。

澳大利亞早期的學校是由教會和私人建立起來的。1872 年至 1895 年間，澳大利亞各州、地區紛紛立法，要求建立「免費的、義務性的、非宗教性的」小學。其後，各地又陸續辦起了中學。1850 年，新南威爾斯州按照英國牛津大學的模式在雪梨創建了全澳第一所大學——雪梨大學。1853 年，維多利亞州在墨爾本創辦了墨爾本大學。1901 年成立聯邦後，澳大利亞立法規定，其教育體制以英國教育體制為藍本，由各州、地區政府負責當地的教育事務。第二次世界大戰以後，由於澳大利亞製造業的發展和社會變遷，對澳大利亞的教育產生了巨大的影響，從而各地出現了大辦高等教育學院的熱

潮。到 1980 年代初，全澳已有 75 所高等教育學院和 19 所大學。1988 年，政府提出了高等教育改革方案和大力發展職業技術與繼續教育的政策，並於 1990 年開始對原有的高等教育學院和大學進行調整與合併，於此，大致建構了現今澳大利亞的學校體系。

澳大利亞《憲法》規定，各州（區）的學生必須完成強制性的十年義務教育，這對公立學校和私立學校都一樣。絕大多數州的學前為一年，就學年齡為四至五歲；小學六至七年，就學年齡為五至十二歲；初中三至四年，就學年齡為十二至十五歲；高中二年，就學年齡為十五至十八歲。這其中小學和初中階段為義務教育，適齡兒童的入學率達到 100%。學前班和高中階段為非義務教育，高中階段的入學率為 71.3%。有關澳大利亞的學制請參考圖 8-1。

壹、學前教育

學前教育屬於非強制性教育，但社會普遍認為，年滿四週歲的兒童應接受學前教育課程，而且澳大利亞政府致力於推動幼兒早期教育，澳大利亞學前學校教育可分為三種：日托中心（day care）、幼兒園教育（kindergarten）課程和學校學前教育（pre-school）課程。依據 2016 至 2017 年統計資料，澳大利亞除維多利亞州、昆士蘭州、西澳大利亞州、塔斯馬尼亞州等四州，提供提供幼兒園教育，其他州（新南威爾斯州、南澳大利亞、澳大利亞首都特區、北部領地）則是提供學校學前教育，形成學前教育已被視為小學教育的一部分的情形，年滿五週歲的兒童均到正規學校開始就讀小學課程（Productivity Commission, 2018, p. 3）。學前教育強調與小學課程的銜接課程，以及學童的全面發展，目的在使孩童學習適應學校生活。小學預備年讓孩童學習基本的讀與寫，並且對於何種行為是合宜的，以及如何與其他兒童和成人相處，有更深入的理解。2018 年則有 342,479 名四歲或五歲的兒童參加了澳大利亞的學前教育，四歲就讀人數為 274,582（80%），五歲就讀人數為 67,892（20%）；而四歲就讀學前教育者占全體四歲兒童 86%，五歲就讀學前教育者占全體五歲兒童 21%；就讀幼兒園中有 39%在政府學前班，59%在非政府

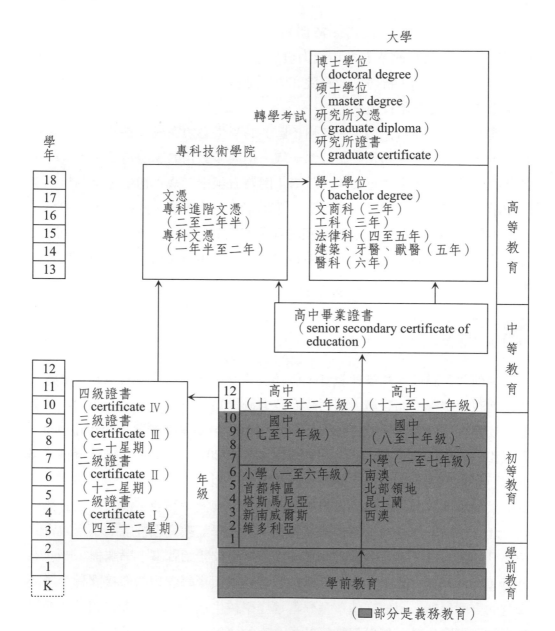

圖 8-1　澳大利亞學制圖

資料來源：修改自澳洲教育中心（2000）

幼兒園，其餘部分入讀一所以上的學前班（Australia Bureau of Statistics, 2018a）。

貳、小中學教育

一、小學教育

澳大利亞的中小學教育分義務教育階段和義務後中等教育階段兩部分，由於州（區）教育部享有較大的自主權，各州（區）中小學學制有所不同。全國大多數州（區）普通採用十三年制，也有少數州採用十二年制。它們大致可以分為四種（Department of Education, 2019; Department of Industry, 2019; NT.GOV.AU, 2018; Queensland Government, 2016; SA.GOV.AU, 2016; Victorian Government Schools, 2019; WA.GOV.AU, 2019）：

1. 新南威爾斯州、維多利亞州、北部領地、昆士蘭州、西澳大利亞州實行十三年制：學前教育一年，小學教育六年（一至六年級），中學教育六年（七至十二年級）。

2. 首都特區實行十三年制：學前教育一年，小學教育六年（一至六年級），公立中學教育四年（七至十年級），最後二年的中學教育在中學技術學校完成。

3. 南澳大利亞州實行十三年制：學前教育一年，小學教育七年（一至七年級），中學教育五年（八至十二年級）。

4. 塔斯馬尼亞州實行十二年制：沒有學前教教育，小學教育六年（一至六年級），中學教育六年（七至十二年級）。

依據 2018 年統計資料，澳大利亞小學粗入學率為 100.93%，淨入學率為 96.68%（United Nations Educational, Scientific and Cultural Organization [UNESCO], 2017）。2015 年公立小學占 69.60%，私立小學占 30.40%（教育部，2018，頁 25）。

小學教育側重對學生進行基礎語文訓練，培養識字能力和簡單的算術運算能力，進行道德和社會教育以及健康訓練等；高年級側重幫助學生鞏固前幾年所學的技能，並進一步強化英語、數學、科學、人文和社會科學、健康

與體育、語言、技術和藝術等方面的教育。有些學校還開設了外語、樂器和宗教方面的選修課。

澳大利亞的義務教育階段，自 2015 年起強調國定課程（Australian Curriculum）中的八大關鍵領域（learning areas）、七項學習素養（general capabilities）、三項跨領域重點發展（cross-curriculum priorities）；其中，八大關鍵領域分別是：英文、數學、科學、人文科學、健康與體育、語言、技術、藝術；七項學習素養有：識字、算術、資訊和通訊科技能力、批判性和創造性思維、個人和社會能力、跨文化理解、道德理解；三項跨領域的重點發展：原住民及托勒斯海島民的歷史文化、地區性目標是亞洲以及澳大利亞與亞洲的互動交流、全球性的目標在於永續性的介紹（Department of Education and Training, 2018b）。義務教育階段，每個學生都應當學會算術、閱讀、寫作、發音，並在相應的水準上可以與人交流。

澳大利亞公民和永久居民的子女在公立學前學校和中小學享有免費教育，但學生須繳納教材、使用學校設備等費用。此外，學校要求每位學生每學期繳納名為捐款實為學費的「捐款」。儘管學校沒有明確規定具體數額，然而學生一般每年都要繳納數百澳元的「捐款」。依據 2015 年統計資料，澳大利亞政府花費在每位小學生的費用為 8,711.1 元，每位中學生為 7,946.6 元（以購買力平價指數計算）（UNESCO, 2017）。

所有公立中小學和大部分私立小學為男女混合學校。在教學方面，學校強調學生的參與精神，以培養學生的自學能力和實際工作能力為主。因此，在課堂上教師要求學生動手的內容比較多。政府規定，教師一般不能給小學生留家庭作業，十年級以下中學生的家庭作業也不能過多。

澳大利亞各地課時長短不一。一些中學每課時仍保持在 40 分鐘左右，一些小學將較長的課時分為非正式的幾個小段。而有些學校，特別是較高年級學校的課時則長達 90 分鐘以上，近年來中學階段課時有加長的趨勢。

一所學校一般有在校生 200 至 300 人，城市學校有的可達千人，多於 800 人的學校稱為大學校，校長及管理人員可得到較多的薪水。依 2015 年統計資料，公立小學每班 23.47 人，私立小學每班 24.64 人，合計小學每班 23.82 人；公立前期中等學校每班 21.75 人，私立前期中等學校每班 23.93 人，合計

前期中等學校每班 22.86 人（教育部，2018：26）。鄉村學校人數則較少，很多鄉村學校人數多少於百人，每班學生也相應減少。每學年分為四個學期（除塔斯馬尼亞州三學期），一學年只上 40 週，大約每 10 週為一個學期，兩個學期之間有一至幾週的假期，上課時間為週一至週五，上午九點至下午三點半。

　　澳大利亞中小學課程的設計著眼於發展每個學生的智力、社會適應能力、藝術和職業潛力。學校考慮個人需求、才能和興趣，向學生提供幫助，以彌補學生的不足。

　　學校一般按學生的年齡進行分班，年齡相同的學生通常被分在同一班級學習。經過一段時間學習，學校可根據學生的能力和興趣重新編班。除了體育、音樂、外語等專科課程外，每位教師要全年負責整個班級的所有其他課程的教學任務。學生無升學考試。期末，教師根據學生的年齡和平時學習成績，參考期末考試成績，與學生家長協商決定學生的升留級事宜。小學畢業沒有統一的畢業考試。所有畢業生都可就近進入中學學習。

　　2018 年澳大利亞政府為規定澳大利亞學校教育的長期國家目標，和國家與各州間有關學校教育的協議，而提出《國家學校改革協議》（National Schools Reform Agreement），此項協議於 2019 年 1 月 1 日開始實施，其改革內容有關中小學教育，包含如下（Department of Education and Training, 2018c）：

1. 強化澳大利亞國定課程，以支持教師評量學生的成績和成長：學習歷程的發展，可以清楚描繪出各個學習階段和各個年齡層，學生共同發展的進步途徑，而教師能夠依據學生的學習情況和進步，制定後續的教學進度。

2. 透過在線學習評估工具以協助教師：透過開發優質資源和專業學習，協助教師檢視和了解學生的進步，使教師能依據學生個人需求定制個人化教學，而極盡所能地提高學生學習成長和學習成績。

3. 檢視高中就職或升學徑路以確保學生離校後獲得最好的教育和技能：檢視高中升學或就業路徑，以確保學生離開學校後，能獲得更好的教育或職業培訓，使他們未來的生活能比原先在校時更好。

4. 建立每一位學生學習識別碼以在政府機構間分享學生資訊：建立每一位學生的學習識別碼，有助於政府教育機構在不使用學生姓名的情況下，分享學生資訊，同時也為學生和家長提供全面的學習進步和成就紀錄。

二、前期中等教育

前期中等教育時間，因州而有不同，大致從第七或第八學年開始計算，前期包括四年或三年，後期則為兩年。學校型態最普遍的是男女合校的前後期一貫的綜合型中學。而首都特區的一部分及塔斯馬尼亞州，在第十一及十二年設有依升學目的而分開的學校，也有少部分的州有以職業類種分設的職業學校。2015 年公立前期中等學校占 58.40%，接受政府補助之私立前期中等學校占 32.00%，獨立經營之私立前期中等學校占 9.70%（教育部，2018，頁 25）。

前期中等教育課程原則上，須依循前述國定課程編制。整體而言，儘管在某些中學系統中有少數選修課程，但中學的前一或兩年以提供所有學生應完成的普遍性課程為主；其後的修業年間，基本的核心學科仍保留，學生也可以有較大的選修空間。其他的中學系統中，學生在進入中學後便有不少選修機會。

一般而言，澳洲的中小學擁有相當程度的自主權。多數的州與領地已建立區域性的行政管理系統，負責學校建築規劃與教職員配置等事務；而州的中央課程單位則提供關於課程規劃的普遍性規定，各校可在規定的範圍內決定教學與學習方法，並提供各式課程選擇。

中學生在第一、二年學習英語、數學、科學、一門人文學科或社會科學和體育等必修科目；後幾年除了必修課外，可選修其他科目。選修課一般包括：外語、人文社會學、商科、藝術、工藝、音樂、經濟、家政、手工、演講藝術和戲劇、打字、計算機、速記、消費教育、地理和歷史等科目。規模較大的學校還為高年級的學生開設更多的選修課。具體課程可由各校根據本校學生的興趣和需求確定。

　　在義務教育階段，參與職業學習計畫，把職業教育和培訓項目作為學生初中高年級學習的一部分。同時還要參與各種項目的活動，以培養和開發學生的創造能力，包括那些能夠使他們將來最大限度地發揮靈活性和適應性的能力。

　　2019 年澳大利亞政府提出「國家職業教育策略」（National Career Education Strategy），承諾在優質學校下，以學生為中心，使每所學校的每位學生未來能獲得高質量的職業教育，該策略透過建立教師和學校的領導能力、支持父母和照顧者在對話中發揮重要角色、鼓勵工業和學校之間的合作等，改善學校的職業教育（Department of Education and Training, 2019c）。

參、後期中學教育

　　後期中等教育，相當於我國的高中，共有兩年，主要作為進入高等教育（亦稱第三級教育）之準備，學生被鼓勵專攻有興趣或表現優異的學科。依 2015 年統計資料，澳大利亞公立後期中學學校占 59.50%，接受政府補助之私立後期中學學校占 15.80%，獨立經營之私立後期中學學校占 24.70%（教育部，2018，頁 25）。

　　在後期中等教育階段，規模較大的學校可以提供較廣泛的課程選擇；鼓勵各校發展符合學生興趣與需求的課程也成了新的趨勢，但這一類由學校自行研發的課程必須經過認可的程序。此外，也日益強調在後期中等教育階段課程中加入職業訓練，中學生可以將在職業教育與訓練課程所取得的證書併入成為高中學習課程的一部分，也可以將職場的工作經驗併入高中的課程中。

　　完成強迫教育年限的學生可離開學校尋找工作，或者進入職業教育與訓練機構，如「專科技術」（TAFE）學院或私立企業學院（private business college），參加職業課程。對於多數職業教育與訓練課程而言，完成中學十年級學業是入學的最低要求。至於接受中學課程至十二年級者，可以獲得進入高等教育機構、VET 或其他教育機構繼續進修的機會。中學教育階段的最後二年結束之前，會決定學生是否有進入高等教育機構的資格。由於第三級

教育可能要求修習過某些中學必修課程，因此學生會與生涯諮商員討論選修科目以做準備。十一年級與十二年級的後期中學教育提供數種課程模組（programmes），使學生為未來研究、就業與成人生活做預備。這些課程模組增進學生在中學早期的成就，並提供適合學生需求與能力的學習經驗，各州的課程方案與學科互有不同；此外，計畫繼續接受更高教育的學生必須接受第三級教育入學課程模組。

澳大利亞各州（區）中學階段的課程，主要分為前期中等教育（七至十或八至十年級）與後期中等教育階段（通常為十一、十二年級）。儘管聯邦政府強調義務教育課程必須依據八大關鍵學習領域發展，然而由於澳洲有關教育事務的主管權為各州（區）政府，因此各州（區）通常各依需求自行發展中等教育課程，也分別在前期與後期課程結束時，各自認證與頒給不同的畢業證書（certificate）。

肆、高等教育

澳大利亞的「第三級教育」的用語，是指所有中等學校之後的教育，除了包含高等教育機構之外，還包括低於學士學位層級的教育訓練機構，其中占最多者為「專科技術」（TAFE）學院以及私人訓練機構。

第三級教育課程中的職業訓練可劃分為二個主要形式：(1)由機構與企業提供的「職業教育與培訓」（VET）課程；(2)由大學與其他高等教育機構提供的高等教育課程。VET 是能力本位的，在「國家訓練架構」（National Training Framework, NTF）下提供廣泛的課程。其中，高等教育提供學士學位以及研究所教育的課程，大學亦提供一些短期的大學課程。

本節先探討高等教育，下節再探討職業訓練教育。

一、高等教育的發展

1960 年代，澳大利亞出現大量開辦高等教育學院的熱潮。到 1980 年代初，全國已發展到 75 所只承擔教學的高等教育學院和 19 所從事數學、科研的大學。但有些學校規模過小，在校生人數不足 2,000 人，個別大學的在校

生只有幾百人。

1986 年，聯邦政府對澳大利亞的高等教育體制進行了全面的評估，於
1988 年發表了進行澳大利亞高等教育改革的《高等教育白皮書》，強行要求
原有的高等教育學院與大學根據新制定的「全國統一高等教育體制」，按照
地理環境，在自願結合的基礎上，進行調整、合併，並規定聯邦政府不再向
學生少於 2,000 人的大學提供任何經費。政府還要求，調整後的大學既要從
事教學，又要從事基礎科學研究，同時要加強應用科學研究，儘量使科研成
果商品化。1990 年，澳大利亞教育理事會又設立了澳大利亞高等教育註冊署
（RATE），負責制定審批課程的原則，統一全澳高等教育課程分類標準、
課程設置和名稱。

為了改變以往免費接受高等教育的狀況，彌補政府高等教育經費不足的
困境，聯邦政府在 1988 年提出了接受高等教育「使用者付費」的原則，設
立了「高等教育貸款計畫」（Higher Education Benefit from the Sharing Mech-
anism, HECS）（即學生接受高等教育先向政府貸款繳納學費，畢業工作工
資達到政府規定的最低標準後，由稅務局透過稅收系統直接扣還貸款）。
1996 年 3 月，聯盟政府上臺後，為了填補工黨政府 80 億澳元政府財政預算的
漏洞，首先對澳大利亞大學進行了一系列的改革，堅持「求學交費」的原
則，提高了學費收費標準，縮短了償還貸款期限。政府要求本著開源節流的
精神，計畫在四年內，通過高等教育改革，幫助政府解決 20 億澳元的預算
虧空。社會各界對這一改革舉措反應較為強烈。由於從 1997 年新學年開
始，新入學的大學生須按新的學費標準繳納學費，許多中學畢業生放棄了上
大學的機會，改上職業技術與繼續教育學院。

2016 年澳大利亞政府設置高等教育品質標準署（Tertiary Education Qual-
ity Standards Agency, TEQSA），是規範高等教育、監控品質及設定標準之獨
立機構，執行全國性的高等教育政策及品質保證工作，負責監督澳大利亞所
有高等教育相關機構的教育品質，包括立案註冊的大學、高等教育訓練機
構、技職專業學校、學院、在澳大利亞的外國分校及澳大利亞大學的海外分
校等（駐澳大利亞代表處教育組，2016a）。

2017 年澳大亞政府發布「澳大利亞國家大學五年發展策略計畫」，以確

保澳大利亞國家大學在變革的時代，不負使命持續追求卓越與平等，成為啟發培育國家重要人才的搖籃；其改革重點，包括視野與價值、變革時代改造的需求、行動策略、評估進展及風險管理等（駐澳大利亞代表處教育組，2017a）。

2018年澳大利亞全球專業諮詢服務組織KPMG發布「重新想像高教新藍圖」報告書，主張澳大利亞需要超越高等教育與技職教育過時的涇渭分明區別，建議從二元轉向和諧共生的「生態系統」，提供更多樣化的教育服務提供者，為高等教育提供者創造更簡易的創新條件（KPMG, 2018）。

二、現況

澳洲高等教育原為雙軌學院（binary system），一為大學（university），一為高等教育學院（colleg of advanced education, CAE）。兩者皆是公立，其差別主要在前者提供研究性學位及進行高深學位研究，而後者則以大學士程度為主，重教學與實用性課程，其前身為技術學院或師範學院，1980年代，為了節省經費及增強國際競爭力，聯邦政府乃鼓勵合併，此即為一元高教系統。各大學均可並設學士學位、研究生班、碩士學位和博士學位等課程。大學本科生的學制一般為三年，第四年為榮譽（hounor）學年；碩士生的學制為一至二年。絕大部分大學為理工科的學生設立了通過研究攻讀博士學位的項目。1990年澳大利亞統一大學體制後，一些大學也開設了相當於大專的高級文憑（advanced diploma）和文憑課程。澳大利亞高等教育院校通常實行一學年兩學期的學制，但也有個別學校實行三學期的學制。新學年於每年2月底3月初開學，11月底12月初結束。

除了澳大利亞國立大學、坎培拉大學和澳大利亞海洋學院是根據聯邦立法創辦之外，其他大學均是根據各州和地區的立法而創立。儘管如此，大學均受澳聯邦教育、科學暨訓練部的督察。澳聯邦教育、科學暨訓練部負責與各校協商確定每年的招生名額指標，並按各校學生人數向各學校下撥日常行政經費。各大學享有很大的自主權，可自行確定資金的分配使用和本校所開設的各類課程，有權授各類文憑和學位。一些無權自行確定並設高等教育課程的學院，如要開設相當於高等教育的課程，須報請有關部門批准。

澳大利亞目前有43所高等院校，其中有40所州立大學，2所國際大學，1所私立大學（澳洲貿易委員會，2015）；私立大學比重很低是其特色。

澳大利亞高等教育特色包含下列三項：(1)私立大學的發展甚少；(2)由於各州經費不足，由聯邦政府提供經費，因此聯邦政府控制力甚強；(3)高教系統不算多元，僅有兩個系統，即高等教育系統和技術暨繼續教育系統。

根據2018年統計資料，就讀澳大利亞高等教育有1,332,822人，其中本國學生為958,502人，占71.91%，國際生為374,320人，占28.08%；就讀公立大學有1,213,125人，占91.0%，就讀私立大學有119,697人，占8.98%（Department of Education and Training, 2018d）。

近些年來，澳大利亞各大學十分注重教育國際化，從事教育輸出。教育輸出已成為澳大利亞的第三大產業，2015 至 2016 年創造 203 億美元收入（University Australia, 2016）。

為了吸收資金，澳大利亞各大學十分重視從海外，特別是從亞太地區國家招收海外學生。一些學校已把目標瞄準了這些國家，並在某些國家開設了自己的分校。截至2017年，澳大利亞提供海外職業教育與培訓（VET）課程多達46國，其中以在中國（含臺灣）參加VET海外課程最多（20,940人），其次為斐濟（2,345人）和模里西斯（1,085人）（Department of Education and Training, 2017）。

2016 年，澳大利亞高等教育品質標準署（TEQSA）發布「2016 至 2020 年國際合作策略」，分三大優先議題：(1)澳大利亞跨國高等教育的品質保證；(2)支持澳大利亞跨國高等教育活動與創新；(3)建立品質保證的網際脈絡及合作機制（駐澳大利亞代表處教育組，2016a）。

之後，澳大利亞政府又公布「2025 國際教育全國策略」、「澳大利亞全球校友策略」和「澳大利亞國際教育 2025 發展藍圖」，從創新政策、校友網絡和市場開拓三個面向全面推動整合國際教育產業、建立全球合作夥伴關係（駐澳大利亞代表處教育組，2016b）。

2019 年就讀澳大利亞高等教育的國際生有61,649人，就讀 VET 課程有39,753人，就讀中小學有6,897人，就讀「留學生英語語言強化課程」（English Language Intensive Courses for Overseas Students, ELICOS）有 20,914 人，就

讀非學位先修班（non-award）有 13,550 人（Department of Education and Training, 2019d）。

2018 年，臺灣留學生在澳大利亞的人數總計為 1 萬 2,846 人，男 5,344 人、女 7,502 人；2018 年在澳大利亞的臺灣留學生總數比 2017 年同期增加 4%，占所有澳大利亞國際生比例 2%（駐澳大利亞代表處教育組，2019）。

伍、亞洲語言教育

近十幾年來，澳聯邦政府和地方政府十分重視亞洲語言教學。1986 年澳大利亞成立了亞洲研究委員會、中國研究協會和亞洲語言與研究重點中心，制定了「國家漢語研究策略」，在學前和小學的課程中增設中國文化內容，使他們從小增加對中國文化知識的了解，培養他們學習漢語的興趣。1995 年，澳聯邦政府制定「亞洲語言和研究策略」，自 1995 至 1998 年共撥款 6,990 萬澳元，並會同全澳各州和地區籌集的同等數目款項作為配套資金，在各州和地區中小學積極推進漢語、日語、朝鮮語和印尼語的教學。

根據澳大利亞全國中小學校外語教學總排名，前十大外語教學的語種為：日語、法語、德語、中文、印尼語、義大利語、希臘語、越南語、西班牙語、阿拉伯語。以日語為首要外語的州有：昆士蘭州、北部領地、南澳州、首都特區；以中文為首要外語的州有：新南威爾斯州和塔斯馬尼亞州；以義大利語為首要外語的州有：維多利亞州和西澳州（駐澳大利亞代表處教育組，2017b）。

第四節　職業與技術教育

1992 年，聯邦政府和州政府共同建立了一個全國統一的職業教育與培訓系統。在這個系統下，參照澳大利亞國家培訓總局（Australian National Training Authority）的建議，由一個部長委員會（聯邦教育部長任主席）決定職業教育與培訓領域的國家政策和發展重點、策略方向、經費安排等。職業技

術與繼續教育系統的具體事務由州政府負責管理。

　　澳大利亞職業教育與培訓（VET）課程是由澳大利亞政府部門與產業共同合作建造，澳大利亞政府提供補助、研發政策及訂定VET部門的法規與品質保證，產業與僱主則提出訓練政策與優先性，以及研發符合職場需求的資歷（駐澳大利亞代表處教育組，2016c）。

　　澳大利亞 VET 主要培訓管道有：(1)專科技術學院（TAFE）課程；(2)已註冊立案之訓練機構（Registered Training Organizations, RTOs）提供訓練套裝（training packages）與認可課程（accredited courses）；截至 2012 年 RTOs 包括公立職業專科技術學院（TAFE）、其他政府提供者及私立教育與訓練機構，共計約 5,000 所（駐澳大利亞代表處教育組，2016c）。其中，TAFE 學院是澳職業教育與培訓的主力軍，屬各州政府公立教育與訓練機構，有些 TAFE 學院附屬於大學。

壹、TAFE 之課程與運作

　　TAFE 學院的教學理論結合實際，注重課程和訓練的實踐性，以市場需求為導向。它們所開設的課程有一百多種，包括工科、社會學、教育學、理科、計算數學、視覺與表演藝術、加工工程、健康服務、管理學、電工學、建築環境、農業再生資源、陸地與海洋資源、飯店管理與旅遊、社會、教育與擇業技能、畜牧業、建築學、勘探工程、獸醫學等。學生選擇專業最多的是商業、管理、經濟、法律類課程，其次是社會、教育和就業技能。學員大部分是非全日制學生。此外，這些學院還可根據學員和用人單位的需要，設計專項培訓項目。

　　TAFE學院一般每年1月底開學，12月中結束。大部分TAFE學院實行一學年三個學期的學制，有的實行一學年兩個學期的學制。1988年聯邦政府提出了把澳大利亞建為一個「勞動的國家」（Working Nation）的口號後，澳大利亞的職業技術教育得到了迅速的發展。一些州相繼成立了主管當地職業技術教育的部門。TAFE 學院所開設的有關課程必須獲得該部門的認可。

　　除了全國統一的文憑、證書課程外，TAFE 學院還開設了許多其他課

程，如就業前職業技術培訓課程、與中學聯合開設的職業技術培訓課程、娛樂和消遣性的課程、進修課程、成人教育課程、原住民居民教育課程，以及為非英語背景人士開設的課程等。學生完成學習後，可獲得結業證書。

聯邦政府還委託 TAFE 學院負責為城鎮居民、農村人員、長期失業青年和失業移民開設了就業或再就業培訓課程。TAFE 學院除了提供非在職人員的培訓外，還利用現代化設備向邊遠地區的居民和平時無法接受職業教育與培訓的人員提供遠距離教育。在澳大利亞，人們通過遠距離教育手段接受教育或再教育已成為習以為常的事情。

貳、學制與證書

1986年，由聯邦教育部部長和各州、地區教育部部長組成的「澳大利亞教育審議會」，為 TAFE 學院開設的課程統一了各類證書和文憑名稱。

TAFE 學院現可為不同層次的人員開設不同程度的職前技能培訓、職業技術與繼續教育等課程，可授進階文憑、文憑（diploma）、進階證書（advanced certificate）、證書和技工級證書。

進階文憑是 TAFE 學院的最高（高等教育）專業課程。學生必須在十二年級畢業後進行為期三年的全日制學習。

文憑課程（大專課程）是為十二年級學生畢業後開設的二年全日制或四年半日制學習課程。

高級證書屬於高中證書課程。學生必須具備十年級的學業，方可選修該課程。該課程主要是培訓技術員或技工輔導員。學員需要進行一年半至二年全日制或三至四年半的全日制學習。

證書課程屬於培養技術工人的中等職業教育，分為四級。學生需要進行一至三個學期的全日制或相等時間半日制，至少要進行 200 小時的學習。學生入學條件依課程要求而定。

技工四級證書課程講授專門技術和工藝。學生必須是十年級畢業生，掌握一定的技術知識；技工三級證書課程講授操作技術。技工二級證書課程為中學繼續學習課程。學生入學前一般已完成十年級的學習。技工一級證書課

程為就業知識和技術課，任何人均可報名參加。

參、學徒與培訓制度

澳大利亞學徒與培訓制度，可包含學徒和實習生兩種，可全時或兼職。學徒不僅要接受僱主提供的在職培訓，而且要接受 TAFE 學院有關課程的學習。學徒期為三至四年，以傳統產業為主（駐澳大利亞代表處教育組，2012）。第三年，學徒需要每週抽出一天或相當的時間，到 TAFE 學院進行學習。大部分行業只收十年級畢業的學生當學徒，個別行業也錄用完成九年級學習的學生。

實習生方面，是指僱主與僱員間之契約，實習生同意藉由工作本位（work-based）訓練與RTOs的訓練二者結合，習得職場能力，可以全時或兼時方式受訓，且依訓練套裝模式上課。澳大利亞學徒計畫由各州政府核可，並與 RTOs、僱主等共同合作，實習生通常接受一至二年職業訓練，包含各種不同的商業與產業新興生涯領域（駐澳大利亞代表處教育組，2012，2016c）。

為了使那些完成十一年級學習後參加工作（十六至十八歲）的年輕人有更多的就業機會，聯邦政府於 1985 年開始在全國實行培訓制度。這些年輕人需要接受十二個月的在職或非在職的職業教育。他們可在公立 TAFE 學院或私立學校接受培訓。

澳大利亞政府於 2012 年大修學徒制度，以加倍的誘因吸引僱主提供額外的大量高技能工作，使澳大利亞年輕人有機會學習（駐澳大利亞代表處教育組，2012）。

肆、已註冊立案之訓練機構（私立職業教育學院）

已註冊立案之訓練機構（RTOs），又可稱私立職業教育學院（college, schools or institutes），可包含（駐澳大利亞代表處教育組，2016c）：(1)產業協會：最受歡迎的課程為商業、電腦、觀光餐旅等；(2)為僱主提供評量服

務的 RTOs；(3)成人社區教育（adult community education, ACE）：為社區本位（community-based）的 RTOs；(4)企業 RTOs：為職場本位（workplace-based）的 VET 課程，包括下班後／職外（off-the-job）RTOs 本位訓練或在職訓練等。開設課程的科目有：英語、商業管理、計算機操作、計算機數據處理、飛行訓練等。通過學習，學生可獲得證書、高級證書、文憑和高級文憑。在有些專業，學生也可獲得本科學士學位。這類證書和文憑均得到各州和地區有關部門的認可。

第五節　師資教育

由於澳洲已設有師範學院，所以師資培育全部在大學培養，目前絕大多數大學都提供師資培育課程，但修讀學程的學生人數各校差異很大。澳大利亞目前計有 48 所大學及訓練機構提供 406 個教育學程（駐澳大利亞代表處教育組，2017c）。

澳大利亞的中小學教育由州負責，因此也包括師資培育課程中職前教育的能力標準的訂定，但後來聯邦政府為提升並統整各州教師素質，乃針對初任教師的能力標準擬出一份全面性規範。

這份規範的訂定過程中，曾分別與教師團體、師資培育機構、聘用教師的單位討論和諮詢，以便能作為教師職前教育和在職進修教育的依據。此一全國性的教師能力標準，包括專業知識和價值的運用與學習、與他人共事的能力、教學過程的計畫和管理、教學過程的監督和評估、不斷改進的能力。

學生是否修讀師資培育課程，端視第三級教育的入學考試成績而定。在澳洲，每位高中學生在十一年級和十二年級的時候都需要參加會考，而其成績就是第三級教育的入學考試成績；各大學再自行決定師資培育課程的最低錄取分數，這些分數各大學可以不一。各校的各類教育學程訂有一定的錄取名額，名額的多寡是由各大學與各州的高等教育顧問團體討論之後決定。

中等學校師資培育方式大抵來說有兩種：第一種是先取得欲任教的專門學科的大學學士學位（需要三年或四年），然後再接受為期一年的研究所教

育文憑的課程；第二種是接受四年的教育學士學位課程，在這個課程裡整合了專門學科、教育學科和教學實習的訓練。近年來第二種方式逐漸減少，第一種方式則逐漸增多。此外，有些大學將為期一年的教育訓練加長為兩年，讓學生有多一點的時間，在中學裡把他們所學到的教學法知識、專門學科知識和實際的教室經驗整合起來。

　　目前小學教師的培育課程已經大部分改變成四年制的教育學士學位，在這四年裡，把學科知識的訓練和教學法的研習融合在一起，並且在最後一年裡提供較長的教學實習。有的大學在小學師資的訓練方面，已經在嘗試採用訓練中學師資的研究所文憑模式。

　　另外，修完課程後原則上需要參與教學實習，但實習課程差異較大，而各州所規定必須的教學時數也有很大差異，大致從五十天到一百天都有。

　　進而，澳洲自1991年以後，也實施初任教師導入教育，為期一年。2012年澳大利亞政府以來寬鬆的入學政策，導致一般學門教師供給過剩，專業學門教師的數量不足，教師人力結構失衡的現象尤以中學最為嚴重；對此，新南威爾斯州教育廳於 2015 年僅聘用了該州 6%取得教師資歷的畢業生擔任全職工作，同時採行教育學位限額招生政策，以篩選出優秀學生，最能直接有效解決目前教師供需失衡的現象（駐澳大利亞代表處教育組，2017d）。

　　過去十年，澳大利亞政府在加強師資培育的管理、聚焦師資培育政策下，除要求剛畢業的初任教師能對課堂教學做好準備外，更要求師資培育機構能提供足以證明學生學習成效的證據（Mayer, Cotton, & Simpson, 2017）。

　　2018 年澳大利亞政府更進一步提出師資培育改革重點，包含：(1)檢視教師未來勞動力的需求；(2)強化初任教師認證制度；(3)設置以證據為本的國家研究所以提供教師實務、體制改善和政策發展（Department of Education and Training, 2018c）。

第六節　教育特色與改革趨勢

　　澳大利亞地處東南亞，國土面積寬廣，但又是一英語系國家，與歐美關係密切，基於這些特殊背景，也塑造了獨特的教育特色與改革，以下分項敘述。

壹、教育特色

　　有關澳大利亞之教育特色，歸納三項說明之。

一、多元文化教育

　　戰後的澳大利亞伴隨著產業急速地發展，為了確保勞動人口不致匱乏，於是大規模地接納計畫性的移民，來自非英語系國家的移民子弟，因為文化差異和英語能力不足，在學校和社會的適應上面臨很大的困難。1978年發表的「加爾巴里報告」（Gallbally Report）中，打出多元文化複合民族主義的政策，對抗過去始終以盎格魯撒克遜文化為中心的主義。等到 1986 年的「吉普報告」更努力推動這項方針，強調各民族的平等性和少數民族參加社會經濟活動的重要。這項報告產生的主要原因是基於來自亞洲各國的移民激增，提升移民勞動力品質和勞工黨政權的平等主義理念等理由。現在各地所進行的下課後學校教授日語文化的「民族學校課程」，以及以理解多樣文化、學習英語以外語言的「多元文化教育課程」，是多元文化教育政策的成果。再者，為了保障移民子弟接受平等教育的機會，並實施多采多姿的英語教育計畫，採用對移民子弟的特別英語教師、配置雙語教師和助教、開發教材等各種各樣的方法。教師的社會文化均質性是多元文化教育實施的問題點，由於教員大多數為白種的中產階級出身，所以目前需要更多樣化社會背景的人才來擔任師資。

　　澳大利亞的移民雖然大多數來自英國，但其他移民母國數達一百個以上，其中義大利、希臘、荷蘭、西德、南斯拉夫、奧地利等國占絕對多數。因此，澳洲社會雖由英國後裔組成，但仍是具有多元文化特色的多元民族社會。移民由於語言和文化之不利衝突下，很難和澳洲英語社會融合，因此自1971年制定了《移民教育法》，開始對非英國系移民子弟提供財政的援助，另外也從教學方法著手，以使英語教學能更順利的推動。另外，對澳洲原住民教育也開始受到重視，並以尊重的態度去了解原住民之社會與文化。由此可知，澳洲在多元民族社會所交織的文化中，正實施新的多元文化教育政策，以減少教育上之不平等，此為澳洲教育的重要特色。

二、特殊教育發達

　　澳大利亞政府規定，兒童若有以下原因，可免去接受強制性的義務教育：

　　1. 因住處遠離學校，不能每天上學。

　　2. 因殘疾，不能堅持上學。

　　3. 因去其他州或海外旅行，不能上學。

　　為了解決這些兒童的學習問題，政府和有些教育機構可為他們提供接受函授教育的機會。除了教材和其他文字材料外，學生可通過衛星廣播、電腦、電子郵件、傳真、電話和「雙向電視教學系統」等方式進行學習。

　　在一些較大的城市或地區，政府為殘疾人設立了特殊學校。如有可能，殘疾人可被安排到普通學校進行學習，學校必須向他們提供特殊的幫助。

　　為了解決偏遠地區學生學習困難的問題，政府特制定了「偏遠地區學習項目」。該項目是專門為居住在偏遠地區、已小學畢業的原住民居民而設計的以職業教育為主的課程。北部領地區的2所寄宿學院還專門為當地原住民居民開設了中學教育的課程。

　　其次，為偏遠而無法通學的兒童開設函授教育，亦為一大特色。函授教育一般以一至二週為一單元，學習某一主題。函授學校的教師在學生寄回的測驗答案紙上，詳細批改，並附上親切的評語。而為了加強師生間的聯繫，學生將自己及生活環境的書信或相片寄給老師，教師則回信，且寄生日卡片

給學生。另外，無線廣播學校與函授學校合作，每天播送短時間教學節目。而無線廣播學校採用發報、接收兩用的無線電收發機，使住在廣大地區的學生都能參與同樣教學，甚至以班級為單位排演戲劇或音樂。函授學校也實施各種課外活動，如保護自然俱樂部、少年紅十字會等，學生可以自由參加，這是因應特殊地理環境的彈性措施，這也是澳洲教育的另一特色。以 2017 年新南威爾斯州為例，約有 2,679 名學生參加了函授教育（Centre for Education Statistics and Evaluation, 2018）。

三、落實學區和學校本位的改革

正如在本章第二節「教育行政制度」部分提到有關權力下放至學區及學校的大致情形。然而在這發展過程中，1980 年代的經驗，並沒有完全成功，但也因為這些經驗累積，澳洲有了更多的權力下放機制的建構。

1980 年代教育管理機制的調整和重組沒有達到預期效果，結果不盡如人意。實行機構改革、下放教育管理權的本意，是想擴大中小學的辦學自主權，讓教育管理部門騰出更多時間，為學校提供更直接的服務。結果在這次管理權力下放過程中，由於忽視了對學醫這一級的教學服務功能的改革，不但未能保證學校獲得更多的自主權，相反卻使教育行政機構更加臃腫，沒能達到為學校提供更直接有效服務的目的。其後仍從精簡州（區）教育部的廣大行政機構，增加各學區教育專業服務人員的編制和活力著手，以充分發揮各學區對所管轄學校的教學服務功能。

經由一系列改革，如今澳大利亞從聯邦教育部、州（區）教育部到地方學區教育辦公室，在機構設置、辦學方針和教學任務等各個方面，都呈現了面向基層、學校及教學實際的原則，把課程研究、教學督導與管理機構作為教育行政部門的主要組成部分，強調教學業務管理，實行教學業務管理與行政管理相結合。這種教育管理模式，既明確了教育管理的職能是加強教學業務管理，提高教育品質，又理順了關係，精簡了機構，提高管理工作效率和基層學校的辦學競爭力。

貳、趨勢

澳大利亞教育發展趨勢分三項說明。

一、訂定國家教育目標，全國中小學教育齊一性

1989 年 4 月 14 至 16 日，澳大利亞各州（區）和聯邦教育部長一起在霍巴特召開了第六十屆澳大利亞教育委員會會議。會議認真研究和討論了澳大利亞基礎教育的現狀，在澳大利亞全國教育的未來發展上達成了共識。與會的教育部長們一致同意採取共同行動，幫助學校迎接世紀之交所面臨的嚴峻挑戰。在這次會議上，各州（區）和聯邦教育部長們做出了具有歷史意義的承諾：在全國範圍內全面改革澳大利亞的基礎教育，並且對大家共同關心的領域達成協議；即確立澳大利亞國家教育的共同和一致目標——國家十大教育目標。這次會議所取得的成就表明：各州（區）和聯邦教育部長們決心建立一個統一的教育制度，以便發揮青年人的聰明、自信心、尊重他人的優秀特質，使教育發展跟上國民經濟和社會發展的潮流。

1998 年 5 月，由聯邦政府任命的特別工作組公布了重新修訂後的國家教育目標討論稿。修訂後的國家教育目標較 1989 年提出的國家教育目標「更加強調國家在全球經濟中的重要性，強調資訊技術、職業教育和公民教育」。

修訂後的宣言強調，對青少年智力、技術、知識、技能和理解力進行關注是明智的，並斷言「成功的民族是指掌握全球化並提供給學校機會的民族」，「建立在全國共同目標基礎上的學校教育將築起澳大利亞青年一代智力、體能、社會、精神、道德和美學發展的基石」。

2004 年澳大利亞政府為盡快解決各州教育年限不同、課程與畢業證書多樣、學習評量互異的問題，著手致力建立全國一致的中小學教育架構之工作，欲建立包括入學年齡、課程架構及基本技能評量等的一致性，這樣的努力皆為齊一全國學童學習的成果。

此一努力，具體展現在 2015 年澳大利亞國定課程的八大關鍵領域、七

項學習素養、三項跨領域重點發展，終使澳大利亞在國家教育目標上，具有齊一性。

二、致力推動教育輸出，提升教育影響力

在教育國際化問題上，澳大利亞認為有自己獨特的優勢，可以充分加以利用。當今教育國際化的重要市場是經濟正在迅速發展的亞洲國家，澳大利亞毗鄰亞洲，同其他西方英語國家相比，有地緣上的優勢；教育質量上乘，服務質量優秀，學費比美、日、加便宜，在國際教育市場上具有極大的競爭力。澳大利亞是個多民族、多元文化的移民國家，社會安定，少民族歧視，環境優美，生活、工作條件舒適方便，對海外學生和科研人員來學習和定居有很大的吸引力；澳大利亞的遠距教育有著悠久的歷史和豐富的經驗，借助現代高科技電子媒體方式，可向亞太地區提供全面的國際化課程及多元化服務。

澳大利亞除了注重在高等教育領域擴大國際影響外，在基礎教育領域上也在加強教育輸出。澳大利亞政府計畫近年內，在馬來西亞、泰國和印度尼西亞等亞洲國家開設澳大利亞高中課程。完成學業後，學生可以得到澳大利亞高中畢業證書。這種證書不僅得到澳大利亞政府的認可，而且在不少國家有著與英國、加拿大等許多英聯邦國家的高中畢業證書同等的信譽，皆可作為進入大學的憑證。因此對海外，尤其對亞洲一些國家的中學生，具有一定的吸引力。澳大利亞的這一「教育出口」，每年可為其賺取上百億澳元的外匯收入。

自2015至2016年，澳大利亞的教育產業輸出，已創造203億美元收入，成為澳大利亞的第三大產業（University Australia, 2016）。2019 年澳大利亞的教育產業輸出成果方面，國際生有 142,763 人，縱向來說，從中小學至高等教育，橫向來說，從語言課程至學位課程；海外職業教育與培訓（VET）課程在多達 46 國開設。

三、倡導實施全球化課程教育，追求全球精緻教育

2000 年 5 月 18 至 19 日，在墨爾本舉行的澳大利亞課程組織第七屆全國大會上，澳大利亞代表提出了一個嶄新的課程概念——全球化課程（world class 或 world class curriculum 或 world class education）。就此，探討實施全球化課程教育的新思路，已經超越澳大利亞國界，成為二十一世紀國際教育界關心的新問題。這裡所謂的全球化課程，是指課程的設置要有全球觀念，即各國應在二十一世紀經濟全球化的國際大背景下來重新構建本國中小學課程體系，使學校教育能適應二十一世紀資訊化時代發展的需要，為本國培養具有國際競爭力的人才。

全球化課程首先是一個新的教育、課程理念，一種新的課程設計構思。它建議各國政府將課程這一學校教育的主要組織形式，置於全球化大背景下進行設計，從而真正充分體現教育的公正、公平，以及教育必須為社會的進步和發展服務的主要功能。

澳洲所提的全球化課程，包含四個基本要素，即：(1)建立國際共識的全球化課程教育目標；(2)全球化課程的組合和分類標準；(3)建立國際通用的全球化課程評鑑標準；(4)全球化課程應保證教育改革的一致性和連貫性。

對於提出全球化課程的想法，目前經由澳大利亞許多地方開始實驗，不但對澳洲的基礎教育產生重大的影響，也對全世界各國產生很大的衝擊。它所帶動的意義可包括以下三項：(1)有利於推動二十一世紀人類在教育領域的改革運動，促進各國教育國際化的進程；(2)有利於促進人類在文化教育事業方面的相互了解；(3)有利於促進國際間在文化教育領域的競爭，以及世界和平的發展。

澳大利亞此項發展趨勢，為基礎教育提出新的觀點，其影響不限於本國，更影響其他各國，值得各國教育界認真關注之。

關鍵詞彙

RTOs   第三級教育

TAFE   關鍵領域

自我管理的學校

自我評量題目

1. 請說明澳洲中央教育行政機構權限之特殊性質為何？

2. 試述澳洲中等學校的類型及教育目標。

3. 請描述澳洲高等職業教育的特色何在？

4. 請論述澳洲的教育特色及發展趨勢。

參考文獻

一、日文部分

文部科学省（2017）。**世界の学校体系（大洋州）：オーストラリア連邦**。取自 https://reurl.cc/qd40AD

二、中文部分

教育部（2017）。**澳大利亞學制手冊**。取自 https://reurl.cc/ar81Al

教育部（2018）。**教育統計指標之國際比較 2018**。取自 https://reurl.cc/R4EyVz

楊思偉、沈姍姍（2000）。**比較教育**。臺北縣：國立空中大學。

維基百科（無日期）。**澳洲**。取自 https://reurl.cc/5lZOxy

駐澳大利亞代表處教育組（2012）。**澳洲專科學校學徒實習制度**。取自 https://reurl.cc/L3L6O9

駐澳大利亞代表處教育組（2016a）。**澳洲高等教育品質標準署發布國際合作策略**。取自 https://reurl.cc/WdMvKk

駐澳人利亞代表處教育組（2016b）。**澳洲政府公布國際教育 10 年藍圖 著眼重整全球教育合作夥伴**。取自 https://reurl.cc/9ELRmv

駐澳大利亞代表處教育組（2016c）。**澳洲職業教育與訓練制度**。取自 https://reurl.cc/ZOqyLg

駐澳大利亞代表處教育組（2017a）。**澳洲國家大學公布 5 年發展策略計畫追求卓越與平等**。取自 https://reurl.cc/KkL31m

駐澳大利亞代表處教育組（2017b）。**澳洲中小學外語教學及學習概況**。取自 https://reurl.cc/GVLK0d

駐澳大利亞代表處教育組（2017c）。**澳洲檢討教育學位入學門檻為師資培育提建言**。取自 https://reurl.cc/QdGZQb

駐澳大利亞代表處教育組（2017d）。**為師資培育提建言　澳洲檢討教育學位入學門檻**。取自 https://reurl.cc/WdMv9O

駐澳大利亞代表處教育組（2019）。**澳洲政府公布 2018 年臺灣留學生人數 1 萬 2,846 名，成長 4%**。取自 https://reurl.cc/xZ46qb

澳洲教育中心（2020）。**升學流程圖**。取自 https://reurl.cc/X6Nql7

澳洲貿易委員會（2015）。**大學與高等教育**。取自 https://reurl.cc/pd45El

蘇珍睿（2004）。澳大利亞中等教育。載於鍾宜興（主編），**各國中等教育**（頁

354-409）。高雄市：復文。

鐘啟泉、張華（主編）（2001）。**世界課程改革趨勢研究**。北京市：北京師範大學。

三、英文部分

Australian Bureau of Statistics. (2017a). *Snapshot of Australia*. Retrieved from https://reurl.cc/3Dpe2X

Australian Bureau of Statistics. (2017b). *Australia today*. Retrieved from https://reurl.cc/R4EyZD

Australian Bureau of Statistics. (2018a). *4240.0 - Preschool education, Australia, 2018*. Retrieved from https://reurl.cc/5lZOn7

Australian Bureau of Statistics. (2018b). *Schools in 2018*. Retrieved from https://reurl.cc/KkL3ap

Australian Bureau of Statistics. (2019). *Population clock*. Retrieved from http://www.abs.gov.au/

Centre for Education Statistics and Evaluation. (2018). *Schools and students: 2017 statistical bulletin*. Retrieved from https://reurl.cc/1x7G9Y

Department of Education and Training. (2017). *Data on the offshore delivery of Australian courses*. Retrieved from https://reurl.cc/D9Lo0m

Department of Education and Training. (2018a). *Ministers*. Retrieved from https://reurl.cc/NjLyWn

Department of Education and Training. (2018b). *Australian curriculum*. Retrieved from https://reurl.cc/QdGZMq

Department of Education and Training. (2018c). *National school reform agreement*. Retrieved from https://reurl.cc/9ELRlj

Department of Education and Training. (2018d). *2018 first half year student summary time series*. Retrieved from https://reurl.cc/pd45lx

Department of Education and Training. (2019a). *Organisational chart (Structure)*. Retrieved from https://reurl.cc/KkL379

Department of Education and Training. (2019b). *School funding*. Retrieved from https://reurl.cc/4RvWKv

Department of Education and Training. (2019c). *National career education strategy*. Retrieved from https://reurl.cc/NjLyve

Department of Education and Training. (2019d). *International student data 2019*. Retrieved from https://reurl.cc/62YQWM

Department of Education. (2019). *The Tasmanian education system*. Retrieved from https://reurl.cc/b5alMv

Department of Foreign Affairs and Trade. (2016). *Australia in brief*. Retrieved from https://reurl.cc/O1Ljx7

Department of Industry. (2019). *Education*. Retrieved from https://reurl.cc/O1Ljxv

KPMG. (2018). *Reimagining tertiary education*. Retrieved from https://reurl.cc/3Dpe8j

Mayer, D., Cotton, W., & Simpson, A. (2017). *Teacher education in Australia*. Retrieved from https://reurl.cc/z8462Q

MCEETYA. (2009). *MCEETYA organisation chart Feb 2009*. Retrieved from https://reurl.cc/pd45qb

NT.GOV.AU. (2018). *About education in the NT*. Retrieved from https://reurl.cc/oL4rzD

Productivity Commission. (2018). *Report on government services 2018: Early childhood education and care*. Retrieved from https://reurl.cc/9EL7on

Queensland Government. (2016). *Queensland school system*. Retrieved from https://reurl.cc/z84lga

SA.GOV.AU. (2016). *The education system in South Australia*. Retrieved from https://reurl.cc/ZOq9na

United Nations Educational, Scientific and Cultural Organization. [UNESCO] (2017). *Australia: Education and literacy*. Retrieved from https://reurl.cc/1x73Qm

University Australia. (2016). *International education generates a record $20.3 billion for Australia*. Retrieved from https://reurl.cc/ex7L5Q

Victorian Government Schools. (2019). *School system*. Retrieved from https://reurl.cc/9EL7zY

WA.GOV.AU. (2019). *In western Australia, children can start their education in kindergarten, however compulsory schooling starts the following year in pre-primary*. Retrieved from https://reurl.cc/rx4rxx

第九章

紐西蘭教育

 **基本資料**

國　　名：紐西蘭（New Zealand）

面　　積：26 萬 802 平方公里

人　　口：478 萬人（2019 年）

種　　族：歐洲人後裔（74%）、毛利人（15%）、
　　　　　太平洋島嶼系（5%）、中國（2%）、
　　　　　印度（1%）

國民所得：40,820 美元（2018 年），
　　　　　世界第 22 名

學　　制：6-2-5-3

義務教育年限：十一年

在閱讀過本章內容後，學習者應能夠：
1. 了解紐西蘭教育的發展背景。
2. 了解紐西蘭教育行政制度之特色。
3. 了解紐西蘭教育自學前至高等教育之學制。
4. 藉由紐西蘭教育經驗思考我國的教育問題。

　　紐西蘭，是一個太平洋西南部島國，紐西蘭的兩個主要島嶼由庫克海峽隔離，並和澳大利亞相距約 1,600 公里。其南部就是南極洲，北部則與斐濟和東加兩個島國隔海相望。

　　紐西蘭的義務教育年齡從六至十六歲（原先從 1998 年開始要延伸至十七歲，但迄今仍維持十六歲），總計十三個年級，小學教育為一至八年級（約五至十二歲），中學教育為九至十三年級（約十三至十七歲），共十三年。正式教育制度分為初等教育、中等教育與第三級教育。公立中小學皆為免費教育，亦即從六至十九歲皆為免費，具有特殊教育需要的學生則至二十歲為止所受的教育皆為免費。其學制有 6-7、6-2-5 或 8-5制，義務教育修完，自十一至十三年級，各自有NCEA的三個級別考試，十一年級學業完成後，接受 NCEA level 1 考試，十二和十三年級則準備讀大學之必考科目，並在結束時接受 NCEA level 3 之考試，而進入大學。

　　紐西蘭之教育特色，可歸納成政府將教育權力下放學校，並做嚴謹第三者評鑑；重視多元文化和語言教育；加強招收國際學生等。有關教育改革，則包括高等教育大力改革、少數民族教育之強化推動、支援學校之計畫。

第一節　國家背景

紐西蘭，又譯新西蘭（老華僑譯作「鳥施崙」），是一個太平洋西南部島國，或稱毛利語「奧特亞羅瓦」（Aotearoa），即「長白雲之鄉」。紐西蘭的兩個主要島嶼由庫克海峽隔離，並和澳大利亞相距約 1,600 公里。在它的南部就是南極洲，北部則與斐濟和東加兩個島國隔海相望。紐西蘭人自稱 Kiwi（鷸鴕，是紐西蘭的一種特有的鳥類，也是紐西蘭國鳥）（維基百科，無日期）。

壹、歷史與文化

紐西蘭是最新成立的移民國家之一。波里尼西亞移民在約 500 年到 1300 年間抵達紐西蘭，形成當地原住民毛利文化。第一批已知抵達紐西蘭的歐洲人是由荷蘭人 Abel Janszoon Tasman 帶領的船隊，在 1642 年航抵南北島的西岸。荷蘭人不知道南北島是分開的，所以全部命名為 Staaten Landt（州地）。後來則根據他們在印尼巴塔維亞的基地改命名為 Nieuw Zeeland。而該巴塔維亞基地則是根據荷蘭的錫蘭省而命名的。

在 1769 年 James Cook 船長開始仔細地研究紐西蘭，他先後三次到訪南太平洋和紐西蘭，並為紐西蘭繪製了地圖。Cook 引致歐洲捕鯨船在紐西蘭海域的擴增，之後紐西蘭因《懷唐伊條約》（Treaty of Waitangi）在 1840 年成為英國殖民地。

貳、地理及人口

紐西蘭位於東南太平洋，領土含括二座較大的南島（South Island）和北島（North Island），首都威靈頓（Wellington）為第二大城。由於人口主要聚居於南島與北島，紐西蘭所有的政治、經濟、宗教與社會活動等也都集中於

此，教育活動亦然。

就地理環境特質而言，紐西蘭全境多山，平原狹小，北島是火山島，擁有活火山、地熱與溫泉；南島則為終年為冰雪所覆蓋的南阿爾卑斯山、冰河和峽灣。

紐西蘭迄 2019 年止人口數約 478 萬人，人口成長率為 0.90%，人口密度約每平方公里 17.56 人（United Nations, 2019）；但人口大量集中於都市，約有四分之三人口居住於北島，近四分之一於南島。在種族組成結構方面，占人口總數最多的是歐洲裔的移民（被稱為 Pakeha），2013 年人口普查約占74%，此類移民分別來自德國、瑞士、荷蘭、南斯拉夫、希臘、義大利、波蘭等，其中以英國移民人數為最多；原住民為毛利人（Maoris），2013 年約占 14.9%。此外，尚有來自印度、中國大陸、臺灣與南韓等的移民，亞裔人口在 2013 年占總人口 11.8%（stats.govt.nz, 2013），此一多元種族的組成特質，使得紐西蘭社會具有多元文化的特質。在教育上，一方面重視多元文化教育與多元語言的推動，一方面致力於提升少數族群的學業成就。

參、政治及經濟

紐西蘭是君主立憲制國家。紐西蘭女王 Elizabeth II 為國家元首，由總督代表，總理主持政府。紐西蘭無成文憲法。實行一院制議會 —— 眾議院，通常有120個席位。議會選舉每三年舉行一次，選舉採用混合比例制度（mixed member proportional, MMP），各個政黨按政黨選票比例分配席位。議會裡的政黨主要有工黨（Labour Party）、國家黨（National Party）和一些小黨。通常大的黨派均無法贏得半數以上席位，必須和小黨進行合作，組成聯合政府。紐西蘭一共被劃分為十七個地區級單位，其中五個為一元權力機構（或稱單一層級行政管理區）。

紐西蘭擁有發達的經濟，屬於已開發國家。紐西蘭有著相當高的生活水平，在聯合國人類發展指數中排名第十六（2018 年）。在過去的二十年中，紐西蘭成功地從以一個依靠農業為主的經濟，轉型成為具有國際競爭力的工業化自由市場經濟。雖然農業只占總勞動力的 10%，紐西蘭的出口產品仍以

農產品為主，如乳製品、肉類、漁產品等，最近在教育輸出方面，吸引許多
亞洲地區留學生前往就讀。

　　紐西蘭曾為英國殖民地，因此在許多制度上，沿襲了以往英國的作法或
受英國的影響；但紐西蘭並未一味跟著英國路線發展，而是發展出其獨有之
特質，如對多元文化教育的強調等。

　　然而，此一福利國家的趨向在 1980 年代有了轉變。由於在 1980 年代初
期紐西蘭政府所面臨的經濟成長停滯、久缺高級技術人才、巨額的海外負
債，以及極為有限的國際貿易夥伴等經濟危機；再加上其他歐美國家開始推
動經濟重整與市場化政策的成效，致使紐西蘭也開始邁向市場化與鬆綁的方
向，形成一波社會與經濟的改革運動。

第二節　教育行政制度

　　紐西蘭教育行政體系主要結構如表 9-1 所示。在中央層級部分，國會之
下是兩個分司不同職務的教育主管，其一為教育部長（Minister of Educa-
tion）（即教育大臣，為內閣閣員），另一則為教育機構評鑑署署長（Minis-
ter Responsible for the Education Review Office）（亦為內閣閣員），前者專司
教育政策制訂，後者則負責教育的相關評鑑事宜。就地方層級而論，則分別
有學校及學校理事會以及家長與社區二個層級。

　　紐西蘭教育行政分中央層級和學校層級兩級，茲說明如下。

壹、中央層級

一、教育部

　　紐西蘭中央教育制度由教育部（Ministry of Education）掌管，所有公立
教育機構的法定權力來自《1989 年教育法》（Education Act 1989）、《1992
年工業技術訓練法》（Industry Skills Training Act 1992）、《1990 年教育修正

表 9-1　紐西蘭教育行政體系

國會 *制定法律、提供經費、要求績效			
教育部長 *為教育機構和提供者制定方向與策略，監督教育部門的能力和可行性，為社區、教育者和教師提供支持和資源，管理學校物業，介入目標學生群等			教育機構評鑑署署長 *公開審查並報告所有學校和幼兒教育服務的教育質量
紐西蘭教育 *支持紐西蘭國際教育發展、提供海外教育服務、管理獎學金等	紐西蘭學歷資格審議局 *管理紐西蘭資格架構、中學評估系統、保證非大學教育提供者的質量、指定單位標準的資格認定和標準制定	高等教育委員會 *推動高等教育策略、高等教育策略組織、職業教育改革、提供各個職業所需技能之勞動力、提升毛利人成就等	教育機構評鑑署 *教育評估、家庭教育評估、教育機構和服務的評估、合同評估服務、以教育主題為主的國家評估報告
學校及其理事會			
家長與社區			

註：*表示其工作任務。
資料來源：修改自洪雯柔（2004）、EDUCATION.govt.nz（2019b, 2019c）、Education New Zealand（2016）、ERO（2019）、New Zealund Qualifications Authority [NZQA] (2019a)、Tertiary Education Commission（2019）

法》（Education Amendment Act 1990）與紐西蘭國會通過之各項法令。

　　紐西蘭的教育行政制度一向採中央集權的制度，由中央負責教育的經費、擴張與改進教育品質的任務。然而，自 1984 年工黨執政開始，已採取鬆綁策略與自由市場的政策導向，例如：授權各個教育機構在決定教育目標、財政管理與任用教職員方面有較多自主權。

　　中央的教育行政機構為教育部，其職務在於提供教育大臣教育行政草案、監督教育政策之執行、規劃全國教育指引原則，以及確保教育資源的妥善使用。教育大臣為國會議員之一，對國會負責，國會在教育方面則以制定教育法律、提供經費為主要任務。

　　依據《1989 年教育法》，教育部的職責有：(1)為教育部長與政府提供

政府方面的建言；(2)代表皇家提供各項服務；(3)分配基金與資源給各教育機構；(4)監督各項已通過之教育政策的執行情況；(5)管理特殊教育之相關服務；(6)蒐集並處理教育統計數據與資訊；(7)監督整體教育制度之效能。

　　紐西蘭教育部目的為塑造一個能提供公平和卓越成果的教育體系，其功能有：(1)制定教育機構之策略政策和提供服務；(2)監督教育機構的能力和可行性；(3)協調各教育機構和跨領域間的計畫；(4)為社區、教育提供者、教師提供支持和支援；(5)管理學校物業等（EDUCATION.govt.nz, 2019c）。

二、教育機構評鑑署

　　教育機構評鑑署（Education Review Office, ERO）負責監督中小學教育的品質保證，其亦負責提出中小學以及幼兒中心之教育與照護報告；此外，該單位亦取代以往的督學而進行個別學校與幼兒中心、在家教育之督察與檢視、整體學校與幼兒中心的檢視、教育議題的全國性評鑑等。而教育機構評鑑署對學校教育成效的檢視，主要是透過對學校管理人員、學校理事會與專業人員的檢視與報告。

三、紐西蘭學歷資格審議局

　　「紐西蘭學歷資格審議局」（New Zealand Qualifications Authority, NZQA）負責就中等教育以及中等教育後之各級各類教育方面，各校授與學歷之資格的統整與標準的監督。各校課程編排與學習品質標準，必須依照紐西蘭學歷資格審議局所設定的標準來審核，該局負責發展一套系統將紐西蘭所有教育機構的學歷資格予以整合（洪雯柔，2000；Baker, 2001）。因此，該局主要任務為頒授資格、確保資格之品質、監督考試制度，以及發展全國性資格架構。此制度係以單位標準（unit standard）及績效累積（credit）作為基礎，以學習成果來認可知識與技能，此成果模式（outcomes model）基本上也為國際教育資助機構，如世界銀行、亞洲開發銀行所採用。

四、紐西蘭教師協會

紐西蘭教師協會（New Zealand Teachers Council, NZTC）乃依據 2001 年的《教育標準法》（Education Standards Act 2001）而設立，於 2002 年 2 月 1 日正式取代先前的「教師註冊委員會」（Teacher Registration Board），開始推動《1989 年教育法》中所規範的相關職責，確保所有教師符合最低資格標準，提升教師在專業上的成就，並促進教師的專業地位，以致力於創造高品質的教學與學習環境。其次，負責各級教師的註冊登記、教師證書的更新、師資培育學程的審核。所有公私立學校與幼兒園都僅聘任擁有教師證書的教師，對於未擁有教師證書之教師的教書權限會受到限制。

除上述中央層級教育機構，另有職涯服務單位（Careers New Zealand）負責任何年齡或生命階段職業的就職和培訓；紐西蘭教育（Education New Zealand, ENZ）為促進紐西蘭國際教育的主要機構，為出口教育和企業開拓國際教育；高等教育委員會（Tertiary Education Commission）主要管理義務教育後期和培訓的資金，以非競爭的「協同」（collaboration）方式為其主要概念；函授學校（correspondence school）專責提供學前教育至十三年級的遠程教育；紐西蘭大學（Universities New Zealand, UNZ）是主責大學課程的品質和數量、管理獎學金、代表國家和國際公共利益的大學（EDUCATION. govt.nz, 2019b）。

貳、學校層級

一、學校理事會

在《1989 年教育法》通過之前，國立中學集中由教育部與教育部在地方的分支單位教育委員會所管控。1989 年之後，國立中等學校的所有管理事宜乃由各校所選出的學校理事會負責；理事會通常包含三至七位成員，分別為由學校家長選出的家長代表、學校校長、學校教職員選出的教職員代表。此外，在中等教育學校中更有一位學生代表組成（Baker, 2001）。私立學校則

由委員會（committee）、理事會或管理委員會（management board）來代替擁有者管理私立學校（石附実、笹森健，2001）。

　　理事會的職責包括制訂學校管理與營運的規章（charter），其涵蓋學校所欲達成的宗旨與目標；並且回應《1989年教育法》以及「國家教育綱領」（National Education Guidelines）之各項相關規定，這意謂著理事會有著僱主的身分，必須為校長與教師表現、課程的有效落實、學校財務與財產等負起監督與管理之責，而這包括對校長專業表現的檢視，以及對於學校各項目標之達成成果進行自我評估。此外，理事會更須向社區以及教育部提出年度報告書（石附実、笹森健，2001），以顯示其教育成果。

二、校長

　　中學校長的聘任資格，紐西蘭政府只規範公立學校部分。依《2003至2004年中等學校校長集體協議》（Secondary School Principals'Collective Agreement 2003-2004）中所界定的，基於《1988年公立部門法》（State Sector Act 1988）規定，公立學校（包括公立中等學校與整合學校）校長所需具備的資格，乃是已向教師註冊委員會或紐西蘭教師協會註冊的中等學校教師，且被聘為中等學校校長。

　　中學校長的職責方面，紐西蘭中學的校長同時擁有多種角色與責任。他們在理事會所做出的決策架構內，參與學校的管理、負責學校每日的經營運作，也負責學校各種教師與學習方案的品質確保，而這包括對教職員工表現的評鑑。1997年紐西蘭政府開始訂定關於中小學校長表現的協定，其中規範了校長職務內容、專業表現水準、表現目標與發展目標，以做為評鑑與考核中小學校長表現的標準，並要求學校董事會對校長進行年度的工作成效評鑑，以及提出各種方案以提升校長的專業領導能力。在校長的專業表現水準中，包括六個面向：專業領導、策略經營、教職員管理、人際關係經營、財務管理、相關法規與報告之要求。此外，各學校理事會亦可根據學校的特質而要求校長達成另外的水準。

　　為提升校長的專業領導能力，2002年就開始推行「初任校長方案」

（First Time Principals Programme），其目的在發展校長所需具備的知識、技能與勝任能力。該方案強調創造願景與領導、發展領導能力、建構社區關係及開發自我效能。此方案的上課時間包含三次學校假期的住宿會議、線上專業發展，以及在校內進行的來自協助者與輔導員為資深校長或甫退休校長的後續輔導。

2019 年小學校長專業標準之實踐領域有：(1)提供專業領導，將學校文化的重點放在加強學與教；(2)創造一個學習環境，期望所有學生都能在學習中取得成功；(3)開發和使用管理系統，以支持和加強學生的學習；(4)加強溝通和關係，以加強學生的學習。在四大實踐領域下，專業標準有二十五項，例如：與董事會合作以制定並實施學校願景和共同目標，促進、參與和支持與學生進步相關的持續性專業學習，展示領導力以促進學校日常運作的效用性，與董事會合作以促進策略決策等（Ministry of Education, 2019）。

第三節　學校制度

紐西蘭的教育制度奠基於在文化上具有適切性的幼兒服務、紐西蘭公民和永久居民免費享有的中小學教育、公平且經費足以負擔的第三級教育、有品質保證，以及任何國家皆承認的學歷資格之基礎上。此外，提供靈活且彈性的學習途徑也是其特質之一。

2004 年紐西蘭國家教育目標進行修訂，主要目標有：(1)使所有學生充分發揮個人潛力的計畫，以及培養成為紐西蘭社會正式成員所需的價值觀；(2)通過、確定和消除成就障礙，為所有紐西蘭人提供平等的教育機會；(3)發展紐西蘭人在現代不斷變化的世界中成功競爭所需的知識、理解和技能；(4)通過多項教育方案，為紐西蘭學生未來的學習和成就奠定良好的基礎；(5)通過涵蓋基本學習領域的均衡課程，進行廣泛的教育，優先考慮培養識字、算術、科學和技術、身體活動方面等在知識和技能上的高水平能力；(6)通過建立明確的學習目標，根據這些目標監控學生的表現以及滿足個人

需求的計畫以實現卓越；(7)通過並確保具有特殊需要的人，得到保障並獲得適當的支持，成功地為他們提供學習；(8)建立讓學生獲得國家和國際認可的資格制度，以鼓勵紐西蘭高水平的學前教育；(9)通過推動毛利人教育活動，包括符合《懷唐伊條約》原則的毛利人教育，以提升參與和成功的機會；(10)尊重紐西蘭人民不同種族和文化遺產，承認毛利人的獨特地位、紐西蘭在太平洋島地區的作用，以及作為國際社會的一員（EDUCATION.govt. nz, 2018a）。

　　2018 年紐西蘭年度報告中指出，五個國家教育策略優先事項包含：(1)引領未來教育的設計；(2)領導並制定早期兒童和學校教育勞動力策略；(3)持續改進；(4)採用最佳服務；(5)投資支持學習（Ministry of Education, 2018, p. 6）。

　　紐西蘭的義務教育年齡從六至十六歲（原先從 1998 年開始要延伸至十七歲，但迄今仍維持十六歲），總計十個年級，小學教育為一至八年級（約五至十二歲），中學教育為九至十三年級（約十三至十七歲），共十三年（EDUCATION.govt.nz, 2019a）。讀完中學五年或年滿十六歲即可離開學校。正式教育制度分為初等教育、中等教育與第三級教育。此外，還包括幼兒教育（early childhood education），職業、技術與商業教育，成人教育與非正式教育。公立中小學皆為免費教育，亦即從六至十九歲皆為免費，具有特殊教育需要的學生則至二十歲為止所受的教育皆為免費。其學制有 6-7、6-2-5 或 8-5 制，而 6-2-5 之二年稱作中級學校（intermediate school）。義務教育修完，自十一至十三年級，各自有「紐西蘭國家的教育成就證書」（National Certificate of Educational Achievement, NCEA）的三個級別考試，十一年級學業完成後，接受 NCEA level 1 考試，十二和十三年級則準備讀大學之必考科目，並在結束時接受 NCEA level 3 之考試，而進入大學（EDUCATION. govt.nz, 2019a）。

　　紐西蘭的學校分成三類：公立、私立（或註冊）和綜合型學校。公立學校的經費完全來自政府資助；而私營學校則完全沒有資助。綜合型學校是根據 1975 年通過的《有條件綜合私立學校條例》（The Private Schools Conditional Integration Act）而與公立教育系統「綜合」起來的私立學校，「用於

保障某部分具教育特色的學校得以繼續經營下去」。另外，為了偏遠地區小孩之上學，特設函授教育，人數很少，但在追求教育機會均等上具有特殊意義。圖9-1為紐西蘭的學制圖，請參考之。

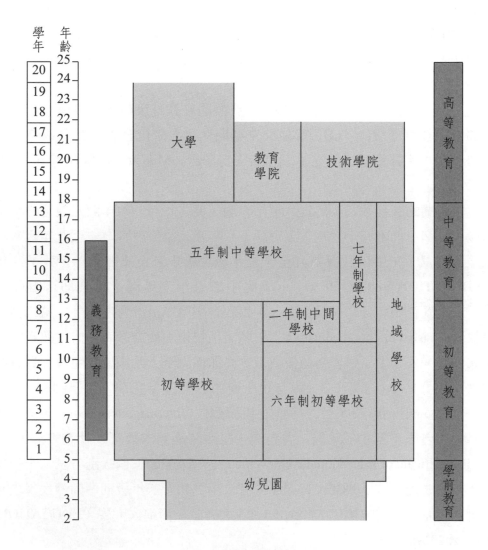

圖 9-1　紐西蘭學制圖

資料來源：修改自 EDUCATION.govt.nz (2019a)

壹、幼兒教育

在紐西蘭，幼兒教育乃是提供給入學前零至五歲嬰幼兒的教育與托育，包含了極為廣泛的各類幼兒服務。然而，幼兒教育並非由紐西蘭政府提供或經營，政府僅規範全國性方針與課程大綱，訂定最低標準與提供資金。英語是主要媒介語言，但是某些機構也提供幼兒毛利語、太平洋島國語言或其他語言的學習環境，如「可漢加」（kohanga reo）毛利語幼兒教育中心（石附實、笹森健，2001）。

由於幼兒教育的價值與重要性受到政府與地方社區的重視，致使其類型日益多樣化且逐漸擴展。迄2002年止，紐西蘭新生兒至五歲兒童中便有60%進入幼兒教育機構就讀，其中又以三歲與四歲的就學率最高，前者為90%，後者則高達98%。幼兒教育機構種類很多，包括無償幼兒園、學前中心、保育中心、家庭保育所、短期保育所、函授教育、毛利語保育所、太平洋諸島語系保育所等。

目前紐西蘭幼兒教育可分為「教師主導」（teacher-led services）、「whānau 主導」（whānau-led services）和「父母主導」（parent-led services）三種類型；以「教師主導」的幼兒教育，意指50%的教育和照顧兒童的成年人必須具備合格證書、獲得歐洲經委會教師的認證和 ECE（Early Child Education）服務許可，也必須符合政府在財產、健康和安全、員工、教育和護理計畫以及服務管理上所制定的標準，以「教師主導」的ECE服務有：幼兒園、全日制的教育和護理服務、家庭教育和照顧、函授學校（te kura）；以「whānau 主導」的幼兒教育主要提供毛利人沉浸式的環境，以迎合從出生到學齡期的孩子（tamariki）；「父母主導」是由父母和成員家庭合作經營，為從出生到學齡的兒童提供服務，可包含遊戲中心（play-centres）、社區遊戲小組（play groups）、ngā puna kōhungahunga、太平洋島裔遊戲小組（Pacific Island playgroups），其中 ngā puna kōhungahungag 是鼓勵透過毛利語學習的小組，而太平洋島裔遊戲小組是以太平洋島嶼語系語言和文化為主的遊戲小組（EDUCATION.govt.nz, 2017）。

就 2017 年紐西蘭早期幼兒教育普查資料顯示：(1)65.5%的紐西蘭零至四歲兒童參加幼兒教育；(2)從 2013 至 2017 年，一歲以下兒童每週平均參加時數穩定下降，過去二年中，每週平均持續時間不到 17 小時；(3)每週上課時間為 21 至 42 小時的兒童比例，從 2016 年的 38%增長到 2017 年的 40%，而參加不到 15 小時的人數保持穩定（34%）；(4)奧克蘭（Auckland）地區平均每週上學時間最長，時間為 23.4 小時，而塔斯曼（Tasman）為最低，時間為 15.5 小時；(5)超過 80%的資助，為以「教師主導」為中心的兒童就學服務，從 2015 年的 41%增加為 2017 年的 79%，且自 2013 年以來保持穩定在 78%左右（Ministry of Education, 2017a, p. 1）。

貳、初等教育

義務教育年齡雖從六歲開始，但多數學生在五足歲便進入小學（primary school）就讀，且在進入之前多半曾有接受幼兒教育的經驗。小學教育學齡為五至十二歲共八年，即從一年級（Year 1）至八年級（Year 8），另外也有招收一至六年級的學校，其學費由政府資助，修讀紐西蘭課程（New Zealand Curriculum）或是以毛利語為教學語言的紐西蘭學校教學綱要（Te Marautanga o Aotearoa）；在紐西蘭公立學校系統中，有以英語和毛利語教學的兩種系統，適合不同年齡、語言和文化、價值觀和宗教信仰的學生，學生可在完全制的小學中就讀，在同一所學校完成義務教育階段，也可以選擇在中途進入中級學校（EDUCATION.govt.nz, 2018c）。

此外，毛利語小學（kura kaupapa Māori）乃是以毛利語為主要教學媒介的學校，而且其教育內容以毛利傳統文化與價值觀為基礎。毛利語小學提供一至八年級的教育。學校的上課時間從早上九點到下午三點（石附実、笹森健，2001）。

除公立學校外，紐西蘭在中小學階段另包括有：整合學校（state-integrated schools）、私立學校（private schools or independent school）、在家教育（homeschooling）（EDUCATION.govt.nz, 2018c）。

紐西蘭課程適用所有以英語教學的公立學校和整合學校，從小學到中學

（一至十三年級），藉由學習紐西蘭課程，學生可獲得四項能力和技能，包括整體願景、價值觀、關鍵能力和學習領域（學科領域）（Ministry of Education, 2017b, p. 7），分述如下：

1. 整體願景：是希冀學生能夠有自信、和社會、人群、自然等有所接觸、積極參與各項活動及終身學習。
2. 價值觀：鼓勵學生重視卓越、創新、探究和好奇心、語言和文化的多樣性、公平、社區和參與、生態永續、誠信和尊重等。
3. 關鍵能力：思考，使用語言、符號和文本，管理自我，與他人互動，參與和貢獻。
4. 學習領域（學科領域）：包含英語、藝術、健康和體育、學習語言、數學和統計學、科學、社會科學、技術等八科，自第一學年至第十學年延續修讀，另外還有活動課程和學校彈性課程。

以毛利語為教學語言的紐西蘭學校教學綱要（Te Marautanga o Aotearoa）課程，主要是至少有一半的課程皆用毛利語教學的中等學校課程，其目的有：(1)培養成功、有能力和自信的學習者；(2)使成為毛利世界中有效用的傳播者；(3)培育健康的身心靈以確保學生的身分和歸屬感；(4)擁有參與毛利社會和更廣闊世界的技能和知識，其學習領域包含數學、科學、技術、社會科學、藝術、健康與幸福、毛利語言和文學、英語、學習語言等九門學科（EDUCATION.govt.nz, 2018d）。

無論是紐西蘭課程或 Te Marautanga o Aotearoa 課程，在每個學科領域概括 1 至 5 級，學生的學習水平與同年的其他學生相比，會有所不同，一旦學生掌握了某學習階段的大部分技能、知識和理解，就會進入下一個級別（EDUCATION.govt.nz, 2018d）。

根據 2018 年 7 月統計之資料，紐西蘭小學總計有 1,946 所，其中完全小學有 1,063 所（54.62%），特約小學有 766 所（39.36%），中級學校有 117 所（6.01%）（Education Counts, 2018）。

參、中等教育

紐西蘭中等教育公立學校類型有中等學校（secondary school）、混合學校（composite school）、中間學校（middle school）三種型態；中等學校有時又稱為中學（high school）或學院（college），學齡十三至十七歲，共五年，學級為九至十三年級；混合學校在中等教育階段招收十一至十七歲的學生；中間學校的學校則以七至十年級為主；除公立學校外，另有針對不適應正統教育、偏遠地區、海外或殘障之學生而設立的在校外進行教學的函授學校、特殊教育學校（special school），以及如前面所提到的私立學校（或獨立學校）、整合學校和在家教育（EDUCATION.govt.nz, 2018e）。

雖然可將中等教育階段分為前兩年的初級中學（junior secondary school），與後三年的高級中學（senior secondary school），但是紐西蘭一般教育令、教育措施，以及教育相關資料，多僅劃分中學與混合學校，並未就前期中等教育與後期中等教育加以劃分。

紐西蘭的學年乃從 1 月下旬延伸至 12 月初或中旬，1996 年起劃分為 4 個學期，前 3 個學期的每個學期間，都有為期 2 週的休息時間（共 3 次，分別在 4 月、7 月、9 月），在第四個學期結束時的休息時間大約為 6 週（暑假）（EDUCATION.govt.nz, 2019d）；學校上課的時間每 10 週後休息 2 週，主要是消除學習疲倦之考慮。

公立學校乃是由國家資助的學校，近年來雖然公立學校也接收來自地方的資金補助，但是仍有平均 90%的經費來自政府。在紐西蘭，僅收十三至十七歲學生的單純私立中學極少，多附屬於宗教組織，且多為男女分校。紐西蘭從 1975 年通過《私立學校條件性整合法》（Private Schools Conditional Intergration Act）後，私立學校便出現逐步向公立學制整合的趨勢，由以往的私人資助改為國家資助，但然保持原先的特色，此類學校稱為「整合學校」，現已歸為公立學校。以往私立學校已經成為公立學校系統的一部分，其課程與公立學校相同，但保有它們獨有特質，這些特質通常源於該校的教育哲學或宗教信念。此類學校與公立學校一樣接受來自政府的資金，但是其

建築和土地乃是私人所有，因此學校通常向學生收取稱為「出席費」（attendance dues）的強制性費用，以支付房產費用，私立學校由獨立的私人董事會經營管理，但是學校仍必須符合一定的標準才得以註冊成立。私立學校收取學費，也接受某些政府補助款，私立學校可以是小學、中間學校或中學（EDUCATION.govt.nz, 2018c）。

依據 2018 年 7 月統計之資料，中等學校總計有 374 所，學生年齡為七至十五歲的中等學校有 111 所（29.67%），九至十五歲的中等學校有 238 所（63.63%），在家教育有 25 個家庭（6.68%）（Education Counts, 2018）。

整體而言，紐西蘭的學校體系有下列特質：(1)就學人數呈現往北島，特別是奧克蘭地區集中的趨勢，例如：北島中小學生人數便占全國中小學生人數的 77%；奧克蘭一地的中小學人數則占中小學生總人數的 30%。此一趨勢，基本上和紐西蘭人口之地理分布狀況相符；(2)就人口平均數而言，是相對多數的學校數量；(3)就地理分布上，紐西蘭中小學另一特質，即座落於郊區的學校數比例頗高，約有三分之一的學校位於郊區，約有十分之一的學生就讀的是郊區學校，而且學校多為中小型的學校，例如：小學的學生數平均約為 200 人（Baker, 2001）。此外，極為稀少的就是私立學校數，僅約占中小學校數的 4%，以及以毛利語為教學語言的學校。

根據紐西蘭教育部 2019 年發布「國家教育和學習優先事項」（National Education and Learning Priorities, NELP）最終版，指出：(1)《2018 年教育修正法》（The Education Amendment Act 2018）取消國家標準和《1989 年教育法》中對國家標準的相關參考；(2)學校每年至少兩次，向家長報告孩子在課程範圍內的進步和成就；(3)教育部設置課程、進步和成就的諮詢部門，以強化課程的使用，以及了解學生的進步和成就；(4)《2018 年教育修正法》刪除合夥學校模式（partnership school model）；(5)《2018 年教育修正法》允許教育部長指定一個與特色學校有特殊聯繫的機構，或對特色學校的不同特質負責；(6)《2018 年教育修正法》允許教育部長再建立新的公立學校時，批准董事會的替代章程；(7)《2018 年教育修正法》和《2017 年教育更新法》（The Education Amend ment Act 2017）引入新的策略規劃和報告規程，學校理事會需每三年繳交一次為期三年的策略報告，除列出學校理事會

實現目標的策略外，年度報告需要包含學校理事會的人選更動與年度財務報表（EDUCATION.govt.nz, 2018b）。

　　2018 年紐西蘭教育部長任命成立「明日學校獨立專案組」，以展開紐西蘭義務教育調查，同時確認是否有改革之必要性，進而提供紐西蘭全體兒童和青少年一個促進公平和卓越的學校體系，其中包含有：積極體現《懷唐伊條約》精神，表現學校教育系統的治理、管理和行政能力，以適應未來教育的需要。報告中指出八大問題：(1)學校理事會自治模式在全國範圍沒有取得一致性的良好效果；(2)有實際意義的學校教育，在性質、類型、提供情況和可獲得性上，都呈現不足的狀態，並有以下問題：毛利學校教育提供的情況較差、缺乏地區內學校教育網絡的有效管理、轉校過渡期混亂不一、對函授學校利用不足等；(3)由於自治學校模式造成學校間惡性競爭，進而給部分學生或家庭在行使選擇權上帶來負面影響；(4)在學習上為殘疾人與特殊生提供支持不足；(5)教師團隊缺乏必要性、支持性、連貫性和協調性的支持；(6)缺乏計畫性和系統性的培育或支持學校領導者；(7)學校教育部門的總體資源配置不足以滿足學生以及該部門工作人員的需求；(8)存在嚴重的結構性問題和政策環境因素，使學校難以有效發揮作用（Kōrero Mātauranga, 2018）。

肆、高等教育

　　紐西蘭習慣稱高等教育為第三級教育（tertiary education），第三級教育在紐西蘭用以指稱中等學校以後所有的教育與訓練。紐西蘭第三級教育機構（tertiary education institution，又稱高級教育機構），包含私立培訓機構（private training establishments, PTE）、技術學院或機構（polytechnic/institute of technology, ITP）、瓦那哥（Wananga）國立大學、大學和行業培訓機構（NZQA, 2019b）。2019 年紐西蘭高等教育機構，包含 8 所大學、20 所公立技術學院或機構、3 所瓦那哥國立大學、700 多所私立培訓機構和 40 個工作培訓機構（Industry training organization, ITO）可授予學位或文憑（NZQA, 2019b）。

　　高等教育機構提供的課程，包含從學校到職場間的轉換課程，再到研究生的學習和研究課程，各教育機構提供的課程類型之間，沒有固定的劃分，重點是這些第三級教育機構能提供各界所需的質量標準的教育。目前，大學主要提供高等學位教育，課程以研究為主，通常是學術性，與職業教育不同；而 ITP、瓦那哥國立大學和一些較大的 PTE，則提供職業學位教育，其中 PTE 的課程主要是提供特定職業的證書和文憑資格（NZQA, 2019c）。

　　大學課程的修業年限為三至四年，紐西蘭所有大學均提供學士、碩士及博士學位，以及學士畢業後再讀一年即可取得的榮譽博士（bachelor honours degree）（教育部，2018）。

一、類型

　　紐西蘭的高等教育機構，可以分為五種類型：大學、技術學院或機構（polytechnics institutes）、瓦那哥國立大學、私立培訓機構（PTE）。前四種是依據《1989 年教育法》所規範的機構（馬越徹，2004），以下說明之。

（一）大學

　　紐西蘭有 8 所歷史較悠久之大學，包括 1869 年最早創立的奧塔古（Otago）大學，這些都是綜合大學，以較廣泛領域進行基礎和應用之研究。1990 年代以後，也有一些整併和升格之措施。

（二）技術學院或機構

　　1964 年以後，紐國開始推動高等職業教育，1970 年發展成 8 校，截至2019 年總計有 20 所，此種學院主要提供一般教育、職業訓練、專業教育等課程，以前只授予修畢證書或文憑，1990 年教育法修訂後，可授予學士學位，目前有些單獨頒授，有些和大學合作頒授。這些學院主要提供職業教育課程，和地區產業需求充分結合，另也開設週末班和遠距教學，以方便學生就讀。簡言之，技術學院或公私立培訓機構等，旨在提供職業相關課程與訓練，因此其多與工商業界或政府單位合作，以兼顧理論與實務。

（三）瓦那哥國立大學

此為依照毛利人習慣（tikanga Maori），以學習傳統文化，並加以實用化為目的的高等教育機構。除此之外，實施毛利教育（Maori education）的還有學前教育階段的「可漢加」及初等教育階段的「庫拉」（Kura Kaupapa, Màori），此為最上層之學校機構。

（四）私立培訓機構（PTE）

私立培訓機構提供一系列的培訓課程，包含職業培訓，僅有少數的私立培訓機構提供專業領域的學位，部分私人學院提供產業訓練的培訓計畫；另外，一些私人學院因為學生的學業表現獲得政府補助，而部分沒有（Ministry of Education, 2016, p. 20）。

除上述高等教育機構外，2016 年公立訓練機構有 7 所，包含紐西蘭消防與緊急機構（Fire & Emergency New Zealand）、紐西蘭更新政府培訓機構（New Zealand Corrections Government Training Establishment）、紐西蘭國防機構（New Zealand Defence Force）、紐西蘭消防機構（New Zealand Fire Service）、國家培訓機構（National Training）、紐西蘭警察訓練服務中心（NZ Police Training Service Centre）、奧蘭加·塔馬里基（也稱兒童部）（Oranga Tamariki）機構等（Ministry of Education, 2016, p. 20）。

二、發展與改革

1990 年代以後，高等教育的升學率也在提高，而其特色是成人學生和女學生多，另外留學生也逐年增多。就 2016 年統計資料，就讀大學者有 174,000 名學生，其中包括 27,700 名國際學生；在技術學院或機構註冊的人數為 146,000 人，其中包括 18,300 名國際學生；就讀瓦那哥國立大學者有 4,000 位學生；獲得政府資助的私立培訓機構的學生人數為 68,700 人，其中包括 17,200 名國際學生；另在工作場所學習（workplace-based learning）者之中總計有 148,000 名學員參加了行業培訓，包括 43,000 名學徒（Ministry of Education, 2016, pp. 19-20）。

　　由於紐西蘭政府推動教育輸出（export education）政策，留學生逐年增加。2012 年紐西蘭國際教育創造的經濟價值估計 26 億美元，是紐西蘭最有價值的出口產品，其中 8 所大學是教育輸出主要的經濟貢獻者，其次是私立教育機構、中學和技術研究所（Ministry of Education, 2014, p. 4）。

　　根據 2017 年紐西蘭國際生統計之資料，就讀小學或中級學校有 3,640 人，就讀中學、混合學校和特殊學校有 16,680 人，中小學合計 20,240 人；接受政府補助就讀高等教育課程方面，就讀大學有 22,890 人，就讀技術學院或機構有 19,365 人，就讀私立培訓機構有 13,470 人，合計 55,725 人；反之，未接受政府補助就讀高等教育課程方面，就讀私立培訓機構有 39,475 人，就讀私立培訓機構分公司（subsidiary providers）有 3,620 人，合計 43,095 人；提供國際生就讀高等教育總計 98,060 所機構；全體國際生總計 118,300 人（Education Counts, 2017）。

　　2018 年紐西蘭提出「2018 至 2030 年國際教育策略」（International Education Strategy 2018-2030）為紐西蘭國際教育部門的未來制定指導方針，藉由通過世界一流的教育品質，蓬勃發展紐西蘭與聯繫全球，該策略提出三項總體目標、各機構實現目標所需的關鍵行動，以及衡量策略成功的措施與指標，其三項總體目標分別為（New Zealand Government, 2018, p. 5）：

1. 優秀的教育和經驗：可達成：(1)國際學生可獲得高品質教育；(2)國際學生是受歡迎與安全的；(3)紐西蘭提供一個優質且整體的國際學生經驗。

2. 持續性成長：可達成：(1)國際教育部門是一個高價值、高品質的行業，因紐西蘭獨特主張而受到追求；(2)紐西蘭愈來愈多的地區分享國際教育的好處；(3)國際教育部門通過市場多樣化，蓬勃發展人員流動、創新產品和服務。

3. 培育全球公民：可達成：(1)所有學生都獲得在全球生活、工作和學習所需的知識、技能和能力；(2)國際教育為紐西蘭提供更強大的全球聯絡、研究聯絡和夥伴關係；(3)紐西蘭國民了解並接受國際教育的好處。

第四節　師資教育

　　自從最後一個教育學院（CoE）在 2000 年代中期與大學合併以來，大學一直主導培育初級和中級教學領域的初任教師教育（initial teacher education），然除大學以外，紐西蘭師資培育管道還包含技術學院或機構（ITP）、私立培訓機構（PTE）；依據 2018 年統計之資料，85%就讀初等教育學程的學生和 84%就讀中等教育學程的學生是在大學就讀，就讀幼教學程的學生分布更是均勻，2018 年以私立培訓機構（PTE）學生比例首次最高（43%），其次是技術學院或機構（ITP）（29%）和大學（27%）（Education Counts, 2019）。足見，紐西蘭師資培育管道的多元性與開放性。

　　目前師資培育機構提供的課程有：幼兒教育學程、初等教育學程、中等教育學程、毛利人教師（Māori teachers）課程、太平洋教師（Pacific teachers）課程（Education Counts, 2019; Teachnz, 2019）。

　　提供的學位方面主要有：學士學位課程和碩士學位課程，根據 2018 年統計之資料顯示，隨著文憑資格的逐步取消，2018 年就讀幼兒教育學程、初等和中等教育學程的學生皆在修讀學士學位課程，81%的幼兒教育學程畢業生和 66%初等教育學程的畢業生獲得學士學位，近年來學士學位的提供量有所下降，因此現在學生幾乎完全攻讀研究生文憑（graduate diploma）和碩士學位；但值得注意的是，2017 年的師資培育在學位取得的表現上，是不同於整體趨勢發展，修畢幼兒教育學程和初等教育學程的學生以取得學士學位為主，而修畢中等教育學程的學生則以取得碩士學位為主，其中更以大學培育的初等教育學程和中等教育學程的學生居多（Education Counts, 2019）。

　　自 2010 至 2016 年，紐西蘭整體師資培育數量大幅的下降 45%，其中幼兒教育學程下降 58%，初等教育學程下降 37%，中等教育學程下降 41%；足見紐西蘭師資培育數量上逐漸短缺的問題；另外，就讀幼兒教育學程和初等教育學程的學生呈現年輕化趨勢；反之，就讀中等教育學程的學生呈現年齡

老化現象，此點反映出就讀師資培育學程從學士學位轉向碩士學位的趨勢（Education Counts, 2019）。

對於毛利人教師和太平洋教師的培育，雖然目前沒有明顯的成長，但2018年統計之資料顯示，毛利人就讀幼兒教育學程和初等教育學程人數有成長的趨勢，就讀幼兒教育學程的毛利人從 2010 年的 12%成長至 2018 年的21%，就讀初等教育學程的毛利人從2010年的20%成長至2018年的26%；太平洋師資培育數量極少，在初等教育學程，從2010年的5%增加到2018年的10%（Education Counts, 2019）。

第五節　教育特色與改革趨勢

壹、教育特色

紐西蘭之教育特色，可歸納成下列幾點。

一、教育權力下放學校，並做嚴謹第三者評鑑

紐國將中央與學校間之行政機構廢除，直接將權力下放學校理事會，而理事會以家長為主要成員，是一大膽之措施，這種改革仍是受英國之影響為大。不過，在權力下放後，也由教育機構評鑑署每二年對幼稚教育機構，每三至四年對初等和中等學校（BOT）評鑑，以追究績效責任，並作為改善和提升辦學績效之用。

另外，《2018年教育修正法》和《2017年教育更新法》更導入學校理事會需每三年繳交一次為期三年的年度策略報告，該年度策略報告包含學校理事會實現目標的策略、學校理事會的人選更動、年度財務報表；此一措施更加展現紐西蘭政府對學校理事會在整體校務上的問責。

二、重視多元文化和語言教育

由於有毛利人和太平洋島嶼語系少數民族等,所以對於多元文化教育和多元語言教育,紐國都有較多的思考與政策,因此能展現更彈性之教育政策。

舉例來說,以毛利語為教學語言的學前教育和義務教育系統、太平洋島裔遊戲小組的學前教育、毛利人和太平洋師資培育課程,這些政策的推廣,皆具體展現紐西蘭政府重視多元文化和語言教育的用心。

三、強力招收國際學生,聯繫全球

紐西蘭政府及學校均強力進行招收國際學生之工作,在紐西蘭中央更設有「紐西蘭教育」(ENZ)機構,以支持紐西蘭國際教育發展、提供海外教育服務、管理獎學金等;在學校方面,則設有國際事務部,負責國際學生之招生與輔導,國際學生的學費在 2012 年,創造的經濟價值估計為 26 億美元,此後與日俱增,成為紐西蘭最有價值的出口產品;2017 年國際生總計 118,300 人(Education Counts, 2017);2018 年紐西蘭提出「2018 至 2030 年國際教育策略」為紐西蘭國際教育部門的未來制定指導方針,藉由通過世界一流的教育品質,蓬勃發展紐西蘭與聯繫全球。

貳、改革趨勢

有關教育改革,分成以下三項說明。

一、高等教育大力改革

1990 年代紐西蘭高等教育也受到市場化之影響,有了幾項重大改革。第一是教育行政機構的改革。主要是受到英國設置「行政署」(Agency)之影響,首先將教育部之名稱由「Department of Education」改成「Ministry of Education」,其下再設數個「皇冠實體」(Crown Entity)。2019 年紐西蘭教育

部下的皇冠實體機構有：紐西蘭教育（ENZ）、紐西蘭學歷資格審議局（NZQA）、高等教育委員會；另外，除上述三個機構外，更有教育機構評鑑署（ERO）、紐西蘭教師協會（NZTC）、職涯服務單位、紐西蘭大學（UNZ）等機構，各司其職；第二是高等教育機構之法人化（a body corporate），並賦予大學更多的權限；第三是要求高教機構的績效責任；第四是經費補助採用總額方式，使用細目可由大學自訂，並開始導入學費制度。

「2014 至 2019 年高等教育策略」（Teritary Education Strategy 2014-2019）強調建立國際關係，通過發展相關技能和研究，致力提高競爭力，支持業務和創新，進而提出六項優先策略，包含：(1)為產業提供技能；(2)促使就業不穩定之年輕人就職；(3)促進毛利人和太平洋島嶼族裔的成就；(4)提高成人識字率和計算能力；(5)加強以研究為基礎的機構；(6)增進國際聯繫（EDUCATION.govt.nz, 2018f）。

二、少數民族教育之強化與推廣

紐西蘭教育特別強調要保障少數民族之教育，而目前紐國已對毛利人建立完整的教育體系，這是很大的特點。接著是對太平洋語系少數民族教育之照顧問題，自 1998 年以後已經逐步進行具體之改革措施。紐西蘭政府在毛利語與文化推動上，提出「2013 至 2017 年毛利語教育策略」（Tau Mai Te Reo: The Màori Language in Education Strategy 2013-2017），主要目的為強化毛利語系統的教育，以及在英語系統教育中推廣毛利語言和文化（EDUCATION.govt.nz, 2019e）；在太平洋島嶼語言和文化上，提出「2013 至 2017 年太平洋島嶼教育計畫」（Pasifika Education Plan 2013-2017），其主要目的為提高太平洋島嶼族裔學習者從早期學習到高等教育上的參與和成就（EDUCATION.govt.nz, 2018g）。

另外，紐西蘭政府針對國際學生，更提出「國際學生福利策略」（International Student Wellbeing Strategy），為支持國際學生的政府機構制定重點領域，以提高紐西蘭國際學生的經濟福祉、教育品質、健康和幸福、包容性（EDUCATION.govt.nz, 2019f）。

三、推動支援學校之計畫

上述紐國將教育權力直接下放到學校層級，主要仍是在這波新自由主義改革風潮之產物，但是因學校理事會仍以非專業人士為主，所以可說是一種非專業之領導，因此應由外部派遣專業人員加以支援與諮詢，乃為必要之考慮。由於教育部及相關機構鑑於此問題之嚴肅性，自 1994 年以後特別推出「學校支援計畫」（School Support Project, SSP），由教育部結合全國學校理事會（New Zealand School Trustees Association）等九個機構，提供個別學校所面臨之問題諮詢與解決（石附実、笹森健，2001）。然此支援計畫，發展至今已有健全的紐西蘭學校信託協會（New Zealand School Trustees Association, NZSTA），為紐西蘭中小學提供學校理事會一系列的專業服務（NZSTA, 2019）。

關鍵詞彙

毛利語小學　　　　　學校支援計畫
瓦那哥國立大學　　　學校理事會
教育機構評鑑署

自我評量題目

1. 紐西蘭教育所處國家背景之特色為何？請說明之。
2. 紐西蘭教育行政體制之特色。
3. 試述紐西蘭中學學校制度。
4. 請說明紐西蘭高等教育學制的特色。
5. 請說明紐西蘭少數民族教育的特色。
6. 請說明紐西蘭的教育特色和改革趨勢。

參考文獻

一、日文部分

文部科学省（2017）。ニュージーランド（New Zealand）。取自 https://reurl.cc/8GL0oR

石附実、笹森健（2001）。**オーストラリア・ニュージーランドの教育**。東京：東信堂。

馬越徹（2004）。**アジア・オセアニアの高等教育**。東京：玉川大学出版部。

二、中文部分

洪雯柔（2000）。紐西蘭高等教育概述。**比較教育，49**，33-78。

洪雯柔（2004），紐西蘭中等教育。載於鍾宜興（主編），**各國中等教育**（頁411-464）。高雄市：復文。

教育部（2018）。**紐西蘭學制手冊**。取自 https://reurl.cc/ar81Al

維基百科（無日期）。**紐西蘭**。取自 https://reurl.cc/KkL4oq

三、英文部分

Baker, R. (2001). *A challenge for educational transformation: Achieving the aim of thinking and acting locally, nationally and globally*. Retrieved from https://reurl.cc/NjL4ok

Education Counts. (2017). *2017 report education levy: Full-year statistics*. Retrieved from https://reurl.cc/vD40bo

Education Counts. (2018). *Number of schools*. Retrieved from https://reurl.cc/QdGel9

Education Counts. (2019). *Initial teacher education statistics*. Retrieved from https://reurl.cc/mn4rbM

Education New Zealand. (2016). *Our role*. Retrieved from https://reurl.cc/20yzAO

EDUCATION.govt.nz. (2017). *Different kinds of early childhood education*. Retrieved from https://reurl.cc/4RvjD2

EDUCATION.govt.nz. (2018a). *The National Education Goals (NEGs)*. Retrieved from https://reurl.cc/R4EWlr

EDUCATION.govt.nz. (2018b). *Education Amendment Act 2018*. Retrieved from https://reurl.cc/ar8LjZ

EDUCATION.govt.nz. (2018c). *Different types of primary and intermediate schools*. Retrieved from https://reurl.cc/pd4rj8

EDUCATION.govt.nz. (2018d). *New Zealand curriculum*. Retrieved from https://reurl.cc/20yzkO

EDUCATION.govt.nz. (2018e). *Different types of secondary schools*. Retrieved from https://reurl.cc/oL4roj

EDUCATION.govt.nz. (2018f). *Tertiary education strategy 2014-2019*. Retrieved from https://reurl.cc/WdMRQL

EDUCATION.govt.nz. (2018g). *Pasifika education plan 2013-2017*. Retrieved from https://reurl.cc/NjL4dx

EDUCATION.govt.nz. (2019a). *Education in New Zealand*. Retrieved from https://reurl.cc/xZ4LM4

EDUCATION.govt.nz. (2019b). *Education agencies*. Retrieved from https://reurl.cc/Y1RVNx

EDUCATION.govt.nz. (2019c). *The role of the Ministry of Education*. Retrieved from https://reurl.cc/3Dp7nO

EDUCATION.govt.nz. (2019d). *School terms and holidays for state and integrated schools and kura*. Retrieved from https://reurl.cc/nz4r3X

EDUCATION.govt.nz. (2019e). *Tau Mai Te Reo: The Māori language in education strategy 2013-2017*. Retrieved from https://reurl.cc/kd3reb

EDUCATION.govt.nz. (2019f). *International student wellbeing strategy*. Retrieved from https://reurl.cc/AqL4rE

ERO. (2019). *About ERO*. Retrieved from https://reurl.cc/X6NqKj

Kōrero Mātauranga. (2018). *Our schooling futures: Stronger together*. Retrieved from https://reurl.cc/NjL4Kx

Ministry of Education. (2014). *Exchange rates and international student enrolments in New Zealand 2003-2013*. Retrieved from https://reurl.cc/ex7LK7

Ministry of Education. (2016). *Profile & trends 2016: New Zealand's tertiary education system [Part 6 of 6]*. Retrieved from https://reurl.cc/8GL0xd

Ministry of Education. (2017a). *Understanding attendance: Results from the 2017 early childhood education census*. Retrieved from https://reurl.cc/L3L4Ga

Ministry of Education. (2017b). *The New Zealand curriculum*. Retrieved from https://reurl.cc/qd4reR

Ministry of Education. (2018). *Annual report*. Retrieved from https://reurl.cc/yZ4Y3y

Ministry of Education. (2019). *Professional standards for primary school principals*. Retrieved from https://reurl.cc/KkL4ae

New Zealand Government. (2018). *International education strategy 2018-2030*. Retrieved from https://reurl.cc/NjL47m

New Zealand Qualifications Authority. [NZQA] (2019a). *Our role*. Retrieved from https://reurl.

cc/rx4reE

New Zealand Qualifications Authority. [NZQA] (2019b). *Choosing a tertiary qualification*. Retrieved from https://reurl.cc/j7Y3A2

New Zealand Qualifications Authority. [NZQA] (2019c). *Tertiary education*. Retrieved from https://reurl.cc/WdMRn5

New Zealand Qualifications Authority. [NZQA] (2019d). *Our organisation*. Retrieved from https://reurl.cc/kd3rEG

NZSTA. (2019). *Our organization*. Retrieved from https://reurl.cc/kd3rEG

stats.govt.nz. (2013). *2013 census quickStats about national highlights*. Retrieved from https://reurl.cc/nz4ran

Teachnz. (2019). *Studying to be a teacher*. Retrieved from https://reurl.cc/d0lLNq

Tertiary Education Commission. (2019). *Our focus*. Retrieved from https://www.tec.govt.nz/

United Nations. (2019). *New Zealand population 2019*. Retrieved from https://reurl.cc/3Dp7YO

四、其他紐西蘭政府相關機構網站

http://www.minedu.govt.nz/（紐西蘭教育部・英文版）

http://www.nzqa.org.nz/（紐西蘭學歷資格審議局・英文版）

http://www.nzvisa.org.tw/（紐西蘭簽證・中文版）

http://www.teachnz.govt.nz/（提供希望成為教師的資訊・英文版）

http://www.newzealand.com/（紐西蘭觀光局・中、英文版）

http://www.newzealandeducated.com/（具搜尋紐西蘭課程及學校功能・英文版）

http://www.educationnz.org.nz/（紐西蘭教育信託・英文版）

http://www.nzvcc.ac.nz/（紐西蘭大學副校長聯盟・英文版）

http://www.itpnz.ac.nz/（紐西蘭技術學院聯盟・英文版）

http://www.acenz.ac.nz/（紐西蘭教育學院聯盟・英文版）

http://www.independent.school.nz/（具搜尋紐西蘭獨立／私立中學功能・英文版）

http://www.englishnewzealand.co.nz/（紐西蘭語言學校聯盟・英文版）

http://www.appel.co.nz/（紐西蘭語言學校組織・英文版）

http://www.english-schools.co.nz/（具搜尋紐西蘭英語課程及學校功能・英文版）

http://www.mba.org.nz/（提供紐西蘭 MBA 課程資訊・英文版）

第十章

芬蘭教育

 基 本 資 料

國　　名：芬蘭共和國（The Republic of Finland）

面　　積：338,440 平方公里

人　　口：550 萬人

種　　族：88.3%人口的母語為芬蘭語、5.3%為瑞典語；
　　　　　另少數人口包括薩米人、俄羅斯人、猶太人和韃靼族等

國民所得：40,870 美元，
　　　　　世界第 13 名

學　　制：九年一貫綜合制之基礎教育

義務教育年限：九年（七至十六歲）

在閱讀過本章內容後,學習者應能夠:

1. 了解芬蘭教育的發展背景。
2. 了解芬蘭教育行政制度之特色。
3. 了解芬蘭教育自學前至高等教育之學制。
4. 藉由芬蘭教育經驗思考我國的教育問題。

　　芬蘭數百年來因地理位置夾於瑞典、俄羅斯兩大強權之間,文化上分別受瑞、俄兩國影響;1906 年,芬蘭成為第一個授予所有成年公民投票權的歐洲國家。1917 年俄國革命之後,芬蘭宣布獨立。截至目前為止,芬蘭在行政區上有六大地區國家行政機構,每個地區國家行政機構,依據不同的行政目的,且透過許多方面的執行、指導和監督,以促進區域平等。在教育行政方面,教育與文化部和國家教育署,負責施行中央級別的教育政策,而地方教育則由六大地區國家行政機構負責。教育制度特色主要有:國家核心課程、自願性第十年基礎教育、中學後非高等教育課程,以及以研究為基礎(research- based)的師資培育課程等,目前芬蘭提出總體國家教育策略和主要目標,就五個優先領域進行變革,分別是:就業和競爭力、知識和教育、幸福和健康、生物經濟和清理解決方案、數據化、實驗和解除管制等。

第一節　國家背景

　　芬蘭共和國通稱「芬蘭」，北與挪威、西北與瑞典、東與俄羅斯接壤。毗鄰西南面波羅的海、西面波斯尼亞灣和東南部芬蘭灣。首都和最大的城市是赫爾辛基。其面積為 338,440 平方公里，以下分項說明芬蘭之國家背景（維基百科，無日期；Finland Promotion Board, 2018）。

壹、歷史

　　大約西元前 9000 年冰河時代結束時，芬蘭即有人居住。當時芬蘭分為三個主要文化區，分別是芬蘭西南部、Tavastia、Karelia。從十三世紀後期開始，透過北方十字軍和沿海芬蘭部分的瑞典殖民化，使芬蘭逐漸成為瑞典一部分，這也是今日瑞典語成為芬蘭官方語言之一的成因；Napoleon 橫掃歐洲時，致使瑞典敗北，芬蘭於 1809 年併入俄羅斯帝國。數百年來，芬蘭夾於瑞典、俄羅斯兩大強權之間，文化上分別受瑞、俄兩國影響（郭瑋芬，2003，頁 94-95）。

　　1906 年，芬蘭成為第一個授予所有成年公民投票權的歐洲國家，也是世界上第一個賦予所有成年公民競選公職的權利。1917 年俄國革命之後，芬蘭宣布獨立。於 1955 年加入聯合國，並製定了中立的官方政策。1969 年加入 OECD，1994 年加入北約和平夥伴關係（Partnership for Peace, PfP），1995 年加入歐盟，1997 年加入歐洲—大西洋夥伴關係理事會（Euro-Atlantic Partnership Council），1990 年加入歐元區。

貳、地理及人口

　　芬蘭北與挪威、西北與瑞典、東與俄羅斯接壤，毗鄰西南面波羅的海、西面波斯尼亞灣和東南部芬蘭灣，是世界上最北端的國家之一。芬蘭具有大

約 168,000 座湖泊和 179,584 個島嶼。足見，芬蘭屬於地形極度破碎的國家（郭瑋芬，2003，頁 95）。同時相較歐洲其他國家，因為冰川侵蝕效應，使得芬蘭的景觀大部分都是平坦的，只有很少的山丘和較少的山脈。因地理和氣候關係，致使芬蘭的生物具多樣性，目前至少有 60 種本土哺乳動物物種、248 種繁殖鳥類、70 多種魚類和 11 種爬行動物和青蛙物種，其中許多物種是數千年前從鄰國遷移而來。

目前芬蘭人口約為 550 萬，因為地形極度破碎，以致有 140 萬人口集中在大赫爾辛基都會區（Greater Helsinki metropolitan area）；使用的官方語言為芬蘭語者占 88.9%，瑞典語者占 5.3%，薩米語則是 1,900 位居民的母語；多數人民的信仰為基督教，其中 73.8%為路德教會，1.1%屬東正教會（Finland Promotion Board, 2018）。芬蘭人口結構特徵為老齡化、生育率世界上最低、歐盟人口密度最低等。具體來說，老齡化方面，芬蘭平均年齡為 42.6 歲，大約一半的投票人口超過五十歲；生育率方面，平均每千人每年僅生育 10.42 位孩子，或平均每個婦女生育 1.89 位孩子；人口密度方面，平均為每平方公里 18 人，僅次於挪威和冰島。

參、政治及經濟

芬蘭的政治體制是以議會為主，多數行政權力控制在由芬蘭總理領導的內閣中，而總理由議會選出，內閣則是由總理本人、中央政府各個部的部長及司法長官組成。根據憲法，芬蘭議會擁有最高立法權，為一院制議會，可更動憲法和法律、解散內閣並推翻總統否決權。目前芬蘭議會擁有 200 位議員，每四年選舉一次，議員按比例代表制選出。芬蘭總統在外交上擁有較大的權力，例如：與國務委員會一起領導國家的外交政治、一些外交政策的指定權和赦免權。總統任期六年，最多連任兩屆（Turo Virtanen, 2018, p. 295）。簡言之，芬蘭政治由議會和總統共同治理，形成半總統制，總理握有大權，總統只負責外交事務（歐盟以外的國家），其他事務由總理對議會負責（陳照雄，2007，頁 18；Turo Virtanen, 2018, p. 295）。

經濟方面，芬蘭高度融入全球經濟，國際貿易占國內生產總值三分之

一，其中與歐盟的貿易，則是占芬蘭貿易總額的 60%，也因芬蘭一直以來支持自由貿易，所以成為北歐國家中，唯一加入歐元區的國家。芬蘭全體產業的 GDP，以服務業為最高，其次是製造業和煉油業。相較其他歐洲國家，芬蘭的農業生產效率極高，使得芬蘭的初級產業位居全國 GDP 的第三位。另外，芬蘭政府長期致力於林業，控制砍伐樹木、計畫林業發展和贊助相關技術改進，使得森林在芬蘭的經濟中發揮著關鍵作用，進而成為世界領先的木材生產國之一。2018 年芬蘭 GDP 估計為 2,570 億美元，每人年均產出等同於法國、德國、比利時和英國等其他歐洲經濟體。

肆、行政

一、地區國家行政機構

　　芬蘭截至目前為止，有六大地區國家行政機構（regional state administrative agencies, AVI），每個地區國家行政機構，都有不同的行政目的，且透過許多方面的執行、指導和監督以促進區域平等，如教育和文化、職業健康和安全、環境許可和救援服務等。另外，還有 15 個經濟發展、運輸和環境中心（Centres for Economic Development, Transport and the Environment, ELY Centres），是管理工商業、運輸和基礎設施、環境和自然資源等領域的政府部門（Turo Virtanen, 2018, p. 296）。

二、市鎮政府

　　芬蘭行政區在省級行政機構下，設有市鎮政府（municipality），截至 2017 年，總計有 311 個市鎮政府，其管理基於居民自治，足以彰顯市鎮自治原則。居民自治表現在地方選舉和徵收地方稅的權利。但是超過一半的市鎮政府，其人口數未達 6,000 人。市鎮政府主要功能在於提供公共服務，其中社會和醫療保健、教育（未包括高等教育）、公共事業（水、電、當地交通）的實際規劃，皆受國家指導和監管，且由國家提供主要資金。市鎮政府也需要對環境保護負起應有的職責。為了提供主要的法定公共服務，311 個

芬蘭市鎮政府被編制為 184 個聯合當局（Joint Authorities），這 184 個聯合當局，是以合作和永久的方式提供公共服務，其中以醫院、公共衛生和教育部門最為重要。另外，聯合當局也可提供其他服務的合作協議，如廢物管理、供水、救援服務、建築檢查、消費者和債務諮詢、教育。根據政府法規，其中有些合作協議屬於強制性；另外，311 個市鎮政府，已經成立 18 個區域理事會（Regional Council），而區域理事會也屬於法定的聯合當局，每一個市鎮政府都是區域理事會的成員，而區域理事會是依照市鎮自治原則運作，隸屬於中央政府（Turo Virtanen, 2018, p. 296）。

第二節　教育行政制度

　　芬蘭議會制定了廣泛的教育議程，也確定教育政策的一般原則和制定教育立法框架。教育與文化部和國家教育署，負責施行中央級別的教育政策；而地方教育則由地區國家行政機構負責，這些機構與市鎮政府密切合作。

壹、中央機構和一級地區的行政和治理

一、教育與文化部

　　教育與文化部（Ministry of Education and Culture）原名為芬蘭教育部，為芬蘭境內統籌教育相關事務之最高單位。整體而言，主要功能有：制定法案、法令和決定，負責編制有關事項之預算和資金，確保提供政策決策者相關必要資訊，代表芬蘭參加各種歐盟機構，參與國際合作等；具體來說，根據《政府議事規則》（Government Rules of Procedure），教育與文化部的任務範疇包含：(1)日托、教育、培訓和研究；(2)藝術、文化、體育和青年工作；(3)管理檔案館、博物館和公共圖書館系統；(4)管理福音派路德總教會、東正教會和其他宗教團體；(5)學生經濟援助和版權（Ministry of Education and Culture, 2019a）等相關事務。

　　教育與文化部設有兩位部長，分別是教育部長，以及歐洲事務、文化和體育部長，各自負責教育和文化相關事務。兩位部長下設有常任秘書長一人，其職責為與部長共同指導教育與文化部活動，並監督該部事務的準備工作和參加該部的內部活動；教育與文化部內所包含的部門有：幼兒教育、綜合學校教育和自由成人教育司（Department for Early Childhood Education, Comprehensive School Education and Liberal Adult Education）、職業教育與培訓司（Department for Vocational Education and Training）、高等教育、科學政策和普通高中教育司（Department for Higher Education and Science Policy and General Upper Secondary Education）、藝術與文化政策司（Department for Art and Cultural Policy）、青年和體育政策司（Department for Youth and Sport Policy）（Ministry of Education and Culture, 2019b）。

　　另外，該部門尚設置行政單位、財務單位、國際關係秘書處、通訊單位，協助上述所有部門的相關事務；其中行政單位包括十一個機構和二個有限責任公司，以及其他各種基金會和專家機構，如處理教育和科學政策問題的國家教育委員會（National Board of Education, NBE）、大學入學考試委員會（Matriculation Examination Board）、學生經濟援助上訴委員會（Student Financial Aid Appeal Board）、芬蘭科學院（Academy of Finland）、芬蘭國家檔案館（National Archives of Finland）、芬蘭教育評量中心（Finnish Education Evaluation Centre, FINEEC）等機構（Ministry of Education and Culture, 2019b, 2019c）。

二、國家教育署

　　2017 年芬蘭政府將國家教育委員會（NBE）以及國際交流中心（Centre for International Mobility, CIMO）合併為單一國家級教育機構——國家教育署（EDUFI）（Finnish National Agency For Education, EDUFI）。

　　國家教育署設置於教育與文化部之下，負責發展教育和培訓、幼兒教育和照顧、終身學習，以及促進國際化。作為一個國家教育發展機構，國家教育署有廣泛的任務，包括：實施國家教育政策、編製國家教育課程和資格認定內容、發展教育及教學人員、為教育部門提供服務；此外，國家教育署透

過國際合作、流動計畫以及一系列廣泛活動，促進教育和培訓、工作生活、文化領域和年輕人之間的國際化（Finnish National Agency for Education [EDU-FI], 2019a）。目前國家教育署設有六個部門，分別是：通識教育與幼兒教育和照顧、職業教育與培訓、國際化服務、為教育部門提供服務、行政服務、瑞典語教育（EDUFI, 2017）。

三、支援國家教育署的其他機構

支援國家教育署的其他機構，包括終身學習委員會（Council for Lifelong Learning）、芬蘭教育評量中心（FINEEC）、工作生活委員會（Working-Life Committees），以及國家體育理事委員會和青少年事務諮詢委員會（National Sports Council and the Advisory Council for Youth Affairs）等，機構介紹說明如下（European Commission, 2019a）。

終身學習委員會是一個專家機構，負責審議與教育工作和生活之間的銜接，以及和終身學習和發展成人教育的相關議題。

芬蘭教育評量中心（FINEEC）是一個負責教育評估的獨立政府機構，主要發展與教育有關的評量，包括從幼兒教育到高等教育的教育機構的運作，FINEEC 包括評量委員會、高等教育評量委員會，以及評量基礎教育、職業教育和培訓（Vocational Education and Training, VET）與高等教育的單位。

工作生活委員會的目標是保證高數量和高品質的職業教育和培訓。工作生活委員會制訂職業教育與培訓資格結構和資格要求。委員會的參與將確保及證明實施之品質和職業教育與培訓的能力及評估。委員會成員代表僱主組織、勞工組織、企業家、職業教育與培訓教師。

國家體育理事委員會和青年事務諮詢委員會，在國家體育理事委員會部分，負責監督體育部門的發展，提出建議和動議，以發展該部門，並就其領域的撥款使用，提出動議和發表意見，並評估該部門採取的措施的效果；青少年事務諮詢委員會則是專注於改善青少年生活條件的項目，以及與處理青少年有關問題的各個機構進行合作。同時，青少年事務諮詢委員會的報告，也說明青少年的生活條件、社會地位、態度以及其職能的核心問題。

四、地區國家行政機構

　　芬蘭的地方教育機構，以六大地區國家行政機構（AVI）為主。如前所述，地區國家行政機構的主要目的為指導和監督該區域的各項業務，其中一項為教育與文化。

　　AVI 在教育與文化方面的主要任務有：(1)評估基本服務的易接近性；(2)投訴、請求改善和發布教育和文化的服務聲明，以及請求改善學生的評量；(3)針對教學、青少年、運動和圖書館服務的人員進行短期在職培訓；(4)針對青少年、運動和圖書館計畫及能力養成進行政府自由裁量的移轉；(5)學前教育；(6)圖書館；(7)運動；(8)青少年工作；(9)教育機構的建置；(10)國際事務；(11)準備事項等（Regional State Administrative Agencies, 2013）。

五、經濟發展、運輸和環境中心

　　如前所述，十五個經濟發展、運輸和環境中心（ELY Centres），是管理工商業、運輸和基礎設施、環境和自然資源等領域的政府部門。其中，在教育方面，該中心主要監督和發展職業教育和成人教育，以及有關歐洲社會基金（European Social Fund, ESF）項目融資的事宜。該中心也藉由歐盟項目資金的幫助，發展高中和高等教育。再者，該中心也蒐集該地區有關商業生活、環境、就業和基礎設施狀況的資訊，並透過各機構參與預測商業和就業趨勢、技能和教育需求的發展，以期最後透過改進基礎知識庫而支持區域決策（European Commission, 2018a）。

貳、地方教育機構

　　芬蘭地方教育機構，主要是由當地市鎮政府管理。其中，聯合市鎮當局是最常見的市鎮當局，且擁有自治權和徵稅權。市鎮當局的任務，就是為所有達義務教育年齡的兒童（包含有精神或身體障礙的兒童），依據學生能力，提供學習的機會（European Commission, 2018a）。

　　另外，市鎮當局負責管理當地層級的幼兒教育和照顧（early childhood education and care, ECEC）、學前教育（pre-primary education）和基礎教育（basic education），同時也負責管理上述領域的財政、資金分配、決定人員招聘或將決策權力委託給學校。市鎮當局和學校本身，在國家核心課程框架下制定屬於當地或學校自己的地方課程，負責實際教學安排，確保教育的有效性和品質（European Commission, 2018a）。

第三節　學校制度

　　芬蘭教育政策的主要目標是提供所有公民接受教育的平等機會，因此為符合芬蘭教育政策的目標，芬蘭的教育系統結構具備高度的滲透性。換言之，沒有任何可以阻止公民進入高等教育層級的限制。芬蘭教育的重點在於學習而非測驗。所以在芬蘭的基礎教育中，學生沒有國家考試，而是由教師依據課程目標，各自進行評估。全國唯一考試，是在高中畢業後進入大學前的入學測驗。自 1990 年代初以來，芬蘭教育一直基於權力下放原則。教育機構僅負責實際教學的安排，並確保教育的有效性和品質。地方當局將一部分的自治權下放至學校，如預算管理、收購和招聘等，都是學校的責任。另外，學術性大學（yliopisto/university）和應用科學大學（ammattikorkeakoulu/university of applied sciences, UAS）享有廣泛的自治權，其運作是以教育和研究自由為基礎下，組織自己的行政、決定學生入學和設計學位課程內容。芬蘭大多數的教育和培訓是免費的，任何層級的教育都無須付費。但自 2016 年秋季開始，非歐盟和非歐盟經濟區高等教育學生的學費例外。基礎教育方面，仍免費提供學校教材、學校餐飲和通勤。高中教育方面，學校支付書籍和交通費用，同時提供一個完善的學習補助和貸款系統，以為高中教育和高等教育全日制學習提供經濟援助（EDUFI, 2019b）。

　　芬蘭教育學制分為：幼兒教育和照顧（ECEC）（零至五歲）、學前教育（六歲）、基礎教育（七至十六歲）、高中教育（十六至十九歲）和高等

教育；其中，高中教育又可分為普通高中（lukiokoulutus/general upper second-ary education school）教育和職業學院（ammatillinen koulutus/vocational institu-tion）教育，高等教育則是由學術性大學和應用科學大學提供，前者是學術導向，後者是專業機構（如表 10-1 所示）（European Commission, 2019b）；另外應用科學大學畢業生若要修讀碩士課程，需要有三年的工作經驗，才可申請。

表 10-1　芬蘭學制架構表

年齡	學術性大學	應用科學大學（UAS）
+8	博士	
	準博士	
+1-2	碩士	碩士
+3-4	學士	學士
+3	普通高中教育	職業學院教育
+1	自願性第十年基礎教育	
7-16	綜合型學校（義務教育）	
6	學前教育	
0-5	幼兒教育和照顧	

壹、學前教育

　　芬蘭的學前教育大致上可分為零至五歲的幼兒教育和照顧，以及六歲的學前教育，說明如下（EDUFI, 2019c, 2019d）。

　　芬蘭學前教育的主要目的為所有學齡兒童都有享受幼兒教育和照顧（ECEC）的主觀權利，而 ECEC 的服務品質和監督，是由市鎮政府負責。父母也可選擇由政府補助的私人 ECEC 機構。芬蘭的 ECEC 以照顧、教育和教學的綜合方法為基礎，即所謂「教育兼照顧」模式（educare model），主要強調透過遊戲學習。

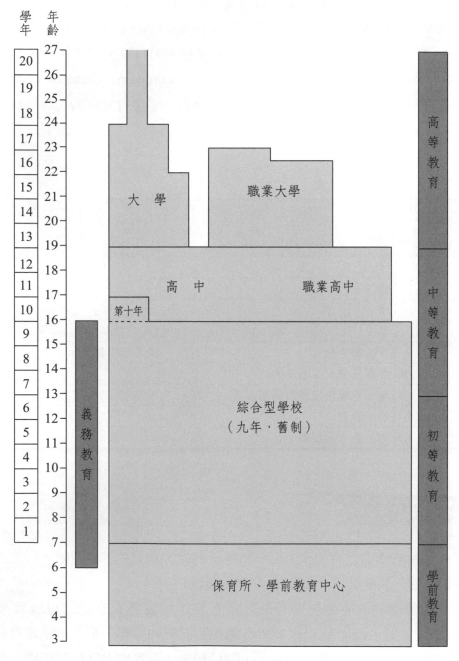

圖 10-1　芬蘭學制圖

資料來源：修正自 European Commission（2019b）

　　ECEC 的機構主要是以日托中心（day-care centre）和家庭日托組織（family day-care）為主，其他形式的 ECEC 服務機構包括由當地教區和其他非政府組織所經營的俱樂部，以及由市鎮政府當局為幼兒和其他家庭，所組織的各種形式幼兒教育活動。

　　目前芬蘭零至五歲的幼兒教育和照顧，主要以幼兒教育和照顧國家核心課程（National Core Curriculum for ECEC）為指導方針。參加幼兒教育和照顧的費用取決於家庭收入和子女數，市鎮政府負擔約 14% 的總成本。芬蘭全國的 ECEC 目前主要是由教育與文化部負責，2015 年通過並修訂《幼兒教育和照顧法》（Act on Early Childhood Education and Care）。同年 8 月，作為 ECEC 一部分的學前教育，是義務教育開始的前一年，並提供系統性的教育和指導，其提供學前教育的機構有日托中心和學校。為所有兒童提供免費的學前教育是地方當局的法定義務。所以，2015 年 8 月開始，芬蘭學前教育成為義務教育。然而當學前教育是採自願式入學時，幾乎所有的六歲兒童皆已入學。

　　另外，芬蘭的六歲學前教育課程，主要是以 2016 年實施的國家小學前初等教育核心課程（The National Core Curriculum for Basic Education 2014）作為地方課程的指導方針，主要強調學童進入學校前的準備，同時使幼兒教育和照顧、學前教育和基礎教育形成一體化的持續性進程。國家小學前初等教育核心課程的編寫，是在以地方當局、日托中心和學校之間廣泛合作為基礎下，強調兒童的個性、主動學習和作為團體成員行事的重要性。國家小學前初等教育核心課程基於兒童自身的知識、技能和經驗，以遊戲和積極的人生觀為主軸，促進兒童自己的主動性，並強調所有活動的基礎重要性。

　　2018 年就讀學前教育有 61,500 人。其中 10,000 人（16.26%）在學校接受學前教育，51,500 人（83.73%）在日託中心（Statistics Finland, 2018）。

貳、基礎教育

　　芬蘭的基礎教育（或稱義務教育）是非選擇性的，長達九年，適合七至十六歲的人就讀，由單一結構系統──綜合型學校提供，其中前六年為初等教育，後三年為前期中等教育。基礎教育的目的是協助學生朝向人性成長，

以及成為道德上負責任的社會成員，並提供學生生活上所需的知識和技能。學校不選擇學生，每位學生都被分配至住家附近的學校，學生也可以選擇另一所學校就讀，但會有一些限制。所有學校都遵守國家核心課程，而國家核心課程包括不同學科的目標和內容。市鎮政府當局和學校，通常是在國家核心課程框架內制定自己的課程（EDUFI, 2019e）。2018 年提供基礎教育的綜合型學校數總計有 2,341 所，其中 95%的學校，是由市鎮政府當局管理；就讀芬蘭基礎教育的學生，總計有560,500位，其中49%是女生，51%是男生；整體而言，學生數較前一年增加0.7%，但學校數卻遞減43 所（Statistics Finland, 2018）。

一、國家核心課程

2004 年芬蘭提出國家核心課程，並於 2006 年開始於學校實施。2014 年改制國家核心課程，並於 2016 年實施新的國家核心課程，說明如下（EDUFI, 2019f）。

所有學校根據新的國家核心課程（2014 年版），制定新的一至六年級國家基礎教育核心課程，並逐步引入高年級基礎教育課程。國家核心課程為學校課程提供統一的基礎，從而促進全國教育的平等。依據當地的需求和觀點，每個學校的課程能獲得更詳細的指導教學和學習內容。如有必要，當地課程也可以稍後修改。簡言之，國家核心課程為教學和學校活動提供積極和靈活的支援。

另外，國家核心課程主要針對不同學科，提出目標和內容，而這些目標和內容與基本價值觀、學習觀念、學校文化的政策等有其相關性。國家核心課程的目的是改革文化和學校教育，改善學習過程中的數量和品質，提高學習成果。

國家核心課程的目標是「確保必要的知識和技能，並鼓勵學習」。國家核心課程改革的目標，主要是在確保芬蘭的兒童和青少年獲得未來生活所需的知識和技能，使其在國內和國際上，都維持優勢。此外，國家核心課程還制定教學指導方針，以幫助學校發展其運作方式，進而提高學生對學習的興趣和動力。國家核心課程改革所強調的關鍵目標，包括加強學生的參與、提

高學習的意義和讓每位學生都獲得成就感。鼓勵兒童和青少年承擔更多的學業責任，並在學習上獲得更多支持。學生根據既定目標設定目標、解決問題並評估他們的學習。學生的經歷、感受、興趣領域和與他人的互動，將為學習奠定基礎。教師的任務是透過考量每位學生的個人學習方法，指導和引導學生成為終身學習者。

二、國家核心課程的七大橫向能力

　　國家核心課程也強調橫向能力是每個學科的一部分，因為持續變化的社會，需要愈來愈多的橫向技能和能力。橫向能力的目標包含：(1)思考和學習；(2)文化能力、互動和自我表達；(3)照顧好自己、管理日常生活；(4)多元讀寫能力；(5)資訊與通訊科技能力；(6)工作生活能力和創業精神；(7)參與、投入和建設持續性未來。教師需根據他們各教授的學科重點領域，進一步定義各學科領域中的橫向能力，同時作為每一學科教學、研究和評估的一部分。

三、國家核心課程的基礎教育學科

　　目前國家核心課程包含的科目有：母語和文學、A 語言、B 語言、數學、環境研究、生物、地理、物理、化學、健康教育、宗教、道德、歷史、社會、音樂、視覺藝術、工藝、體育、家庭經濟和指導諮詢等。自 2016 年開始，芬蘭基礎教育的課時數如表 10-2 所示。其中，一至二年級必須教授 6 週課程（總計 228 堂課）；三至六年級必須教授 15 週課程（總計 480 堂課）；七至九年級必須教授 11 週課程（總計 352 堂課）。每節課的時間定義為 60 分鐘，實際每節教學時間至少 45 分鐘，也可以依據課程屬性，進行 90 分鐘的教學，市鎮政府和學校可以自己安排每週和每日的教學時間（European Commission, 2019c）。

表 10-2　芬蘭基礎教育課程學分表

學科＼年級	1	2	3	4	5	6	7	8	9	總數
母語和文學	14			18				10		42
A 語言			9					7		16
B 語言			2					4		6
數學	6			15				11		32
環境研究	4			10						
生物和地理								7		
物理和化學								7		
健康教育								3		
環境和自然研究合計			14					17		31
宗教／道德	2			5				3		10
歷史和社會			5					7		12
音樂	2			4				2		8
視覺藝術	2			5				2		9
工藝	4			5				2		11
體育	4			9				7		20
家庭經濟				3						3
藝術和實踐選修科目				6				5		11
藝術和實踐科目合計										62
指導諮商				2						2
選修科目				9						9
最少課程數										222

資料來源：European Commission（2019d）

四、基礎學校的多學科學習模組

　　每學年每所學校必須提出至少一個的多學科學習模組（multidisciplinary learning modules）。具體來說，每學年每所學校必須提出至少一個明確定義的主題、項目或課程，結合不同科目的內容，並從數個科目的角度處理該議題。學校在計畫和實施多學科學習模組的同時，多學科學習模組的主題和實施週期可能因為當地需求和興趣而有所不同。學生也可以參與規劃學習模組，並且基於不同學科的目標，進行學習評估。

五、國家核心課程的評估

國家核心課程強調評估方法的多樣性，以及指導和促進學習的評估。同時在足夠頻繁的基礎上，向學生和監護人提供有關每位學生學習進度的資訊，也以報告或證書以外的方式，提供回饋。在每學年結束時，學生會收到一份學年報告，該報告會呈現每個學科的數字等級，表明學生達到學年目標的程度。為確保公平，已為每個學科，確定六年級和九年級的國家評估標準，總計八個等第，第八等第代表良好（good）的層級。

2018 年芬蘭綜合型學校開學時間為 8 月 9 日至 14 日，於 2019 年 6 月 1 日或 2 日結束學期，學期中的假期可包含秋季假期（2 至 5 天）、聖誕和新年（1 至 2 週）、冬季假期（1 週）、春季假期和復活節（4 天）、夏季假期（10 至 11 週），一整年中除上述假期，還有 13 天的國定假日，如萬聖節、獨立日、聖誕夜、除夕、節禮日、新年、主顯節、耶穌受難日、復活節、復活節週一等，一學年總計上課天數為 188 天（European Commission, 2018b）。

參、自願性第十年基礎教育

完成基礎教育的學生，除可以選擇直接進入後期中等教育階段就讀，也可以選擇繼續就讀自願性第十年基礎教育（voluntary additional year of basic education），此階段的就學目的，主要是為進入後期中等教育學校進行準備。課程類型可分為普通高中教育的預備教育和職業前課程兩類，前者以修讀芬蘭國家教育委員會所編定的普通高中預科教育國家核心課程（National Core Curriculum for Preparatory Education for General Upper Secondary Education）為主；後者為基礎教育和高中階段之間的過渡點，開發了多種靈活的學習軌道，以支持學生成功達到職業學院資格之前，可以在必要時申請的職業前課程，修讀內容是由國家教育委員會，依據不同形式和領域的職業教育和資格，而提供課程內容架構標準（EDUFI, 2019g, 2019h, 2019i）。

根據 2016 年統計之資料，有 2.3%完成基礎教育的學生，選擇就讀自願性第十年基礎教育（European Commission, 2019e）。

肆、後期中等教育

一、類型

　　芬蘭學生在完成基礎教育後，可選擇普通高中、職業學院或是中學後非高等教育課程這三種類型學校就讀。其中，前兩者需要花費三年的時間，才能獲得進入高等教育機構就讀的資格；後者主要是針對成年人，進行不同領域的職業教育與培訓，進而獲得專業職業資格證書。

（一）普通高中

　　就讀芬蘭普通高中的學生，是基於基礎教育中理論科目的平均成績，或是入學和能力性向測試（EDUFI, 2019j）。芬蘭政府制定普通高中的一般國家教育目標，以及分配不同科目的教學時間和學生輔導。芬蘭國家教育委員會制定普通高中國家核心課程（The National Core Curriculum for General upper Secondary School 2015）。在普通高中國家核心課程中，定義不同科目（subjects）、科目組（subject groups）、主題科目模組（thematic subject modules）、學生輔導的目標與核心內容。2015年芬蘭國家教育委員會，對普通高中國家核心課程進行改革，2016 年實施新的普通高中國家核心課程（EDU-FI, 2019k）。

（二）職業學院（或稱職業高中）

　　芬蘭的職業教育和培訓也很受歡迎，40%以上完成基礎教育的畢業生，會選擇就讀職業學院，熱門的科系有：科技、通信和運輸、社會服務、健康和體育。職業學院畢業後，可獲得職業資格證書；大多數年輕的學習者，會在職業學院取得後期中等職業證書（EDUFI, 2019j）。

　　根據 2016 年統計之資料，完成基礎教育後就讀普通高中者占 52.7%，就讀職業學院者占 42.5%（European Commission, 2019d）。2017 年職業學院機構數達 165 所，學生數達 171,135 位；其中，機構數以職業學院居多，有 93 所（占 56%），學生也已以就讀職業學院者居多，有 151,088 位（占

88.28%）（European Commission, 2018c）。

　　就讀職業學院的學生，主要年齡在十六至二十五歲之間。同一個班級可能有不同年齡的學生，對於班級人數，政府並無規定。整體而言，職業學院需接受三年全日制的學習，才能完成資格認證。必修課程是依據年級而安排。完成學業所需的時間，取決於學生個人能力發展計畫和先前學習的認證程度。此外，職業學院的學年和節假日並沒有具體規定，由職業學院決定學業和假期的開始和結束時間。一學年通常包含兩個學期，分別是秋季學期和春季學期。學生依據職業學院提供的學習選項中，選擇學習模組或單元，並根據所選擇的學習模組或單元，確定每日或每週的課程時間表。學校設施的使用取決於教學類型和活動範圍，同時設施大小取決於每週課程的數量、課程主題和學生群體的規模（European Commission, 2018c）

（三）中學後非高等教育課程

　　中學後非高等教育課程（post secondary non tertiary education），如前所述，主要是針對成年人，進行不同領域的職業教育與培訓，進而獲得專業職業資格證書。人多數的學生參加預備培訓，完成能力測試後，取得專業職業資格證書，該專業職業資格證書的取得等同於職業學院的學歷證明（European Commission, 2018d）。

　　以能力為基礎的資格認證機制，主要目的在於提升和維持不同領域專業技士的職業技能，或者在工作任務變更時，獲得新的執業資格。以能力為基礎的資格認證機制，好處在於無論是透過工作經驗、研究或是其他活動，都可以對個人的職業能力進行國家級的數量和品質認定，同時該機制也承認以各種方式獲得的能力。

　　以能力為基礎的資格認證機制原則有（European Commission, 2018e）：(1)三方合作──僱主、僱員和教師之間的密切合作，以決定資格結構和準備資格的要求、計畫、安排和評估能力資格等；(2)資格的獨立性與獲得職業技能的方式無關；(3)在能力測試中完成資格或資格模組（qualification module）以證明職業技能；(4)個性化。

　　以能力為基礎的資格認證機制可分為三個級別，分別是（European

Commission, 2018e）：(1)取得職業學院資格證明，具有實現職業技能所需的知識和技能；(2)取得進階職業資格證明者，具有該領域專業僱員所需的職業技能；(3)取得專業職業資格證明者，具有完成現場最苛刻工作任務的能力。

整體來說，職業資格範圍是 180 個能力點，進階職業資格證明的能力點，分別是 120 點、150 點或 180 點，專業職業資格證明的能力點，分別是 160 點、180 點或210 點。芬蘭的工作生活委員會負責管理和監督上述職業資格的能力點；每個工作生活委員會最多可以任命 9 名成員，成員代表包括僱主、僱員和教師；目前有 40 個工作生活委員會，每個工作生活委員會負責一項或多項基於能力的資格（European Commission, 2018e）。

二、課程

（一）普通高中

如前所述，芬蘭普通高中國家核心課程，主要是由國家教育委員會制定。國家核心課程包含不同學科的目標和核心內容、學生評估、學生福利和教育指導原則（European Commission, 2019e）。具體目標包含：(1)想法和價值的調整；(2)由國家教育委員會核定高中課程時數；(3)經營文化的主要特徵；(4)學習環境和方法；(5)獨立學習的原則；(6)感興趣的領域；(7)學科、一般目標和教學評估；(8)目標和關鍵內容；(9)家庭和學校合作；(10)與職業學校和其他高中合作；(11)與大學、理工學院、其他教育機構和組織合作；(12)在教學中使用 ICT（Information and Communication Technology）的計畫；(13)控制計畫；(14)為需要學習的學生提供教學；(15)語言和團體文化；(16)學習服務；(17)評估學生的學習；(18)持續開發和評估營運等（Opetushallitus Utbildningsstyrelsen, 2015, p. 10）。

普通高中核心課程，包含至少 75 門的學科課程。課程分為必修課（national specialisation courses）、專業課程（specialisation courses）和應用課程（applied courses）。其中，依據數學科的基礎和進階科目，必修課範圍從 47 至 51 學分。其課程種類，說明如下（European Commission, 2019f）：

1. 專業課程：是選修的高級課程，與必修課程具有直接的相關性。學校必須提供上述三種課程，以供學生選擇。其中，專業課程又分國家專業課程和地方專業課程。國家專業課程：是由芬蘭國家教育機構，為專業課程所制定的核心課程屬必修課程，學生在學習計畫中，至少選擇 10 門此類課程。此外，普通高中也可以提供市鎮政府當局所定義的地方專業課程（local specialisation courses）。

2. 應用課程：是綜合課程，包含來自各學科的要素、方法課程或是其他特定學校課程。有國家和地方應用課程。所以，應用課程是：方法課程、由同一個或其他教育機構所提供的職業課程、整合不同科目元素的課程、高中職業範圍內的其他研究。普通高中學校決定應用課程在總課程中的比例，以及應用課程為選修課程。

普通高中教育科目規定，所有學生至少修習兩種語言，每節課時間必須至少為 45 分鐘，一門課程平均 38 節課。課程種類如表 10-3 所示。

（二）職業學院

二十一世紀，在芬蘭參與職業教育和培訓的人數持續增加。完成基礎教育的畢業生，有 95%立即繼續就讀普通高中、職業學院或自願性第十年基礎教育。其中，選擇繼續接受職業教育與培訓的學生比例超過 40%。芬蘭的職業學院課程，包含國家資格認證要求、職業學院所提供的資格或培訓專項評估計畫、學生個人能力發展計畫。

首先，在資格認證要求內容方面，國家資格認證要求是由芬蘭國家教育署（EDUFI）針對每項職業資格制定而成，資格認證要求的範圍，是以 60 個能力點對應一年的學習去計算，職業學院修讀為期三年，總計 180 個能力點。其中，180 個能力點，又可分為職業單位的 145 個能力點和共同單位的 35 個能力點。資格認證要求中，必須至少有一個必修和一個選修的職業單元。而 35 個能力點的共同單位，常見的有：溝通和互動能力、數學和自然科學能力、社會和勞動力市場競爭力。

表 10-3　芬蘭普通高中課程學分表

課程名稱		必修課程	國家專業課程
母語和文學		6	3
A 語言		6	2
B 語言		5	2
其他語言			8+8
數學	共同學習	1	
	基礎	5	2
	進階	9	3
環境和 自然科學	生物	2	3
	地理	1	3
	物理	1	6
	化學	1	4
人文 社會科學	哲學	2	2
	心理學	1	4
	歷史	3	3
	社會研究	3	1
宗教／文化世界觀和道德		2	4
健康教育		1	2
藝術和體育		5	
	體育	2	3
	音樂	1-2	2
	視覺藝術	1-2	2
指導諮詢		2	
專題研究			3

資料來源：European Commission（2019f）

　　其次，國家資格認證要求在職業學院課程中包括終身學習的關鍵能力，終身學習的關鍵能力包含數學和技術能力、數學和自然科學能力、能力的發展、溝通和互動能力、可持續發展的能力、文化能力、社會能力和公民身分、創業能力等。

　　另外，學生個人能力發展計畫中，只需要列出他們尚需學習且未掌握的技能。學生可以藉由個人能力發展計畫，辨識以前已學習的技能，並概述自

己需要的能力，以及如何在不同學習環境中獲得這些能力。

三、升學制度

　　在芬蘭，普通高中結束時，學生通常會參加大學入學考試（ylioppilastu-tkinto）。芬蘭大學入學考試包含至少四項測驗，其中一項測驗內容為母語考試，屬於強制性考試，所有的考生都必須參加。考生可以從第二外語測試、外語測試、數學測試，以及一般學科中選擇三項，作為必修考試。其中，一般學科包含科學和人文科學等多項學科，考生只需從中選擇一項學科，進行測驗即可。此外，考生也可以選擇一個或更多的測試，納入大學入學考試。大學入學考試的目的，是為更好地衡量學生是否已經掌握高中課程的知識和技能，並獲得充足的熟練度和資格，以作為進一步學習的基礎。芬蘭大學入學考試有一個單獨的評估系統，上述測試是先由芬蘭普通高中的教師針對相關學科進行檢查和評量，之後再由芬蘭大學入學考試委員會進行檢查和評量（European Commission, 2019g）。

　　目前大學入學考試正面臨改革，主要改革方向是未來所有的學生至少完成五門科目的考試，其目的在於使普通高中學生的學習更加靈活和減少學生的壓力。同時，大學入學考試也可以用英語作答，以促進普通高中學位的國際化。五門科目的考試，其中二科為必考，分別是母語和文學（litera-ture）。另外，學生可在數學、第二外語和人文社會科學中，選擇三科考試。在此制度下，學生可選擇他想要的五門考試科目。

　　此外，新的入學考試包括跨課程主題（cross-curricular themes），通過這項改革，普通高中的課程將強化其平衡性，同時強化學生在普通高中所習的能力（European Commission, 2018f）。

伍、高等教育

　　在芬蘭高等教育系統是由大學和應用科學大學（UAS）組成。依據《大學法》（Universities Act）和《應用科學大學法》（Universities of Applied Sciences Act），高等教育機構有其自主權，能就行政、教育和研究領域做出

獨立決定。在高等教育機構與教育與文化部之間的績效協商中，決定具體領域的教育責任。同時，高等教育機構確定學位的績效和量化目標。以芬蘭政府所提之方案為基礎下，發展高等教育的目標如有：(1)促進芬蘭競爭力、福祉、教育和學習，以可持續的發展；(2)預測並協助重建社會、文化和工作生活，以確保提供所需的高學歷勞動力；(3)發展高等教育機構，使其成為具有國際競爭力的實體機構，並呼應地區需求。在上述高等教育機構目標下，芬蘭高等教育機構總計有 14 所大學和 23 所應用科技大學（European Commission, 2018g）。

另外，芬蘭高等教育的學制可分三個階段，分別是大學、碩士班和博士班，完成學業後各自取得學士、碩士和博士學位，說明如下（European Commission, 2017a, 2017b, 2018h）。

一、大學學位學程（第一階段）

（一）大學

總計修習 180 學分（全日制學習三年），修畢取得學士學位後，直接錄取攻讀碩士學位，但醫學領域除外；大學學位通常依據學科而分類，但某些領域也有多學科學位課程。學位通常包含一個主要科目和一個或多個輔修科目的研究。大學的學士學位課程內容以學習單元或學習模組（study module）的方式呈現，多數領域的課程是由主要學科的基礎或入門研究（包含 6 至 10 學分的學士論文）、中級研究、高級研究等三個層級的課程構成。

（二）應用科學大學

總計修習 210 至 270 學分（全日制學習三年半至四年半）。在應用科學大學，學位課程比大學更加固定，雖然學位課程名稱通常相似，但內容不一定相同，因為不同的院校在學科發展上有不同的方向。應用科學大學的學士學位課程內容，包括基礎和專業研究、選修課程、實踐培訓課程，以提高專業技能和最終專案（final report）。

大學和應用科學大學的學士學位課程中，強制規定修讀語言和交流研

究，所有的學生必須以芬蘭語和瑞典語，以及一、兩種外語完成課程。因此，大多數高等教育機構設有語言中心，提供各種語言的必修和選修課程。另外，高等教育機構的學士學位課程，主要教授的語言通常以瑞典語和英語為主；教學方法則是根據國家法規和所屬學科規定，設計自己的教學，而教師在教學方面擁有自主權。

二、碩士學位學程（第二階段）

因為許多職業領域所要求的最低文憑為碩士學位，所以學士課程又被認為是碩士學位課程的第一個階段。大多數領域的碩士學位課程學分最低範圍是 300 學分。換言之，碩士學位學程的修讀是五年制的全日制學習，或是完成學士學位後再修 120 學分（全日制學習二年）。在醫學領域，沒有學士學位課程的修習，只有碩士學位學程的修讀。其中，醫學和獸醫學 360 學分（全日制學習六年），以及牙科學 330 學分（全日制學習五年半）。

碩士學位課程和學士學位課程類似，大學和理工學院在課程方面也擁有自主權，並通常以英語進行授課，碩士課程 20 至 40 學分。

三、執照學位及博士學位課程（第三階段）

博士學位課程是在取得碩士學位後再修讀二至四年，待課程修畢後，取得博士學位。取得博士學位之前，可先取得執照學位（licentiate degrees）。

（一）準博士學位

需要二年的全日制學習才能完成。學生完成大學指定的研究生課程、學位課程中的專業教育，以及執照論文（licentiate thesis）後，將獲得執照學位。其中，執照論文主要是證實研究生具備該研究領域的良好知識，以及獨立和批判性應用科學方法的能力。在音樂、戲劇和舞蹈領域，執照學位可能以展示知識和技能的方式呈現。

（二）博士學位

要取得博士學位，研究生必須完成研究生課程，展示研究領域中的獨立

和批判性思維，撰寫博士論文並在公開場合進行辯論，後者是取得博士學位的關鍵部分。

2011 年以來，所有芬蘭大學都重新建立博士教育結構，以便所有學科的學生能夠參與透明、有計畫和有監督評量機制的課程，同時使博士教育結構能具備合理的目標和階段。芬蘭多數大學都設有一個研究生院（graduate school），開設多種博士課程。另外，教育與文化部也替芬蘭每所大學設定博士學位年度目標，並提供大學資金以鼓勵大學達到博士學位數量。所以許多博士生在學習期間，獲得經濟支持並擁有多種資金來源，包括大學基本資金、私人企業資金，以及國家和國際公共資助組織和基金會的資金。

第四節　師資教育

壹、師資培育

芬蘭的教師訓練有素。日托中心的教學和指導人員，一般都擁有學士學位。在普通教育中，所有的教師都需要碩士學位。在職業教育中，教師應具有學士學位或碩士學位。由於芬蘭教師在專業方面非常自主，因此必須進行高水準培訓。在基礎教育和高中教育階段的輔導員，應具備碩士學位和輔導員研究（EDUFI, 2019l）。說明如下（日本教師教育学會，2017，頁 158-161）。

一、職前教育

（一）教師基本學歷為碩士學位

1970 年代開始，芬蘭的小學和中學教師學歷基本資格為碩士學位。取得碩士學位需花費五年時間，其中三年修讀大學學位，二年碩士學位。因以碩士學位為基礎，芬蘭的學校教師被社會公認為是具有高度專業化和自主權的職業。雖每十年修訂一次國家核心課程，但每所學校的教師在教學實踐中，

都有自己的特色，且能夠靈活進行教學。雖然有國家核心課程的相關培訓課程，但教師作為專家的自由裁量權被廣泛接受。教師工會組織超過 90%。在所有類型的學校中，教師重視生活、工作和平衡，並成為具有獨立反思性的實踐者，可以說是具有高度專業的專業人士。芬蘭教師的總工時是全球最短。「少即是多」（Sometimes less is more）的說法，是芬蘭師資培育的一種教育理念。

（二）師資培育以「研究為基礎」

芬蘭的師資培育和職前教育課程的基本理念，主要是以「研究為基礎」，而非以「訓練為基礎」（training-based）。在芬蘭，師資培育的一系列過程，從入學考試到學士、碩士和博士學位，皆是以研究為基礎，此為芬蘭師資培育的一個重要特徵。大學入學考試所需要的能力，除了是基礎教育水準能力的展現，也可廣泛應用於各種層面。一般而言，學術探究的基本能力是對感到興趣的主題，能夠批判性地檢視所有想法、提出問題和辯論自己主張的能力。這樣的能力是一個具有高度多樣化和自主的專業能力，也是大學入學考試、撰寫碩士論文和博士論文，必須具備的能力。

基於培育師資生具備以研究為導向的通用素質和能力，每個地區的附屬學校、研究合作學校皆和大學之間互助合作，展開以教育學和教育科學的合作研究。參與研究期間，許多師資生和研究生，會持續發展學校教師需具備的高水準專業知識。

（三）師資培育課程

芬蘭中小學師資培育課程，總計有四種，分別是學科課程、研究課程、教育學研究課程、溝通／語言／資訊溝通科技研究／選修課程。總修 300 學分，其中學士階段 180 學分，碩士階段 120 學分。說明如下（王麗雲、徐銘璟，2015，頁 182）。

1. 小學師資培育課程

(1)學科課程：主修教育學 60 學分，副修 25 至 60 學分，學士階段 25 學分，碩士階段 0 至 35 學分。

(2)研究課程：學士階段 35 學分，碩士階段 45 學分。

(3)教育學研究課程：教育學研究至少 60 學分，另外再加 60 學分的其他教育科學研究。

(4)溝通／語言／資訊溝通科技研究／選修課程：學士階段 35 學分，碩士階段 5 至 40 學分。

2. 中等師資培育課程

(1)學科課程：主修為任教學科，學士階段 60 學分，碩士階段 60 至 90 學分，均含論文；副修 1 至 2 科，學士階段 25 至 60 學分，碩士階段 0 至 30 學分。

(2)研究課程：學士階段 25 至 30 學分，碩士階段 30 至 35 學分。

(3)教育學研究課程：學士階段 25 至 30 學分，碩士階段 30 至 35 學分，均包含教學實習。

(4)溝通／語言／資訊溝通科技研究／選修課程：學士階段 25 至 30 學分，碩士階段 30 至 35 學分。

二、招生、分配與就業制度

在芬蘭，欲報考教育系的學生，必須提出高中畢業證書、過去在校表現以及相關工作經驗證明，或國際及外國同等資格證明；甄選方式分為兩階段，第一階段為聯合會考，第二階段的考試方式有：心理測驗、面試、實務觀察、小論文、試教、小組活動等。前者由全國教育系聯合辦理，學生可以在任何師資培育大學參加考試，考試內容在 4 月公布，5 月舉行考試，其目的在了解學生自主閱讀能力、常識能力以及觀點和想法等。後者則是要了解學生是否具備擔任教師的心理素質，同時考量學生的性向、動機、信念、社會互動技巧、教育專業能力、關心面向的廣度等（王麗雲、徐銘璟，2015，頁 178-179；顏佩如、歐于菁、王蘊涵，2012，頁 38）。

因芬蘭師資生培育數量是政府針對教師需求推估而得，所以教育領域的畢業生失業率頗低，更是所有高等教育領域中最低的（王麗雲、徐銘璟，2015，頁 178）。

三、教師資格制度與考試

　　芬蘭師資培育生的學習評量，是依據筆試成績或學習作業而評定，通常以及格、不及格，或是非常好、良好、好三個等級，作為成績評分標準。教學實習期間則以通過或須再實習作為評量依據。當學生完成所有的學分，則可獲得小學或中學教師所需之碩士文憑（魏蔓伊，2009，頁 248-249）。

　　因教師一職在芬蘭很受歡迎，所以教師資格的情況一般屬於良好狀態。根據 2016 年合格教師率之資料：學前和小學階段 96%、基礎教育階段 97%、普通高中 99%、職業高中和培訓 91%、基礎教育校長 99%、普通高中校長 100%、職業高中校長 91%、特殊基礎教育 87% 和特殊高中職業教育和培訓 87%（European Commission, 2018i）。

貳、主要改革

　　目前芬蘭師資培育改革，主要有以下六點（Ministry of Education and Culture, 2016, pp. 4-7）。

一、教師能力整體化

　　透過改革架構、目標和操作方法，使教師能力成為一個系統化的整體。利用多項發展計畫，使教師的能力發展朝向一個目標導向的路徑。師資培育者藉由合作，更新師資培育結構、目標和操作方法。支援教師能力的活動形塑一個以需求為基礎和目標導向的整體，這個整體包含錄取、基礎教育和入門訓練，以及專業能力和在職訓練的發展。師資培育者的合作，是為了淬鍊學前階段至高等教育階段，教師的共同教學能力，同時定義各領域之學科專業、特殊專業及其必要能力。強化高等教育和所有職業教育教師的教學能力，並鼓勵博雅成人教育教師取得教師資格。建立指導和同伴支援的模式，以作為師資培育的系統化整體的一部分。師資生在學業期間，開始建構持續學習的路徑，並且實踐各階層教育的發展和更新。

二、具有吸引力的師資培育、功能完善的結構和期待優秀學生的入學

優秀學生的入學，使其成為未來最好的教師，以確保和期待教師和能力的需求。透過鼓舞人心和頂尖的師資培育教育，使師資培育的吸引力獲得認可。師培機構將藉由合作，發展學生入學。教師培訓將選擇具有最佳教師能力的學生，同時入學申請者的教師能力也作為申請入學的考量。師資培育者認可師資生以前獲得的知識和技能，並依據師資生所呈現的知識和技能，給予學分認證。高等教育機構將發展新的評估能力方法，移除彈性流動和學習上雙重資格認定的架構性障礙，發展教學研究以便提供各級教育的認證資格。師資培育增加移民者在教育方面的可能性。師資培育者根據芬蘭國家教育委員會資格認可的決定，透過能力測試和附加研究的整理，促進海外師資培育人員資格的完成，以達加強師資培育文化的多樣性。

三、教師作為創建新教育學專業的專家──專注於學習者

改善師資培育的計畫、學習環境和工作方法，以達到強化專業知識的發展，創造新的成果。師資培育和教育機構所使用的工作方法，強調學習者導向、以研究為基礎和共同的方法。師資培育和教育機構的工作方法皆深度致力於以研究為基礎。工作方法是學習者導向、共同的、支持各種面向的學習者。師資培育者發展師資培育計畫、學習環境和工作方法，使師資生獲得廣泛的基本能力，以及在創新知識、發展個人能力和教育機構方面的專業知識。為支持學習，將重新評估師資培育和教育機構。師資培育和教育機構加強不同科學領域間團隊的協作設計和教學，開發和指導教師工作的學習過程，並使其共同化。

四、藉由合作強化師資培育

透過增強密切合作、建立網絡和共同做事的文化，強化師資培育。更有效地利用不同模式的夥伴支援和合作。師資培育單位和教育提供者，合作促

進共同性、網絡，以及跨學科、教育領域和科學領域間的運作。合作者將系統性地建構一個具備共同創造的文化、師資培育和功能實踐的合作模式。師資培育和教育提供者將改善教師網絡能力上的發展目標和實施方法，藉由地區、國家和全球的各級教育，以及不同文化間所建立的網絡，加強勞動市場的多元專業合作。

五、發展教育機構與專業管理和領導間的溝通

　　藉由發展管理訓練，強化教育機構的策略性領導和管理體系。確保師資培育促使教師具備承擔責任和參與領導過程的能力。透過強化管理教育和管理訓練的系統化方法，發展教師作為管理者，以及在教學方面的廣泛管理技能。在其他管理培訓上，師資培育扮演重要角色。教育機構內的教育提供者和管理者，加強專業網絡、導入同伴支援模式和指導發展能力的活動。改善參與、團隊管理、教育機構中管理者的管理技能，同時促進教師專業能力、專業知識和福祉的發展。

六、強化以研究為基礎的師資培育

　　加強最新師資培育教與學相關研究的採用。開發師資培育以便學生學習探索性方法後，在教師工作上創新成果。師資培育的計畫和操作方法，是以教育領域和其他必要知識領域的研究為基礎。教育支持教師專業認同的發展，並朝向以研究為基礎的方向。師資培訓藉由教育學相關知識，教導教師和教育者研究和發展自己的工作。教師在工作中應用當前的科學研究。教師和教育提供者參與全國性和國際性研究和專案計畫。高等教育機構將加強對師資生的招生、入門階段和持續性師資培育，以及教師職涯能力的發展。

第五節 教育特色與改革趨勢

壹、教育特色

芬蘭教育系統具有四點特色，說明如下（European Commission, 2019b）。

一、教育公平

芬蘭的教育文化確保所有人享有平等的受教機會是一個關鍵特徵。芬蘭教育系統為個人制定支持措施，以確保每位學生都能充分發揮潛力。同時，全國各地學校都具備高度良好的教學品質。教育系統沒有出現任何可能影響學生學習生涯的情況。在芬蘭，教育是公共資助，只有2%的義務教育學生就讀私立學校，而私立學校也接受政府補助。從學前教育到高等教育，全部免費，同時免費提供學校膳食和學習，並提供免費的交通以確保偏遠地區和人口稀少地區的學生可獲得學習的機會。

二、教育系統以信任和責任為基礎

芬蘭透過法規、資訊和資金提供教育。地方具有高度自治權，且大多數的教育經費來自地方預算。國家核心課程為地方學校的課程保留可變化的空間，因此個別學校和教師在設計自己的課程和教學方面，有很大的自由。芬蘭的高等教育機構享有廣泛的自治權，特別是在財務和行政方面具有獨立性，在教學和研究方面也享有自主權。

就芬蘭教育系統而言，來自外部的控制很少，如學校或教科書的檢查。如前所述，唯一的全國考試，是在普通高中教育結束後，為進入大學而所進行的測驗。教育機構的自我評估是最重要的品質保證機制。根據評估計畫，進行以樣本為基礎的全國性評估。高等教育機構被期待應落實活動和教學的品質。

三、強調終身學習

芬蘭教育系統強調確保終身學習，使學習者能在生命的任何階段，都獲得學習。各級教育都提供成人教育，此外，芬蘭政府還承認非正式和非正規的教育，例如：在職業教育中，以能力為基礎的資格證書提供一種證明先前學習的方法。在芬蘭，成人學習很受歡迎，不同的教育機構為各級正規教育的成年人安排各種各樣的課程，並提供廣泛的自由成人教育。成人教育包括自我激勵教育、員工培訓和勞動力市場培訓。2017 年，超過 27% 的芬蘭成年人參加了成人教育（而歐盟平均比例為 11%），其中大部分是非正規教育。

四、教育平均支出取得良好的學習成果

每位學生的平均支出與歐盟國家是接近的，2015 年芬蘭每位小學生平均支出為 9,305 美元，每位中學生平均支出為 10,482 美元，每位大學生（包括研究）平均支出為 17,591 元，以上數值是接近歐盟國家的平均值：每位小學生平均支出 8,656 元，每位中學生平均支出為 10,105 元，每位大學生（包括研究）平均支出為 15,656 元。2015 年芬蘭有 11% 的公共支出用於教育，其中總教育經費中，又有 38% 用於基礎教育，最重要的部分為教學，但在基礎教育方面，每位學生的費用還包括學校、膳食、學校交通、健康和福利服務等。

貳、問題與改革趨勢

芬蘭教育問題和改革趨勢，可就基礎教育和高等教育兩方面分析，說明如下（二宮皓，2015，頁 46-47）。

一、初等、中等教育改革趨勢

1990 年代是芬蘭教育的一個重要轉折點。一級教育行政機關的重組、取消教科書審查制度、彈性課時的減少、課程大綱的改革、促進放鬆管制和授權，使得芬蘭的教育行政部門管理從集中轉向分散。

1990 年代廣泛放寬國家法規，允許當地政府和學校有更大程度的自由裁量權，但與此同時，各地區教育的差異擴大和教育品質的降低，也令人擔憂，因此芬蘭政府建立保證數量和品質的機制。

為了掌握課程實施狀況和學校評量，由學校所屬的當地市鎮政府負責學校的評量。透過 PDCA 循環（Plan-Do-Check-Action）的框架下確保品質。隨後，國家設定目標作為檢視「國家課程標準」課程學習時的標準，以及作為「教育品質標準」中主要關於學校行政和管理活動的基本準則。上述作為，皆在確保一個國家的教育品質，尊重學校和當地的自由裁量權，並被視為支持該領域的工具。在國家教育發展的基礎設施和環境上，則是根據市鎮政府和學校的權責和實施，進行角色劃分和進行兩者間的調整。

二、高等教育改革趨勢

不僅是中小學經歷重大變革，高等教育也在進行重大改革。透過本章所陳述的芬蘭高等教育，可發現芬蘭高等教育改革過程中，受到歐洲趨勢的影響頗多。在歐洲，自 1999 年以來，由 29 個歐洲國家的教育部，共同簽署「波隆納宣言」，建立「歐洲高等教育區」後，持續推動改革，提高歐洲高等教育體系的相容性。芬蘭在因應「波隆納宣言」改革下，高等教育方面，推動並導入學士、碩士雙循環學位制度，並根據歐洲背景制定品質保證機制。作為歐盟成員，芬蘭在應對歐洲高等教育體制所進行的各種變革上，除被歐盟接受，同時也發揮主導作用，展示芬蘭在歐盟的重要性。

此外，芬蘭正在進行各種高等教育改革。近年來的重大改革主要是以大學的法人化和企業化為主。芬蘭高等教育是由學術性大學和應用科學大學（UAS）等兩個部分所組成的系統。原先，所有的大學都是國立大學，並隸屬芬蘭教育與文化部。但自 2010 年以來，大學可以選擇採用法人化和企業化的方式發展。

目前芬蘭提出總體國家教育策略和主要目標，就五個優先領域進行變革，分別是：就業和競爭力，知識和教育，幸福和健康，生物經濟和清理解決方案，數位化、實驗和解除管制等；其目標多達十六項，主要有：應用數

位化和新教學法於支持兒童學習和青少年參與、透過教育／文化／體育強化兒童和青少年融入於社會、增加教育和工作之間的互動、強化頂尖研究、改善藝術和文化的可接近性等。透過上述十六項目標，以期提高芬蘭就業率達72%（European Commission, 2018f）。

　　因此，探討芬蘭高等教育的焦點，已經無法僅就單純的國家背景來討論，芬蘭在規劃高等教育上，已是與歐盟和國家趨勢互相協調後的樣貌了。

關鍵詞彙

基礎教育	國家核心課程
國家教育署	自願性第十年基礎教育
地區國家行政機構	中學後非高等教育課程
以研究為基硬（Research-based）	

自我評量題目

1. 芬蘭教育所處國家背景之特色為何？請說明之。
2. 試述芬蘭教育行政體制之情形。
3. 試述芬蘭中學學校制度。
4. 請說明芬蘭高等教育學制的特色。
5. 請說明芬蘭師資培育教育的特色。
6. 請說明芬蘭的教育特色和改革趨勢。

參考文獻

一、日文部分

二宮皓（2015）。**世界の学校**（新版第二刷）。東京：学事出版。

日本教師教育学會（2017）。**教師教育研究ハンドブック**。東京：学文社。

二、中文部分

王麗雲、徐銘璟（2015）。芬蘭師資培育制度特色及其對臺灣師資培育之啟示。**教育實踐與研究，28**（1），167-206。

郭瑋芬（2003）。**丹麥、挪威、瑞典、芬蘭**。臺北市：墨刻。

陳照雄（2007）。**芬蘭教育制度**。臺北市：心理。

維基百科（無日期）。**芬蘭**。取自 https://reurl.cc/0olvz9

顏佩如、歐于菁、王蘊涵（2012）。芬蘭中小學師資培育碩士化制度與最新師資培育政策發展之研究。**臺中教育大學學報：教育類，26**（1），31-54。

魏蔓伊（2009）。芬蘭小學師資培育課程規劃之探究。**教育資料集刊，41**，233-252。

三、英文部分

European Commission. (2017a). *Second cycle programmes*. Retrieved from https://reurl.cc/9EL-vzj

European Commission. (2017b). *Third cycle (PhD) programmes*. Retrieved from https://reurl.cc/z8418N

European Commission. (2018a). *Organisation and governance*. Retrieved from https://reurl.cc/ZOqeOl

European Commission. (2018b). *The organisation of school time in Europe primary and feneral secondary education*. Retrieved from https://reurl.cc/D9Lj95

European Commission. (2018c). *Organisation of vocational and technical upper secondary education*. Retrieved from https://reurl.cc/MvLOdv

European Commission. (2018d). *Organisation of post-secondary non-tertiary education*. Retrieved from https://reurl.cc/xZ4a01

European Commission. (2018e). *Main types of provision*. Retrieved from https://reurl.cc/5lZvqV

European Commission. (2018f). *Ongoing reforms and policy developments*. Retrieved from https://reurl.cc/3DpXL0

European Commission. (2018g). *Higher education*. Retrieved from https://reurl.cc/V6Qz35

European Commission. (2018h). *Bachelor*. Retrieved from https://reurl.cc/xZ4age

European Commission. (2018i). *Teachers and education staff*. Retrieved from https://reurl.cc/d0lnVM

European Commission. (2019a). *Administration and governance at central and/or regional level*. Retrieved from https://reurl.cc/GVLjmx

European Commission. (2019b). *Finland overview*. Retrieved from https://reurl.cc/nz4Nol

European Commission. (2019c). *Organisation of single structure education*. Retrieved from https://reurl.cc/20yYrn

European Commission. (2019d). *Single structure education (integrated primary and lower secondary education)*. Retrieved from https://reurl.cc/3DpX5j

European Commission. (2019e). *Upper secondary and post-secondary non-tertiary education*. Retrieved from https://reurl.cc/GVLjbG

European Commission. (2019f). *Teaching and learning in generalupper secondary education*. Retrieved from https://reurl.cc/xZ4aEV

European Commission. (2019g). *Assessment in general upper secondary education*. Retrieved from https://reurl.cc/rx49Qx

Finland Promotion Board. (2018). *Finland in facts*. Retrieved from https://reurl.cc/qd4V5q

Finnish National Agency for Education. [EDUFI] (2017). *Organization 2017*. Retrieved from https://reurl.cc/rx4954

Finnish National Agency for Education. [EDUFI] (2019a). *Tasks, services and organisation*. Retrieved from https://reurl.cc/8GLvpy

Finnish National Agency for Education. [EDUFI] (2019b). *Education system*. Retrieved from https://reurl.cc/5lZvpv

Finnish National Agency for Education. [EDUFI] (2019c). *Early childhood education and care*. Retrieved from https://reurl.cc/j7YWGp

Finnish National Agency for Education. [EDUFI] (2019d). *Pre-primary education*. Retrieved from https://reurl.cc/E7LjX0

Finnish National Agency for Education. [EDUFI] (2019e). *Basic education*. Retrieved from https://reurl.cc/d0lney

Finnish National Agency for Education. [EDUFI] (2019f). *New national core curriculum for basic education*. Retrieved from https://reurl.cc/QdGRbM

Finnish National Agency for Education. [EDUFI] (2019g). *General upper secondary education*. Retrieved from https://reurl.cc/mn4MZ9

Finnish National Agency for Education. [EDUFI] (2019h). *Vocational upper secondary educa-

tion. Retrieved from https://reurl.cc/GVLjeZ

Finnish National Agency for Education. [EDUFI] (2019i). *Opetussuunnitelmien ja tutkintojen perusteet*. Retrieved from https://reurl.cc/xZ4alL

Finnish National Agency for Education. [EDUFI] (2019j). *Upper secondary education and training*. Retrieved from https://reurl.cc/AqLjde

Finnish National Agency for Education. [EDUFI] (2019k). *General upper secondary education*. Retrieved from https://reurl.cc/mn4MZ9

Finnish National Agency for Education. [EDUFI] (2019l). *Teacher education*. Retrieved from https://reurl.cc/kd3OXn

Ministry of Education and Culture. (2016). *Teacher education development programme*. Retrieved from https://reurl.cc/g7pGDX

Ministry of Education and Culture. (2019a). *Ministry of Education and Culture*. Retrieved from https://reurl.cc/GVLjKZ

Ministry of Education and Culture. (2019b). *Organisation of the Ministry of Education and Culture*. Retrieved from https://reurl.cc/E7Lj11

Ministry of Education and Culture. (2019c). *Administrative branch of the Ministry of Education and Culture*. Retrieved from https://reurl.cc/V6Qz4n

Opetushallitus Utbildningsstyrelsen. (2015). *Lukion Opetussuunnitelman perusteet 2015*. Retrieved from https://reurl.cc/xZ4aEV

Regional State Administrative Agencies. (2013). *Education and culture*. Retrieved from https://reurl.cc/AqLj0E

Statistics Finland. (2018). *Comprehensive schools had 560,500 pupils in 2018*. Retrieved from https://reurl.cc/GVLj4A

Turo Virtanen. (2018). *Public administration characteristics and performance in EU28: Finland*. Retrieved from https://reurl.cc/nz4NrX

第十一章

日本教育

基本資料

國　　名：日本（Japan）

面　　積：377,835 平方公里

人　　口：126,219,000 人

　　　　　（2019 年）

種　　族：大和民族、其他（愛奴族、朝鮮族等）

國民所得：41,340 美元（2018 年），

　　　　　世界第 17 名

學　　制：6-3-3-4

義務教育年限：6-15 年

在閱讀過本章內容後，學習者應能夠：
1. 了解日本的社會、經濟等背景。
2. 了解日本現行之教育行政制度。
3. 了解日本教育的學校制度。
4. 了解日本教育的特色及發展趨勢。
5. 藉由日本教育經驗思考我國的教育問題。

　　日本的文化最先受到中國儒家思想影響，到了近代則吸收大量西方文化，並融合自身特色，形成重視忠誠的特殊社會文化。日本的教育制度，在二次大戰後受美國影響，有很大之改變。目前教育行政仍屬中央集權的傾向；在學校制度上模仿美國的 6-3-3 制，而其「專攻科」的設置，為日本學制的一項特色。另外義務教育九年，高中和高等教育普及率很高，師資培育與在職進修制度也很完整，2000 年以後日本致力於建立「終身學習社會」，且隨著社會變遷，開始推動放送大學與回流教育等措施，也在各層級政府成立生涯學習機構，以裨益推行。

　　日本國民教育素質高，受到國際上高度的評價，但亦產生霸凌事件、升學競爭過重、齊一欠彈性的課程、教育落差、虐童事件等問題，為目前日本教育面臨之問題。另外，加上少子化、高齡化社會，以及國際競爭力提升等變遷，日本在教育制度上正進行大幅之改革。

第一節　國家背景

　　日本是亞洲最先進也是目前世界舉足輕重之國家，面積大於英國，約臺灣之十倍，其基本國家背景如下（楊思偉、王如哲，2004；維基百科，無日期）。

壹、歷史與文化

　　日本的正式名稱為日本國，是位於亞洲東部的島國，領土由北海道、本州、四國、九州四個大島和 3,900 多個小島組成，西臨日本海，與朝鮮半島隔海相望，東面則是太平洋。「日本」這個詞的意思是「朝陽升起的地方」。日語中「日本」一詞有多種假名寫法，「にっぽん」（Nippon）這個詞用於郵票或者是國際性體育賽事，而「にほん」（Nihon）則多出現在日常用語中。英語中的 Japan 被認為來自 Zipangu 或 Xipangu（記下古代漢語方言發音的「日本國」）。「やまと」（大和）是日本古代的一個地區，在現在的奈良縣，意思是四周被山所包圍的地方。大和政權勢力擴大之後，有時表示日本全部之意。

　　依據日本神話，傳說中天照大神的後裔神武天皇於西元前 660 年建立日本國，並即位為天皇。六世紀時，聖德太子「推古改制」和孝德天皇「大化革新」等改革，學習中國，提高皇權，強化政府官僚制度。

　　隨著地方莊園勢力的不斷增強和中央政府的內亂，武士階層逐漸上升到權力的中心。1192 年武士首領源賴朝被封為征夷大將軍，建立鎌倉幕府，開始了幕府在日本六百多年的統治。這段時期一般分為：鎌倉幕府、南北朝時代、室町幕府、戰國時代、江戶幕府。

　　到十六世紀，葡萄牙、荷蘭、英國和西班牙的商人與傳教士到達日本。十七世紀初，日本開始實施鎖國政策，除了在長崎與荷蘭和中國商人依然保持貿易外，與外國斷絕一切關係。這個孤立政策持續了近二百年，直到 1854

年美國海軍准將 Perry 率領艦隊，駛抵江戶附近的浦賀，才重新敲開了日本的國門。

　　與西方重新接觸後的日本，立即感受到在世界舞臺長時間的缺席，於是在以西南四藩為主的維新志士帶領下，開啟了一場全國性的倒幕尊皇運動。這場大規模的運動結果便是 1868 年末代將軍德川慶喜主動大政奉還，以及以天皇為首的新政府。1868 年開始的明治維新對日本進行了大刀闊斧的多項改革，封建體制被擯棄，引進西方的政治體制，包括了西方的法律體系以及政府體系。此外，其他在經濟、政治、軍事上的多項改革，使日本實力逐漸增強。日本隨之膨脹的野心也導致了之後的中日甲午戰爭（1895 年）以及日俄戰爭（1905 年）。在這些戰爭中，日本占領了朝鮮、臺灣等多處領地，控制了中國東北，並獲得巨額戰爭賠款，實力迅速膨脹。

　　二十世紀初葉，日本軍力發展迅速慢慢走上軍國主義侵略擴張之路。1931 年，日本以從歐美殖民地中奪回亞洲人民自決之名目，攻打中國東北三省，建立了傀儡政府滿洲國。1937 年日本對中國進行侵略，引發侵華戰爭。1941 年，日本對美軍駐地夏威夷的珍珠港進行偷襲，並侵略東南亞及大洋洲多個地區，引發太平洋戰爭。到戰爭後期，日本本土受到盟國的封鎖和密集轟炸。1945 年 8 月，美軍在廣島和長崎投下兩枚原子彈，蘇聯也加入對日作戰。日本被迫投降，結束了第二次世界大戰。

　　戰後的日本受美國主導的聯合國軍最高司令官總司令部（General Head Quarters, GHQ）管轄，直到 1952 年為止。其後，日本進入經濟復甦與高度發展時期，國力再度增強，經濟實力趨於雄厚。此外，日本重新加入聯合國等國際組織，以及東京成功辦理 1964 年夏季奧運會，顯示日本已經重新獲得世界的接納，國際上的影響力也與日俱增。

　　神道與佛教是日本的主要宗教，其中神道是在日本本土所發展出來的宗教。大多數日本人並不信奉某一特定宗教，但是許多宗教儀式或活動已經與日本人的生活融為一體，如婚禮和葬禮，許多人由於歷史的原因以及科學的發展而對宗教不關心。

貳、地理及人口

日本是一個位於太平洋西岸的島國，北起北海道澤捉、東起東京南鳥島、西至沖繩與那國島（位於臺灣東岸外海），由 3,900 多個島嶼組成。即由四個主要島嶼北海道、九州、本州及四國，與周邊的千島群島、小笠原群島及琉球群島組成，國土總面積約為 37.8 萬平方公里，與芬蘭及巴拉圭相若；南北總長 3,800 公里，與澳洲、馬達加斯加、美國相似。

日本全國 68%的地域是山地。日本最高的山是著名的富士山，海拔 3,776 公尺。由於平原較少，日本很多山上都種植農作物，最大的平原為關東平原。日本位於環太平洋火山地震帶，全球有十分之一的火山位在日本，時常會發生火山活動。嚴重的地震則每一個世紀都會發生幾次。日本的溫泉很多，並且已經發展成為旅遊景點。

由於日本的島嶼呈北東向延伸得很長，南北跨越緯度約二十度，因此有許多種氣候類型。氣候類型大部分是溫帶季風氣候，南部的九州、四國、琉球群島（歸屬存在爭議）有副熱帶季風氣候。北部的島嶼夏天溫暖，冬天寒冷，還時常有大量降雪。而中西部地區則冬天比較乾燥，很少下雪，夏天潮濕。日本是島國，又深受黑潮影響，海洋性顯著。

據總務省統計局公布的調查指出，截至 2019 年 8 月 1 日止，日本總人口為 126,219,000 人，在全世界排行第十；人口密度 337 人／平方公里，其中又以東岸地區與南部地區最為密集。全國 80%的人口居住於城市或大城鎮。

日本國民的民族構成比較簡單，但絕不是單一民族國家。大和民族大致占 98%，其餘有 200 萬人左右的琉球人（明治維新後的 1872 年被日本政府併吞的琉球王朝的遺民）、3 萬人左右的愛奴族、30 萬的朝鮮族、10 萬人左右的華僑等。除了日本人以外，還有 200 萬外國人合法居住在日本，包括 60 萬朝鮮和韓國人、50 萬中國人等。大和民族的人種起源於日本群島、亞洲大陸及附近的太平洋群島等各個地方，語言與文化受到鄰近的中國及朝鮮影響。現在包括外國人的日本居民中 99%以上的人口精熟日語，剩餘的 1%以下人口主要包括了新近移居的中國人、巴西人等，也或多或少兼通日語。現行的

公用語言是以今東京中心一帶的方言為基礎的「標準語」。

參、政治及經濟

日本為君主立憲國，《憲法》明訂「主權在民」，如同世界上多數君主立憲制度，天皇於日本只有元首名義，並無政治實權，但備受民眾敬重，所以天皇為「日本國及人民團結的象徵」。日本政治體制三權分立：立法權歸兩院制國會；司法權歸裁判所，即法院；行政權歸內閣、地方公共團體及中央省廳。《憲法》規定國家最高權力機構為國會，包括眾議院與參議院。

從 1955 年起，原稱保守合同的自由民主黨（自民黨）一直長期執政，只是曾在 1993 年至 1996 年間短暫被其他政黨替代執政，1996 年後就一直執政到今天。其餘在野政黨包括日本民主黨、日本共產黨等，2006 年時日本由自民黨及公明黨組成的聯合政府執政。

日本於第二次世界大戰以後，政府以資本扶持工業與企業、高素質的勞動力、高科技的發展，以及以較低的軍事預算比例（《憲法》規定占 GDP 的 1%），幫助日本經濟高速發展，並成為當今科技發達程度僅次於美國的經濟體。然而，這些特點目前都正隨著時代與社會環境變遷而慢慢流失。

日本的工業需要倚賴進口的材料和能源。而較小的農業則倚賴政府補助與保護，日本的稻米能夠自給自足，但其他農作物的 50% 則需要進口。日本是全球最大的漁業國家之一，捕魚量占全球總捕魚量近 15%。日本經濟自 1960 年代政府提出「所得倍增計畫」，出現平均 10% 增長；1970 年代初期雖然有石油危機，平均仍有 5% 的增長；1980 年代則為平均 4% 的增長。而從 1990 年代開始，日本經濟趨於不景氣，主要是由於 1980 年代末的過度投資所造成的資產膨脹，以及證券及房地產市場的「泡沫化」，最終在逾放比過高與日圓不斷升值下，泡沫經濟瓦解。雖然政府改革經濟的努力成效不大，不過 1997 年亞洲金融危機和 2001 年美國經濟衰退，只為當時的日本經濟帶來輕微影響。雖然日本經濟增長減緩，但失業率依舊長期處於低水平。擁擠的居住環境以及人口老齡化是兩大長期問題。機器人製造則是主要的長期經濟優勢，全球 72 萬個機器人中，日本擁有 41 萬具，可說是機器人王國。

肆、行政

　　日本被劃分為四十七個一級行政區：一都、一道、二府、四十三縣。即東京都、北海道、大阪和京都兩府，以及福岡縣等四十三縣（相當於我國之省級）；另有政令指定都市，層級相當於我國之院轄市，其下再設有市町村，層級相當於我國之縣市。

　　地方自治另有以下三項重要內涵說明：

1. 地方自治的團體稱為「地方公共團體」，共分為「普通公共團體」及「特別公共團體」。

2. 普通公共團體為都道府縣及市町村。所謂都道府縣即指東京都、北海道、大阪府、京都府及四十三個縣。

3. 地方公共團體亦設有議會及行政首長，都道府縣的行政首長稱為「知事」，市町村則設市町村長，任期均為四年，皆由普選產生。

第二節　教育行政制度

　　第二次世界大戰前，日本的教育行政是中央集權制。戰後受到美國之影響，對教育行政進行重大改革，實行地方分權制度，在各級機構設立教育委員會。不過實施不久，日本又有走回中央集權的傾向，重新擴充文部省（教育部）的權限，並把「學習指導要領」的決定權收回中央；同時，也把教育委員會成員的普選制改成任命制度，使得地方分權的精神大幅退縮。其教育行政制度歷經此種轉折，是優是劣見解互異。

壹、中央教育行政機構

　　中央主管教育的機關於 2001 年由文部省改稱文部科學省（簡稱文科省），其長官是文部科學大臣（簡稱文科大臣），文部科學省是負責推動和

普及學校教育、社會教育及學術文化事項,並負有全面完成有關上述事項及國家宗教行政事務的行政機關。文部科學省的權限,依照《文部科學省設置法》共有九十五項的權限,其中主要的項目有:(1)為發展教育、學術和文化事項,進行調查和規劃;(2)審訂中小學教科書,管理義務教育各學校教科書的發行、購買及免費提供等事項;(3)整備國立學校的設施;(4)審核大學和法人團體的設施;(5)對大學、高等專科、研究機關及地方公共團體、教育委員會等,針對有關教育、學術、文化和宗教事項提供指導和建議;(6)對都道府縣及指定都市之教育委員會之教育長任命,具有同意權;(7)發布及刊行有關教育、學術及文化之相關專門的資料。

　　文部科學省之行政架構,除文部科學大臣官房(秘書處)外,另設有生涯學習政策局、初等中等教育局、高等教育局、科學、技術、學術政策局、研究振興局、研究開發局、運動、青少年局七個局。另外,除文科省直屬的國立學校和各種機關外,原有的十三個審議會,整併至中央教育審議會,負責教育政策的審議及決策,發揮很大的功能。其次,1984 年 8 月至 1987 年 8 月,曾設立直屬總理大臣的「臨時教育審議會」諮議機關,針對日本的教育改革提供很多的建言。目前自民黨安倍晉三首相第二次組閣,2013 年 1 月起設置個人智囊機構「教育再生實行會議」,發表許多教育改革建議,對日本教育改革產生很大影響。另外,文部科學省下除本部機構外,尚有文化廳,文化廳內設文化及文化財保護兩部,負責文化行政部分。

貳、地方教育行政機構

　　地方的教育行政以地方政府為主體進行,而地方的教育行政組織,則包括地方政府的首長(在都道府縣層級是知事,市町村層級則為市町村長)和教育委員會同時並存。日本的一般行政,在中央之下,有都道府縣層級,相當於我國的省市,其下再設有市町村,相當於我國的縣及鄉鎮。教育行政組織亦可分為這兩層級,但因為所負責事項大致相同,所以只分地方政府首長和教育委員會兩項來說明。地方教育行政之法律依據是《地方自治法》及《地方教育行政之組織與行政法》。

一、地方政府首長

根據法律規定，地方教育行政是地方自治的構成部分，由地方政府負責實施，地方政府分為兩級，即都道府縣和市町村。

都道府縣知事及市町村長有關教育方面的權限，主要包括以下數種：(1)管理公立大學；(2)同意私立學校的設置與撤銷；(3)有關教育財政事務；(4)有關教育委員的任命等教育委員會組織之事務；(5)制訂教育相關之預算案和法案。

地方政府首長透過執行法規和預算，進行教育行政管理。

二、教育委員會

2015 年 4 月 1 日起，日本修訂相關法律，除保有教育能擁有對政治之中立性、延續性、安定性外，為謀求地方教育行政責任之明確化、建構迅速處理危機之行政機制、強化和行政首長的合作關係，也同時調整中央和地方之行政效率等，特別調整了原有之教育行政體制，重點包括教育委員長和教育長合一，設置新的「教育長」制度、所有地方行政機構要設置「綜合教育會議」討論教育政策、強化對教育長之檢視機制和要求會議的透明化、地方首長對於教育政策應制定「大綱」，以處理各級教育政策與問題。

教育委員會是直接掌管地方教育行政的機關，是在地方政府中設置的教育行政機關。依其種類，可分為都道府縣教育委員會、市町村教育委員會、特別行政區教育委員會。

教育委員會由五名委員組成，但市町村的教育委員會也可以由三名委員組成，委員之選任原本從地方上具高尚人格，且對教育及學術具有見解之人士中選出，由地方政府首長推薦，經議會同意後任命。委員中同一政黨者不能超過半數，委員的任期為四年，連選得連任，委員互選出委員長，負責主持委員會會議等。2015 年後改為由行政首長任命委員長及教育委員，以擔負起教育責任。

　　教育委員會為了處理日常事務，內部設有事務局，其負責人都是教育長，教育長由首長任命。教育長的職責包括：應主持所有教育委員會的會議並對會議內容提供意見、有關任用教職員的選考事項、掌握教育委員會權責範圍內的全部事項。

　　其次，事務局下設指導主事、社會教育主事、事務職員等，指導主事的職務，主要負責學校中的教育課程、學習指導，以及其他有關學校事項的指導和建議，通常由具副校長（教頭）資格以上者調任，非純粹行政職員體系。而事務局的設置，常因不同的地方而略有差異。

　　教育委員會的權限，除了大學、私立學校及教育財政等事項，分別由各級政府首長管理外，其他一切教育行政事務均由教育委員會管理和執行。其項目主要包括本區所屬學校的設置、管理或撤銷；學校財產的管理；教職員人事的任免與獎懲；學生入學、轉學等學籍之管理；課程、學習指導和升學就業輔導等事項；校舍和設備的維修；教職員進修與福利；學校伙食之管理；其他有關教育之推廣等事項。

　　另外，都道府縣教育委員會負責轄區內之公立大學和高中職之相關事務，市町村則負責初中及小學之相關業務。

第三節　學校制度

　　日本的學制與我國學制頗為類似，都是模仿美國的 6-3-3 制而成。幼兒園原則自三歲的幼兒開始，但保育所原則可自零歲開始。一直到六歲進入小學校為止。義務教育自六歲開始至十五歲結束，分成小學校六年及中學校三年的兩個階段。新的學制新設立了「義務教育學校」，是小學和初中結合之九年制學校；另有「中等教育學校」，是初中和高中結合之六年完全中學，此兩類學校在圖11-1的學制圖都有列出，是新的學校制度。而義務教育結束後，學校類別主要有三：一為三年制高等學校（高中）；一為五年制高等專門學校（五專）；一為修業年限彈性很大的專修學校及各種學校。高等學校

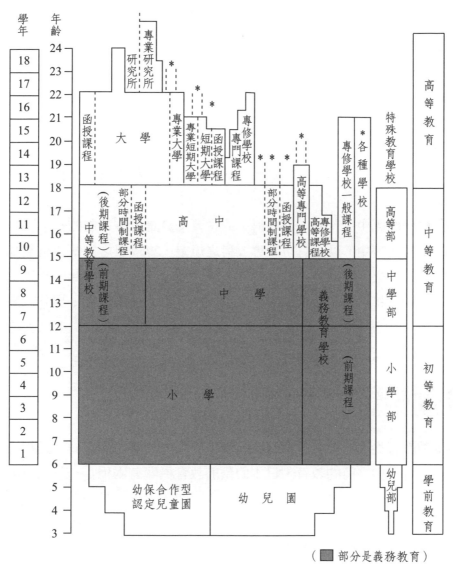

（ ▓ 部分是義務教育）

圖 11-1　日本學制圖

資料來源：文部科学省

註：1. *記號是專攻科之意，可就讀一年以上。

　　2. 在高等學校（高中）、中等教育學校之後期課程、大學、短期大學、特殊教育學校高
　　　 等部另可設置修業一年以上之科別。

　　3. 幼保合作型認定兒童園，既是學校也是兒童福祉設施，零至兩歲兒童也可入園。

　　4. 專修學校的一般課程和各種學校之修讀，在年齡和入學資格上沒有統一的規範。

畢業以後,可以升入大學。大學分四年制大學及二年制短期大學。新設置「專業大學」(日文稱專門職大學,類似我國的技術學院),四年制大學畢業,可以升入大學院(研究所)。大學院分修士課程(即碩士)及博士課程。修士課程修業至少二年,畢業獲得修士學位,而碩士階段另設一類稱作「專業研究所」(日文稱專門直大學院),是重視實務導向之研究所,碩士研究所結束後可以升入博士課程。博士課程修業年限至少三年;直攻博士則修業年限至少五年。另外,特殊教育部分,改稱「特別支援學校」,受到更多的重視。

至於學制圖中,有關「專攻科」的設置,算是日本學制的一項特色。日本高等學校(高中)以上有得設專攻科之規定,專攻科之入學資格為高等學校或與其相當之學校畢業,或具有同等學力者,其修業年限為一年以上,而其目的在於就特別領域做精深的教學,並指導學生從事研究。另外,高等學校、盲聾及養護學校高等部、大學、短大,也可設置修業一年以上的「別科」,其目的在實施簡易程度的技職教育。

壹、學前教育

學前教育從近代公共教育制度的學校體系的相關角度來看,是指各國到達義務教育年齡之前的教育。日本的學前教育機關有兩種:一是幼兒園,屬於學校教育制度的組成部分,由教育行政部門領導;一是保育所,招收母親有工作的從出生六至八個月到小學入學之前的幼兒,由衛生福利部門領導,是一種福利機構。由於學前教育並非義務教育,主要由私人興辦,各地間的就讀率有相當大的差異。一般而言,幼兒園就讀率較低的地方,保育所的參與率較高;反之,幼兒園就讀率較高處,保育所的參與率相對降低。

一、保育所

(一)沿革

保育所在戰前稱為「托兒所」,原是對貧民的一種慈善機構,直到第二

次世界大戰結束之後，1947 年（昭和 22 年）12 月公布《兒童福利法》，將
「托兒所」改為「保育所」，與幼兒園共同存在。

（二）目的

日本保育所的成立是因為第二次世界大戰後，日本社會、經濟急速成
長，職業婦女的增加，使得幼兒的保育形成一大問題，幼兒的託付成為年輕
人最大的精神負擔，為因應時代及社會需要，保育所應運而生。

根據《兒童福利法》第 39 條規定，保育所的目的在於：「接受保護者
之委託以保育缺乏照顧的乳兒或幼兒。必要時得接受保護者之委託，保育缺
乏照顧之其他幼兒。」由此可知，保育所成立的目的在於維持家庭的幸福美
滿並保障幼兒的健全發展，也就是代替家庭發揮照顧功能的機構。

（三）發展現況

保育所的入所年齡並沒有特別規定，《兒童福利法》只說明乳兒、幼兒
及兒童，因此除兒童屬於少數外，其餘乳兒、幼兒兼收，因而和幼兒園產生
了重疊的現象。入所條件也與家庭經濟好壞無關，主要是以「欠缺保育」為
其條件。保育所的設置基準依照「兒童福祉施設最低基準」及其他相關規
定，必須要有乳兒室、爬行室及醫護室等，而乳、幼兒平均每人在乳兒室、
爬行室及其他場所，都有一定規定的應有面積。保育所一年間的保育日數及
入所時期並無特別規定，依資格決定入所或退所，一年間除了 12 月 29 日至
1 月 3 日放年假和國定假日外，其他日子都有保育，一天以 8 小時為原則，
可依情況延長（楊思偉，1999）。

在人員編制方面，保育所仿照幼兒園設有園長及職員，如保母、醫護
士、烹飪員等。所受聘的職員多為女性，且對「哺乳」工作有相當的經驗及
熟練者為佳，但 1977 年起，男子亦可成為保母，特別的是對於負責保育的
職員不稱教諭（教師）而稱保母。班級編制方面，設有乳兒班及幼稚班兩
種，依受託的時間分為「全日班」及「半日班」，盡可能將年齡相近的孩子
編在同一個班級，孩子與保母編制上有一定的比例。而教育內容則是希望孩
子在輕鬆的環境下，學習日常生活的一些基本技能，並誘發孩子的思考及創

造力，培養學習的興趣及正確的社會態度。總而言之，就是以達到各種能力上的健全發展為目標，這和幼兒園的教育目標是相通的。

二、幼兒園

（一）沿革

日本最早的幼兒園是在 1876 年（明治 9 年）由東京女子師範學校所設立的附屬幼兒園，1875 年，京都市的柳池小學將校舍一部分改設為幼稚遊戲場，這是準幼兒園的設施。1876 年後，幼兒園的設立日漸增多，文部省乃於 1899 年制訂《幼兒園保育及設備規程》，之後於 1921 年又制訂《幼兒園令》，規定設備基準、保母的證照相關內容及保育的基準等，使幼兒園的法制更形完備。

（二）目的

《學校教育法》第 77 條規定：「幼兒園的目的在於保育幼兒，並給予適當的環境，以協助其身心的發展。」並於第 78 條規定欲達成的具體目標，包括：(1)應培養其健康、安全且幸福的生活所必須之日常習慣，並謀求身體各部分機能的調和發展；(2)在園內應提供其團體生活的經驗，並培養其樂於參加此項生活的態度，以及合作、自立與自律精神的幼苗；(3)對於周遭社會生活及其事項，應培養其正確的了解與態度的幼芽；(4)對於語言的使用方法，應予正確的輔導，並培養其對於童話及畫冊的興趣；(5)透過音樂、遊戲、繪畫及其他方法，培養其對於創作性表現的興趣。幼兒園教育，是以大致可過團體生活的年齡階段的幼兒為對象，配合其年齡及身心發展的情況，期望達成幼兒身心方面全面健全發展。

（三）發展現況

幼兒園的入園資格為滿三歲以後到小學入學前的兒童對象，身心障礙的兒童，可分別進入盲學校、聾學校或養護學校的幼稚部，接受相當於一般幼兒園的教育。學校編制方面，根據《學校教育法》的規定，幼兒園應設有園

長、教頭及教諭（教師），唯有規模特別小的幼兒園或特殊情況得不設教頭；另外，亦得設置養護教諭及養護助教諭。園長掌理園務並監督所有職員；教頭協助園長處理園務，必要時也必須保育幼兒；教諭則負責幼兒之保育工作，亦得置助教諭及講師。

　　另外，依據《幼兒園設立基準》（1995 年最新修訂）規定，幼兒園每一班級的人數以三十五人以下為原則。編班時，應將學年開始前一天同一年齡之幼兒編在同一班級。每一班級至少應置專任教諭一人；如有特殊情況，得由專任教頭兼任，或在班級三分之一的範圍內，由專任助教諭或講師擔任。至於每一學年是採自 4 月 1 日至翌年 3 月 31 日，一年內的教學時數，依《學校教育法施行規則》規定，幼兒園的教育要領應由文部科學大臣公布，根據 1998 年最新修訂的《幼兒園教育要領》，為因應彈性處理原則，只規定教學週數，原則上不得少於三十九週，每日教學時間以 4 小時為原則，每日的上下學時間則由園長決定。日本幼兒園也特別強調保健及安全管理，特別要求健康檢查、預防傳染病、維護幼兒園衛生，對災害及交通事故亦特別注意（楊思偉，1999）。

　　幼兒園的課程以發展學生健康、人際關係、環境、語言與表達能力為主，通常是透過遊戲與活動學習。幼兒園教育的內容原來分為六個領域（健康、社會、自然、語言、音樂韻律、繪畫製作）。1998 年修訂的《幼兒園教育要領》，把六個領域改為以下五個領域：關於健康領域的「健康」；關於和他人互動領域的「人群關係」；關於同自然接觸和同環境互動領域的「環境」；關於語言領域的「語言」；關於音樂、造形、戲劇等表現領域的「表現」。強調幼兒園教育要通過具體活動進行，對內容進行綜合性指導。這樣的想法是日本幼兒園教育反省後的結果，1956 年提出的《幼兒園教育要領》，基於重視幼兒園與小學課程的關聯性，含有濃厚的學科課程色彩，但被批評為妨礙幼兒發展，所以後來改為「因應幼兒發展，配合其生活經驗，進行綜合的指導，以培養期待的人格基礎」，此立場提出經驗主義及活動主義的理念。2018 年二次修訂公布《幼兒園教育要領》、《保育所保育方針》、《認定兒童園教育・保育要領》，對於幼兒教育重新提出幼兒成長之資質和能力，所謂三大目標支柱（知識與技能之基礎、思考力・判斷力・表

達力等的基礎、迎接學習的力量和性格等），以及幼兒教育結束時應達成十個指標之教育內容（健康的身心、自力心、協同性、道德性和規範性之萌芽、社會生活之初步接觸、思考力之萌芽、與自然之初步接觸及尊重生命、數量和圖形‧標誌及文字等的關心和感覺、運用語言傳達意思、豐富的感性和表達）。

三、認定兒童園制度

　　日本原本推動「幼保一元化」，亦即如同我國推動幼保整合制度，但最終日本礙於許多問題，並沒有完成幼保整合制度。但為了因應「待機兒童」（等待接受幼兒園教育之兒童）甚多問題，乃鼓勵私立幼兒園參加「認定兒童園」制度，這是整合幼兒園和保育所之機構，兼有兩者之功能。上述三者之屬性如表 11-1 所示。

表 11-1　日本幼兒保育／幼兒教育機構概要

設施型態	幼兒園	認定兒童園（四類型）	認可保育所（園）	認可外保育施設	
				地方單獨保育事業（認證等）	其他
管轄機關	文部科學省	內閣府	厚生勞動省	厚生勞動省	（都道府縣等申報）
法令依據	《學校教育法》	《學校教育法》、《兒童福祉法》	《兒童福祉法》	《兒童福祉法》	《兒童福祉法》
國定課程	《幼兒園教育要領》	《幼兒園教育要領》、《保育所保育方針》	《保育所保育方針》	《保育所保育方針》	《保育所保育方針》
兒童的年齡	三至五歲	零至五歲	零至五歲	零至二歲零至五歲	零至二歲零至五歲

註：認定兒童園之四類型是幼保合作型、幼兒園型、保育所型、地方裁量型。

四、問題及改革趨勢

（一）學前教育機構普及率有地域差異

日本學前教育的普及率可說是國際上數一數二的，但根據 1995 年的統計資料，全國的市町村約仍有 30%未設幼兒園，約 1,000 個市町村，這些地區的幼兒園設置將是政府未來努力的目標。

（二）私立為主的幼兒園及公立為主的保育所

日本學前教育的機構，保育所是以公立居多；而幼兒園則是以私立為主。

（三）能接受教育及保育者仍少

設施仍嚴重不足，許多小孩仍無法進入，有所謂「待機兒童」問題。

（四）幼保一元化仍尚未完成

現代在日本也有「幼保一元化」的問題，因為學生年齡愈低，教育和保育的功能愈不易劃分，戰後日本將「托兒所」改名為「保育所」，即有加強教育意義的目的存在。再加上近年來婦女就業的情況十分普遍，助長了學前教育機構的發展，也使「托兒」及「保育」的性質更加顯著。因此，前些年來不斷有人提出「幼保一元化」（幼兒園與保育所的整合）或「保育一元化」（保育、教育的一元化）的問題，但制度上如何使兩者合流，仍是一大問題。不過，最近幾年文部科學省與厚生勞動省的聯繫日益頻繁，具體措施為幼兒園設施與保育所設施的共同利用、幼兒園教諭與保育士合同研習、混合保育、教師與保母一同研究教學等，亦即用另外方式拉近彼此差異。2018年新公布的《幼兒園教育要領》及《保育所保育方針》，均強調生活基本能力的培養及道德性的發展，可看出其教育的一致性，不過在制度上尚未有兩者整合的設計。

2015 年 4 月，日本為解決幼兒照顧及教育之問題，乃推動「幼兒、育兒

新支援制度」，支援制度的目的在於擴大幼兒期幼兒保育和學校制度，以及協助地區的育兒的數量和品質，是戰後關於幼兒保育支援的最大「改革」。

其新制度的特徵，包含以下四項：

1. 在幼兒保育和幼兒保育支持方面，地方基本行政單位（市區町村）的自由裁量權增加：市區町村可以充分掌握該地區幼兒保育家庭的情況和幼兒保育支援的需求，並規劃和製作五年的「育兒支援事業計畫」。

2. 採用多樣化運作方式的制度：結合幼兒園和托兒所功能，以制度化形成「認定兒童園」，並普及之。根據當地情況，將進行「區域性保育」（零至二歲）（關於保育對象的認定要件：「缺乏保育」改成「必要保育」）。

3. 強調共同支持工作和育兒並立：公司主導的幼兒保育正式開始，由僱主的公司捐款等資助（2016 年）。

4. 財源：都道府縣和國家政府，從機構面和財務面，支持市區町村的努力。消費稅率的提高（8 至 10%）將用於實施新制度。

2019 年 10 月起推動「幼保無償化」政策，凡三至五歲小孩就讀幼兒園、保育所、認定兒童園都免費，而零至二歲者低收入戶之家庭則免費。

貳、義務教育

日本現行的義務教育年限為九年，包括小學校六年及中學校三年，根據戰後 1947 年制訂的《憲法》第 23 條規定：「保障全體國民求學問的自由，不受任何人的干擾和侵犯。」第 26 條：「全體國民依法律所定應依其能力，有平等接受教育的權利。」「所有的國民，依照法律規定，負有使其照顧的子女接受普通教育的義務。義務教育必須是免費的。」另外，依《憲法》精神制訂的《教育基本法》第 5 條規定：「國民負有使其照顧的子女接受九年普通教育的義務。」「有關國家或地方公共團體設置學校中的義務教育部分，其學費是不徵收的。」根據以上的法律規定，加上政府有其他輔助的法令以幫助貧寒學童就學，日本的義務教育漸趨完備。

一、小學教育——小學校

（一）沿革

明治新政府成立初期，小學教育採取兩種型態：一為培養領導階級子弟準備升學的「小學」，另一種是教化萬民的「小學校」。直到 1871（明治 4 年）廢藩置縣之後，這兩種學校才統合為單一的學校制度。

1872 年（明治 5 年）政府頒布近代教育制度最早的統一法令「學制」，要求家長必須使幼童子弟不分男女均入小學，奠定日本小學教育的基礎。在學區劃分上，仿照法國大學區制度，將全國分為大、中、小學區，以人口 600 人為標準設一小學區，每一小學區設小學一所。後來因學制過於注重形式的劃分而不切實際，文部省於 1879 年（明治 12 年）重新公布《教育令》，規定小學修業年限為四至八年，給地方彈性的作法，因對受教的兒童未加強迫性的予以義務化，因此就學率並不高。1880 年公布《改正教育令》，小學教育變成四年。1886 年公布日本最初的《小學校令》，開始使用「義務」就學的字樣。日本小學制度大致在 1900 年以前就已經確定，名稱由「小學」改為「小學校」，對於學校的設置也保留了愈來愈大的彈性空間。

（二）目的

小學校的修業年限為六年，收受六至十二歲的兒童。根據《學校教育法》第 17 條規定，小學校的目的為：「*適應身心之發展，實施初等普通教育。*」為達到此目的，《學校教育法》規定小學校教育必須致力達成下列八項具體目標：(1)以學校內外的社會生活經驗為基礎，對於人與人之間的相互關係，應養成正確的了解與合作、自主、自治的精神；(2)對於鄉土與國家的現狀及傳統，應引導其正確的了解，並進而培養其國際協調的精神；(3)對於日常生活所必需之衣、食、住、產業等，應培養其基本的認識與技能；(4)對於日常生活所必需的國語，應培養正確的了解與使用的能力；(5)對於日常生活所必需的數量關係，應培養其正確的了解及使用的能力；(6)

對於日常生活中的自然現象,應培養科學的觀察及處理的能力;(7)培養健康、安全且幸福的生活所必需的習慣,以增進身心的調和發展;(8)對於能使生活明朗、豐富的音樂、美術、文藝等,應培養基本認識及技能。總而言之,小學校著重培養兒童社會生活中共同和必需的知識、技能及態度的基礎性教育,並同樣期望達到身心健全發展的最終目的。

(三)發展現況及課程

　　小學校的設置主體為國家或地方公共團體及學校法人,公立小學有各市、町、村立小學;私立小學則由學校法人,依《學校法》規定設立,政府准許學校法人可接受國家或地方公共團體的資金援助,在不影響教育的情況之下,也可以有一定程度的收益事業。因為小學校是「義務教育學校」,義務教育費依《義務教育費國庫負擔法》的規定,由市、町、村支付。

　　根據《學校教育法》的規定,小學校設校長、教頭、教諭及其職員,特別情形可不設教頭或事務職員。學校規模以十二學級(班級)以上十八學級以下為標準,分校則以五學級以下為標準。以同一學級兒童編成制為原則,公立小學校每班以學童數四十五名為基準。小學校採學區制,學齡國民依學區分發入學,由於是義務教育,小學校的就學率已將近100%。

　　小學的教育內容由各教科、道德、特別活動與綜合學習活動四大部分組成。課程包括國語、社會、算術、理科、生活、音樂、圖畫工作、家庭、體育、道德及特別活動,道德教育的目的在於培養學生尊重他人、重視生命,為創造民主社會和國家發展而努力,為促進國際和平做貢獻。特別活動是指班級、年級和學校組織的各種活動。私立小學可用「宗教」代替「道德」,課程架構請參見圖11-2。1999年新修訂公布的《新學習指導要領》,自2002年4月1日起實施,修正重點包括增設「綜合學習時間」(日文是總合學習時間)授課時數,也就是配合社區、學校及學童的實際狀況,實施橫斷性及總合性教學,以學童興趣及關心事項為基礎,設計有創意、生動的教育活動。另外,總授課時數也略為減少,空出更多彈性排課的時間。戰後的日本教科書由國家制定變成檢定制度,其採擇的方法係經由都道府縣教育委員會的指導、建言及協助,由「教科用圖書選定審議會」選定資料,分送各採擇

地區統一印刷發行，並免費提供學生使用。

　　日本中小學的課程標準稱為《學習指導要領》，原係模仿美國 Course of Study 的性質，提供教師指導學習或編制課程的參考或指引的書籍，最先於 1947 年（昭和 22 年）發行，當時稱為「學習指導要領一般編（試案）」，接著又發行《中學學習指導要領》的各科論，均為「試案」，僅供教師參考而已。後來經過 1951 年（昭和 26 年）的部分修訂，再經 1958 年（昭和 33 年）的全面改訂，即開始不稱「試案」，而成為具有法律拘束力的國家課程標準。之後又經 1968 年（昭和 43 年）、1977 年（昭和 52 年）、1989 年（平成 1 年）、1999 年（平成 11 年）及 2008 年（平成 20 年）的五次修訂，並自 2011 年 4 月全面實施。其後，2015 年修訂及 2017 年修訂（2020 年 4 月實施）後，新修訂的課程架構圖如圖 11-2 所示。

　　日本從幼兒園至高中階段之學習指導要領，乃冀望通過培育基礎知識、自我學習和思考的能力以作為「生存能力」，這是 1996 年中央教育審議會報

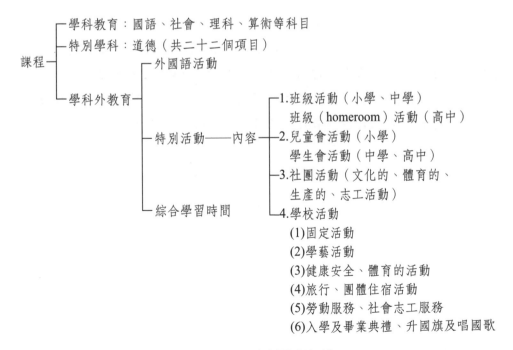

圖 11-2　日本新課程架構
資料來源：作者自繪

告以來的一致性方向，同時 2002 年後《新學習指導要領》的目標除「生存能力」的培育，也包含「確實的學力」的培育。所以 2006 年《新教育基本法》的修訂與通過，除闡明教育理念，也規定有關學力的重要要素，而 2006 年《新教育基本法》關於學力的修訂，是以 1947 年《學校教育法》第 30 條第 2 款所提出：「就前條款項而言，人的一生應掌握基本知識和技能。必須特別注意培養一種已經主動學習的態度，包括判斷、表達能力等透過選擇所必要的能力。」之論述為基礎下進行修訂，以致目前所施行的《學習指導要領》，繼承先前的教育理念——「生存能力的培育」，且「生存能力」是指更有效能的培育未來社會所需的知識、美德和體能等綜合性能力（大杉昭英，2017，頁297）。

然而，有關生存能力和學力的關聯性，具體顯現於 1998 至 1999 年所提出的《學習指導要領》中，明確指出「學力三要素」和「生存能力」之間的關係，其中「生存能力」是由「確實的學力」、「豐富的人格」和「健康的身體」三者構成；「確實的學力」是指確保具有基礎知識、發現問題、自我學習、自我思考、主體判斷和行動、解決問題等能力和素質；「富有的心」是指在自我調整時，與他人協調，關懷他人和感動的心；「健康的身體」是指身體健康、精力充沛（如圖 11-3 所示）（文部科學省，2003b）。

最新一波課程改革，小學之《學習指導要領》從 2020 年 4 月全面實施，小學課程表如表 11-2 所示。初中自 2021 年 4 月全面實施，高中階段自 2022 年自高一起逐年實施。此次新的課程改革改革，強調以下四項重點：

1. 強調實施「為社會開放的課程」，重視學校和社會的關聯性。
2. 課程目標是培育「資質與能力」，揭櫫三大支柱，包括：(1)知識與技能；(2)思考力、判斷力與表達力等；(3)面對學習之基本學力與人格特質（日文稱人間性）等。並強調科目間要進行橫向整合，進而學習應有的資質與能力。
3. 教學方法重視「用主體性、對話式地深度學習」。
4. 要求各級學校必須重視進行「課程管理」機制，以提升教育之成效。
   至於科目內容之具體改變，有以下之改革：

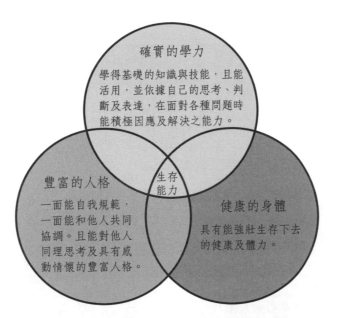

圖 11-3　1998 至 1999 年《學習指導要領》——「生存能力」與「學力三要素」關係
資料來源：文部科学省（2003b）

1. 英語教育白小學三年級開始，特別強調小二及小四進行英語教學活動，五、六年級進行英語學科教學。初中英語教學語言則以英語為原則。
2. 自小學推動程式設計（programing）教育，強化資訊能力培育，特別說明至少在小五算術（正多角形）及小六自然科（電器單元）必須進行。
3. 教科書內容增加篇幅，約增加 10%。
4. 「綜合學習時間」課程，約四分之一的時間可在假期間進行。
5. 新設稱作特別學科的「道德」，小學自 2019 年，初中自 2020 年開始，使用教科書教學，而評量使用記述性的質性評量。

二、前期中等教育（初中）

（一）制度

　　日本前期中等教育之機構是中學校，中學校相當於初級中學，修業年限三年，屬義務教育範圍之內，招收修畢小學校或盲學校、聾學校、養護學校

表 11-2　2017 年版小學課程表

區分		第一學年	第二學年	第三學年	第四學年	第五學年	第六學年
各學科的授課時數	國語	306	315	245	245	175	175
	社會			70	90	100	105
	算術	136	175	175	175	175	175
	理科			90	105	105	105
	生活	102	105				
	音樂	68	70	60	60	50	50
	圖畫工作	68	70	60	60	50	50
	家庭					60	55
	體育	102	105	105	105	90	90
	外國語					70	70
特別學科「道德」的授課時數		34	35	35	35	35	35
外國語活動的授課時數（英語）				35	35		
綜合學習時間的授課時數				70	70	70	70
特別活動的授課時數		34	35	35	35	35	35
總授課時數		850	910	980	1015	1015	1015

註：表內是全學年度的上課總節數。一年級全學年以三十四週計算，其他以三十五週計算。
　　每節為 45 分鐘。

資料來源：文部科学省（2017a）

小學部課程之學生（十二至十五歲）。中學校屬綜合型，在小學基礎之上，適應身心之發展，以實施中等普通教育為目的，達成下列三項具體目標：(1)進一步充分達成小學校教育目標，培養國家及社會成員所必備的資質；就社會所需之職業，培養其基本知識與技能、尊重勞動之態度，以及順應個性選擇未來進路之能力；(2)促進校內外之社會活動，輔導其情意之發展，並養成公正的判斷力。

　　若以設立的主體來分，日本的中等學校可分為公立及私立兩種。公立中學可由中央政府或地方公共團體（即地方政府）設立。由中央設立的為國立，由地方設立的為公立，而地方政府又可分為都道府縣及市町村兩級，依規定中學校以由市町村設立為原則，而高等學校及特殊學校由都道府縣設立

為原則。至於私立中學之設立，則由私人或私人團體成立中學法人為之。

就近年來的統計顯示，中學校絕大多數屬於公立，屬於國立或私立者極少。新的制度法令發展出九年一貫學校，以及六年一貫中學（完全中學）。

（二）課程

日本中等學校的課程，是依文科省（即教育部）所制頒的課程標準來實施的，文科省在其所制頒的《學校教育法施行規則》裡，規定了中學校及高等學校的教學科目及其每年教學時數。文科省再根據此一原則並參考教育課程審議會的建議，分別制定公布中學校及高等學校的《學習指導要領》，規定各學科的教學目標及內容。《學習指導要領》每隔若干年（約十年左右）即要修正一次，以適應社會的變遷。其修訂的程序通常是：先由文部大臣向教育課程審議會提出諮詢，審議會經初步審議後，再發表中間報告，以徵求各界對審議的意見。然後再進行複審做成結論，向文部大臣提出答詢。文科省再度對草案檢討修正，等修正定案後才正式公布實施，過程可說十分縝密。

中學校的課程標準稱為《中學校學習指導要領》，其頒布過程與小學校相同。2017 年公布，2021 年全面實施，茲將 2017 年修訂的課程內容說明如下（如表 11-3 所示）。

因為實施九年義務教育，所以課程大致是九年一貫，所以其改變方向和小學相似，唯一較為特殊的是將初中英語之成效列入全國學力及學習狀況之調查對象，可見開始重視外國語之教學成效。而課程表中寫著「外國語」，但仍以英語科為主要內容。

（三）義務教育的特色與問題

1.高度普及的義務教育

日本在明治 5 年公布的「學制」中，即以提出「邑無不學之戶，家無不學之人」作為普及義務教育的目標。之後一百多年，對於義務教育的普及不遺餘力。1944 年（昭和 19 年）在戰爭激烈當中，即已決定將義務教育的年限延長為八年，雖然由於戰爭末期，未見實施，但延長義務教育年限的基礎

表 11-3　2017 年中學校（初中）課程及時數一覽表

區分		第一學年	第二學年	第三學年
各學科的授課時數	國語	140	140	105
	社會	105	105	140
	數學	140	105	140
	理科	105	140	140
	音樂	45	35	35
	美術	45	35	35
	保健體育	105	105	105
	技術・家庭	70	70	35
	外國語	140	140	140
特別學科「道德」的授課時數		35	35	35
綜合學習時間的授課時數		50	70	70
特別活動的授課時數		35	35	35
總授課時數		1015	1015	1015

註：每節 50 分鐘。每學年以三十五週為原則。
資料來源：文部科学省（2017b）

已相當穩固。因此戰後 1947 年（昭和 22 年）實施新學制，將義務教育年限延長為九年時，無論小學校或新制的中學校，一開始即已達成 99.5%以上的就學率（根據統計 1947 年，男女平均就學率為小學校 99.79%，中學校99.50%）。近年則無論小學校或中學校，均維持在 99.98%至 99.99%之間。

　　日本之重視義務教育，可從其中央政府對於義務教育經費的支出情形看得出來。根據日本現行教育財政制度，中央政府依據《義務教育費國庫負擔法》規定，須負擔義務教育學校教職員薪水的一半。又根據「關於義務教育諸學校教科用圖書無償法律」，實施教科書免費制度。

　　根據統計，中央支出的義務教育經費總加起來，已達文部科學省預算的一半以上。

2. 義務教育強調普通教育性質

　　日本戰前學制模仿歐洲國家，採取雙軌制或多軌制的學校制度，戰後則模仿美國採單軌制，日本《憲法》及《教育基本法》均極力支持此一制度。

《憲法》第 26 條一開始就規定,義務教育的普通教育性質,接著《教育基本法》亦規定九年的義務教育為普通教育。

　　根據這樣的規定,日本的小學校及中學校均不實施職業教育,課程內容都是普通教育,這一點與其他國家大致相同。

　　其次為強調基本學力的重要,沒有選修科目也是一項特色。

參、後期中等教育

一、制度

　　高等學校(高中)相當於我國高級中等學校,在中學校教育的基礎上,以適應身心之發展,實施高等普通教育及專門教育為目的,以達成下列具體目標:(1)進一步擴充發展中學校教育的成果,以培養國家及社會有用成員所需之資質;(2)以個人必須完成的社會使命之自覺為基礎,適應其個性,決定其將來的進路,提高其一般教養,修習熟練的專門技能;(3)培養其對於社會有深入而廣泛的了解及健全的批判力,並力圖個性之確立。

　　高等學校除全日制之外,尚得設「定時制」(即部分時間制)與「通信制」(即函授制),均得單獨設置。修業年限全日制為三年,定時制及通信制均為三年以上。另外,高等學校亦得設置「專攻科」及「別科」,其入學資格前者(專攻科)為高等學校畢業,而後者(別科)為中學校畢業,修業年限均為一年以上。「專攻科」旨在就特別的事項做精深的教學,並指導學生從事研究。「別科」旨在實施簡易程度的技能教育。這兩科的學生為數不多,通常均在數千人左右。

　　基於實施終身教育的理念,自 1988 年起設置了學分制(日文稱單位制)高等學校,其特色如下:(1)不限定學年數,取得必要之學分即可畢業;(2)必修以外之科目,可按自己興趣與時間選擇;(3)上課時間白天或晚上均可;(4)退學者之再入學或轉校時,承認前校取得之學分,大學入學資格檢定合格科目亦可換成畢業學分。

　　為了使高等學校得以維持適當水準,文部省自 1948 年(昭和 23 年)訂有「高等學校設置基準」(2000 年修訂)。根據其規定高等學校應設「學

科」（此處的學科與我國類科同義），其種類分下列三種：(1)以普通教育為主的學科；(2)以專門教育為主的學科；(3)以普通教育及專門教育的選擇修習為宗旨，實施綜合性（總合性）教育的學科。

以普通教育為主的學科稱為普通科，以專門教育為主的學科即相當於我國的職業學校。至於實施綜合性教育的學科則稱為綜合學科（即我國之綜合高中）。綜合學科是與單位制高等學校一樣，為日本積極推動的一種高等學校改革措施。綜合學科從 1994 年（平成 6 年）開始設置，至 2005 年（平成 17 年）已在 47 都道府縣設置 286 校（文部科學省，2005）。

中央教育審議會在 1997 年（平成 9 年）6 月的第二次諮議報告書（答申）中，建議政府設置一種實施「中高一貫」教育的制度（即中學校與高等學校連貫起來的教育），以提供學生多一種選擇，且可避免中學校進入高等學校時的入學考試，同時讓學校可以有計畫地實施六年一貫的教育。2005 年這種稱為「中等教育學校」的六年一貫制學校共 410 校。設置型態分「合併型」和「合作型」兩類（文部科学省，2005）。

日本高等學校原仿美制統整式綜合型，但實際上是綜合型與功能型並行，而且綜合型採聯合式，即在普通科之外，兼設職業類科。在文部省的學校調查統計中，將設置單科者稱為單獨校，兼設二科以上者稱為綜合校。在單獨校中設普通科者稱為普通高等學校，設職業類科者稱為職業高等學校。1989 年時，綜合校只占 31%左右，職業單一校占 18%左右，而普通單一校則高達 51%左右。普通單一校（即普通高等學校）有逐漸增加的趨勢，而職業單一校（即職業高等學校）及綜合校則有逐漸減少的現象。不過，1994 年起另新設「綜合學科」，類似國內的綜合高中，2005 年有 286 校，校數很少，並不是主流趨勢。

高等學校中屬於公立者居多數，屬於私立者居次（25%上下），國立者則很少；屬於全日制者居多數（80%左右），屬於全日制與定時制兼具者次之，屬於定時制者居少數；就讀普通科的學生居多數（70%左右），就讀商業科、工業科者次之，就讀水產科、農業科、家庭科者再次之，就讀其他科者為數極少。所謂其他科，包括看護、理數、體育、音樂、美術、英語等。

高等學校的課程因科別之不同而有所差異，亦即普通科、工業科、農業

科、商業科及其他職業科別之間的課程彼此間是有點不同的。依 1989 年
（平成元年）修訂公布，而自1994年（平成6年）開始實施的《高等學校學
習指導要領》規定普通科的教科（subject area）、科目（subject）及標準單
位數。高等學校課程採單位制（類似美國的學分制），以 50 分鐘為一節
課，三十五節課為一單位。因日本日間部（全日制）全年授課以三十五週為
準，故一科目每週授課一節課，授完一年即為一個單位。據此看來，一單位
約相當於我國高中的兩個學分。

　　全日制、定時制、通信制及專修學校所修習的學分（單位），均能互相
採計，以方便相互轉學，增進學制之彈性，而有利於學生之學習。

二、課程

　　高等學校的《高等學校學習指導要領》於2018年修訂公布，2022年4月
1日逐年實施。日本的高等學校課程而言，每位高中生必須修滿74單位，始
得畢業。高校生畢業時，其最低習得之學分配置原則上是以共通性（必修學
分）45%、多樣性（選修學分）55%的比例調整課程內容，在維持必要共通
性，並確保在一定的彈性中尋求均衡發展，以滿足學生的多樣需求。

　　戰後日本後期中等教育普及很快，根據統計，1970 年（昭和 45 年）中
學校畢業生的升學率（含私入高等學校別科及高等專門學校者）為 85%，二
十年後的 1990 年（平成 2 年），已提高到 95.1%，之後仍然繼續升高，到
2005 年（平成 17 年）已達 97.6%。可見日本後期中等教育已經很接近義務教
育的就學率了，因此日本稱之為「準義務教育」。另外，有關學費方面，
2010 學年起自公立學校開始實施「無償化」（免學費）制度，2014 年改為
「高中等就學支援金制度」，只限制年收入超過 910 萬日元之家庭不支給。
因此現行制度下，雖然有排富條款，但公立高中基本上是免費了，另就讀全
日制時，每年發給 118,800 日元支援金（獎勵金）。若就讀私立高中的全日
制、定時制、函授制時，發給同額之支援金，而家庭年收入低於 590 萬日元
時，則照比例，加成 1.5 至 2.5 倍的支援金。2020 年起同時開始實施低收入家
庭優秀子女，就讀大學給予學費和在學期間之減免，以及補助生活費等政
策。

　　日本高等學校（高中）各學科共同的科目內容，如表 11-4 所示。主要改革內容如下所述：

1. 廢止公民教科（和我國的學科概念同）中的「現代社會」，新設必修科目「公共」科目。

2. 重新組合地理歷史教科，新設必修科目「地理綜合」、「歷史綜合」科目。也新設探究型科目「地理探究」、「日本史探究」、「世界史探究」科目。

3. 重新編製國語教科。新設探究型科目「古典探究」。

4. 新設「理數」之教科等。

5. 高中階段將「綜合學習時間」改為「綜合探究時間」，以已運用探究的看法與想法，以培養綜合解決問題之資質與能力。

三、入學制度

　　基本上，日本的初中升入高中，劃分「學區」範圍，採取入學考試和加計在學成績的所謂「綜合選拔」方式，一般前者占 70%，後者占 30%，後者名稱叫作「內申書」，記載有關學科成績及操行、群育等內容，學校可自訂計算之比重；另外，推薦入學方式或加上面試方式，也已普遍被實施中。

　　日本在高中部分依上課時間就有分全日制、定時制、通信制（函授），然後公立學校和私立學校招生分開辦理。由於高中招生下放都道府縣層級辦理，文科省只頒布大的原則，因此各行政區略有差異，如岡山縣 2002 年頒布《自我推薦入學辦法》，提供部分比例名額給學生發揮創意（岡山縣高等學校入學者選拔制度改善之基本方針，2003）。另如愛知縣普通高中則是分兩個就學區，職業高中和綜合學科一個就學區，方式則有學力測驗和推薦入學兩種，普通高中因是學生之目標，除分 A 和 B 兩群學校、考試日期不同外，各學區中之普通高中再分成甲、乙兩組學校，而職校等只分 A、B 兩群，學生只能就甲、乙兩組學校擇一校，或兩組各擇一校（但必須同群內）填志願，而志願可變更一次，考試日期不同，考國語、社會、數學、理科、英語，各科時間 40 分鐘，英語也考聽力（平成 19 年度愛知縣高等學校入學，無日期）。

表 11-4　2018 年日本高等學校共通（必修）各教科、科目及單位數一覽表

教科	科目	單位數	必修科目	教科	科目	單位數	必修科目
國語	現代國語	2	○	體育保健	體育	7-8	○
	言語文化	2	○		保健	2	
	論理國語	4		藝術	音樂 I	2	○
	文學國語	4			音樂 II	2	
	國語表現	4			音樂 III	2	
	古典探究	4			美術 I	2	
地理歷史	地理綜合	2	○		美術 II	2	
	地理探究	3			美術 III	2	
	歷史綜合	2	○		工藝 I	2	
	日本史探究	3			工藝 II	2	
	世界史探究	3			工藝 III	2	
公民	公共	2	○		書法 I	2	
	倫理	2			書法 II	2	
	政治／經濟	2			書法 III	2	
數學	數學 I	3	○兩單位亦可	外國語	英語溝通 I	3	○兩單位亦可
	數學 II	4			英語溝通 II	4	
	數學 III	3			英語溝通 III	4	
	數學 A	2			論理・表達 I	2	
	數學 B	2			論理・表達 II	2	
	數學 C	2			論理・表達 III	2	
理科	科學與人類生	2	可開設包含「科學與人類生活」二科目或冠上「XX基礎」之三科目	家庭	家庭基礎	2	○
	物理基礎	2			家庭綜合	4	
	物理	4		資訊	資訊 I	2	○
	化學基礎	2			資訊 II	2	
	化學	4		理數	理數探究基礎	1	
	生物基礎	2			理數探究	2-5	
	生物	4		綜合探究時間		3-6	○兩單位亦可
	地球科學基礎	2					
	地球科學	4					

註：畫底線者是指有改變名稱之科目。

資料來源：文部科学省（2018a）

四、教材選擇

最後談及日本中等學校的教科書制度。依《學校教育法》的規定,中學校及高等學校均需使用經文部大臣檢定(即審定)合格,或著作權屬於文科省的教科用途書。換言之,日本中等學校教科書依法是兼採審定制及國定制的,唯實際上是以審定制為主。教科書由私人或出版公司依文科省公布的《學習指導要領》編寫,在出版前要將原稿送請文科省審查,審查合格後才能正式出版。文科省於接受審查申請後,即將該教科書原稿轉送該部「教科用圖書檢定調查審議會」審議,審議會再根據所屬調查員(由現任教師及知名人士兼任)、文科省「調查官」(專任圖書檢定調查人員)及委員本身之調查結果加以審議,以判定其是否合乎規定標準,然後再向文部大臣提出答詢。文科省即依此答詢來決定是否予以核准,經核准後教科書才正式出版。

經審定合格的教科書,每一科目都有若干本,學校如何從中選用呢?依規定,高等學校、國立及私立中學校係以學校為單位,由校長參酌教師的意見後決定之。公立中學校則採「廣域採擇制」,亦即大地區統一採用方式。採用地區的劃分,係由都道府縣教育委員會依自然、經濟及文化等條件來決定。都道府縣教育委員會根據所屬「教科用圖書選定審議會」的意見,給予市町村教育委員會(為公立中學校的主管機關)指導建議,市町村教育委員會再依指導建議來選定教科書。如採用地區跨越兩個以上的市町村,則組成「教科書選定地區協議會」負責採擇決定。公立中學校的教科書一經選定採用,原則上需連續三年採用同一教科書,以維持穩定性。

肆、高等教育

一、1990 年代前之高等教育改革

目前日本高等教育改革的基本精神始於 1960 年代末、1970 年代初。當時,日本為了使教育適應技術革新、經濟高速增長,以及相應的社會變化,同時解決教育本身在量的方面急遽擴充所帶來的問題,開始了「第三次教育

改革」。1971 年日本官方教育審議機構——中央教育審議會提交的報告認
為，日本高等教育改革的中心課題是：(1)高等教育大眾化與學術研究高水
準化；(2)高等教育內容的專業化和綜合化；(3)教育、研究活動的特性及有
效管理；(4)確保高等教育機構自主性和排除封閉性；(5)尊重高等教育機構
的自發性和國家有計畫的援助與調整。在這樣的課題意識的基礎上，該報告
提出了高等教育改革的十三個方面的基本設想，其重點是高等教育的多樣
化。然而由於種種原因，1970 年代的改革僅僅是在大學的課程設置和學校設
置方面取得了一些進展：在課程上實行綜合化的改革，把普通教育和專業教
育結合起來，將普通教育內容置於專業教育之中，取消二者之間的嚴格界
限；以 1973 年築波大學的設置為典範，日本陸陸續續設置了一些新型的大
學、學部和學科。進入 1980 年代後，以設立直屬於首相的「臨時教育審議
會」（1984 至 1987 年）建議為主體，日本加大了教育改革的力度。根據臨
時教育審議會的建議，文部省於 1987 年 9 月設立了大學審議會，以便從根本
上對日本的高等教育模式進行研究審議，並向大學提供必要的指導和幫助。
大學審議會根據文部大臣提出的諮詢事項以及大學改革的實際課題，進行了
多項研究和審議，在之後的日本高等教育改革中產生非常重要的作用。1980
年代的日本高等教育改革主要體現在以下幾個方面：(1)開放高等教育機
構：高等教育機構之間相互開放、各級各類高等教育機構向社會和國際開
放；(2)充實與改革研究生教育：大幅擴充，並在培養目標、類型和課程等
方面實行多樣化的改革，研究生教育的制度也趨靈活化；(3)加強學術研
究，尤其是基礎研究，並加強產學合作、國際交流與合作。

二、高等教育機構

（一）短期大學、高等專門學校、專門學校

1. 短期大學：相當於我國的二專或三專。其目的是傳授和研究專門的學
   術技藝，培養職業或實際生活所必需的能力。招收高中畢業生，修業
   年限為二至三年。學生中女生占 90%是其特色，因此另有新娘學校的
   雅稱。

2. 高等專門學校:相當於我國的五專。以工業專攻為主。招收初中畢業生,學制五年。

3. 專門學校(或專修學校):以培養職業或生活所需的能力,或者以提高教養水平為目標。修業年限一至三年。

(二)四年制大學:專業大學、綜合大學、單科大學

1. 專業大學:2019 年開始新試辦此類大學和專業短期大學(二專),類似臺灣的技術學院或科技大學,以培養高等技術人才為目標,專業內容如服裝專業、復健專業等。另外實習等課程至少 40 學分,包括「現場實務實習」,至少 20 學分。大學是高等教育的主要機構,作為學術的中心,以培養廣博的教養和具專門職業能力的人才為目的,招收高中畢業生,修業年限一般為四年,但醫科、牙科、獸醫科則為六年以上。大學採學分制,四年制大學畢業的最少學分為 124 學分,經考試合格授予學位。升入大學的方式,以考試進行,一般公立學校考試分兩階段進行,第一階段考基本科目,稱為「共通考試」,第二階段為各大學個別招生,由各校自訂第一階段科目基本成績,然後採取小論文、口試等方法甄選人才(楊思偉,1999)。

2. 綜合大學:設有法、經、商、文、教、理、工、醫、農的眾多學部,學科齊全,是日本高等教育的中堅。

3. 單科大學:只設一個學部或幾個相近學科的大學。由於專業特長突出,往往成為相應學科領域專業人才的重要培訓搖籃,如外國語大學。

(三)研究所(又稱大學院)

日本研究所的教育目標在講授與研究學術理論及其應用,修業年限碩士課程二年,博士課程三年,或兩者一貫,共修讀五年。

三、現況與特色

日本戰前學制模仿歐陸國家,因此大學教育只有一少部分的菁英分子能夠接受。戰後學制改仿美國,高等教育乃迅速普及,唯就發展速度而言,仍

屬穩健。日本戰後鑑於以往的學部與學科，因兼有教育與研究的雙重功能，很容易造成研究為主教育為副的結果。同時組織與組織之間往往各自獨立而無法溝通，以致失去整體的彈性，而阻礙了綜合性研究的進行，因此乃於1973 年（昭和 48 年），將原有的國立東京教育大學予以改制為新型的筑波大學。改制的主要特色是將教育組織與研究組織予以分開。根據《國立大學設置法》規定，筑波大學不設學部而設「學群」及「學系」。學群應配合教育上的目的予以組織；至於學系則在配合研究上的目的，並考量教育上的需要予以組織。換言之，學群是對於學生的教育組織，而學系則是傾向於教師的研究組織；不過在組織學系時亦應考量教育上的需要。

日本高等教育在第二次世界大戰以後（以下稱戰後），隨著高度經濟成長，升學率由菁英化走向大眾化，發展速度可說很快，以下大致說明高等教育現況（文部科學省，2003a；時事通信社，2002）。

（一）高等教育機構現況

日本高等教育機構，主要包括四年制大學和二年制（或三年制）短期大學（以下稱短大）。以大學校數而言，2018 年共有 782 所，其中國立 86 所、公立 93 所、私立 603 所。而短大部分，在 2018 年則為 331 所，其中公立 17 所，私立 314 所（文部科學省，2018c）。

（二）發展特色

日本高等教育的大眾化，產生包括以「私立為主」、「大規模化」及「女學生多」的結構特色（時事通信社，2002）。

以在學者人數為指標分析，就讀私立大學大學部學生所占比例在 1995 年時超過 60%，2001 年時為 77%；在短大部分，則從最初開始至 2001 年私立學校的學生數比例一直是 90% 以上。這種以私立教育為主的發展結果，主要原因之一是日本政府鼓勵設置私校；但另一原因則因增設新大學之故外，在既有的大學中增設學院及學部，另外大規模學校的產生也是原因。據統計在1955 年，超過 10,000 名學生的大學有十校，而 2001 年時則有四十校。

其次，就男女學生成長比例言，女學生人數大幅成長是一大特色，短大

中 90%是女生，大學中則從 1955 年的 12%提升至 2001 年的 38%，研究生也有 27%是女生（時事通信社，2002）。

另外，就入學人數來看，大約至 1975 年左右，大學及短大都在增加中，但其後的十年間，由於政府抑制之故，呈持平狀態，而至 1990 年代初期再急速增加。近年來相對於大學的漸增傾向，短大則漸減，此狀況非常明顯，主要是因短大為招募學生都改制為四年制之故；進而，碩博士課程也有遞增現象。

整體而言，在有關大學和短大升學率方面，以十八歲人口為基準，1955 年是 10%左右，1963 年超過到 15%，1970 年代邁入 40%，2002 年約 48%左右，2018 年約 57.9%，已是普及化階段。

四、入學方式

日本後期中等教育畢業後，參加由「大學入試中心」辦理之「中心測驗」（センター試験），目前除國公立大學必須採用此考試成績外，有一些私立大學也逐步採用之。參加此考試後，各大學會自訂各學院（日文稱學部）或組別之最低分數，考生成績符合標準時，再自行報名各大學之各學院之考試。所謂第二次考試，題目由各大學出題，國立大學會依關東和關西之地區分布，分成前、後期兩群學校，考試時間分開，以讓學生在國立大學入學考試方面至少有兩次機會。而私立大學大多是個別招生或聯合招生，因此考生有多次考試機會。不過目前因少子化社會時代來臨，以及私立學校都有附屬高中，可先抓住學生，因此升學競爭仍是在為爭取最好的學校中那一群學生。

五、高等教育改革

日本有關高等教育的改革，從 1990 年代之後就非常積極地進行，而在進入二十一世紀之際，相關的政策正在逐漸落實之中。其中有關國立大學的法人化政策就是其中最重要的部分。日本高等教育中的國立大學實施法人化政策，實與日本的社會變遷有很大的關係。日本自 1990 年代以後，由於整

體社會的成熟、國民消費觀念的改變，因此在高等教育中市場競爭的機制也逐漸成熟，所以對高等教育的整體發展產生重大影響。再者，日本自 1990 年代以後經濟長期陷入低迷的狀態，雖然各種提振經濟法案與振興國家資本的政策持續推出，但是效果仍然不明顯。加上學齡人口數降低，2009 年時，高等教育的就學錄取人數與期望入學的人口達成交叉的情況，亦即預期想要進入高等教育就讀的人都可以進入高等教育機構就讀，但此種情況也表示，有些大學將面臨招生不足的問題，而有關門的危機。面對這樣的問題，日本政府在行政和財政方面，提出「緩和管制」與「結構改革」政策，以進行包括行政面、財政面、教育面等重大的改革措施。

進而，2001 年 1 月發表「二十一世紀教育新生計畫」，其中有關「整備大學競爭的環境」項目下，提出了三項內容（下村哲夫，2003）：

1. 大學組織編制的彈性化。

2. 檢討國立大學的獨立行政法人化政策。

3. 導入大學教師的任期制及促進大學教員的流動。

日本基於推動「結構改革」政策，2001 年 6 月文部科學省大臣遠山敦子發表「大學（國立大學）的結構改革方針」（又稱「遠山計畫」），其副題為「作為建構富活力且具國際競爭力的國公私立大學的一環」，其內容具體，有如下重點（民主教育協會，2002）。

（一）大力進行國立大學的整編與統合

1. 以各大學及各領域的現況為基礎進行整編與統合：
   (1)培養師資學系等規模的縮小與整編（或移給地方政府等）。
   (2)單科大學（醫科大學等）和其他大學的整併等。
   (3)跨越都道府縣的大學與學部間的整併等。

2. 朝向大幅減少國立大學的數量：因重組與再建形成高等教育的活性化。

（二）在國立大學導入民間經營的手法

1. 大學經營組織聘用外部的專家。

2. 因經營責任的明確化，可機動性地和有策略性地經營大學。

　　3. 導入以能力和業績為主的新人事制度。

　　4. 分離及獨立國立大學的一部分功能（導入獨立會計決算制度）

　　　(1)從附屬學校及商業研究所（business school）等開始檢討。

　　　(2)早日推動「國立大學法人」制度。

（三）在大學因導入第三者評鑑而引入競爭機制

　　1. 導入由專家和民間人士所參與的第三者評鑑體制：活用「大學評鑑、學位授與機構」等。

　　2. 將評鑑結果向學生、企業及支援機構等社會大眾全面公開。

　　3. 參酌評鑑結果，重點分配補助經費。

　　4. 擴大國公私立大學分配競爭性補助金的幅度：培養國公私立「TOP 30」（center of excellerce, COE 計畫），成為世界最高水準。

　　基於上述結構改革的基本主軸，於是有關大學的各種改革，按照既定時程逐步推動，而國立大學法人化是其很重要的政策之一，日本已經自 2004 年 4 月開始實施法人化政策。另外，在「引導知性世紀的大學改革」之口號下，除國公立大學法人化的體制改革外，確保並提升大學品質的制度改革，強化大學的國際競爭力，推動產官學合作及知性財產策略。COE 部分自 2002 至 2004 年共有九十三所大學設置 274 件重要研究據點。專門職大學院（professional school）也因法律等推動，進而在推動具有特色之大學教育方面也有很多成果。

伍、職業教育

　　日本的教育制度中，屬於職業教育系統的部分有專門高（學）校（或稱職業高校）、高等專門學校、專修學校及各種學校。

一、專門高校（職業高中）

　　1. 類型：在日本的教育制度中，同屬高等學校（高中），因而在學制圖上沒有特別分普通高中和職業高中。職業高中的學校有分專門學科單

獨校及綜合校。

2. 課程：有全日制、定時制、通信制。學校除普通課程以外，還有農業、工業、商業、水產、家庭、看護、其他等七類，其中各類型再分為各種不同科目。如農業方面有園藝、食品科學、生活科學等；工業有分機械、土木、工業管理、建築等；而其他則包括外國語、音樂、美術等不同科目。

3. 改革：由「理科教育及產業教育審議會」研究後並提諮議報告，再在1998年6月教育課程審議會提出新課程總諮議報告中，新設了「福利」及「資訊」科。而專科必修也由30學分減為25學分。

4. 結語：專門高校除重視基本與基礎的內容，也維持普通與專門科目間的比重。日本是重視職場訓練的國家，所以職場的訓練可以補充專門學校的不足。高中職業教育的走向，首先高中職業教育在水準而言是基礎性的；其次，職業教育的目的是取得職業的資格。

二、高等專門學校

1. 內涵：1951年由「政令改正諮問委員會」提出教育制度改革諮議報告，其中提到設置高等專門學校的構想。也為了回應產業界的要求，1961年修改《學校教育法》，將其制度化。因此有些學者認為，高等專門學校為打破日本教育單軌而走向雙軌的重要政策，等同臺灣的五專。其畢業生將頒予「準學士」學位，之後可以轉入大學就讀，而大學亦認定它30單位以內的學分。

2. 目的：培養中堅的技術職業人員為主，雖然和專門學校有共同性質，但其學制及入學條件皆有別於專門學校，它們修業的年限也不一樣；內涵更是以「深入教授專門學藝，培養職業必要的能力」為目的。

3. 入學資格：中學或同水準的學校畢業者以及同等學力者，與進高中的資格相同。

4. 年限：五年制，具高中及大學中間性質，一般視為高等教育機構。由於它的課程相當於高中到大學中期，故教職的職稱和大學一樣，以教授、助教授等稱呼，在日本一般視它為高等教育機構。

5. 課程：一節 50 分鐘，三十節為 1 學分，五年間應修九十節以上的特別
   活動課。它課程的內容以理工科為主，亦有化學生物類、土木類等專
   門學科。畢業學分包括一般科目 75 單位以上，專門科目 82 單位以上，
   總共必須修習 167 單位以上。

三、專修（專門）學校及各種學校

（一）各種學校

　　各種學校名稱源自 1897 年的《教育令》，性質跟專修學校相同，但未
達專修學校規模與水準的基本條件，是容易入學、修業年限也較短的教育機
構。以私立學校為主，學校自定入學資格。雖未達法令上的基準且組織上也
不健全，但入學條件低，在容易接受的教育原則下，它可以滿足較多的教育
需求，從生涯發展學習上來看，具重大意義。

（二）專修（專門）學校

1. 簡介：大都是私立學校。專修學校是以教授職業生活及實際生活所必
   要的知識技術，具有一定規模和水準的教育機構。專修學校是 1975 年
   7 月由《學校教育法》修訂並推動的教育制度，由原來的各種學校發
   展而來，按不同課程而定入學資格。
2. 目的：「專修學校」及「各種學校」之教育偏重於職業技能之修習。
3. 基本條件：(1)修業年限在一年以上；(2)授課時數在文部大臣所訂基準
   之上；(3)接受教育者必須維持在四十人以上。
4. 入學資格：專門課程須有高中畢業以上資格；高等課程須中學畢業以
   上資格；一般課程則不限資格。有異於各種學校由學校自訂的入學限制。
5. 課程：設有一般課程、專門課程、高等課程；由於入學的限制不同，
   高等課程亦稱為高等專修學校；專門課程亦被定位為高等教育機構的
   專門學校；而一般課程的則只算是一般學習場所。1985 年起，修畢三
   年高等課程者，有大學入學資格。1999 年開始，專門學校畢業者，可
   以入學大學或插大，其條件為修業年限二年以上，必須修畢 1,700 節以
   上的授課節數。

第四節　師資教育

　　在二次大戰以後，日本師資培育制度改為「開放制」，學費改為「自費」，並且將中小學的師資培育合流，其秉持著二大原則，即「大學培育師資」及「開放及教師分級制度」。日本有關師資培育的方法，都訂定在《教育職員免許法》，以及後期公布的《教職員免許法施行規則》內，其中為教師證書取得方式及證書種類做出說明。

壹、培育制度

一、正規培養機構

1. 大學培養機構依照《教師職員免許法》及施行規則規定，日本之大學（包括一般大學跟教育大學），經由文部大臣核准認定，都能培養師資。此一制度認定教師養成課程稱為「教師認定課程」。

2. 如國立大學設置有教育學部或其大學名稱為「教育大學」或「學藝大學」，學生要修讀教職課程才能畢業。

3. 取得大學畢業證書並修完教職課程之學分，即可取得各級學校教員之證書（免許狀）。

4. 大學畢業後可修讀「教職特別課程」，由文部省認定核准，如同教育學分班，一年內修得應有學分，可取得專修或免許狀，針對在大學時未修得教職課程者為對象，以自由選讀的方式而不需要考試，但必須要大學畢業以上。

二、指定培養機構

1. 指定教員養成機構：在大學的正規教育無法負擔中小學養護教師（特殊教育教師）的培養時，文部省指定養護教成機關。指定機關附設在大學或接受其指導與認可。受指定的機關稱為「指定教員養成機關」。

2. 免許法認定講習與公開講座：如無法在大學修得所需學分時，可參加文部大臣認定的講習或大學的公開講座，以修得學分，取得資格，稱為「免許法認定講習」或「免許法認定公開講座」，須受道府縣內有關大學的指導。

3. 免許法認定通信教育：如無法在大學修得所需學分，可以文部大臣所定的通信教育以取得學分，此稱為「免許法認定通信教育」，只能在沒有相關課程的大學接受此教育。

4. 學分修得測驗：由文部大臣委託大學舉辦的考試，合格者給予單位（一教科二單位），稱為「單位修得試驗」（學分修得測驗）。

5. 教師資格檢定考試：除學分修得外，尚可經由文部大臣或文部大臣委託大學舉辦考試，以取得教師資格，稱為「教師資格檢定考試」。

貳、證照制度

一、免許狀

免許狀相當於教師證書（執照）。中小學教師證照資格規定在《教育職員免許法》中，適用範圍包括高等學校、中小學、幼兒園及特殊學校教師。分為普通免許狀、特別免許狀及臨時免許狀。

二、免許狀的授與及晉升

1. 普通免許狀：必須先有短大或大學畢業為基本資格，然後在大學中正式修得學分、經由教育職員檢定或由「教員資格認定試驗」（資格考試）後取得。幼兒園及小學教師普通免許狀的取得資格為最低修畢短期大學二年，最高為研究所畢業取得碩士學位；高中教師最低須四年大學畢業。而免許狀除高中教師只分兩種外，其他各級教師免許狀則分為二種：一種免許狀及專修免許狀。當修得相關學分後才可晉升，例如：專修免許狀除了一般條件跟一種免許狀相同外，尚須多修習任教科目或教育專業科目 24 個單位以上。

2. 特別免許狀的授與條件為：(1)具有學士學位以上者；(2)對任教學科有專門知識或技能；(3)在社會上具有聲望，且對教育有熱忱及認識者。但到 1994 年為止只有二十九件個案，數目很少。

3. 臨時免許狀：只有在無法找到擁有普通免許狀教師的情況下才能發出。一般的臨時免許狀條件為高中畢業及十八歲以上；而高中教師的臨時免許狀資格為：(1)大學至少修業兩年，且修滿 62 單位以上者；(2)高等專門學校畢業；(3)文部大臣認為具有相當高於以上兩項資格者。

　　某些科目及社團活動，則有特別兼任教師制度，沒有免許狀及只能任用一年，例如：國家代表隊隊員指導體育等。

參、考選任用制度

　　取得免許狀後，可向都道府縣教育委員會申請審核，即可獲得教師證書。若要從事教育工作，就要參加考選，合格後派任教職工作，教職第一年必須參加「初任者研修」一年才能成為正式教師。

一、甄選

　　分筆試、實技測驗（體能或音樂等）、作文及論文、面試、性向測驗（多採用「內田氏精神檢查」或「矢田部性格檢查」）、其他經歷參考（如社團活動）六部分，也有地區是有年齡的限制。

　　教師甄選是以都道府縣（47 個）及特別指定都市（12 個，類似我國的院轄市）為單位實施，因此方式大同小異。主要包括筆試（內容為教職修養、一般教養、專門教養等）、論文、面試（分團體和個人）、實技測驗（術科）、體力測驗、適性檢查（性向測驗）等。至於甄選時間，大部分縣市的考選分第一次及第二次，只有三縣不分次數。第一次考試通常在某一地區範圍加以統一舉行，以避免考生奔波及其他問題，全日本分為九區實施，大都在 7 月實施（日本是 4 月入學，四年級可參加考試），第二次則以縣市為單位，大都在 8 月和 9 月實施，最遲 10 月實施，而錄取內定大致在 10 月左右就完成了。

二、任用及初任者研修

1. 任用：初任教育任用資格為一年，必須通過「初任者研修」才能正式成為學校教師。日本法令中，明定教師為公務人員，必須接受派任及定期調動，且不得異議。

2. 初任者研修：
   (1)簡介：依據《教育公務員特例法》規定，由教育委員會對初任教師實施一年義務性質的研修，以培養具實踐指導力的教師。
   (2)對象：初任教師。
   (3)目標：

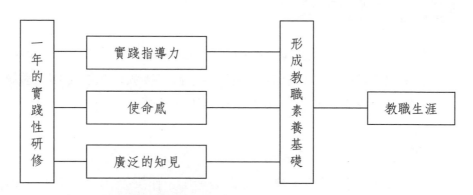

3. 研修內容：一年研修九十天，六十天在校內，三十天在校外。校內可分為六種：教學參觀輔導、教學演示輔導、有關學生輔導的輔導、活用教材及教具等的輔導、處理校務輔導、學校教育整體事務輔導。初任教師在擔任教師的同時，須一面分掌校務，進行行政學習，一面對班級經營、學習指導活動等和老師相關的活動進行研修。校外研修有：小、中學校的團體研修、高中學校的地區研修、特殊學校的地區性研修、海外研修，以實踐及體驗內容為主，配合不同地區的實際情況進行教學訓練。

肆、教師專業發展

日本教師在職進修可依不同角度，區分不同之進修方式。

一、依進修時間區分

1. 職務研修：接受教育委員會或校長的職務命令（研修命令）而去參加研修者即是，此時研修即是應做的職務。
2. 職專免研修：全名是「職務專念免除研修」，是指雖然是上班時間，但可以在不妨礙教學的情況下參與研修活動的一種研修。
3. 時間外研修：在上班時間之外，以自由時間所進行的研修活動。

二、依場所區分

1. 校外研修：在校外參與研修。
2. 校內研修：在校內參與研修。

三、依內容區分

1. 基本研修：又可分：(1)基本按照教職經驗而進行的研修，包括初任者研修、教職經驗者研修（五年、十年、二十年）；(2)按照職位而進行的研修，包括校長研修、教頭研修、教務主任研修、學生指導主事研修等。
2. 專門研修：又可分：(1)學科等的研修，即國語、數學等各教科的研修；(2)有關教育課題的研修，即資訊教育、國際理解教育，以及學生指導等課題之研修。
3. 學位研修：是指在新教育大學及一般教育系統大學研究所學習的學位進修。最近，強調要取得「專修免許狀」，以及以進修研究所取得碩士為主的研習。

四、依辦理機構區分

1. 國家（中央）辦理：(1)管理層研修，包括教職員等中央研修講座、海外研修、學生指導研修、進路指導研修、課程研究集會、教師海外派遣等；(2)以全部教師為對象的研修，主要是指教師課程研修會。

2. 由縣（都道府縣）辦理：(1)依教師經驗長短的研修，包括初任者研修、五年、十年、二十年經驗者研修；(2)依職能的研修，包括校長、教頭及教務研修等；(3)專門的研修，包括教科指導、教法、特別活動、學生指導、進路指導、資訊教育等；(4)長期派遣研修，包括大學、研究所、民間企業之派遣研修。

3. 其他：(1)市町村所實施的研修；(2)教育研究團體實施的研修；(3)研究團體實施的研修；(4)校內研修；(5)自己研修等。

伍、教師輪調制度

　　日本教師依照相關法令規定，是屬於「教育公務員」身分，所以初任職務仍是派任性質，且任職若干年之後，職務調動亦為上級權力與個人義務，通常三至六年必須調動至他校，其範圍是在某一行政區範圍內。且初任教師職務後之第一次調動，以調至偏遠地區為原則，所以師資資源得因輪調制獲得共享與均衡。

陸、師資培育改革趨勢

　　2015 年 12 月中央教育審議會提出三份文件：「有關今後提升擔任學校教育之教師資質能力——朝向建構互學與互相提高能量之教師社群」（184 號）、「作為未來團隊學校的應有作法與今後的改善策略」報告書，以及「為實現新時代教育與地方創生，學校如何與社區合作互動之應有作法與今後的推動策略」（186 號）。其中，「有關今後提升擔任學校教育之教師資質能力——朝向建構互學與互相提高能量之教師社群」指出教師教育改革方

向，主要是提出培育、聘用和研修的一體化、適切的人事管理；其中，培育、聘用和研修一體化，主要目的為使教師再次被視為高專業化人才，以及建立教師為持續學習的形象（文部科學省，2015）。第二份文件「作為未來團隊學校的應有作法與今後的改善策略」提出建構以專業知識為基礎的團隊、強化學校管理職能、整備教師人人能發揮能力之環境等三個觀點（中央教育審議會，2015）。進而於 2015 年 12 月同天同時發布第三份文件「為實現新時代教育與地方創生，學校如何與社區合作互動之應有作法與今後的推動策略」，針對學校和教師應如何和社區互動之策略提出建議。2016 年公布新的一輪課程綱要（《學習指導要領》），2019 年提出「為面對新時代教育，建構具持續性的學校指導與運作體制起見，有關學校各種職務運作改革之綜合策略建議」，針對教師在學校之工作體制作了詳細調整建議。

　　2015 年日本教師培育制度的改革，主要是以「教員養成、聘用和研修一體化」作為主軸，在養成階段的改革有：因應新課題（英語和道德等）及主動學習措施，進而培育能持續改善教學的教師、學校實習的導入（納入教職課程中）、有關教職課程品質保證與提升、整合學科相關科目和教職相關科目；在聘用階段，改革方向有：入職相關銜接措施的普及、檢討教師考試聘用共同出題、活用特別免許狀（教師證書）、活用多方人材；在職研修的改革，可包含推動延續的研習機制、初任者研修之改革、十年研修之改革、中堅（中間）管理幹部的研習改革；首先，推動延續的研習機制方面，改革方向有：培養校內研習的指導員、推動 mentor 方式的研習、和大學及教職研究所合作，以及教師培育協議會的聯絡；其次，初任者研修之改革方向有：檢討初任者研修、推動第二、三年和初任研修的結合；第三，十年研修改革方向有：實施時期的彈性化、明確的目的和內容、培育中堅幹部；第四，管理幹部的研習改革方向有：提升因應新教育課題的經營能力、有體系、有計畫地培育管理人員等。最後，為支持教師繼續學習之職涯體制的整備，其方向有：建立教育委員會和大學等之協作和整合的體制（教師培育協議會）、以教育委員會和大學等之協作而制定教師培育指標和研習計畫、基於全球化和新的課題訂定，國家提示教師培育指標的大綱方針、和利益關係人共同訂定教職核心課程等。

第五節　教育特色與改革趨勢

壹、教育特色

一、穩健的發展與因應時代變遷之改革

　　日本的教育有一個特徵，即除非遇到重大衝擊才會徹底變革，否則僅是漸進修正而已。其制度一經建立，基本架構很少予以推翻，大多僅新增條文，故學制較缺乏彈性。

　　日本近代以來共經歷三次重大教育變革：分別為明治維新、二次大戰結束之後，以及近幾年由於社會變遷及科學發展快速，為因應世界潮流出現的第三次教育改革。前兩次變革所奠定的教育制度，大致都維持一段長久的時間而只做部分的修正；至於第三次教育改革則只是局部改進或新增一些措施，並無劇烈變動。

　　日本在明治維新之前，所有典章制度以中國儒家思想為根基。到明治維新後始走向全盤西化，雖有口號號稱「和魂洋才」，但制度上以採西方作法為主，教育制度則多仿歐洲學制。此時各歐式教育制度之敕令盡出，如 1886 年《小學校令》、《中學校令》、《帝國大學令》，1894 年《高等學校令》，1899 年《高等女學校令》，1903 年《專門學校令》，之後至二次大戰結束前，約有半個世紀在教育制度上無重大改變。

　　二次戰後 1946 年公布《日本國憲法》，提及人民平等受教權、普通教育性質之免費義務教育，為教育制度最高原則，至今已有半個世紀未就其中條文做任何修訂。而 1947 年公布的《教育基本法》也一直適用到今天，而未有任何修正。另外《學校教育法》亦於 1947 年公布，由於規定較具體，故常須因應時代變遷而修訂，然其基本架構實則並無改變，僅是新增條文，且新條文很少改變舊有制度。不過，進入二十一世紀，因應社會變遷與少子化時代之來臨，2005 年公布有關「義務教育之結構改革」報告，2006 年陸續

推動結構性之改革，並且要修訂《教育基本法》，此為比較激進之改革。

二、由「敕令主義」走向澈底的民主法治

　　日本戰前有關教育事項無任何條文，而採「敕令主義」，亦即在明治憲法中無教育相關條文，完全以天皇命令予以規定。

　　戰後《日本國憲法》（1946）公布，才在第26條規定教育機會均等與義務教育制度，復又有《教育基本法》（1947）、《學校教育法》（1947）等相關教育法規。而日本確實嚴格遵守法律規定，少有違背律法的措施出現。日本有一重要特點就是「法律怎麼規定，就怎麼實施」，既不特意先斬後奏，也不刻意違反規章，故政府若欲實施新的教育改革規定，必先行修改法律。

　　日本教育法制的另一項特色是法律規定明確而完備，如各級政府的教育經費負擔關係與比例、《教育職員免許法》的內部條文、師資的儲備與補充性措施等。一切改革政策都先做修法動作，「依法行政」是最高準則。

三、強調一致性與平等主義的制度

　　日本教育制度以一致性為主，缺乏彈性，例如：修業年限的規定使得即便是資優生，也會因為不符規定歲數或年限而無法入學；1999年公布的《學習指導要領》規定，在九年的義務教育階段內，小學校完全沒有選修時間，而中學校平均一星期僅有一到五個小時的選修時間，故在課程安排上不同於我國之九年一貫課程給予教師和學校較大的彈性運用空間。

　　另外需提及的是「平等主義」，這是指日本不像美國般強調「能力本位」。在日本，有能力的人會受到學長學弟關係和「年功序列」的影響而不易向上提升，這一類傳統的影響同樣反映在學校編班及特殊教育之上，例如：日本中小學極少能力分班，因為家長和教師共同認為此措施違反教育機會的均等；再者，日本亦有特殊教育，但其將資優或特殊才能者的安置排除在外，資優教育只在一般班級裡以適性教育方式，由任課教師配合個別差異適時實施。故此，「適應個別差異」成為日本強調一致性與平等主義下，日

本教育高喊的口號。不過,最近已有改變之情況,即強調「個性化」和「個別化」,也開始有部分資優跳級的制度。

四、貫澈首長制的精神

日本教育法令中,層級間事務核准幾乎都以各該機關首長為決定依據,教育條文中很少只用機關名稱,較常以機關首長代表該機關,機關首長和學校中校長的權利大,但也同時擔負成敗責任。

就校長權限而言,日本中小學無教師評審委員會的類似組織,亦無校務會議規定;校長是學校最高權力者,也負最後成敗責任,教職員對於校長的服從性皆頗高。

五、行政主導改革之利弊問題

日本 2010 年以後之改革,是行政為主強力主導之改革,這和安倍政權之強勢領導有關。安倍首相在 2013 年 1 月第二次上臺擔任首相後,就成立「教育再生實行會議」,有別於第一次擔任首相時設置的「教育再生會議」,此次「教育再生實行會議」由 15 名各界人士組成,是首相私人智庫性質,重點任務是討論在政策付諸實行時,其推動方針該如何,包括制定和修訂法令等,討論結果再交由中教審討論並提出諮議報告,中教審變成討論具體的實施方法和設計制度等之機構。但在「教育再生實行會議」之前端,另有隸屬自民黨總裁之「教育再生實行本部」,全由該黨國會議員組成,提出較高改革理念。這是日本中央集權式教育行政特殊模式所導致,當然也可看到日本政府針對目前師資培育問題而做全面性及快速性地規劃與執行,其魄力與行政權在國內是看不到的。當然其利弊將是互見的,一定會有學者批判(教育開發研究所,2016,頁 26-28),但至少可以看到行政決策之有效性,可即時且全面地進行改革與推動,這由中教審繼續且全面地提出諮議報告可以看到,何況日本政府也認定教師培育是一重要之特殊專業,這和大學課程自主等無關,這是國內教育行政機構和大學端可以多做參考的部分。

貳、改革趨勢

　　基本上來說，日本教育的改革趨勢可以 2000 年前後做一分界點，而兩大時期的改革方針皆因應社會變遷快速、國際潮流更迭所造成的各項弊病，無論是各層級教育，諸如中小學及高等教育或學制、多元學習內容等都有所兼顧；雖然 1984 年因應教育變革所成立的「臨時教育審議會」最終仍舊解散，但在解散之前已有相當的策略與改進方案呈現於世，而成果也逐一在之後對日本的教育顯現出效用。

一、1980 至 1990 年代

　　快速的社會變遷在日本造成諸多教育上的困境，如過度強調個人教育資歷、升學競爭激烈、青少年反社會行為與態度、學生缺席、輟學、校園暴力等現象。故於 1984 年成立「臨時教育審議會」，花費三年研究教育問題，並提出三項改革原則：強調個別性、建立終身學習制度、適應社會變遷（含國際化、資訊媒體發展）。

　　1987 年臨時教育審議會解散，中央教育審議會繼續延續政策審議任務，提出六項改革方案：(1)充實終身學習制度；(2)高等教育的多樣化與改革；(3)初等與中等教育的充實與改革；(4)促進科學研究；(5)因應時代變遷而進行改革；(6)教育行政與財政的改革。

　　1990 年文部省乃根據上述方案規劃具體教改策略：

1. 提升教師素質：修改《教育職員免許法》，教師資格分三類、增加教職課程履修條件、導入初任者研修制度。

2. 初等及中等教育：(1)新設置包括綜合學科及學分制高中的高中改革；(2)學校上課五天制的實施；(3)新學力觀和獎勵重視個性的教育；(4)學校導入諮商人員的計畫、重視特教師資的功能、充實諮詢機構、克服欺凌及不上學的對策；(5)充實電腦教育，導入國際理解教育、環境教育等。

3. 高等教育和終身教育：大學設置基準大綱化，廢止通識學部課程之限

制，廢止國立大學通識學部學部，擴充研究所，導入社會人士入學制度，透過產官學合作充實科學技術研究，導入跳級制，引入教學助理制，鼓勵大學自我評鑑。

4. 高中入學考試及大學入學考多樣化，開放部分教育資訊，對教師指導紀錄簿及內申書的部分開放閱覽。

二、2000 年後的教育改革

日本在二次大戰後，雖然實現了教育機會均等政策，提高國民教育水準，但目前在教育現場，國民對教育的信心動搖，也面臨四個重要課題。第一是因都市化與少子化發展之下，家庭和地區的教育力量明顯下降，以致校內有「班級崩壞問題」，校外有青少年凶狠之犯罪案件；第二是青少年間的社會性格、規範信念和道德心非常欠缺；第三是以往太強調平等主義理念，推行過分齊一和過度知識灌輸的教育，以致無法因應學生個別能力的需求；第四是面臨科學技術的快速發展、經濟全球化的形成，以及 IT 資訊革命的進步，學校教育並沒有充分改進和回應。基於上述理由，日本認為除了以學校為中心之制度改革和政策改善外，學校、家庭和地區之整體社會都應進行教育改革。

在 2000 年後之改革，首先是 2000 年 3 月在總理下設置之「教育改革國民會議」提出「教育改革國民會議報告──改變教育之十七個提案」，建議三大主軸，即：(1)實現培育具豐富人性之日本人；(2)實現能發揮個人才能，培育富創造力之領導人；(3)實現能充分支援創建符應新時代需求學校之體制（文部科学省，2005）。其後，文科省於 2001 年 1 月發表「二十一世紀教育新生計畫」，具體提出六項教育改革之政策規劃和時程。2002 年 8 月遠山文科大臣提出「國民能力戰略願景」，從戰略觀點提出教育改革願景，共有四大願景六大政策。2004 年 9 月「未來教育懇談會」針對師資教育和學校改革提出建議。2005 年 10 月中央教育審議會提出「創造新時代的義務教育」審議報告書。2006 年 1 月文科省承繼提出「教育改革之重點行動計畫」，將新時代之教育理念更加明確化，以及提出具體政策落實之策略，包括充實培育有活力人才之教育、整備支持推動充實教育之環境，以及提升家

庭和地區之教育能力三大面向九項策略；然後，還有修訂《教育基本法》和推動義務教育之結構改革等。

　　2006 年 10 月日本又成立「教育再生會議」，至 2008 年 1 月提出最終報告書，就「教育內容」、「教育現場」、「教育支援系統」、「大學及研究所的改革」以及「社會全面出擊」等五個面向提出教育改革建言，而具體策略包括「重新檢視寬鬆教育、學力的提升」，因此而有 2008 年 2 月公布初中和小學的《學習指導要領》，分別於 2012 年及 2011 年開始實施，高中則於 2009 年公布，2013 年開始實施。其次有關「教師素質的提升」方面，則有推動教師證書十年換證制度、推動不適任教師淘汰制度等，另外也有確立中小學學校行政責任體制、改革教育委員會的運作等，各項教育改革也在推動著。

　　2010 年日本開始推動後期中等教育無償制，而學校現場推動學校評鑑及教師評鑑制度，徹底要落實「績效責任」的制度，而其教師評鑑和人事考核結合，主要考核權乃在校長身上，這樣的制度，和教師依法是「教育公務員」身分有關。至於師培制度，重視實習的課程，推動「教職大學院」（teacher's professional school），培養更具實務能力之教師。2012 年 8 月中央教育審議會提出諮議報告，修改教師證書種類，要推動 4 + 2 的制度，將教師學歷逐漸提升至碩士階段。2015 年起推動師資培育一體化之改革策略。2020 年起推動新一波課程改革。2018 年也針對高等教育提出「2040 年高教改革藍圖」報告書，針對「人生百歲時代」來臨，以及國際化時代人才需求，逐步推動高等教育改革。

　　2019 年 4 月 17 日日本文科大臣又向中教審提出「新時代中初等和中等教育之應有作法」諮議請求，其文件中提到「在 OECD 之 PISA 2015 評比中，日本十五歲學童之數學和科學素養（literacy）是 OECD 會員國中之第一名，可見日本學童具有世界最高水準之學力。其次，在全國學力／學習狀況調查中，成績居於下位之都道府縣平均正確回答率和全國平均正確回答率之差距已經縮小，可見全盤提升學力之水平已確實在進展中」。由其文件顯示，日本文科省對於解決因學力下降所導致的學力落差（日文稱學力格差）及相關問題，有信心地表示已經有所改善，新課程綱要揭櫫培育 2030 年之新世代

生存能力，而此次諮議請求，乃針對處於未來超智慧社會「society 5.0 時代」，教育、學校及教師應有之配套政策做一全盤研議，預估兩年左右會提出最後報告。

關鍵詞彙

大學法人化　　　　專門學校
中央教育審議會　　教育改革國民會議
文部科學省　　　　教育委員會
班級崩壞　　　　　學區

自我評量題目

1. 請說明日本社經背景特殊之處。
2. 日本教育行政制度中的「教育委員會」有何特色與功能？
3. 針對日本教師培育方式，加以分析其特色。
4. 日本高中教育學校類型有哪些？
5. 試述日本的教育特色與發展趨勢。

參考文獻

一、日文部分

下村哲夫（2003）。**教育法規便覽**。東京：学陽書房。

大杉昭英（2017）。**平成 28 年版中央教育審議会答申全文と読み解き解説**。東京：明治圖書出版社。

文部科学省（2003a）。**平成 14 年度文部科学白書**。東京：作者。

文部科学省（2003b）。**これからの時代に求められる力とは？**取自 https://www.mext.go.jp/a_menu/shotou/gakuryoku/korekara.htm

文部科学省（2005）。**平成 17 年度文部科学白書**。東京：作者。

文部科学省（2015）。**平成 27 年度文部科学白書**。取自 https://reurl.cc/j7YrjD

文部科学省（2017a）。**小学校学習指導要領**。東京：作者。

文部科学省（2017b）。**中学校学習指導要領**。東京：作者。

文部科学省（2018a）。**高等学校学習指導要領**。東京：作者。

文部科学省（2018b）。**文部科学省「平成 16 年度学校基本調査速報」**。東京：作者。

文部科学省（2018c）。**「諸外国の教育統計」，平成 30（2018）年版**。取自 https://reurl.cc/4RvN7L

平成 19 年度愛知縣高等学校入学（無日期）。取自 https://reurl.cc/qd4Yjq

民主教育協會（2002）。大學（國立大學）の構造改革方針。**IDE 現代の高等教育月刊，2002 年 1 月號**，頁 7。

岡山縣高等学校入学者選拔制度改善之基本方針（2003）。取自 https://reurl.cc/ar8xj3

時事通信社（2002）。**教育データブツワ**。東京：作者。

教育開發研究所（2016）。**教育の最新事情がよくわかる本 3**。東京：作者。

二、中文部分

楊思偉（1999）。**日本教育**。臺北市：商鼎文化。

楊思偉、王如哲（2004）。**比較教育**。臺北縣：國立空中大學。

維基百科（無日期）。**日本**。取自 https://reurl.cc/pd4YjQ

第十二章

中國大陸教育

國　　　名：中華人民共和國

面　　　積：960 萬平方公里（世界第 3 名）

人　　　口：14 億 5 萬人（2020 年）（世界第 1 名）

種　　　族：漢、壯、回、蒙古、維吾爾、藏等 56 個民族，
　　　　　　　其中漢族占總人口的 91.51%

國民所得：9,471 美元（2018 年），
　　　　　　　世界第 61 名

學　　　制：6-3-3-4；5-4-3-4

義務教育年限：九年

在閱讀過本章內容後，學習者應能夠：

1. 了解中國大陸教育的發展背景。

2. 了解中國大陸教育行政制度之特色。

3. 了解中國大陸教育自學前至高等教育之學制。

4. 藉由中國大陸教育經驗思考我國的教育問題。

中國大陸（中華人民共和國）的實際管轄範圍包括中國大陸二十二個省、五個少數民族自治區、四個直轄市及二個特別行政區，國土面積約 960 萬平方公里，僅次於俄羅斯、加拿大而居全球第三位。人口逾 13 億，是世界上人口最多的國家。

中國大陸原則上由中央頒布統一之學校制度，但因幅員廣大，地區差異性大，所以在推動教育政策時，特別是入學年齡和修業年限則由地方彈性處理之。大陸學制原則上以 6-3-3 為主，農村另輔以 5-4-3 制，不過實際上四年制中學很少，大都是三年制，因此小學也逐步調為六年制，朝 6-3 制發展。以往由於成人文盲很多，所以很重視成人教育體系，目前義務教育大致已經普及，但仍強調成人教育體系。而高等教育機構眾多，學生數也是世界之最。

教育方面之問題仍多，教育改革也不斷積極進行，由於和臺灣之政治關係特殊，相關發展頗值得關心與注意。

第一節　國家背景

　　大陸地區於 1949 年成立中華人民共和國，位於亞洲東部、太平洋西岸，陸上分別與亞洲的十餘個國家接壤，並隔黃海、東海、南海分別與朝鮮半島、日本列島、東南亞群島相望，首都北京。中華人民共和國的實際管轄範圍包括中國大陸二十二個省、五個少數民族自治區、四個直轄市及二個特別行政區，國土面積約 960 萬平方公里，僅次於俄羅斯、加拿大而居全球第三位。人口約有 14 億 5 萬人（2020 年 1 月），是世界上人口最多的國家。社會主義制度是中華人民共和國的根本制度，國體是人民民主專政，與之相對應的政體是人民代表大會制度；中國共產黨是《憲法》規定的執政黨。中華人民共和國的國家通用語言文字是普通話和漢字。全國使用統一的時區，即東經 120 度的東八時區。因為與臺灣仍存有政治主體之問題，所以臺灣通稱大陸為「中國大陸地區」。以下分項說明之（維基百科，無日期）。

壹、地理及文化

　　中華人民共和國陸地面積達 9,602,716 平方公里，實際控制 9,596,960 平方公里，國土面積居全球第三位。陸界長 2 萬多公里，從東北部到南部，分別與朝鮮、俄羅斯、蒙古、哈薩克、吉爾吉斯、塔吉克、阿富汗、巴基斯坦、印度、尼泊爾、不丹、緬甸、寮國、越南等接壤。大陸海岸線長 1.8 萬多公里，東隔黃海與韓國、隔東海與日本、隔南海與菲律賓、馬來西亞、汶萊、印度尼西亞及新加坡相望。沿海島嶼有 6,500 多個。

　　大陸地勢西高東低，各類地形占全國陸地面積的比例分別為：山地 33.30%、高原 26.04%、盆地 11.98%、平原 18.75%、丘陵 9.90%。喜馬拉雅山，平均海拔 6,000 公尺，主峰朱穆朗瑪峰，海拔 8,848 公尺，是世界第一高峰。

長江為中國第一大河，全長 6,380 公里，為世界第三長河。其他主要河流有黃河、黑龍江、珠江、淮河等。

中國是世界四大文明古國之一。一般人認為的五千年歷史是從傳說中的黃帝開始，根據「夏商周斷代工程」提供的數據，能夠準確推定的歷史開始於西元前 2070 年的夏朝。與它的悠久歷史相對應，中國文化極為博大精深。

中國人很早就有了自己的文字（甲骨文）。在先秦時代，就有了孔子、老子等偉大的思想家。在那個遙遠時代誕生的諸多作品，至今仍然具有世界影響力，如《道德經》、《詩經》、《春秋》、《論語》等。中國現在共擁有五十二項世界遺產，居世界第二位，其中絕大多數為文化遺產或自然遺產。

貳、民族及人口

中國是世界上人口最多的國家。據 2020 年 1 月之統計，有 14 億 5 萬人。中國有漢、壯、回、蒙古、維吾爾、藏等五十六個官方登記的民族，其中漢族占總人口的 91.51%。少數民族主要集中在西北、西南，以及東北、廣西等地區。佛教、道教等在全國都有分布，伊斯蘭教教徒主要集中在西北地區，藏傳佛教則是西藏自治區的第一大宗教，也有部分人士信奉基督教（新教、天主教）。

中國大陸目前仍在實行人口控制政策，稱為計畫生育，要求城市居民每對夫婦只生一個孩子，在農村地區如果第一胎是女孩子的話，則允許再生一個小孩。這種政策雖然有效控制了人口的迅猛增長，但也導致人口比例失調。為解決因實行長達三十五年的計畫生育，所造成的人口結構問題，例如：總和生育率接近世界最低水準、老齡化嚴重、兒童性別比差異極高等，中國大陸於 2015 年宣布全面二胎，使一胎化政策正式走入歷史。

中國在人口的結構上，大部分是漢民族，其他有蒙、回、藏等五十六族。這些少數民族中，有些擁有自己的文字，而大部分都有自己的語言，因此在這多民族的地區裡，在教育層面上，對各民族的語言、獨特的文化和傳

統，做特殊處置是不可或缺的。同時，一般被稱為中國語的漢族語言中，雖然是同一種語言，但是就像外國語般不同的方言也有，其主要的就有八種之多。因此提倡以北京音為準的標準語，在學校獎勵用這種「普通話」來教學。在人口素質方面，與發展國家相比，中國人口的受教育程度也是處於中等偏低的水平。

參、政治及經濟

中國大陸是一個社會主義國家，在某種程度上採用了市場經濟模式（此模式稱為中國特色社會主義市場經濟）。中國共產黨是中華人民共和國唯一的執政黨，中華人民共和國實行人民民主專政的治理方式。人民民主專政包含對人民內部的民主方面和對反動派的專政兩方面。人民民主的主體是人民，包括工人、農民、小資產階級和民族資產階級。

《中華人民共和國憲法》規定將公民的結社權作為公民的基本權利之一，目前中華人民共和國有各種社會團體，憲法保護其合法權利，每一個公民享有組織各種經濟、文化類的社會團體、公司、集團。目前幾個著名的團體，其作為政治協商、民主監督、參政議政的組成部分，在全國人大、全國政協行使權利。

根據《中華人民共和國憲法》，中華人民共和國是一個民主集中制國家，中國共產黨是中華人民共和國的唯一執政黨，其他黨派作為參政黨。國家元首為中華人民共和國主席，由全國人民代表大會選舉產生，每屆任期五年，無連任限制（2018年取消國家主席與副主席連續任職不得超過兩屆）。人民代表大會是中華人民共和國的最高國家權力機構，中華人民共和國國務院為最高國家權力的執行機關，國家最高行政機關，實行總理負責制。

1987年末，鄧小平改變經濟政策，將經濟從舊有的蘇聯計畫經濟體制轉為市場導向經濟模式，但政府依然有相當程度的主導地位。在這種改革下，農村的家庭聯產承包責任制逐漸取代了原先的農業合作社，允許工業企業中的企業領導有更大控制權，允許私人經營服務業及輕工業，並打開國門允許外資進入。中國內地實行稱為「中國特色的社會主義市場經濟」政策。

　　由於政府不斷強調增加個人收入，並鼓勵採用新的管理模式來提高產量；政府也將外資作為刺激經濟增長的手段，因此四十多年間，建立了六個經濟特區和超過二千個規模不一的經濟開發區，為外資提供更寬鬆的政策以及更好的投資環境，以吸引外國資本。改革開放的政策十分成功，在 1978 至 2007 年平均實質增長 9.8%，國民生產總值增長近十倍，人口貧困率從 1970 年代末的 64%下降至 2004 年的 10%以下。中華人民共和國內地關貿區以「中國」名義於 2001 年 12 月加入世界貿易組織。2011 年中國經濟增長速度相當於其他八大工業國組織國家總和。

肆、行政區

　　目前大陸的行政區基本上劃分為省（自治區、直轄市、特別行政區）、縣（自治縣）、鄉（鎮）三級。省級行政區共分二十二個省、四個直轄市（北京、天津、上海、重慶）、五個自治區、二個特別行政區。共產政權成立後，大陸因經年政治革命運動頻繁，阻礙了社會進步，直到 1976 年文化大革命結束後，從 1980 年開始採取開放改革政策，社會經濟才有明顯的改變。在經濟方面，由計畫經濟改為自由經濟，帶動社會經濟之發展，產生「萬元戶」、「個體戶」等資本主義之產物。1987 年天安門事件發生，曾使各種開放政策稍微退後，不過 1990 年代以後，各種以「經濟掛帥」為主的政策不斷推動，使得大陸各方面的改變非常快速。

第二節　教育行政制度

壹、中央機構

　　中國大陸之基本國家政策，是由共產黨決策，然後由全國人民代表大會及國務院法令化，再交付實施。國務院是國家最高權力之機構，教育部為其中機構之一。2019 年，教育部現有部長一人，主持全面工作；副部長六人，

分別掌管發展規劃、民辦教育、職業教育、民族教育、成人教育、師資培育、政策法規、體育衛生與藝術教育、國際合作與交流、港澳臺教育合作與交流、檢記和監察工作等；內部機構設 19 個司（中華人民共和國教育部，2019a）；部中並有黨及政府組織。除了教育部掌管教育外，國務院其他部會也分別掌管各自專門教育之高等教育機構或中等專門學校，在其機構內會設置「教育司」或「教育局」管理。另外，國務院學位委員會事務室和中國聯合國教科文組織全國委員會，非教育部之直屬機構，算是代理管理機構，也置教育部中。

1985 年「中共中央關於教育體制改革的決定」頒布之後，將教育部改為國家教育委員會，負責統合和管理全國的教育事務。1998 年朱鎔基總理時代，注重經濟改革與開放，為有效管理教育事業，將國家教育委員會重新更名為教育部，仍然採行中央集權的教育行政體制。

依據 1995 年公布的《中華人民共和國教育法》第 15 條之規定：國務院教育行政部門（教育部）主管全國教育之工作，統籌規劃、協調管理全國的教育事業。

教育部為中國最高教育行政機關，部內設有辦公廳，以及政策法規司、發展規劃司、綜合改革司、人事司、財務司、基礎教育司、職業教育與成人教育司、高等教育司、民族教育司、教師工作司、體育衛生與藝術教育司、思想政治工作司、社會科學司、科學技術司、高校學生司、語言文字應用管理司、語言文字資訊管理司、國際合作與交流司、學位管理與研究生教育司等 19 個司級單位，以及機關黨委及其他單位（教材局、督導局、巡視工作辦公室、離退休幹部局、中國聯合國教科文組織全國委員會秘書處）（中華人民共和國教育部，2019a）。

另外，尚有一些直屬單位包括教育部機關服務中心、國家教育行政學院、中國教育科學研究院、教育部教育發展研究中心、教育部高等學校社會科學發展研究中心、教育部職業技術教育中心研究所、孔子學院總部、教育部科技發展中心、語言文字應用研究所、國家開放大學、中央電化教育館、中國教育電視臺、教育裝備研究與發展中心、教育部教育管理資訊中心、課程教材研究所、國家留學基金管理委員會秘書處、教育經費監管事務中心、

教育部民族教育發展中心、中國教育報刊社、教育部考試中心、教育部留學服務中心等總計 34 個單位（中華人民共和國教育部，2019b）。

貳、地方教育機構

一、省、自治區、直轄市級

省、自治區、直轄市教育委員會（或教育廳局），主要負責管理各該省、自治區或直轄市的教育事務。各省教育委員會內的組織機構，整體上一般設有：辦公室、政策法規處、人事處、發展規劃處、綜合改革處、教育經費管理處、省政府教育督導室、基礎教育處、高等教育處、學位管理與研究生教育處、職業教育處、民辦教育與繼續教育處、高校學生處、教師工作處、體育衛生與藝術教育處、科學技術處、學校安全管理處、高校幹部處、學校組織處、學校統戰處、思想政治工作處等單位（山東省教育廳，2018；湖北省教育廳，2019；湖南省教育廳，2019），但有時會因各省需求不同，而略有差異。

其直屬單位可包含直屬單位和直屬學校，其中直屬單位整體包括有：教育科學研究院、教育考試院、教育電視臺、電化教育館、學生資助中心、後勤服務中心、教學儀器或教育技術裝備供應部等單位；直屬學校則以各省內的直轄中小學校和高等教育機構為主（山東省教育廳，2018；湖北省教育廳，2019；湖南省教育廳，2019）。

二、地級市、地區、自治州

一般均設有教育委員會或教育局，是負責領導管理各該地區教育事業的行政機關。一般在教育委員會（局）下設辦公室、基礎教育科、學前教育科、職業教育與成人教育科、體育衛生藝術教育科、安全法制教育辦公室、學校後勤管理辦公室、學生資助管理中心、教育督導辦公室、政工科、教師管理科、發展規劃科、經費管理科、監察審計科、教育工會辦公室、機關黨委辦公室等單位（天門市教育局，2019；恩施土家族苗族自治州教育局，2012；潛江市教育局，2019）。有時會因省轄市的需求不同，而略有差異。

三、縣、市（大都市市區）教育委員會（教育局）

縣、市教育委員會（教育局）在縣、市人民政府和上級教育行政機關的領導下，負責管理本縣市教育工作。

一般縣、市教育委員會（教育局）下設：辦公室、人事教育科、基礎教育科、計畫財務科（基建審計）、體育衛生藝術科、職業成人教育科、教師管理科、督導辦公室、綜合治理及安全管理科、監察室、語委辦、城區教育管理科、工會、婦委會、團委；教育局有正局長 1 人、副局長 4 人，紀檢組長 1 名，政府正、副主任督學各 1 名，教育工會主席 1 名，總計 9 位（鄂州市教育局，2018；黃岡市教育局，2019）。

四、鄉（鎮）教育委員會

鄉（鎮）教育委員會主任均由主管教育的副鄉（鎮）長兼任，副主任二人，由鄉（鎮）教育助理、鄉（鎮）中心小學校長擔任，鄉（鎮）中學校長、小學校長和各村村長為委員，每月召開會議一次，研究與本鄉（鎮）有關的教育工作，如有臨時重要工作，可加開會議，平常則由教育助理或中心小學校長負責。

參、教育行政機關的特色

一、黨的權力超越一切

中國在共產黨的統治下，實行中央集權，以黨領政，黨的權力超越政府機關，在每一層級的教育行政機關均設有黨委辦公室，各級學校的組織架構中亦不例外。黨書記負責和監督的不只是政治思想教育工作，還包括所有的教育相關領域。

高中學校以下是黨委領導制行政制度，高等教育則是黨委與校長雙重領導制。

二、教育行政機關內的單位不斷增加

　　1949年新中國成立初期，教育部所屬單位不過十個，1958年擴展到十六個，1982 年已有二十一個，進入 1990 年代，教育部內已擴大到設有四十多個一級單位。另外，委員會、中心、辦公室及其他事業單位也不斷在增加。截至 2019 年，教育部所屬單位總計有 26 個單位（不含直屬單位和直屬學校）（中華人民共和國教育部，2019a）。

三、研究和諮詢機構日益受到重視

　　無論是中央或地方層級的教育行政機構，皆設有直屬單位與直屬學校，其中直屬單位更以該省或地區的研究機構為主。在中央有直屬教育部的國家教育行政學院、中國教育科學研究院、教育部教育發展研究中心、教育部高等學校社會科學發展研究中心、教育部職業技術教育中心研究所等；以山東省教育廳為例，在地方有：教育科學研究院、教育考試院、教育電視台、電化教育館、學生資助中心、後勤服務中心、教學儀器或教育技術裝備供應部等單位。

第三節　學校制度

　　中國大陸原則上由中央頒布統一之學校制度，但因幅員廣大，地區差異性大，所以在推動教育政策時，特別是入學年齡和修業年限則由地方彈性處理之，大陸學制原則上以 6-3-3 為主（如圖 12-1 所示），農村另輔以 5-4-3 制，不過實際上四年制中學很少，大都是三年制，因此小學也逐步調為六年制，朝 6-3 制發展。以往由於成人文盲很多，所以很重視成人教育體系，目前義務教育大致已經普及，但仍強調成人教育體系。以下分為學前教育、初等教育、中等教育、高等教育說明之。

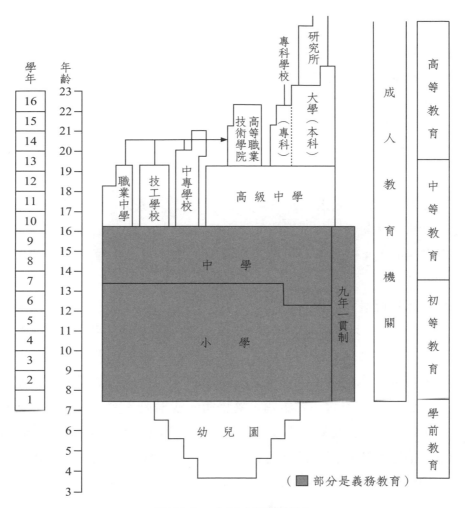

圖 12-1　中國大陸學制圖

資料來源：文部科学省（2017）

壹、學前教育

　　目前大陸的學前教育機構，包括招收一至三歲幼兒的「托兒所」，和招收三歲以上學齡前幼兒的「幼兒園」。幼兒園學生年齡從三至六歲（或七周歲），單獨設立或附屬在小學，兼有教育和保育功能，一般是三年，少部分是二年或一年（中華人民共和國教育部，1996）。而經營型態又分全天制、

半天制、定時制或全週都托育之住宿制四種。全天制乃採從早上八到下午六點，提供兩餐之方式。設立主體除地方政府之公立幼兒園外，目前也鼓勵企業、社會團體及私人設立。

2017 年中國大陸在學前教育方面，全國共有幼兒園約 25 萬所，入園兒童約有 1,937 萬人，在園兒童約有 46 萬人，學前教育毛入園率達到 79.6%；其中民辦幼兒園約有 16 萬所，入園兒童約有 999 萬人，在園兒童約有 2,572 萬人（中華人民共和國教育部，2018a）。

幼兒園每班幼兒人數一般為：小班（三至四周歲）25 人、中班（四至五周歲）30 人；大班（五周歲至六或七周歲）35 人、混合班 30 人，學前幼兒班不超過 40 人；寄宿制幼兒園每班幼兒人數酌減（中華人民共和國教育部，1996）。

幼兒園實行保育與教育相結合的目標是：(1)促進幼兒身體正常發育和機能的協調發展，增強體質，培養良好的生活習慣、衛生習慣和參加體育活動的興趣；(2)發展幼兒智力，培養正確運用感官和運用語言交往的基本能力，增進對環境的認識，培養有益的興趣和求知欲望，培養初步的動手能力；(3)萌發幼兒愛家鄉、愛祖國、愛集體、愛勞動、愛科學的情感，培養誠實、自信、好問、友愛、勇敢、愛護公物、克服困難、講禮貌、守紀律等良好的品德行為和習慣，以及活潑開朗的性格；(4)培養幼兒初步的感受美和表現美的情趣和能力（中華人民共和國教育部，1996）。

幼兒園的教育，應是：(1)實施體、智、德、美全面發展的教育，遵循幼兒身心發展的規律，符合幼兒的年齡特點，注重個體差異，因人施教，引導幼兒個性健康發展；(2)面對全體幼兒，熱愛幼兒，堅持積極鼓勵、啟發誘導的正面教育；(3)綜合組織各方面的教育內容，融入於幼兒一日生活的各項活動中，充分發揮各種教育手段的交互作用；(4)創設與教育相適應的良好環境，為幼兒提供活動和表現能力的機會與條件；(5)以遊戲為基本活動內容，寓教育於各項活動中（中華人民共和國教育部，1996）。

幼兒園的教育內容是全面的、啟蒙性的，可以相對劃分為健康、語言、社會、科學、藝術等五個領域；就語言領域為例，目標有：(1)樂意與人交談，講話禮貌；(2)注意傾聽對方講話，能理解日常用語；(3)能清楚地說出

自己想說的事；(4)喜歡聽故事、看圖書；(5)能聽懂和會說普通話；內容與要求上則有（中華人民共和國教育部，2001a）：

1. 創造一個自由、寬鬆的語言交往環境，支持、鼓勵、吸引幼兒與教師、同伴或其他人交談，體驗語言交流的樂趣，學習使用適當的、禮貌的語言交往。
2. 養成幼兒注意傾聽的習慣，發展語言理解能力。
3. 鼓勵幼兒大膽、清楚地表達自己的想法和感受，嘗試說明、描述簡單的事物或過程，發展語言表達能力和思維能力。
4. 引導幼兒接觸優秀的兒童文學作品，使之感受語言的豐富和優美，並通過多種活動幫助幼兒加深對作品的體驗和理解。
5. 培養幼兒對生活中常見的簡單標記和文字元號的興趣。
6. 利用圖書、繪畫和其他多種方式，引發幼兒對書籍、閱讀和書寫的興趣，培養前閱讀和前書寫技能。
7. 提供普通話的語言環境，幫助幼兒熟悉、聽懂並學說普通話，少數民族地區還應幫助幼兒學習本民族語言。

貳、初等教育

大陸於 1986 年首度公布《義務教育法》，推動九年制之義務教育。而入學年齡原則定為六歲，但農村地區大都是七歲入學，不過都會地區已降至六歲入學，各地也在調整中。由於地區落差大，推動九年義務教育非常困難，到 2005 年大致完成實施九年義務教育之目標。中華人民共和國義務教育方針主要為：必須貫徹國家的教育方針，實施素質教育，提高教育質量，使適齡兒童、少年在品德、智力、體質等方面全面發展，為培養有理想、有道德、有文化、有紀律的社會主義建設者和接班人奠定基礎（中華人民共和國教育部，2015）。在以上述方針為基礎下，中國大陸義務教育之意義有三：

1. 就學的義務，是對學齡兒童（六至十五歲）、父母或監護人，以及社會之任何個人或企業組織而言。

2. 設校的義務，是指地方各級人民政府（鄉、縣、村）應該負起興學責
   任，使人民有受教育機會。

3. 教育保障的義務，是指學齡兒童在一定受教育期間（六至十五歲），
   須極力排斥有妨害其身心發展之勞動工作。因此，義務教育是指依法
   律規定，適齡兒童、少年都必須接受國家、社會、家庭必須予以保證
   的國民義務教育（周愚文、高烈修、高建民，1999）。而初等教育可
   分普通小學和成人初等學校，再加以說明。

一、普通小學

普通小學有六年制和五年制兩種，入學年齡由七歲向六歲移轉中，依地
區之特殊規定，七歲、六歲半、六歲入學皆有。根據 2017 年統計之資料，
小學約有 16 萬所，另有小學教學點約 10 萬個，招生約 1,766 萬人，在校生約
10,093 萬人，畢業生約 1,565 萬人，小學學齡兒童淨入學率達到 99.91%；其
中民辦小學有 6,107 所，招生約有 137 萬人，在校生約有 814 萬人（中華人民
共和國教育部，2018a）。

課程標準由國家統一頒布，稱為課程綱要，再依此標準，由各省、自治
區、直轄市依地區特性制訂各自之課程準則；另外，各個科目內容由中央頒
布《義務教育課程標準》統一規範。目前實習的課程綱要為 2001 年所頒布
的《基礎教育課程改革綱要（試行）》，另 2011 年頒布的《義務教育課程標
準》可歸納為語言類（語文、英語、日語、俄語）、思想與道德類（品德與
生活、思想品德、品德與社會）、人文社會科學類（地理、歷史、歷史與社
會）、數學、自然科學類（初中科學、化學、生物、物理）、藝術類（美
術、音樂），總計 17 科（中華人民共和國教育部，2001b；國家教育研究
院，2011）。

二、成人初等學校

此為成人補習教育，主要學習語文、算術兩科。教育識字班，招收文
盲、半文盲入學，以學會 1,500 至 2,000 個常用字為教育標準。根據 2014 年

統計之資料，成人初等學校總計約 20,000 所，在校生有 124 萬人，畢業生有 117 萬人（中華人民共和國教育部，2014a，2014b）。

另外，部分地區已經推動小學和初中銜接之九年一貫學校新制度。

參、中等教育

一、前期中等教育

初中有三年和四年制兩種，四年制銜接小學五年制，主要在農村，但因繼續升學高中職者較少，故第四年通常以職業技術教育充當之。四年制初中不多，2012 年統計僅有 44,021 位學生就讀（中華人民共和國教育部，2012a）。另外，仍有極少的職業初中，2014 年統計約 40 所（中華人民共和國教育部，2014b）；另外一部分和後期階段之職業高中同設在一所學校中。

根據 2017 年統計之資料，初中學校總計 50,000 所（含職業初中 15 所），招生約 1,547 萬人，在校生約 4,442 萬人，畢業生約 1,397 萬人，初中階段毛入學率 103.5%；其中民辦初中有 5,277 所，招生約 209 萬人，在校生約有 577 萬人（中華人民共和國教育部，2018a）。

課程部分，為迎接二十一世紀，大陸在基礎教育（指小學至高中）課程進行第八次課程改革（馮生曉，2004）。此次課程改革，從醞釀、研制、試驗到推廣，都經歷了一段較長的時間，參與的成員也很多，是歷次改革所未見。自 1996 年 7 月起，基礎教育司開始組織課程專家，對前一次 1993 年之九年義務教育課程實施現況進行調查研究，1999 年 1 月進行規劃及起草新課程，同時進行各科標準制訂、教材編寫、各項專題研究，而於 2001 年公布《基礎教育課程改革綱要（試行）》；同年 9 月，新一輪十八個科目課程標準、四十九冊實驗教材通過審查，開始在全國三十八個實驗區進行實驗。2001 年 11 月頒布「義務教育課程設置實驗方案」，2002 年擴大至全國每一地、市都有一個實案區，2003 年對課程標準和實驗教材全面修訂，2004 年進入全面推動階段（馮生曉，2004）。

　　此次義務教育新課程設置特色是，九年一貫整體設置，加強均衡性、綜合性、選擇性。依據學生身心發展的規律和學科知識的內在邏輯、不同年齡層兒童成長的需要和認知規律、時代發展和社會發展對人才的要求，課程種類由低年級到高年級逐漸增加。小學階段以綜合課程為主，初中階段設綜合或分科課程，供地方和學校自主選擇。地方和學校可選擇以綜合為主的課程，也可選擇以分科為主的課程，還可選擇分科與綜合相結合的課程，鼓勵各地選擇綜合課程。

　　為保證課程的均衡性，此次課程設置根據德、智、體、美等方面全面發展的要求，各門課程比例適當，並可按照地方、學校實際和學生的不同需求進行適度調整，保證學生和諧、全面發展。

　　課程的綜合性主要體現在注重學生經驗，加強學科滲透。各門課程都重視學科知識、社會生活和學生經驗的整合，改變課程過於強調學科本位的現象。另外，設置綜合課程，一至二年級設品德與生活課，三至六年級設品德與社會課，以適應兒童生活範圍逐步從家庭擴展到學校、社會，經驗不斷豐富，社會性逐步發展；三至九年級設科學課，旨在從生活經驗出發，體驗探究過程、學習科學方法、發展科學精神；一至九年級設藝術課，引導學生體驗、感受多種藝術，提高審美情趣。同時，增設綜合實踐活動，內容主要包括資訊技術教育、研究性學習、社區服務與社會實踐，以及勞動與技術教育等。使學生透過親身實踐，培養創新精神與實踐能力，綜合運用知識解決問題的能力，培養學生的社會責任感。

　　為加強課程的選擇性，在課時的分配上，劃定適當的比例給地方和學校，為地方、學校和學生選擇課程提供了可能性。鼓勵各地發揮創造性，辦出有特色的學校。在達到九年義務教育基本要求的前提下，農村普通中學試行「綠色證書」教育，形成有農村特點的學校課程結構（中華人民共和國教育部，2011）。

　　義務教育課程設置及比例內容如表12-1所示。另外，每學年上課時間35週，學校機動時間 2 週，由學校根據具體情況自行安排，如文化節、運動會、遠足等。複習考試時間 2 週（九年級第二學期畢業複習考試時間增加 2 週），寒暑假、國家法定節假日共 13 週。晨會、班會、科技文化活動等由

表 12-1　義務教育課程設置及比例

課程門類	年級									九年課時總計（比例）
	一	二	三	四	五	六	七	八	九	
品德與生活	3	3								7 至 9%
品德與社會			2	2	3	3				
思想品德							2	2	2	
歷史與社會							3	3	3	3 至 4%
科學			3	3	3	3	4	4	4	7 至 9%
語文	8	8	6	6	6	6	6	5	5	20 至 22%
數學	4	4	4	4	5	5	5	5	5	13 至 15%
外語			2	2	2	2	4	5	5	6 至 8%
體育	3	3	3	3	3	3				10 至 11%
健康與體育							2	2	2	
藝術	4	4	4	4	2	2	2	2	2	9 至 11%
綜合實踐活動			6	6	6	6	6	6	6	16 至 20%
地方與學校課程	4	4								
週課時總量	26	26	30	30	30	30	34	34	34	274
學年總課時	910	910	1050	1050	1050	1050	1190	1190	1122	9522

資料來源：修改自中華人民共和國教育部（2011）

學校自主安排。綜合實踐活動以及地方與學校課程共占課時總量16至20%，綜合實踐活動一般安排為 6 至 8%，地方與學校課程一般安排 10 至 12%，可以整合使用。綜合實踐活動是國家規定的必修課，主要包括資訊技術教育、研究性學習、社區服務與社會實踐，以及勞動與技術教育（中華人民共和國教育部，2011）。

二、後期中等教育

（一）類型

　　高中階段學校種類包括普通高中、職業高中、技工學校、中等專業學校，主要採入學考試，另有成人中等學校。至於普通高中目前有「畢業會

考」，通過之後才能參加大學普通高等學校招生全國統一考試，簡稱「高考」。

1. 普通高中：高中修業年限為三年。
2. 職業高中：招收初中畢業生，修業年限一般為三年。
3. 技工學校：一般招收初中畢業生，修業年限為二至三年。
4. 中等專業學校：招收初中畢業生，修業年限為三至四年；招收高中畢業生的為兩年，目前後者之入學率已經很少。
5. 成人中等學校：以高中階段為主，亦分成人高中、職業高中、中等專業學校等。

其次，採取多種形式辦學，是中國大陸中等教育制度的重大特色。1985年公布「中共中央關於教育體制改革的決定」及 1986 年公布之《義務教育法》，對大陸學制改革具有重大的指導意義，其重要提示包含了中等教育學制具有多層次、多樣化的特點。多種形式辦學在大陸地區也可稱為「兩條腿走路」，意指國家辦學與集體辦學並舉、全日制學校與業餘學校並舉、普通教育與職工技術教育並舉的辦學方針。因此在中等教育階段，包括了全日制普通中學、中等專業學校（中專）、技工學校、職業學校、半工半讀中學、業餘中學、成人教育管道的中等學校、成人中等專業學校等。

根據 2017 年統計之資料，接受各種非學歷高等教育的學生約有 927 萬人，當年度畢業（含結業）約有 980 萬人，接受各種非學歷中等教育的學生約有4,538萬人，當年度畢業（含結業）約有4,744萬人（中華人民共和國教育部，2018a）。

大陸中等教育階段採用多種形式辦學的「兩條腿走路」制度，其最大的因素有下列幾項。

1. 地區幅員廣大，以適應不同地區的需求

由於大陸地區領土廣闊，每個地區差異性很大，為適應不同地區的個別條件，必須採取多樣性的辦學形式來取代單一的學制，因此為克服不同地區的需求，大陸地區中等教育學制乃採取多種形式辦學。

2. 教育經費不足

　　大陸地區受限於教育經費不足的情況，因此以多種型態的辦學方式，將教育經費儘量做最大的運用。

3. 文盲比例過高

　　受到文化大革命及經濟拮据的影響，目前大陸地區文盲比例仍然相當高，很多偏遠地區人民不識字，但又礙於生計等考量，無法回到學校接受全時的教育，為解決過高的文盲比例，於各地辦理不同形式的學校，以解決此問題。

4. 人口眾多

　　由於大陸地區人口眾多，在有限的教育經費之下，為了使人民能就學，因此運用不同的管道辦理不同形式的教育，以期提高人民的知識水準。

　　此外，以往大陸就讀普通高中的學生仍屬於少數，許多學生選擇就讀職業學校，當畢業之後可以馬上進入工廠從事生產，為家庭帶來額外的收入，與早期臺灣發展加工出口區時有相同的情形。但這幾年來，讀普通高中的學生人數愈趨增加，除了一方面為大陸政府的政策外，也與世界其他國家發展的情形相同，大家都希望藉由接受大學教育而進入高收入的職場範疇。根據2017年統計之資料，全國高中階段教育總計有24,600所學校；其中，普通高中13,600所，成人中等學校有392所，中等職業教育有10,700所學校。普通高中在校學生約712萬人，職業高中在校學生約414萬人，技工學校在校生約338萬人，成人中等學校在校生約127萬人（中華人民共和國教育部，2018a）。另外，民辦普通高中有3,002所，在校生約306萬人；民辦職業學校有2,069所，在校生約197萬人（中華人民共和國教育部，2018a）。

　　簡言之，就學校數和學生數而言，普通高中與職業學校各占一半。

（二）課程

　　高中課程部分，配合義務教育課程改革，2003年公布「普通高中課程方案（實驗）」，2004年先在四省進行實驗，其後逐步擴大，2006年約有60%

學生參加新課程實驗，2007 年全面推動新課程。此次新課程之結構說明如下。

1. 課程結構

普通高中課程由學習領域、科目、模組三個層次構成。

(1)學習領域

高中課程設置了語言與文學、數學、人文與社會、科學、技術、藝術、體育與健康、綜合實踐活動八個學習領域。

設置學習領域能更好地反映現代科學綜合化的趨勢，有利於在學習領域的視野下研製各科課程標準，指導教師教學；有利於整體規劃課程內容，提高學生的綜合素質，體現對高中學生全面發展的要求；同時，要求學生每一學年在所有學習領域都獲得一定學分，以防止學生過早偏科，並避免學習科目過多，使有利於學生全面發展。

(2)科目

每一領域由課程價值相近的若干科目組成。八個學習領域共包括語文、數學、外語（英語、日語、俄語等）、思想政治、歷史、地理、物理、化學、生物、藝術（或音樂、美術）、體育與健康、技術等十二至十三個科目。其中技術、藝術是新增設的科目，藝術與音樂、美術並行設置，供學校選擇。鼓勵有條件的學校開設兩種或多種外語。

(3)模組

每一科目由若干模組組成。模組之間既互相獨立，又反映學科內容的邏輯聯繫。每一模組都有明確的教育目標，並圍繞某一特定內容，整合學生經驗和相關內容，構成相對完整的學習單元；每一模組都對教師教學行為和學生學習方式提出要求與建議。

模組的設置有利於解決學校科目設置相對穩定與現代科學迅速發展的矛盾，並便於適時調整課程內容；有利於學校充分利用場地、設備等資源，提供豐富多樣的課程，為學校有特色的發展創造條件；有利於學校靈活安排課程，學生自主選擇並及時調整課程，形成有個性的課程修習計畫。

2. 學科設置及其說明

　　2017年提出「普通高中課程方案（2017版）」，對學科設置進行修訂，說明如下（中華人民共和國教育部，2018b，頁4-7）：

(1)學制與課時：普通高中學制為三年。每學年 52 週，其中教學時間 40 週，社會實踐 1 週，假期（包含寒暑假、節假日和農忙假）11 週。每週 35 課時，每課時 45 分鐘，18 課時為 1 學分。

(2)課程類別：普通高中課程由必修、選擇性必修、選修三類課程構成。

　①必修課程：由國家根據學生全面發展需要設置，所有學生必修全部修習。

　②選擇性必修課程：由國家根據學生個性發展和升學考試需要設置，參加普通高等學校招生全國統一考試的學生，必須在本類課程規定範圍內選擇相關科目修習，其他學生結合興趣愛好，也必須選擇部分科目內容修習，以滿足畢業學分的要求。

　③選修課程：由學校根據實際情況統籌規劃開設，學生自主選擇修習。其中，一部分是國家在必修和選擇性必修基礎上設計的拓展、提高及整合性課程；一部分是學校根據學生的多樣化需求、當地社會經濟、文化發展的需要，以及學校辦學特色等設計的校本位課程。

(3)開設科目與學分：普通高中開設語文、數學、外語、思想政治、歷史、地理、物理、化學、生物學、技術（含資訊技術和通用技術）、藝術（或音樂、美術）、體育與健康、綜合實踐活動等國家課程，以及校本位課程，總計 14 科。具體學分方面有如表 12-2 所示。

(4)科目安排：科目內容根據學科自身特點和學生學習需要設計。必修內容原則上按學期或學年設計，選擇性必修和選修內容原則上按模組設計。模組之間既相對獨立，又體現學科內在邏輯。模組教學時間根據實際需要設定，一般為 18 課時的倍數。

　①外語：包含英語、日語、俄語、德語、法語、西班牙語。學校自主選擇第一外語科目，鼓勵學校創造條件開設第二外語。

　②技術：包含資訊技術和通用技術，其必修內容分別依照 3 學分設計模組。

表 12-2　普通高中開設科目與學分（2017 年版）

學習領域	科目	必修學分	選擇性必修學分	選修學分
語言與文學	語文	8	0〜6	0〜6
	外語	6	0〜8	0〜6
數學	數學	8	0〜6	0〜6
人文與社會	思想政治	6	0〜6	0〜4
	歷史	4	0〜6	0〜4
	地理	4	0〜6	0〜4
科學	物理	6	0〜6	0〜4
	化學	4	0〜6	0〜4
	生物學	4	0〜6	0〜4
技術	技術（含資訊技術和通用技術）	6	0〜18	0〜4
藝術	藝術（或音樂、美術）	6	0〜18	0〜4
體育與健康	體育與健康	12	0〜18	0〜4
綜合實踐活動	綜合實踐活動	14		
	校本位課程			≥ 8
	合計	88	≥ 42	≥ 14

資料來源：修改自中華人民共和國教育部（2018b）、文部科学省（2016，頁 251）

③藝術：可與音樂、美術兩科互相取代，具體開設科目由學校自行確定。

④體育與健康：必修內容必須在高中三學年持續開設。

⑤綜合實踐活動：由研究性學習、社會實踐和志願服務三部分組成，主要透過考察探究、社會服務、職業體驗等方式進行，由學校統籌規劃與實施。綜合實踐活動共 14 學分，其中研究性學習 6 學分，完成 2 個課題研究或項目設計，以開展跨學科研究為主；社會實踐 6 學分，包含黨團活動、軍訓、社會考察、職業體驗等；志願服務 2 學分，在課外時間進行，三年不得少於 40 小時。

(5)畢業學分要求：學生完成相應課程規定課時的學習並考試合格，即可獲得相應學分。學生畢業學分最低要求為 144 學分，其中必修課程 88

學分，選擇性必修課程 42 學分，選修課程 14 學分（含校本課程 8 學分）。

三、進級和升學制度

（一）進級制度

2006 年以前，大陸初等和中等教育採取學年制，每年成績若未達晉級條件，則會留級，另外也有資優跳級制度。小學主要以語文和數學兩科中有一科不及格，或其他科目有兩科以上不及格，再經補考仍不及格，就會留級。初中部分也有地區之特殊規定，以上海為例，語文、數學、外語三主科中之兩科，或其中一科和其他科目有兩科不及格者，就會留級。不過小學及初中階段之留級，因對身心發展不利，2006 年新《義務教育法》實行後取消留級制度。而初中畢業時，由學校或地區辦理之畢業考試，通過後才能取得畢業證書（簡稱中考），而高中則有畢業會考，目前部分地方實行「兩考合一」，相關制度也都在改革中。

（二）升學制度

初中通常是按學區免試入學，但升學率較高的初中仍採入學考試，少數越區就讀或分數未達錄取標準的學生，也可採繳費或捐資方式入學（一般義務教育階段，初中學生免學費但仍需繳雜費）。

1998 年起，北京和上海才真正停止小學進入初中之入學考試，其他地方若仍未真正實施義務教育時，仍以入學考試成績和畢業考試成績為依據進行選考。至於進入高中之考試，由省、自治區、直轄市為單位，辦理統一入學考試，以往常與職業學校分開辦理，但教育部強烈要求應與其他職校入學考試一起辦理，目前大致已經共同辦理。考試科目由省級（自治區、直轄市）政府自行決定，考試科目會根據個人選擇而不同，但必考內容為語文、數學和外語。選考內容因考試地區的考試制度不同而異，文史類和理工類考生分別參加文科綜合（包括思想政治、歷史、地理）和理科綜合（包括物理、化學、生物學）科目考試（維基百科，2019）。統考科目和學業水準考試科目

的成績總分為 750 分,其中統考科目語文、數學、外語算 150 分的原始分;選考科目物理或歷史算 100 分原始分;思想政治、地理、化學、生物學中自主選擇的兩門科目按等級賦分後計入考生總成績,每門滿分 100 分(馬晨等人,2019)。辦理考試至分發作業,此試務由省層級(自治區、直轄市)設招生分發委員會處理相關作業,依學生志願進行分發。

肆、高等教育

一、學制

大陸高等教育可分為專科、本科(即大學)、研究生教育三階段。修業年限分別為專科二至三年、本科四到五年、研究生三到五年不等。根據 2017 年統計之資料,中國大陸各類高等教育在學總規模達到 3,779 萬人,高等教育毛入學率達 45.7%,總計有普通高等學校 2,631 所(含獨立學院 265 所),本科院校在校生約有 1,648 萬人,專科院校在校生約有 1,104 萬人;其中,民辦高等校院總計有 747 所(含獨立學院 265 所),普通本、專科招生約 175 萬人,在校生約 628 萬人,碩士研究招生 747 人,在學生 1,223 人;另有其他民辦高等教育機構 800 所,各類註冊學生約 74 萬人(中華人民共和國教育部,2018a)。

(一)大學和專科

招收高中畢業生,專科修業年限為二至三年,大學本科修業四年,少數學系和學校為五年。部分大專院校附設短訓班、專修班、函授學校。根據 2017 年統計之資料,本科院校有 1,243 所(中華人民共和國教育部,2018a)

(二)職業技術學院

招收普通高中畢業生和中專、技校、職業高中畢業生,一般修業年限為二至三年,為專科學歷,亦有少量修業四年,其學歷則為大學本科。此類學校近年發展迅速,有的在大學或成人高校內增設高等職業班,有的以國家級重點中等專門學校為基礎,由當地政府和教育行政部門與大學聯辦,亦有民

辦的。根據 2017 年統計之資料，高職（專科）院校有 1,388 所（中華人民共和國教育部，2018a）。

（三）成人高等學校

仍分本科和專科兩類，招收具有相當高中畢業程度者入學，修業年限為四至五年，職工大學、電視、廣播大學一般為三至四年；高等學校舉辦的函授和夜大學或成人學院、函授學院，實行學年制的，修業年限一般為四至六年，實行學分制的則不限。根據 2017 年統計之資料，成人高等學校有 282 所（中華人民共和國教育部，2018a）。

（四）研究生制度

由各高等院校和有關科研單位招收攻讀碩士學位或博士學位的研究生，碩士學位修業年限為二至三年，博士修業年限則為三至五年。

（五）博士後制度

這是近年來在大陸興起的一種教育制度，主要招收博士生進行某一領域的科學研究工作，把博士生迅速培養為學術繼承者。

二、文憑

在中國大陸，大學畢業時頒發「畢業證書」及「學位證書」二種。前者由國家的教育部頒發，後者由教育部授權各校的學位評定委員會頒發。通常修畢大學學分（約 150 個學分）即可取得畢業證書，但如果學生在四年學習中有四或五科目以上補考者，即無法取得學位證書。學位證書代表一種榮譽，由學位評定委員會主席署名發給，也就是說，在學期間只要發生如考試作弊等不榮譽之事，就得不到學位證書了。沒有取得「學位證書」者，無法升讀研究生的碩士班。由於大陸仿冒的畢業證書太多，因此教育部把畢業學生的資料公布在網上，只要有畢業證書的號碼，就可以查出真偽。根據 2017 年統計之資料，本科院校畢業生總計約 735 萬人，專科院校畢業生約 351 萬人（中華人民共和國教育部，2018a）。

三、教育目標與類型

高等教育之目標為培養社會主義現代化建設所需的人才。結合教學與科研兩個中心，以教育來培養科技人才。而學校類型，普通高校可分理工、農林、醫學、綜合、師範、政法、外語、藝術、體育、民族；成人高校分為理工、農、林、醫、文、財、經、政法、師範、體育、藝術、幹部專修、教育學院、教師進修、廣電等。

另外，根據共產黨的十五大精神和「中共中央關於進一步加強和改進學校德育工作的若干意見」，在普通高等學校應設馬克思主義理論課和思想品德課（簡稱「兩課」）的課程，此是思想課程，是較特殊之處。

四、入學考試

（一）一般大學

1980年以後，入學標準完全視高考成績而定，1990年後，高考從單一的公費招生擴展至「定向招生」與「自費招生」。而大陸的高考一切事務均由政府承擔，從中央教育部考試中心，到地方的招生考試辦公室皆為常設機構，依全國三十一個行政區（省、自治區、直轄市），設立三十一個考區，考生不可跨區報考，且只能就各大學提供各考區的錄取名額進行競爭，與其他考區無關。

大陸的高考科目，除了上海實行「3＋1」方案外，原本其他考區實行「3＋2」方案，「3」指的是共同科目，為語文、數學、外語，「2」指的是專業科目，文組是政治、歷史；理組為物理、化學。自 1999 年起，從廣東開始試行「3＋X」方案，並逐年逐省推展，「X」為選考科目，可以是單科，也可是文科綜合或理科綜合。自 2000 年起，首度試辦春季高考，夏季高考自 2003 年起，則提早一個月，在 6 月的 7、8、9 日三天考試。

自 2014 年起，實行「3＋1＋2」高考模式，「3」代表語文、數學、外語等必考的全國統考科目，「1」代表在高中學業水準考試的物理、歷史科

目中的其中一門首選科目，「2」代表化學、生物學、思想政治、地理四個科目中的二門再選科目。截至2019年實行「3＋1＋2」高考模式的省分有：上海、浙江、廣東、福建、江蘇、遼寧、湖南、湖北、河北、重慶等。

各高校之招生名額由教育部審查決定，各大學再分本科、專科、學科別之名額。如果是全國招生之科系，再針對各省、自治區、直轄市決定分配之名額，分配人數時，對於西部地區和少數民族會有特別考量。學生報考時，可分重點大學、一般大學、專科學校三種，各填若干學校之志願，考試完畢各區招生委員會依成績排好順序，劃定比招生名額略多之分數線，再參考在校成績和其他特殊表現，先進行本科之錄取名單公布，這本科部分又分第一期和第二期學校，第一期校是重點大學，第二期校是一般大學（文部科学省，2004）。大陸高校的招生單位既不是系，也不是所，而是專業。每個系可能包含好幾個專業，而不同大學間，各系所的專業科目也不盡相同，例如：教育系，可能有高等教育、教育管理、學前教育，每個學生以專業考取後，便致力鑽研，待畢業後，都成為專家，但這造成大學生適應能力的窄化。於是在1998年，將專業總數從原本的504種，縮減為249種。但在2012年又調整為506種。而在研究生方面，招生單位稱為碩士點、博士點。

（二）成人高教機關

成人高等學校的設立，是為紓解文革後人才短絀的現象，達成「多快好省」的目的。但成人高教終究是正規教育的補充，不論在辦學條件、師資水準、學生素質各方面，都不及正規教育。

一般招收具有高中畢業程度或同等學力者，本科修業年限一般為四年，專科為二至三年，函授及業餘學習修業年限相應長些。

中共成人教育的入學比較嚴謹，除成人自修考試外，都要經過全國成人高考，適用於各類成人高教，但自修考試可能是唯一的例外，不須經過高考，也不須經單位批准，因此被很多人視為不正規，也最富爭議性。

五、特色

(一)條塊分割的辦學體制

「條」指的是中央各部委,直達地方的指揮系統,如鐵道部、郵電部。「塊」指的是行政區域,如上海市、浙江省。在中國大陸建國初期,為配合當時高度集中的計畫經濟體系,將高等教育實行統一領導,高等學校主要由國務院的教育主管部門和有關業務部委直接管理,在 1950 年代末 1960 年代初,形成中央業務部門和地方政府分別舉辦和管理高等教育的體制。在當時,此種體制促進高等教育的發展並培育了大量人才,頗適應當時的社會需求,對經濟及社會有很大貢獻。但到了現在,條塊分割的學制卻產生不少弊端,例如:(1)部門、地方自成體系,低水平重複設置院校和專業,使國家高等教育的效益低下;(2)學校和人才培養部門,專業面和服務面都較窄化,不利人才的培養和使用,亦不利於高校積極性的發揮;(3)國家缺乏宏觀的調控能力,使有限的高等教育投入分散決策,分散使用資源的結果造成教育資源無法合理分配;(4)不適應社會主義市場經濟體制和政府機構的改革。這些問題已經進行改革,儘量將各部委之學校劃歸教育部和教育部門,以統一教育事權之管理。

(二)學校辦社會

「學校辦社會」意思是指在學校裡就可看見社會的縮影。學校除了辦教育,也開食堂、醫院、菜市場和蓋房子等,所有相關教職員生全部生活在裡面,一個大學就像一個小鎮一樣。這樣一來,學校便成為一個封閉體系,可不依賴外界的協助而自行運作,但卻造成學校包袱過重,目前大陸已大幅改革中。

(三)從公費包分配到自費上學、自謀職業

自建國後,高等學校便採取「公費」制度,1950 年代初期,高等教育的基本方針便是,教育要向工人、農民開放,國立大學免收學費,這也意味著

所有大學生都是國家的人才，畢業後須按國家需要，分配到各工作崗位，不僅減輕學生負擔，對國家各項建設也有很大幫助。但隨著社會變遷與進步，高等教育所需經費有增無減，又無私立大學可協助分擔高教經費。於是到了1985年，開始招收部分自費生，畢業後由學校推薦就業或自謀職業。1990年後，大陸高校逐年陸續推展自費上學、自謀職業的新制，如今學費反而年年調漲，許多大學生畢業後就在家待業，學費與失業遂成一大問題。

（四）科研機構招收研究生

大陸由於學習前蘇聯的高教制度，因而設立科研機構，它也同時是教育機構，招收研究生，根據 2017 年統計之資料，研究生培養機構有 815 所，其中普通高校 578 所，科研機構 237 所（中華人民共和國教育部，2018a）。可見中國大陸科研機構在研究生教育工作上的重要性。

（五）研究生導師制度

中國大陸高等學校或科研機構中，研究生的指導教授稱為「導師」，其中又分「博導」和「碩導」。凡欲擔任「導師」者，須另外提出申請，教授不一定都是「博導」，但博導必定是教授，導師同時也是博士生考試的報名標的，在報考時，考生就必須決定要投考哪一專業（博士點）的哪一位博導。考取後，跟著導師做研究方向不變直到畢業，此乃大陸高等教育師資制度的一項特色。

（六）高等教育自學考試制度

自 1981 年起實施高等教育自學考試制度。此制度是由「個人自學」、「社會助學」、「國家考試」結合而成，包含本科與專科層次。其特點有三：(1)國家和個人投入的經費都很少；(2)具開放性，凡參加高等教育自學考試，無入學門檻，不受性別、年齡、受教程度、身體狀況的限制；(3)具靈活性，考生欲選擇何種專業、每次報考幾門課程、如何學習、是否參加助學，都由考生自行決定。中國大陸民辦大學的興起，便與高等教育自學考試的辦理有密切關係。

（七）創收制度

創收制度是大陸高校非常特殊之制度，其意是指各大學自辦企業公司，原本是因國家高教教育經費不足，乃鼓勵學校自行籌資，但目前已經成為尾大難處理之事。比較有名之校辦產業，如北大方正公司、清華大學同方股份有限公司、上海交大產業投資（集團）股份有限公司，大陸的校辦產業銷售金額高達人民幣 800 億元，但大陸的校辦產業不但每校都有而且也相互較勁，這也成為大學的另一種排行榜。

在高教之學術與研究方面，為了建設世界一流大學，1991 年 12 月宣布「211 工程」，以特別預算發展 100 所重點大學和學科；1998 年 5 月又宣布「985 計畫」，將北京大學、清華大學、南京大學、中國科學技術大學、哈爾濱工業大學、上海交通大學、復旦大學、華中理工大學、浙江大學九所大學列為重點大學中之重點，不惜投資大筆經費，以躋身世界一流大學之列。

第四節　師資教育

壹、師資培育

一、職前教育

大陸師資培育乃採分級、分類的方式進行。若以層級來分，可分為兩個層級：大學和專科校院（日本教師教育学會，2017，頁 151）。若以類型來分，則可區分為普通師範學校和職業技術師範學校等。以下先就兩個層級說明（參見表 12-3）：

1. 大學：包含師範學院和師範大學，招收高中畢業或具有同等學力者，學制為四年，其目標主要在培養高級中學教師之師資。
2. 專科校院：包含師範專科學校、師範高等專科學校和幼兒師範高等專科學校；師範專科學校，招收高中畢業或具有同等學力者，修業年限為二年和三年兩種，目前以二年制占多數，主要在培養初中師資；師

表 12-3　中國大陸地區各級師範學校概況

學校名稱	設立主體	修業年限	招生對象	培養目標	同級學校
幼兒師範高等專科學校	市、地、州	五年	初中畢業	幼兒園教師	前三年為高中，後二年為大專
	市、地、州	三年	高中畢業生	幼兒園教師	大專
師範高等專科學校	市、地、州	五年	初中畢業生	小學教師	前三年為高中，後二年為大專
	市、地、州	三年	高中畢業生	小學教師	大專
師範專科學校	市、地、州	二至三年	高中畢業生	初中教師	大專
師範學院	中央、省	四年	高中畢業生	高中教師	大專
師範大學	中央、省	四年	高中畢業生	高中教師	大專

註：取得高等學校教師資格，應當具備研究生或者大學本科畢業學歷；取得成人教育教師資
　　格，應當按照成人教育的層次、類別，分別具備高等、中等學校畢業及其以上學歷（中
　　華人民共和國教育部，1993）。
資料來源：修改自楊思偉（1992）

　　範高等專科學校和幼兒師範高等專科學校，招收初中畢業生或具有同
等學力者，修業年限五年，或是招收高中畢業生，修業年限三年；主
要是培養小學及幼兒園教師。

　　其中，師範高等專科學校是 2000 年以後，由全省 36 所中等師範學校
陸續進行整合、重組、升格而成的 12 所五年制高等師範院校。

　　大陸地區常把上述師範學院、師範大學和師範專科學校統稱為「高等師
範學校」，而用高等師範學校本科代表師範大學和師範學院，以高等師範學
校專科代表師範專科學校。

　　以上為依層級而分的情況，下面依類型簡單說明如下（參見表 12-4）：

1. 少數民族師範學校：分中等師範和高等師範兩種，主要招收少數民族
學生，以及有志於民族教育的漢族學生，以培養兼通民族語文和漢族
語文之民族中小學教師。

2. 特殊教育師範高等專科學校：大陸地區之特殊教育，主要是設立在盲

表 12-4　各類型師範校院

學校名稱	修業年限	招生對象	培養目標	同級學校
少數民族師範高等專科學校	三至四年	初中畢業生	少數民族小學教師	高中
少數民族高等師範學校	四年	高中畢業生	少數民族中學教師	大學
特殊教育師範高等專科學校	二至三年	初中畢業生	特殊教育學校教師	高中
職業技術師範專科學校	二至三年	高中畢業生	職業初中教師	大專
職業技術師範學院	四年	高中畢業生	中等職業技術學校教師	大學

資料來源：顏慶祥（1991）

聾啞學校、弱智兒童輔導學校，或附設於普通小學之特殊教育班實施。由於大陸的特殊教育發展較晚，至 1985 年，始創辦「南京特殊教育師範學校」，負責培養特殊教育的小學師資，學制定為四年，招收初中畢業生，屬中等師範性質。

3. 職業技術師範學校：培養職業中學和中專之師資，包括職業技術師範學院、科技師範大學、技術師範大學等。

　其中，職業技術師範學院培養的文化課、專業課教師資格，即中等職業技術學校教師資格，而中等專業學校、技工學校、職業高中實習指導教師資格（統稱中等職業學校實習指導教師資格），則應當具備國務院教育行政部門規定的學歷，並應當具有相當助理工程師以上專業技術職務或者中級以上工人技術等級（中華人民共和國教育部，1995）。

　2002 年高等師範院校有 188 所，中等師範學校有 317 所，教育學院 103 所，教師進修學校 1,703 所（中華人民共和國教育部，2003b）。

二、招生、分配與就業制度

1. 招生與分配：自 1985 年以來，大陸高校及中專學生由國家「兩包」（包學費和包分配）的制度逐漸轉變為「繳費上學」與「自主擇業」。師範院校原先所採的「定向招生」、「定向培養」及「定向分配」制度也有大幅改變。1993 年公布的《教師法》規定，非師範院校也應承擔培養和培訓中小學教師的任務。1995 年《教師資格條例》頒布後，師資培養由過去定向性改為定向性與非定向性結合，師範教育體系從封閉走向開放（周愚文等人，1999）。1999 年「關於深化教育改革全面推進素質教育的決定」提出，鼓勵綜合性高等學校和非師範類高等學校參與培養、培訓中小學教師的工作，探索在有條件的綜合性高等學校中試辦師範學院。大陸的師範教育制度採取國家辦理方式，原則上提供給學生「專業獎學金」，該獎金共分三級，視學生之不同表現而給予不同的金額獎勵。

2. 就業：以「定向分配」為主，部分地區試行「雙向選擇」。對免交學費、享受師範專業獎助學金的學生，畢業後實行五年任教服務期制度，並鼓勵師範畢業生到偏遠貧困和少數民族地區任教。急需教師的地區、部門或企業可設立師範專業定向獎學金，享受定向獎學金的畢業生按合同就業（周愚文等人，1999）。

　　2018 年中國大陸教育部將「師範生免費教育政策」調整為「師範生公費教育政策」，依照「師範生公費教育政策」，國家公費師範生享受免繳學費、住宿費和補助生活費政策，通過雙向選擇等方式，切實為每位畢業的公費師範生落實任教學校和職位，公費師範生履約服務期調整為六年（國務院辦公廳，2018）。

三、教師資格制度與考試

　　根據《教師資格條例》規定，有以下五項重點（中華人民共和國教育部，1995，2012b）：

1. 負責機構：有中央與地方之分，位居中央層級的國務院教育行政部門負責全國教師資格制度的組織實施和協調監督工作；縣級以上地方人民政府教育行政部門根據《教師資格條例》規定之許可權，負責本地教師資格認定和管理的組織、指導、監督和實施工作。

2. 申請時間：教師資格認定機構和依法接受委託的高等學校每年春季、秋季各受理一次教師資格認定申請。

3. 教師資格：分為幼兒園教師資格、小學教師資格、初級中學教師資格、高級中學教師資格、中等職業技術學校教師資格、中等職業學校實習指導教師資格、高等學校教師資格等七種。

4. 教師條件：中國公民凡遵守憲法和法律，熱愛教育事業，履行《教師法》規定的義務，遵守教師職業道德，依申請教師資格而具備《教師法》規定的相應學歷，具備承擔教育、教學工作所必須的基本素質和能力、良好的身體和心理素質，以及普通話水準應當達到國家語言文字工作委員會頒布的《普通話水準測試等級標準》二級乙等以上標準，方可取得教師資格。

根據《教師資格條例》（中華人民共和國教育部，1995），各級各類學校師範教育類專業畢業生可以持畢業證書，向任教學校所在地或戶籍所在地教師資格認定機構，申請直接認定相應的教師資格。但對於不具備《教師法》規定的教師資格學歷的公民，若欲申請獲得教師資格，則應當通過國家舉辦的或認可的教師資格考試。其中，幼兒園、小學、初級中學、高級中學、中等職業技術學校的教師資格考試和中等職業學校實習指導教師資格考試，每年進行一次，參加前款所列教師資格考試，考試科目全部及格者，發給教師資格考試合格證明；當年考試不及格的科目，可以在下一年度補考；經補考仍有一門或者一門以上科目不及格者，應當重新參加全部考試科目的考試。而高等學校教師資格考試根據需要舉行，但欲申請參加高等學校教師資格考試者，應當學有專長，並有兩名相關專業的教授或副教授推薦。而中小學教師分成高級教師、一級教師、二級教師、三級教師。

四、民辦教師

　　所謂「民辦教師」，是指在大陸鄉村的中小學中，既要教學又要務農的教師。他們通常由地方學校推薦，經主管教育行政部門審查通過即可任用。然而，不少民辦教師是各地根據需要或某些人情因素而由鄉村選定，沒有經過嚴格考核，一般吸收的是回鄉學生或因各種原因輟學的人（楊思偉，1992）。

　　不過，大陸教育部公布 2002 年教育統計報告（中華人民共和國教育部，2003a）中顯示，全國小學專任教師學歷合格率（以中等師範學校畢業為起點）為97.39%，全國初中專任教師（含職業初中）學歷合格率（以師範專科或其他大專畢業為起點）為90.28%（中華人民共和國教育部，2003a），因此可見民辦教師已退出中國大陸教師行列。

貳、在職教育

一、對象

　　1. 尚未考核合格的教師。
　　2. 基本勝任工作，但尚不具備國家規定合格學歷的教師。
　　3. 能勝任教學工作，並具有相應學歷的教師。
　　4. 各學科骨幹教師。所謂「骨幹教師」，是指業務能力和學術水平較高，在教育、教學和科研工作中起核心作用的教師。
　　其中針對 3、4 兩類教師所提供的進修活動又稱為「繼續教育」。

二、形式

　　一般以業餘進修、自學、短期訓練為主，輔之以「脫產」（指暫時離開工作崗位）的中、長期培訓。

三、機構

　　1991 年「關於小學教師繼續教育的意見」將教師培訓網分為省、縣、鄉、校四級：(1)省級、地、市級教育學院和教師進修學院；(2)縣級教師進修學校；(3)鄉（鎮）教學輔導站；(4)部分普通高等學校、中等專業學校（周愚文等人，1999）。至於辦理方式，則有以下幾項。

（一）中小學教師繼續教育

　　中小學教師繼續教育原則上每五年為一個培訓週期，分為非學歷教育和學歷教育：

1. 非學歷教育包括：(1)新任教師培訓：為新任教師在試用期內適應教育、教學工作需要而設置的培訓，培訓時間應不少於 120 學時；(2)教師崗位培訓：為教師適應崗位要求而設置的培訓，培訓時間每五年累計不少於 240 學時；(3)骨幹教師培訓：對有培養前途的中青年教師，按教育、教學骨幹的要求和對現有骨幹教師按更高標準進行的培訓。
2. 學歷教育：對具備合格學歷的教師進行的提高學歷層次的培訓（中華人民共和國教育部，1999）。

（二）中小學校長培訓

　　依培訓對象分為：(1)為國家以及民營、私人或非營利組織所舉辦的全日制普通中小學新任校長或擬任校長，培訓時間不少於 300 學時；(2)已經取得「任職資格培訓合格證書」的全日制普通中小學在職校長，培訓時間每五年累計不少於 240 學時（中華人民共和國教育部，2002b）。

（三）職業技術學校教師

　　其培訓分為：(1)新任教師必須進行崗前培訓，培訓時間應不少於 120 學時；(2)在職教師要進行適應崗位要求的培訓，培訓時間每五年累計不少於 240 學時（中華人民共和國教育部，2001c）。

（四）高校教師

　　培訓對象以青年教師為主，培訓形式與要求隨教師職務而異：(1)助教培訓：三十五歲以下必須參加為期半年以上的社會實踐；(2)講師培訓：每五年必須安排至少三個月的脫產培訓；(3)副教授培訓：每五年必須給予至少半年的脫產培訓或學術休假；(4)教授培訓：每五年必須給予至少半年的學術休假時間（周愚文等人，1999）。

　　2019年中國大陸教育部依據「中共中央國務院關於全面深化新時代教師隊伍建設改革意見」以及「中小學幼兒園教師國家級培訓計畫」（簡稱國培計畫）總體要求，提出落實國培計畫組織的重點工作，包含：(1)突出服務大局，示範引領新時代教師發展；(2)突出扶貧攻堅，集中支持邊遠貧困地區教師培訓；(3)突出分層分類，遵循成長規律系統設計項目；(4)突出創新模式，發揮培訓品牌示範效應；(5)突出應用導向，生成高質量培訓成果；(6)突出管理效能，切實落實「精細實」服務；(7)突出制度保障，不斷完善支持服務體系。國培計畫的績效評估重點，包含項目規劃、協同機制、培訓模式、培訓內容、支援體系和管理機制等（中華人民共和國教育部辦公廳，2019）。

參、主要改革

一、改革師範院校

1. 結構：為了提升中小學教師學歷，師範教育已從消失的三級師範（中師、師專、本科）轉向目前現有的二級師範（師專、本科）以及新的三級師範（師專、本科、研究生）。

2. 課程：高等師範學校要遵循教師培養規律，積極探索各種培養模式的改革。推進跨專業、跨院系選課制，建立健全第二學士學位、主輔修制，培養複合型中小學教師。本科師範院校要努力創造條件，逐步採用英語等外語進行公共課和部分專業課教學，培養雙語型中小學教師（中華人民共和國教育部，2002a）。

3. 辦學體制：一方面引進民間力量辦學，一方面進行「聯合辦學」。目前尚未聽聞有民辦師範院校，不過許多師範院校開始與其他大學聯合辦學（周愚文等人，1999）。但民辦師範類學校僅有 2 所，分別是黑龍江外國語學院、成都文理學院（百度百科，2018）。

二、強化整體教師制度

中國大陸政府推動《中國教育現代化2035》，全面實施「十三五」發展目標，其中關於教師工作，其主要推動目標為建設高素質專業化創新型教師團隊，改革面向如下（中共中央、國務院，2019）：

1. 推動師德建設長效化、制度化：大力加強師德師風建設，將師德師風作為評價教師素質的第一標準。

2. 提高教師社會地位與待遇：完善教師待遇保障制度，健全中小學教師工資長效聯動機制，全面落實集中特困地區生活補助政策；另外，加大教師表彰力度，努力提高教師政治地位、社會地位和職業地位。

3. 確實解決教師勞動力不足問題：提出擴大教職工統籌配置和跨區域調整力度，確實解決教師結構性、階段性、區域性短缺問題。

4. 完善教師培育、就職、在職等一系列相關制度：健全以師範院校為主體、高水準非師範院校參與、優質中小學（幼兒園）為實踐基地的開放、協同、聯動的中國大陸特色教師培育體系；完善教師資格體系和就業制度，健全教師職稱、職位和考核評價制度；強化職前教師培養和職後教師發展的有機銜接。

5. 提升教學能力：培養高素質教師團隊，落實教師專業發展體系，推動教師終身學習和專業發展自主。

第五節　教育特色與改革趨勢

壹、特色

　　整體而言，大陸的教育自文革後，已趨固定並有所發展。同時自1985年「中共中央關於教育體制改革的決定」頒布，加上其他《義務教育法》、《學位條例》等相關的規定陸續公布後，大陸地區的教育改革也跟著熱絡起來。有關學制方面的改革，也在一些城市鄉村展開試辦工作，但是仍屬於局部性、地方性的實驗而已。因此中共學制仍以「6-3-3-4 制」為主，而以「5-4-3-4 制」為輔。

一、堅持社會主義教育方向，培養有理想、有道德、有文化、有紀律的建設人才

　　從歷史經驗指出，中共的教育必須堅持社會主義的教育方向，培養「四有」的建設人才。中共學者指出，這既是歷史經驗，又是現實特點。既然建設有中共特色的社會主義是中共的基本國策，他們的教育當然必須堅持社會主義的方向，為社會主義建設服務。而要為社會主義建設服務，就必須「面向現代化，面向世界，面向未來」，培養社會主義現代化建設所需要的各級各類合格建設人才。這就是「中共中央關於教育體制改革的決定」中所提出的「要造就數以億計的工業、農業、商業等各行各業有文化、懂技術、業務熟練的勞動者。要造就數以千萬計具有現代科學技術和經營管理知識、具有開拓能力的廠長、經理、工程師、農藝師、經濟師、會計師、統計師以及其他經濟、技術工作人員，還要造就數以千萬計能夠適應現代科學文化發展和新技術革命要求的教育工作者、科學工作者、醫務工作者、理論工作者、文化工作者、新聞和編輯出版工作者、法律工作者、外事工作者、軍事工作者和各方面黨政工作者。所有這些人才，都應該有理想、有道德、有文化、有

紀律，熱愛社會主義祖國和社會主義事業，具有為國家富強和人民富裕而艱苦奮鬥的獻身精神，都應該不斷追求新知，具有實事求是、獨立思考、勇於創造的科學精神」。這是中共社會主義教育目標的特色所在。

二、教育發展因地制宜

大陸教育不管是學制劃分、辦學形式、課程安排、教材編輯，都能考慮地區的差異與需要，而給予若干彈性空間，准許做適切的安排，此也許和大陸幅員遼闊，不得不做此權宜之便有關，但仍不失為一大特色。

三、採取「兩條腿走路」的方針，多元辦學

人口多，底子弱，是中共的基本國情。由於種種原因，大陸的教育事業與先進國家相比，又顯得比較落後，這與所謂偉大的國度很不能相稱。為了迅速發展教育事業，他們做出了「兩條腿走路」，多種管道、多種規格、多種形式辦學的決策。

多管道，即提倡國家辦學、集體辦學、社會力量辦學同時並舉，以公辦為主。這既不同於全部公辦的蘇聯模式，又不同於自由辦學的西方模式。

多規格，即提倡普及與提升相結合，邊普及，邊提升，在普及基礎上提升，在提升指導下普及。大陸各級各類學校都有重點學校和一般學校，初等學校目前甚至有簡易學校。大陸對各種規格的學校都根據具體條件，提出實事求是的要求。

多形式，即從全世界觀之，辦學形式的種類分別有全日制的、半工半讀的、函授的、夜課的、廣播電視的、進修訓練的，這些大陸也都有。此外，大陸還有獨具一格的自學考試制度。他們不僅實行高教自學考試制度，而且開始試行中專自學考試制度。這一制度經過試辦、推廣、改革，必將逐步走向完善。

四、推動改革精神，探索辦學方式

改革是社會主義制度的自我完善方式。要建設和完善有中共特色的社會

主義教育體系，使之與「四化」建設相配合，當然離不開改革。從指導思想、領導體制、教育結構、學制課程、教育內容、教學方法，從幼兒園到研究所，從全日制學校到業餘教育，從總體到個體，都有很大的改革任務。要改革就要探索。近年來，大陸比較先進的學校和教育科學研究機構，正是根據這種精神，進行實驗研究，探索辦學路線的。有的在進行單項改革實驗，如學制改革實驗、結構改革實驗、教材改革實驗、教法改革實驗、開闢第二教學管道實驗等；有的正進行整體改革實驗，橫向方面注意教育媒體（包括教育、教學內容以及相關的方法、手段、組織形式等）、教師、學生的相互聯繫和互動關係，縱向方面注意教學階段的階段性與連續性，並且注意學校、家庭與社會的聯絡。應當說，大陸不少地區和學校所進行的實驗研究是有些成效的。經由貫徹執行，中國大陸的教育多少呈現出生氣蓬勃、欣欣向榮的景象。當然，目前還有不少問題尚待解決。

五、開設課程內容符合需要

像大陸初、高中外語課程所開設的語文種類，計有：英、俄、日、德、法、西班牙等六種語文，供學生自由選擇，符合國際化之目標。另外，將人口教育正式放入中小學課程中，高中階段且列為必修，可見其重視之程度，從小學起即開始有計畫實施人口教育，將生育與性教育問題納入，是值得參考之措施。

貳、問題與改革趨勢

一、問題

由於大陸地區幅員廣大，人口眾多，加上文盲比例過高，教育經費不足，不得不產生兩條腿走路和多樣化的辦學方式，這種特點可說是大陸地區教育的特殊之處。但是因為這種特殊的制度，在追求量的過程中，已無可避免地產生了很多亂和雜的問題，因此如何整理教育體制，使其更形井然有序並提升教育素質，應是其進入 1990 年代後，所面臨的最大問題。

（一）高等教育問題

　　自 1978 年以來，大陸高等教育已打破「文革」時期浩劫十年，「人才中空」的慘劇，在量的方面發展頗為迅速，但在質的方面卻難以提高，問題頗多。特別因大力擴充民辦學校，以及各校分別設置另一所分校，所導致的教育資源分散和教育素質下降等問題，有益形嚴重的情況。雖然大陸高等教育總體因量的提升，跨入高等教育普及化階段，但質的方面仍有許多發展空間，特別是偏遠地區高等教育資源不足，更是值得重視，這也是近幾年來，中國大陸教育改革努力的方向。

（二）義務教育問題

　　雖然中共決定要實行九年義務教育，但問題很大。中國大陸適齡兒童入學率雖達 97%，但是鞏固率（在學）只有 60%，合格率僅得 30%（即目前整個大陸小學教育仍停留在「三、六、九階段」）。在學校建築面積和相關設施配備方面，雖然小學達成率近九成，初中達成率超過九成，但偏遠地區在設備、師資和經費上仍有待加強（中華人民共和國教育部，2018a；中華人民共和國教育部辦公廳，2019）。足見城鄉落差等問題都仍非常嚴重，從這些實況看，中共所謂「九年制義務教育」的政策仍有許多努力的空間。

（三）各級學校教師結構性、階段性和區域性短缺問題

　　中國大陸中小學教師每年雖擴大招考，但因教師薪資過低、社會地位低，造成流動性過高，師資缺乏現象，進而形成教師在結構性、階段性和區域性的短缺問題。

（四）教育經費遠低於 OECD 國際平均值

　　「財政為庶政之母」，辦教育是要大量經費的，但因前幾年中共當權派不重視教育，以致教育經費支出頗低。近幾年來，力求改善下，終在 2017 年，國家財政性教育經費占國內生產總值比例達到 4.14%（中華人民共和國教育部，2018c）。但相較 2013 年的日本（4.48%）、南韓（5.87%）、美國

（6.17%）、英國（6.68%）、法國（5.25%）、德國（4.33%）、芬蘭（5.73%）
等國（教育部，2018，頁59），仍是有所差距，甚至遠低於2013年OECD各
國教育經費占國內生產毛額比率的平均值 5.25%。足見中國大陸在教育經費
上的支出，仍有很大的努力空間。

二、改革趨勢

（一）更加重視發展教育事業，為經濟建設和人民福祉服務

2017年的「國家教育事業發展『十三五』規劃」，指出「十三五」時期
是朝向提高質量、優化結構、促進公平的新階段，其主要目標有：(1)全民
終身學習機會進一步擴大；(2)教育質量全面提升；(3)教育發展成果更公平
地優惠全民；(4)人才供給和高校創新能力明顯提升；(5)教育體系制度更加
成熟定型（中華人民共和國教育部，2017）。透過上述目標，以達全面提升
教育發展之質量，為經濟建設和人民福祉服務。

（二）繼續加強思想政治工作

小學階段進行以「五講四美」（「五講」為講文明、講禮貌、講衛生、
講秩序、講道德，「四美」為心靈美、語言美、行為美、環境美）和「三熱
愛」（熱愛祖國、熱愛社會主義、熱愛黨）為中心的社會常識和社會公德教
育，培養良好的思想習慣和各種正確的行為習慣。初中階段進行道德、法
律、紀律教育和社會主義常識的教育，逐步養成高尚的道德品質和審美情
趣，樹立法制紀律觀念。高中階段進行初步的經濟學和其他社會科學的教
育，初步學會運用馬克思主義的觀點、方法去分析和觀察社會現象。高等學
校進行馬克思主義理論教育，共黨的路線、方針、政策教育，愛國主義、國
際主義和革命傳統教育，理想、道德和紀律教育，社會主義民主和法制教
育。使學生能正確分析形勢，分辨是非，自覺地堅持「四項基本原則」，抵
制資產階級自由化的世界性思潮，將學生的思想和行動導引到建設有中共特
色的社會主義這個總目標去。

（三）繼續進行各級教育改革

大陸改革管理體制，在加強「宏觀管理」的同時，堅決實行「簡政放權」，擴大學校的辦學自主權，逐步實行校長負責制；進一步改善教育結構，相對地改革勞動人事制度。還要改革與社會主義現代化不相配合的教育思想、教育內容、教學方法。經過改革，開創教育工作的新局面，使基礎教育得到切實的加強，職業技術教育得到廣泛的發展，高等學校的潛力和活力得到充分的發揮，學校教育和學校外、學校後的教育並舉，各級各類教育能夠主動符合經濟和社會發展的多方面需要。

具體言之，大陸教育今後仍將注重下列主要改革。

1. 辦好基礎教育

(1)實施義務教育

根據從實際出發、實事求是、因地制宜的原則，分期分批地實施九年制義務教育，提高民族素質。2020年力求：九年義務教育達15,000萬人，鞏固率達95%，深化課程教學改革，加強學校實踐教育條件，完善課程、教材、教學方式和評價方法（中華人民共和國教育部，2017）。

(2)端正教育思想

端正教育思想，當前要著重糾正片面追求升學率的偏向。為此，要進一步明確基礎教育的目的是把受教育者培養成為有理想、有道德、有文化、有紀律的社會民主公民，提高全民族素質。不能把基礎教育辦成「應試教育」；引導中學生參加一定的生產勞動和社會服務的實際行動，增加對勞動人民和對社會實際的了解；加緊建立視導制度；改革各級學校招生考試辦法，以達成「素質教育」目標。2017年以「落實立德樹人為根本任務」，全面建構「全員育人、全過程育人、全方位育人」體系，並開發多媒體課程、電子書和動畫等德育資源，通過校園網站和互聯網平臺廣為傳播，以端正教育思想（中華人民共和國教育部，2017）。

(3)改進辦學條件

切實有效地解決偏遠地區師資不足和經費短缺問題。提升基本公共教育的服務能力，以中西部地區、貧困地區和民族地區為重點區域，加強幼兒園

普遍性建設，保障適齡兒童入園需求，全面改善貧困地區義務教育薄弱的學校基本辦學條件，逐步達到義務教育的學校標準化建設（中華人民共和國教育部，2017）。

2. 發展職業技術教育

(1)採取「建設高水準職業學校」為主的工作方針

以圍繞深化產教融合、校企合作、工學結合主線，支持 100 所左右高等職業學校和 1,000 所左右中等職業學校的建設，改善其基本辦學和實習條件，強化國家重點領域產業和區域支柱產業相關專業建設，以提升學校服務學歷、社區教育、職工教育培訓等能力，建成一批人才培養、科技創新、專業建設與產業融合發展的高水準職業學校（中華人民共和國教育部，2017）。

(2)高職院校持續擴大招生

2019 年李克強總理在「政府工作報告書」中指出，要改革完善高職院校招生辦法，高職院校擴大規模招生 100 萬人；其主要緣由為國家經濟結構產生變革、職業教育改革需要深化、區域經濟發展升級的必要性（中華人民共和國教育部，2019c）。

3. 改革高等教育

2017 年高等教育改革的目標有：(1)高等教育發展進入普及化階段；(2)提高高等教育發展水準，促使若干所大學和一批學科進入世界一流行列；(3)調整高等教育機構，以人才培養定位為基礎下，推動高等教育分類發展；(4)擴大農村貧困地區學生接受優質高等教育機會；(5)強化省級人民政府對高等教育的統籌規劃；(6)推動具備條件的普通本科高校轉型至應用型；(7)引導高校從治理結構、專業體系、課程內容、教學方式、師資結構等方面進行全方面、系統性改革，以服務地方經濟社會發展（中華人民共和國教育部，2017）。

4. 改革教師團隊

建設高素質專業化創新型教師團隊，如前所述，主要目標有：(1)推動師德建設長效化、制度化；(2)提高教師社會地位與待遇；(3)確實解決教師

勞動力不足問題；(4)完善教師培育、就職、在職等一系列相關制度；(5)提升教學能力（中共中央、國務院，2019）。

　　整體來說，中國大陸教改趨勢，從2004年2月教育部公布「2003至2007年教育振興行動計畫」，提出十四項行動計畫，包括：農村教育之振興、高水準之大學與重點學科之建設、新世紀素質教育計畫之實施、實施職業教育與職業訓練、提升教師和教育管理者素質計畫等，教育改革與國家發展同步進行著。在 2008 年之際，大陸發生汶川大地震，也辦理了北京奧運，大陸社會有了重大變遷。而整體觀之，2007 年時全人口的99%地區已普及了九年義務教育，初步達成了目標。其次，2006 年自農村開始推動的免費制度，至 2008 年時已擴及至都市地區，全大陸也完成了免費制。中國大陸之教育問題，不斷推動重視創造性的「素質教育」，以試圖解決偏重智育的問題。進而，高等教育部分，2008 年時考生已達到 1,050 萬人，而升學率也達到20%，進入大眾化高教階段，但升學競爭問題仍然嚴重。

　　2010 年 7 月中國大陸公布《國家中長期教育改革及發展計畫綱要（2010至 2020 年）》，揭櫫要自「教育大國轉為教育強國，人力資源大國轉為人力資源強國」。2010 年 12 月公布之 PISA 結果，上海市單獨參加獲得第一名之成績，引起世界之注目。高等教育方面，2010 年時報考人數下降，逐漸顯現少子化問題。另外，高考之方式也在多元化發展中，北京大學及清華大學等已經可以進行單招，高教大環境也在變化。

　　2017 年中國大陸更推動「國家教育事業發展『十三五』規劃」，力求學前教育、義務教育、高中教育、職業教育、高等教育、繼續教育、特殊教育、民族教育等各階段教育的質量精進，整體發展所堅持的原則包含優先發展、立德樹人、服務導向、促進公平、改革創新、依法治教和黨的領導，以期加速推進中國大陸教育現代化（中華人民共和國教育部，2017）。

　　之後，更在 2019 年提出《中國教育現代化 2035》，強調：建成服務全民終身學習的現代教育體系、普及有質量的學前教育、實現優質均衡的義務教育、全面普及高中階段教育、職業教育服務能力顯著提升、高等教育競爭力明顯提升、殘疾兒童和青少年享有適合的教育、形成全社會共同參與的教育治理新格局（中共中央、國務院，2019）。

關鍵詞彙

中等專業學校　　　　　《中國教育現代化 2035》

幼兒園　　　　　　　　素質教育

校企合作　　　　　　　應試教育

定向招生

自我評量題目

1. 大陸教育所處國家背景之特色為何？請說明之。

2. 大陸教育行政體制之情形。

3. 試述大陸中學學校制度。

4. 請說明大陸高等教育學制的特色。

5. 請說明大陸師資培育教育的特色。

6. 請說明大陸的教育特色和改革趨勢。

參考文獻

一、日文部分

日本教師教育学會（2017）。**教師教育研究ハンドブック**。東京：学文社。

文部科学省（2004）。諸外國の高等教育。**教育調集，第 131 集**。東京：文部科学省。

文部科学省（2016）。**諸外國の初等中等教育**。東京：文部科学省。

文部科学省（2017）。**諸外国の教育統計，平成 29（2017）年版**。取自 https://reurl.cc/20yrbX

二、中文部分

山東省教育廳（2018）。**關於印發省教育廳（省委教育工委）主要職責內設機構和人員編制規定的通知**。取自 https://reurl.cc/V6QW2N

中共中央、國務院（2019）。**中共中央、國務院印發《中國教育現代化 2035》**。取自 https://reurl.cc/9ELnWa

中華人民共和國教育部（1993）。**中華人民共和國教師法**。取自 https://reurl.cc/yZ4AOq

中華人民共和國教育部（1995）。**教師資格條例**。取自 https://reurl.cc/AqL3X8

中華人民共和國教育部（1996）。**幼稚園工作規程**。取自 https://reurl.cc/L3LneX

中華人民共和國教育部（1999）。**中小學教師繼續教育規定**。取自 https://reurl.cc/NjLxOn

中華人民共和國教育部（2001a）。**教育部關於印發《幼稚園教育指導綱要（試行）》的通知**。取自 https://reurl.cc/1x7OMY

中華人民共和國教育部（2001b）。**基礎教育課程改革綱要（試行）**。取自 https://reurl.cc/3DpMRX

中華人民共和國教育部（2001c）。**教育部關於印發《關於「十五」期間加強中等職業學校教師隊伍建設的意見》的通知**。取自 https://reurl.cc/kd3o9K

中華人民共和國教育部（2002a）。**一年來中小學教師隊伍建設取得新成就**。取自 https://reurl.cc/NjLxnn

中華人民共和國教育部（2002b）。**關於印發《全國中小學校長任職資格培訓指導性教學計畫》和《全國中小學校長提高培訓指導性教學計畫》的通知**。取自 https://reurl.cc/R4Ek8Z

中華人民共和國教育部（2003a）。**2002 年教育統計報告（附：2002 全國各級普通學校基本情況）**。取自 https://reurl.cc/z845o0

中華人民共和國教育部（2003b）。**師範教育**。取自 https://reurl.cc/kd3ovd

中華人民共和國教育部（2011）。**義務教育課程設置及比例**。取自 http://www.moe.edu.
　　cn/jyb_sjzl/moe_364/moe_302/moe_368/tnull_4404.html

中華人民共和國教育部（2012a）。**普通初中校數、班數**。取自 https://reurl.cc/0olWn9

中華人民共和國教育部（2012b）。**《教師資格條例》實施辦法**。取自 https://reurl.cc/
　　g7pYlR

中華人民共和國教育部（2014a）。**各級各類學校校數、教職工、專任教師情況**。取自
　　https://reurl.cc/oL4YXv

中華人民共和國教育部（2014b）。**各級各類學歷教育學生情況**。取自 https://reurl.cc/
　　D9LODe

中華人民共和國教育部（2015）。**中華人民共和國義務教育法**。取自 https://reurl.cc/
　　b5amxy

中華人民共和國教育部（2017）。**國務院關於印發國家教育事業發展「十三五」規劃
　　的通知**。取自 https://reurl.cc/GVLNDv

中華人民共和國教育部（2018a）。**2017 年全國教育事業發展統計公報**。取自 https://
　　reurl.cc/O1LmD3

中華人民共和國教育部（2018b）。**教育部關於印發《普通高中課程方案和語文等學科
　　課程標準（2017 年版）》的通知**。取自 https://reurl.cc/R4EkDZ

中華人民共和國教育部（2018c）。**2017 年全國教育經費執行情況統計公告發佈**。取自
　　https://reurl.cc/qd4YXE

中華人民共和國教育部（2019a）。**機構**。取自 https://reurl.cc/z845X0

中華人民共和國教育部（2019b）。**教育部直屬單位**。取自 https://reurl.cc/8GL9O4

中華人民共和國教育部（2019c）。**《高職擴招專項工作實施方案》主要內容**。取自
　　https://reurl.cc/7XLVWy

中華人民共和國教育部辦公廳（2019）。**關於做好 2019 年中小學幼稚園教師國家級培
　　訓計畫組織實施工作的通知**。取自 http://www.teacher.com.cn/information/view?
　　id=40816

天門市教育局（2019）。**機關科室**。取自 http://jyj.tianmen.gov.cn/jgks/ggks

全國人民代表大會（1998）。**中華人民共和國教育法**。取自 https://reurl.cc/1x7OpX

百度百科（2018）。**民辦高校**。取自 https://reurl.cc/j7YrOm

周愚文、高烈修、高建民（1999）。**大陸教育**。臺北市：商鼎。

恩施土家族苗族自治州教育局（2012）。**內設機構**。取自 http://jyj.enshi.gov.cn/zjyj/xxgk/
　　jgry/nsjg/

馬晨、胡婧怡、申琳、姚雪青、何璐、田豆豆、…蔣雲龍（2019）。8 省市發佈高考
　　綜合改革方案。**人間日報，14 版**。取自 https://reurl.cc/MvLzGK

國家教育研究院（2011）。**中國大陸（2011 年版）義務教育課程標準**。取自 https://
　　www.naer.edu.tw/files/15-1000-3349,c551-1.php? Lang=zh-tw

國務院辦公廳（2018）。**國務院辦公廳關於轉發教育部等部門教育部直屬師範大學師範生公費教育實施辦法的通知**。取自 https://reurl.cc/NjLxL6

教育部（2018）。**教育統計指標之國際比較 2018**。取自 https://reurl.cc/qd4Y4g

教師工作司（2016）。**部屬師範大學**。取自 https://reurl.cc/lV4Y4Q

湖北省教育廳（2019）。**機關處室**。取自 https://reurl.cc/ZOqNql

湖南省教育廳（2019）。**內設機構**。取自 https://reurl.cc/d0lal8

鄂州市教育局（2018）。**鄂州市教育局機構設置及職能**。取自 https://reurl.cc/1x7O7W

馮生曉（主編）（2004）。**課程改革世界與中國**。廣東：廣東出版社。

黃岡市教育局（2019）。**領導與機構**。取自 https://reurl.cc/oL4Y4M

楊思偉（1992）。大陸現行學制。載於黃政傑（主編），**大陸現行學制與教育行政制度之研究**。臺北市：國立臺灣師範大學教育研究中心。

維基百科（2019）。**普通高等學校招生全國統一考試**。取自 https://reurl.cc/3DpMp0

維基百科（無日期）。**中華人民共和國**。取自 https://reurl.cc/xZ43A1

潛江市教育局（2019）。**機構職能**。取自 http://hbqj.gov.cn:8888/jyjgzn/

顏慶祥（1991）。**中共師範教育改革之研究（1978-1989）**（未出版之碩士論文）。國立政治大學，臺北市。

第十三章

中華民國教育

國　　名：中華民國

面　　積：36,192 平方公里

人　　口：2,358 萬人（2019 年）

種　　族：漢人、原住民、新住民等

國民所得：25,360 美元（2018 年），

　　　　　世界第 30 名

學　　制：6-3-3-4

義務教育年限：九年

在閱讀過本章內容後，學習者應能夠：
1. 了解我國之社會經濟背景。
2. 了解我國教育制度之內容。
3. 了解我國教育政策問題之所在。
4. 了解我國教育政策的趨勢。

　　政府遷臺六十多年以來，在全民共同努力之下，無論在政治、經濟、社會各方面都有長足的進步，使我國進入已發展國家的行列。不過由於臺灣之社會經濟背景，和大陸有密切關係，所以在各方面都深受大陸的影響，目前在大陸政策和國際外交方面都有難關待解決，而政治民主化與經濟之再發展等問題，也有待進一步的努力。

　　我國之教育制度學習美國採取 6-3-3-4 制，實施九年國民義務教育，學童在升入後期中等教育高中以後才開始分化，目前較大之教育問題包括有升學主義、教育資源分配、教育自由化等問題。

　　最近幾年來，政府因應社會之變遷與需求，逐步推動各項教育改進措施，包括法律之修訂、各種具體政策的推動，預料我國之教育將步入新的里程碑。

第一節　國家背景

　　自 1949 年國民黨政府播遷至臺灣以來，經過六十多年的努力與社會變遷的結果，中華民國已成為一個經濟更富裕、政治更民主、社會更開放、文化更多元、思想更自由、科技更發達的國家。不過，由於我國在特殊的時空背景下，特別是因兩岸複雜的關係，所以有待克服的困難與問題仍多，以下分三項說明之。

壹、地理與歷史

　　中華民國位於亞洲東部、太平洋西岸。目前有效統治的領土以臺灣島為中心，西隔臺灣海峽與中國大陸相望，南隔巴士海峽與菲律賓相望，東北隔東海與日本相望；範圍北起馬祖列島的連江縣東引鄉北固礁，東至基隆市中正區棉花嶼，最南及最西在南沙群島太平島，總面積 36,192 平方公里，海岸線長 1,813 餘公里。中央政府現設置於臺北市。

　　儘管政府已放棄以武力反攻大陸，並不再否認中國共產黨對大陸地區的統治，但國統綱領並未廢除，領土亦未定義為臺灣、澎湖、金門、馬祖地區，因此法律上中華民國國土仍包含中國大陸地區，並包括江東六十四屯、帕米爾高原西部及北部、江心坡及南坎地區（在緬甸北部）、藏南等地區。中華民國也從未承認釣魚臺列嶼屬於日本。

　　臺灣是海中褶曲隆起之海島，就地質學言，為一新生代褶皺山脈，位於歐亞大陸與太平洋海盆之接觸線，居東亞島弧中央，係由歐亞大陸板塊與菲律賓海板塊撞擊形成。臺灣的面積約略與日本九州島相等，包括了臺灣本島、屬島以及澎湖本島、屬島。

　　臺灣屬多山區，主要山脈有中央山脈、雪山山脈、玉山山脈、阿里山山脈及東臺灣海岸山脈；500 公尺以上的山地，占全島總面積的三分之二；3,000 公尺以上的高山即多達 133 座。群峰攢簇的中央山脈縱橫全島，連綿峻

嶺偏於東部，在約三分之一處往南北延伸，直達「臺灣尾」，形成東西不同景觀：西斜面有廣闊平原，河川縱橫；東斜面則多陡峻峭壁，山脈迫海之處，有數里懸崖峭壁，蔚成奇觀。

臺灣於明朝期間曾被西班牙人、荷蘭人（1624 至 1662 年）統治。清光緒 20 年（1894 年）中日甲午戰爭，中國戰敗，次年（1895 年）4 月 17 日簽訂馬關條約，將臺澎金馬割讓給日本，其間歷經八年中日戰爭，於 1945 年臺灣才脫離日本長達五十年的殖民統治。1949 年大陸淪為中國共產黨統治，中央政府遷臺，形成兩岸對峙局面至今。

臺灣地處中國邊陲，十七世紀以後，漢人大量移墾臺灣，因地緣關係，來臺漢人主要以福建、廣東兩省居多。在漢人來臺之前，臺灣島上住有平埔族與高山族，現在稱為原住民。因此，原住民、閩南人、客家人、外省人構成今日臺灣的四大族群。

中華民國現實際管轄之臺閩地區國民，在人口數方面，1946 年時，臺閩地區總人口數只有 609 萬人；1949 年中央政府遷臺，人口數增加為 740 萬人；1958 年時，增加至 1,000 萬人；1989 年時，已增加至 2,000 萬人。目前總計 2,358 萬人（2019 年 4 月），人口密度 651.69 人／平方公里，臺灣住民包括臺灣原住民（內部至少有 12 個不同民族），截至 2019 年 4 月總人口數為 567,502 人，占總人口數約 2%（內政部戶政司全球資訊網，2019a，2019b）。其餘 98% 人屬於漢族，其中又可分為 1945 年以前已經移居本島的本省人，即福佬人（79%）與客家人（5%），以及 1945 年之後由大陸各省隨國府遷來之外省人（14%）。隨著全球化與國際化的發展，臺灣目前已有大陸新娘數萬、外籍新娘十餘萬、外籍勞工十餘萬人，其中部分人士已在臺灣定居。當中一部分已經取得國籍，這些新來移民者有超越原住民人口之趨勢，亦非全為漢族，現在通稱為新住民或新移民。2018 年 12 月底，新住民總計有 54 萬 3,807 人，占全體總人口數約 1%（行政院，2019a）。

臺灣最早的居民是當地的原住民，他們是最早住在臺灣的人。據行政院的資料，以及語言學和人類學的一些研究，臺灣原住民與太平洋區域住民（如馬來西亞、印度尼西亞、菲律賓、波利尼西亞等地）的語言同屬於南島語系（也稱「印度尼西亞語系」），而中國華南地區並不屬於南島語系。臺

灣原住民族來自南方人種的馬來人，包含了泰雅族、阿美族、布農族、卑南族、達悟族、排灣族、魯凱族、鄒族、邵族、賽夏族、噶瑪蘭族與太魯閣族等十六個民族（行政院，2019a），而其他平埔族原住民也陸續要求正名，但是這些研究在學術界尚存在些許爭議。

貳、政治、經濟與文化

　　在政治方面，國民政府於 1949 年遷臺時，由於兩岸情勢緊張，乃於1949年宣布戒嚴，1950年3月蔣介石先生先復行總統職務，直到1975年4月於第五任總統任期中逝世止，共執政二十五年。接著由嚴家淦先生繼任總統三年，至任期滿。第六、七任總統為蔣經國先生，執政十三年，至 1988 年 1月逝世，由李登輝先生繼任，並繼續擔任第八、九任總統，共執政十二年。自 1950 至 2000 年的五十年當中，均由中國國民黨執政，直到 2000 年 5 月起，由民主進步黨陳水扁先生當選第十任總統，為我國歷史上第一次政黨輪替，在民主政治發展上深具意義。2004 年 5 月陳水扁先生再連任總統，臺灣在民主政治發展上已獲相當成果，而中央政府體制基本上是總統制。

　　中華民國政府行政體制，採取五院分立制度，乃據孫中山先生依古今中外所曾經有過的各種政治制度歸納出五權分立的政府組織，分為行政、立法、監察、考試和司法五個部門。

　　目前中華民國實際統治有二個省、六個直轄市、十三個縣及三個省轄市（行政院，2019b）。不過福建省中，政府所轄權只有幾個島；另在 1990 年代末期，政府採取省虛級化措施，至今省級單位雖然依舊存在，但原省政府機關皆併入中央政府，因此行政作業實質上已無省的存在，唯近期行政院相繼設立南部服務中心與中部服務中心等二個區域聯合服務中心，均為相當於省級之中央政府派出機關，並正逐步實權化。

　　現時中華民國實際統治的地區，在法律上稱為「自由地區」，這地區與「港澳地區」和「大陸地區」有別，在「自由地區」設有戶籍的人（「港澳地區人民」和「大陸地區人民」須在「自由地區」設有戶籍的十年後），才擁有中華民國完整的公民權利，包括投票以及不受限制停留「自由地區」。

　　臺北市是最大城市及政治、商業中心，高雄市則為第二大城市與最大的國際商港，臺南市為歷史名城，目前為第四大市。

　　在經濟方面，五十年來，臺灣經濟的發展被譽為「經濟奇蹟」。其原因乃 1953 年起，連續推動六期四年經濟建設計畫、六年經濟建設計畫、國家建設六年計畫等。在 1950、1960 年代，臺灣以出口輕工業產品換取工業原料和機器設備，生產活動的重心開始自農業移轉到工業，貿易的內容不斷更新。1990 年代以後，高科技產品漸成為最重要的出口品，經濟自由化與國際化的程度也快速提升，2002 年 1 月 1 日臺灣成為世界貿易組織（World Trade Organization, WTO）的正式會員國。

　　中華民國是一個資本主義經濟體，政府在經濟中的角色愈來愈小。很多大型的國有銀行及企業逐漸私有化。1951 至 1988 年，平均年均經濟增長達到 9.57%，1988 至 2008 年為 6.1%，但至 2018 年年平均成長率下降至 2.6%（行政院主計總處，2019a）。另外，出口為工業化提供了資金保證，2020 年 7 月底外匯儲備為 4961.71 億美元（中華民國中央銀行全球資訊網，2020）。

　　農業在國內生產總值（GDP）中的比重從 1952 年的 35%下降到 5%；傳統勞動密集型工業已經漸漸由高科技產業取代。臺灣的電子工業對世界經濟舉足輕重，大多數電子零組件與周邊硬體設備都是在臺灣生產的。對外貿易是臺灣重要的經濟命脈，美國和日本長久以來一直都是臺灣的前兩大貿易夥伴，現在則部分轉向歐洲和東南亞市場，臺灣還是泰國、印尼、菲律賓、馬來西亞和越南的主要投資來源。此外，在中國大陸有五萬多個臺資企業，臺商則有上百萬。

　　由於中華民國政府所採取的穩健財政政策，因此在 1997 年亞洲金融危機中，臺灣並沒有受到嚴重的衝擊。然而，2001 年在全球經濟放緩的趨勢影響下，臺灣經濟遭受重挫，銀行壞帳增加，財政盈餘轉為財政赤字，2001 年臺灣經濟出現了自 1947 年以來的首次負增長，失業率升到歷史最高。當然，兩岸關係緊張的政治局勢也有極大的影響。但隨著全球經濟的回溫，加上「金融重建基金」（Resolution Trust Cmpany, RTC）的設置，臺灣經濟從 2003 年下半開始逐漸緩慢恢復成長。依統計，2018 年臺灣每人國民生產毛額

（GNP）為 25,456 美元（行政院主計總處，2019b）。

中華文化在臺灣生根、保存及發展狀況特殊。相對於歷經蘇聯及文化大革命影響的中國大陸，傳統中國文化在臺灣保存得更為完整，這包括故宮文物、正體字的使用，以及傳統的思想、民俗、信仰等。同時，臺灣歷史上經歷過不同政權及民族的統治，受到多元文化的刺激與影響，這些文化包括中華文化、原住民族文化、日本文化、歐美文化等，另加上海峽兩岸社會有逾半個世紀的分隔，因而塑造出與傳統或當代中國文化均有別的臺灣海洋島國文化。近來也有愈來愈多的人大力提倡臺灣的自有文化，並推動本土化運動。

參、國際環境與兩岸關係

中華民國是 1945 年聯合國的創始會員國之一，並為安理會的五個常任理事國之一。但在聯合國大會 1971 年表決前夕，政府宣布退出聯合國，而中華人民共和國政府根據該決議取代了中華民國政府在聯合國的中國席位。1990 年代以後，中華民國政府開始嘗試以聯合國能接受的名義，尋求重返聯合國及其他國際組織，但由於中華人民共和國的反對，至今猶未成功。

由於中華人民共和國的施壓，目前國際上，大部分的國家和中華民國並無正式的外交關係，2019 年時僅剩十七國有正式外交關係（中華民國外交部，2019）。雖如此，但與臺灣一直保持密切的經貿暨民間往來，或在臺灣設立半官方性質的代表處，處理領事等事務。在國際政治現實下，國際組織較少忽視中華人民共和國的意願及「一個中國」原則，而同時接受中華民國作為其會員國。不過，在世界貿易組織（WTO）、國際奧林匹克委員會（IOC）、亞太經濟合作組織（APEC）等不需具備正式國家身分的組織，則接受臺灣作為其會員。臺灣使用的名稱多為「中華臺北」（CHINESE TAIPEI），並在世界貿易組織中採用「臺灣澎湖金門馬祖個別關稅區域」的名義。

中華民國自 1912 年創立以來，就具備「人民、領土、政府、主權」之國家要素，是一國際普遍認可的主權獨立國家；雖歷經戰爭與播遷，國祚卻

至今從未間斷。中華民國是近代將「中國」一詞作為國家簡稱用法的起源，也是聯合國的創始會員國之一；唯自 1970 年代以來，聯合國及國際社會相繼轉而承認中華人民共和國政府，並接受「一中一臺」或「兩個中國」的政策，中華民國政府逐漸失去國際社會的官方承認。自 1990 年代後期，國際上慣用「臺灣」來稱呼中華民國，而「中國」則已轉為稱呼中華人民共和國。

自從中華人民共和國在 1949 年 10 月建立以來，中國政策一直在臺灣被不斷討論。在國民黨執政時期，中華民國政府失去對中國大陸地區的統治權後，仍聲稱不放棄其對中國大陸地區以及外蒙古地區的主權。直至 1991 年，李登輝總統宣布不再質疑中國共產黨對中國大陸地區的統治，承認兩岸互為政治實體。在臺灣的全民共識尚未確立以前，以及中華人民共和國的軍事壓力下，臺灣的中國政策仍然無法確立。雖然目前中華民國政府並未統治中國大陸地區，但是在中華民國政府未正式宣布放棄對中國大陸地區的主權以前，大陸地區仍是中華民國的一部分。

由於長期的歷史分隔及逾半個世紀的政治分治，不同的族群或團體，以及兩岸政府對於臺灣的政治地位及「中國」的意涵，一直存在爭議，形成了特殊的臺灣問題及兩岸問題，雖然海峽兩岸目前在政治立場上依然處於對立的狀態，但兩岸在經濟與文化上的交流則日漸頻繁，此種情況無法避免，兩岸問題的解決有待時間及兩岸人民之共識來解決。

第二節　教育行政制度

我國教育行政組織型態為均權制，此制是兼採中央集權制與地方分權制的優點，避免其流弊所採取的折衷方式。至於權限如何劃分，則規定於《憲法》第 108、109、110、111 條，主要的原則在「凡事務有全國一致之性質者劃歸中央，有因地制宜之性質者劃歸地方」。

我國教育行政制度原分為中央、省（院轄市）、縣（省轄市）三個層級，但在1999年實施精省，原為省立之高中職自2000年2月正式改稱國立；

行政機構方面，乃改為二級制，即中央與縣市（包括直轄市）。而中央設教育部主管全國教育行政，原為省之教育行政機關改稱教育部中部辦公室，隸屬教育部，日後預定將改為中等教育署，專管高中職教育，但政策尚未確定；而直轄市設教育局，縣及省轄市設縣（市）教育局，為縣（市）教育行政機關。

壹、中央教育行政體系

我國中央教育行政機構為教育部，2012 年中央政府進行組織重整，《教育部組織法》進行修正，2013 年 1 月 1 日教育部開始精簡組織。

目前教育部置部長一人，政務次長二人，常務次長一人，主任秘書一人，下設八司、六處、一會、一辦公室（教育部，2019a）。茲將教育部設立各單位的名稱和職權簡述如下（教育部，2019a）：

1. 綜合規劃司：掌理有關學校衛生資訊、原住民族及少數族群教育、流感防疫等事項。

2. 高等教育司：掌理有關國家講座與學術獎、大專教師資格審查、大專碩博士概況、高教技職簡訊等事項。

3. 技術及職業教育司：掌理有關高等教育創新轉型、技職教育資源、學士後第二專長學士學位學程等事項。

4. 終身教育司：掌理教育基金會、語文成果、家庭教育、樂齡學習等事項。

5. 國際及兩岸教育司：掌理國際合作、兩岸事務、僑外生事務、海外留學、海外臺灣學校、華語教育、港澳文教等事項。

6. 師資培育及藝術教育司：掌理師資培育政策、教師資格檢定、教師證照管理、教師專業進修發展、藝術教育政策等事項。

7. 資訊及科技教育司：掌理偏鄉數位關懷、數位學習、網路及資通安全、人文及科技教育、環境及防災教育等事項。

8. 學生事務及特殊教育司：掌理學生事務及輔導、性別平等教育、防治校園霸凌及學生藥物濫用、全民國防教育、教育服務役、特教支持服務、校安中心等事項。

9. 秘書處：掌理檔案應用管理、學產管理資源、國有學產土地租賃、部屬館校統一編號等事項。

10. 人事處：掌理公教人員退撫儲金專區、教育人事法規、人事資料考核、捐助及監管之財團法人等事項。

11. 政風處：掌理廉政法令、公職人員財產申報、公職人員利益衝突迴避、遊說法、廉政會報等事項。

12. 會計處：掌理本部及國立社教機構預決算公告、大專校院財務公告網址、學產基金預決算公告等事項。

13. 統計處：掌理公務與調查統計、教育統計資料查詢系統、性別統計專區、互動式教育統計圖表、應用統計分析與推估等。

14. 法制處：掌理法制作業、訴願作業、教師申訴作業、國家賠償作業等事項。

15. 私校退撫儲金監理會：掌理自主投資、私校退撫儲金試算、監理會會訊等事項。

16. 十二年國教新課綱推動專案辦公室：掌理課程教學研發、課程推動實施、師資培育發展、入學升學輔導四大系統協作等事項。

除上述各司、處、室之外，教育部尚設有許多部屬機關，供部長諮詢或承辦一些業務。這些部屬機關包括體育署、國民及學前教育署、青年發展署，體育署掌理下列事項：(1)體育與運動政策、制度之綜合規劃、執行與督導及相關法規之研修；(2)運動彩券、運動發展基金、運動產業發展之規劃、執行、督導及獎助；(3)學校體育發展之規劃、執行及督導；(4)全民運動發展之規劃、執行及督導；(5)競技運動發展之規劃、執行及督導；(6)國際及兩岸運動交流發展之規劃、執行及督導；(7)運動設施發展之規劃、執行及督導；(8)職業運動之聯繫及協調事項；(9)國家運動訓練中心之輔導及監督；(10)其他有關體育及運動事項（教育部體育署，2013）。

國民及學前教育署掌理下列事項：(1)高級中等以下學校與學前教育政策、制度之規劃、執行與督導，以及相關法規之研修；(2)高級中學與職業學校一般教育事項之規劃、執行及督導；(3)國民中學與國民小學一般教育事項之規劃、執行及督導；(4)學前教育一般教育事項之規劃、執行及督

導；(5)高級中等以下學校與學前教育階段特殊教育事項之規劃、執行及督導；(6)高級中等以下學校與學前教育階段藝術教育事項之規劃、執行及督導；(7)高級中等以下學校與學前教育階段原住民族及少數族群教育事項之規劃、執行及督導；(8)高級中等以下學校與學前教育階段校園安全事項之規劃、執行及督導；(9)高級中等以下學校與學前教育階段學校衛生事項之規劃、執行及督導；(10)其他有關高級中等以下學校及學前教育事項（教育部國民及學前教育署，2019）。

青年發展署掌理青年生涯輔導、青年創新能力、青年志工服務、青年公共參與、青年多元學習、青年國際視野（教育部青年發展署，2019）。另為實際需要推動有關事項，依《教育部組織法》設有國家教育研究院、國家圖書館、國立海洋生物博物館、國立自然科學博物館、國立科學工藝博物館、國立臺灣科學教育館、國立教育廣播電臺、國立公共資訊圖書館、國立臺灣圖書館、國立臺灣藝術教育館、國立海洋科技博物館籌備處等單位（教育部，2019b），並且因應國際學術交流的需要設有駐外單位。

我國中央教育部的組織系統圖，如圖 13-1 所示。

貳、地方教育行政體系

一、臺灣省政府文教組

1997 年 7 月 21 日公布的《憲法增修條文》第 9 條第 2 項規定，第十屆臺灣省議會議員及第一屆臺灣省省長之任期至 1998 年 12 月 20 日止。1999 年 1 月 25 日公布的《地方制度法》第 2 條第 1 款規定，省政府為行政院「派出機關」，省為非地方自治團體。臺灣省政府組織與功能自 1999 年 7 月 1 日起精簡，臺灣省政府教育廳也同時改名為教育部中部辦公室。原臺灣省高中職及特殊學校（約 170 所）也自 2000 年 2 月 1 日改隸中央，稱為國立。目前的臺灣省設有省政府與省諮議會，省政府置委員九人，其中一人為主席，為特任官。2018 年臺灣省政府相關業務及人員移交國家發展委員會接續辦理（國家發展委員會，2018），原有的省諮議會是對省政府業務提供諮詢及興革意見，置諮議長與諮議員，但隨省政府走入歷史，省諮議會也隨之消失。

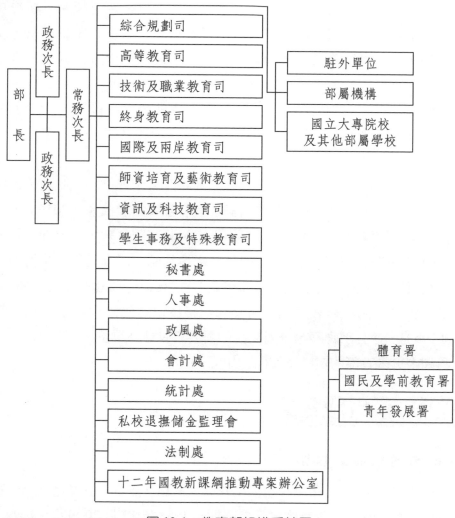

圖 13-1　教育部組織系統圖

資料來源：教育部（2014）

二、地方教育行政機構

　　我國地方教育行政機構包括直轄市教育行政機構和縣市教育行政機構兩部分。茲分別說明如下。

（一）直轄市教育行政機構

2010 年 12 月 25 日我國地方制度產生重大變革，臺北縣、臺中縣市、臺南縣市同時升格為直轄市，使得我國直轄市增加為五個，分別是臺北市、新北市、臺中市、臺南市和高雄市，其教育行政組織大同小異。桃園縣則於 2014 年 12 月 25 日升格為我國第六個直轄市：桃園市。茲參考相關教育文獻，以臺北市政府教育局為例，說明直轄市的教育行政組織如下。

臺北市政府教育局因應實際的需要，於 1998 年公布修訂該局的組織規程，增設兩個科和資訊室等。依組織規程之規定，置局長一人，副局長兩人，主任秘書一人，下設九科和七個室，茲將各科的名稱和職權說明如下（臺北市政府教育局，2018）：

1. 綜合企劃科：掌理國際教育、教師專業發展、研究考核及其有關事項。
2. 中等教育科：掌理中等教育推動及其有關事項。
3. 國小教育科：掌理國小班級數及教師員額數、新生入學、學力檢測、補救教學、課後照顧、英語教學、本土語言教學、兒童深耕閱讀、實驗教育、兒少保護、學生事務與輔導、學校整體規劃與發展、家長會業務、教育儲蓄戶、安心就學及其有關事項。
4. 學前教育科：掌理臺北市學前教育及幼兒園管理有關事項。
5. 特殊教育科：掌理特殊教育、藝術才能班教育、學生藝術競賽等事項。
6. 終身教育科：掌理臺北市 2,540 家立案補習班、144 家兒童課後照顧服務中心、12 所社區大學、12 所樂齡學習中心、45 所樂齡學堂、4 所所屬機關、314 家教育基金會、語文競賽、成人教育、老人教育、學習型城市等終身教育業務及其有關事項。
7. 體育及衛生保健科：掌理各級學校體育、衛生保健、環境教育及其有關事項。
8. 工程及財產科：掌理臺北市市立學校、社會教育機構等用地取得與財產管理事項，以及市立各級學校、社會教育機構營繕工程設計、規劃、發包、監造之事項。
9. 資訊教育科：掌理應用資訊科技於教學與學習、行政資訊化及資訊教

育等事項。

10. 秘書室：掌理臺北市政府教育局法制、採購、財產、物品及宿舍管理事項，公務車、工友及駕駛員管理及出納等有關事項，文書處理及檔案管理等。

11. 督學室：掌理各級學校與本局所屬社會教育機構之指導考核、策進及參與教育評鑑等事項。

12. 軍訓室：掌理督導高中職校全民國防教育、校園安全工作策劃指導及其有關事項。

13. 會計室：掌理本局歲計、會計及其有關事項。

14. 統計室：掌理臺北市政府教育局統計及其有關事項。

15. 人事室：掌理負責組織編制、年度預算員額編列、任免遷調、考績獎懲、差勤管理、出國進修、退休撫卹、福利待遇、本局暨所屬人事機構人事人員管理及其有關事項。

16. 政風室：掌理公務機密維護、機關安全維護、預防貪瀆、貪瀆查處、法令宣導、政風訪查等事項。

（二）縣市教育行政機構

自實施精省後，行政權力的版圖重新劃分，中央與地方的府際關係受到重大的衝擊，尤其是縣（市）政府，勢必因應《地方制度法》的實施，而為必要之組織擴充與功能強化。

目前我國共有十三個縣市，包括宜蘭縣、新竹縣、苗栗縣、彰化縣、南投縣、雲林縣、嘉義縣、屏東縣、花蓮縣、臺東縣、澎湖縣、金門縣和連江縣（行政院，2019b）。我國於 2007 年 8 月 1 日修改《地方制度法》，將各縣市政府教育局改為教育處。各縣市教育行政組織大同小異，茲參考相關教育文獻，以新竹縣政府教育處為例，說明各縣市的教育行政組織。新竹縣政府教育處目前置處長一人，副處長一人。教育處之下設有六科一室兩中心一場，茲詳細說明如下（新竹縣政府教育處，2017）：

1. 學務管理科：主管各級學校學務相關事宜，置科長一人，科員一人，辦事員一人，專案計畫人員一人，約聘僱人員若一人，候用校長若干

人，商借教師若干人。

2. 國民教育科：主管公私立國民教育相關事宜，置科長一人，科員二人，辦事員一人，約聘僱人員若干人，候用校長若干人，商借教師若干人。

3. 社會教育科：主管社會和補習教育相關事宜，置科長一人，科員二人，管理師一人，約聘僱人員一人，臨時人員一人，候用校長若干人，商借教師若干人。

4. 體育保健科：主管體育和衛生教育相關事宜，置科長一人，科員一人，辦事員一人，營養師一人，臨時技術員一人，候用校長若干人，商借教師若干人。

5. 特殊教育科：主管全縣的特殊教育相關事宜，置科長一人，科員一人，約聘僱人員一人，候用校長若干人，商借教師若干人。

6. 幼兒教育科：主管全縣的幼兒教育相關事宜，置科長一人，科員一人，約聘僱人員若干人，商借教師若干人。

7. 督學室：負責全縣各級學校的督導與視察事宜，置督學二人，專員一人，工友一人，候用校長若干人，商借教師若干人。

　　教育處的兩中心為「教育研究發展暨網路中心」和「家庭教育中心」，一場為體育場，其組織架構和執掌內容，說明如下（新竹縣家庭教育中心，2018；新竹縣教育研究發展暨網路中心，2019；新竹縣體育場，2016）：

1. 教育研究發展暨網路中心：置中心主任一人，秘書一人；中心主任下設會計員、人事管理員、行政組、教學輔導組、研究發展組、資教推廣組、網路管理組和系統維護組；其中，會計員及人事管理員負責統合中心各組業務、擬定創新計畫及原則、年度經費規劃執行、中心財產管理維護。另外，「教育研究發展暨網路中心」還包括「國民教育輔導團」和「校長及教師專業發展中心」。

2. 家庭教育中心：置主任一人，綜理家庭教育中心業務並指揮監督所屬員工。主任下設諮詢輔導組、活動推廣組、研究發展組、兼任會計員和兼任人事管理員。其中，諮詢輔導組設置組長一人，組員三人，掌理家庭教育人力資源、諮詢及輔導事務；活動推廣組設置組長一人，組員三人，掌理家庭教育活動之推廣之事項；研究發展組設置組長一

名，組員三人，掌理家庭教育之研究、發展及其他相關事項。

3. 體育場：置場長一人，綜理體育場業務。場長下設幹事一人，助理員一人，技工一人，商借教師若干人，約聘僱人員若干人。

除上述各級教育行政機關組織的說明外，在中央與地方教育權限的劃分方面，《憲法》第 108 條規定，教育制度屬於「由中央立法並執行，或交由省縣執行之」。在《教育基本法》第 9 條也規定八項中央政府教育權限。在實際運作上，各級教育機構由中央設立（國立）者其經費由中央負擔，由地方設立者其經費由地方負擔。然而，在各級學校的經營管理、人事制度、課程等方面，均由中央政府規定，因此我國仍偏於中央集權。唯近年來教育鬆綁後，地方政府在教育人事、課程與財政方面的自主權已大為提高。

第三節　學校制度

壹、學校制度概述

我國學制自清末至民初，係直接模仿自日本，間接模仿自歐洲。1922 年新學制公布時，轉而模仿美國，開始實施 6-3-3-4 學制。這樣的制度其後並沒有做更動。而臺灣在日治時期，接受殖民教育，日本政府所訂的學校制度較為複雜，基本上採取雙軌制和菁英制，將日本人與臺灣人子弟分開教育，並限制向上升學的臺灣子弟人數，但基本上當時教育大致逐步發展，為臺灣民情開化奠定了基礎。政府播遷來臺，也沿用在大陸時期之制度，即小學六年、初中三年、高中三年及大學四年的制度。唯一較大的變動是，1968 年實施九年國民教育，將初中納入國民教育的範圍，改稱國民中學，而當時的初級職業學校併入國民中學，將職業教育延至高中才實施。有關我國之學制圖，如圖 13-3 所示。

我國學校系統以層級言，可分為四個階段：幼兒園、初等教育、中等教育、高等教育。幼兒園階段二年，就學年齡為四至六歲。初等教育六年，在

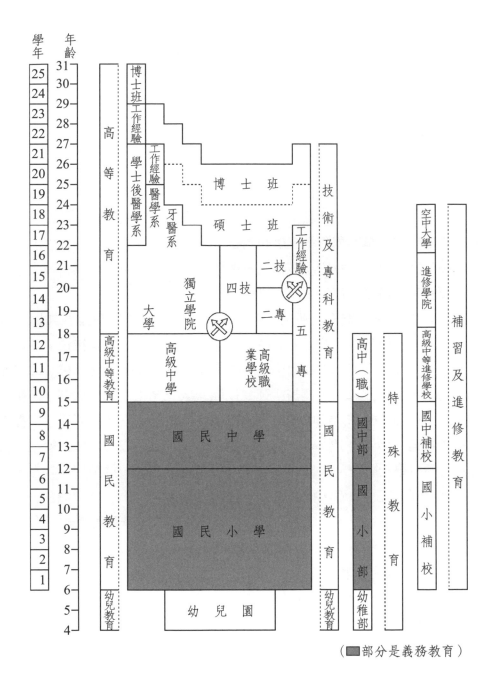

（▓部分是義務教育）

圖 13-2　中華民國學制圖

國民小學實施。中等教育六年，前三年在國民中學實施，後三年在高級中學或高級職業學校實施。大學校院一般修業四年，牙科為六年，醫科為七年。碩士班一般修業二至四年、博士班一般修業三至六年。

自 1968 年以後，國民義務教育由六年延長為九年。在九年義務教育之上，可分為三個系統：學術教育系統、技職教育系統與進修教育系統，俗稱為「三條國道」。在學術教育系統方面，學生於國中畢業後可以升入高級中學，進而升入大學校院。在技職教育系統方面，學生於國中畢業後可以升入高級職業學校或五專，高級職業學校畢業生可升入二年制專科學校或四年制技術學院，二年制專科學校畢業者也可進入二年制技術學院。自 1990 年代中期以後，許多專科學校紛紛升格為技術學院，技術學院升格為科技大學，使得技職教育國道更為寬廣，而專科學校已大量減少。

在進修教育系統方面，稱為「第三條國道」，分為國民補校（國小補校、國中補校）與進修補校（分為高中補校、高職補校、專科補校、進修學院）二類；其程度分別相當於國小、國中、同性質之高級中等學校、二年制專科及大學。1983 年起，曾開辦「延長以職業教育為主之國民教育」，招收十八歲以下自願不升學之國中畢業生入學，目前改為「實用技能班」，採彈性年段式修業。另外於 1986 年 7 月設立空中大學，提供取得大學程度之進修機會，可頒授學士學位。2002 年更公布《終身學習法》，推動回流教育，並進一步擴展到非正規教育，提倡學習型組織的理念。

另外，依學校性質言，除普通教育體系外，尚有特殊教育系統，自 1984 年制定《特殊教育法》以後，我國特殊教育有長足的發展。在專設之特教學校方面，分為啟明（收盲生）、啟聰（收聾生）、啟智（收智能不足學生）、仁愛（收肢體殘障學生）等四類，其程度可分為幼稚部、國小部、國中部、高職部四階段；一般中、小學附設輔導身心障礙之特殊教育班，計有：啟智、啟明、啟聰、啟學、啟聲、啟健、啟仁、資源等。輔導資賦優異、才藝優異，則有資優、音樂、美術、體育等之特殊教育班。

我國學年度之期間為每年 8 月 1 日至次年 7 月 31 日，並以 8 月 1 日所屬之曆年為學年度之名稱，例如：109 學年度之期間，為 2020 年 8 月 1 日至 2021 年 7 月 31 日。每學年區分為二學期，第一學期至 8 月 1 日至次年 1 月 31 日，第二

學期自 2 月 1 日至 7 月 31 日。自 2000 會計年度起，我國會計年度改為曆年制，亦即從 1 月 1 日起至 12 月 31 日止，因此會發生一個學年度，跨越二個會計年度的情況，亦即上學期是下半個會計年度，而下學期是上半個會計年度。

自 2001 年 2 月 1 日起實施學校週休二日，各級學校每週上課五天；國民中小學規定每學年需上課 200 天，每學期上課 20 週（教育部國民中小學課程與教學資源整合平臺，2006）。在寒暑假方面，中小學寒假期間約為三週，大專校院寒假期間約為四週，通常在 1 月下旬至 2 月下旬之間。中小學暑假期間約為二個月（八週），通常自 7 月 1 日起至 8 月 31 日止。大專校院暑假期間約為二個半月（十週），通常在 6 月下旬至 9 月中旬之間。

貳、教育法制

《中華民國憲法》於 1947 年 1 月 1 日公布，同年 12 月 25 日施行。其中第十三章「基本國策」中的第五節為「教育文化」，從第 158 條至第 167 條，共有十條。其內容可分為六方面：教育目標、教育機會均等、基本教育之提供、國家對教育文化機關之監督、教育經費之保障、教育工作者之保障與獎勵。此外，《憲法》第 21 條規定，人民有受國民教育之權利與義務。第 108 條規定，教育制度為「中央立法並執行之，或交由省縣執行之」事項。第 110 條規定，縣教育「由縣立法並執行之」。

為彌補《憲法》有關教育條款的不足，在吸納各國教育理念之後，於 1999 年 6 月 23 日公布《教育基本法》，全文共有十七條。該法旨在保障人民學習及受教育之權利，確立教育基本方針，健全教育體制。並在教育理念、教育制度、施教者與受教者之權利義務、教育經費與實驗研究等方面均有原則性的規定。

我國教育宗旨訂定於 1929 年，而《憲法》雖有「教育文化」專章，但當前的社會、文化、經濟、政治環境已迥然不同。1999 年 6 月 23 日公布的《教育基本法》，可以說是 1990 年代教改理念的總整理，也再確立二十一世紀我國教育的方針。《教育基本法》第 2 條第 1 項規定：「人民為教育權之主體。」同條第 2 項規定：「教育之目的以培養人民健全人格、民主素

養、法治觀念、人文涵養、強健體魄及思考、判斷與創造能力，並促進其尊
重人權、生態環境及對不同國家、族群、性別、宗教、文化之了解與關懷，
使其成為具有國家意識與國際視野之現代化國民。」

一、中央教育法規

我國教育法規體系可分為中央教育法規及地方教育法規兩部分。中央教
育法規系統包括《憲法》有關教育條文、教育法律、行政命令（包括授權命
令與職權命令）三個層級。如圖 13-3 所示，目前我國教育法律共有二十五
種，可分為四類：

1. 各級教育法方面：包括《幼兒教育及照顧法》、《國民教育法》、《強
   迫入學條例》、《高級中等教育法》、《專科學校法》、《大學法》、
   《學位授予法》、《私立學校法》等 8 個法律。
2. 各類教育法方面：包括《特殊教育法》、《原住民族教育法》、《補
   習及進修教育法》、《終身學習法》、《家庭教育法》、《藝術教育
   法》、《國民體育法》、《學校衛生法》等 8 個法律。
3. 教育人事方面：包括《師資培育法》、《教育人員任用條例》、《教
   師法》、《公立學校教職員退休資遣撫卹條例》、《學校法人及其所
   屬私立學校教職員退休撫卹離職資遣條例》等 5 個法律。
4. 在教育行政與財政方面：《教育部組織法》、《空中大學設置條例》、
   《國立大學校院校務基金設置條例》、《教育經費編列管理法》等 4
   個法律。

二、地方教育法規

在地方教育法規系統方面，自 1999 年 7 月 1 日起，我國教育行政體制由
原來的中央、省市、縣市三級制，改為中央與縣市二級，直轄市維持。目前
臺澎金馬地區共有二十五個地方教育主管機關，包括六個直轄市、十三個
縣、三個縣級市。1999 年 1 月 25 日公布的《地方制度法》第 25 條規定，直
轄市、縣（市）、鄉（鎮、市）得就其自治事項或依法律及上級法規之授

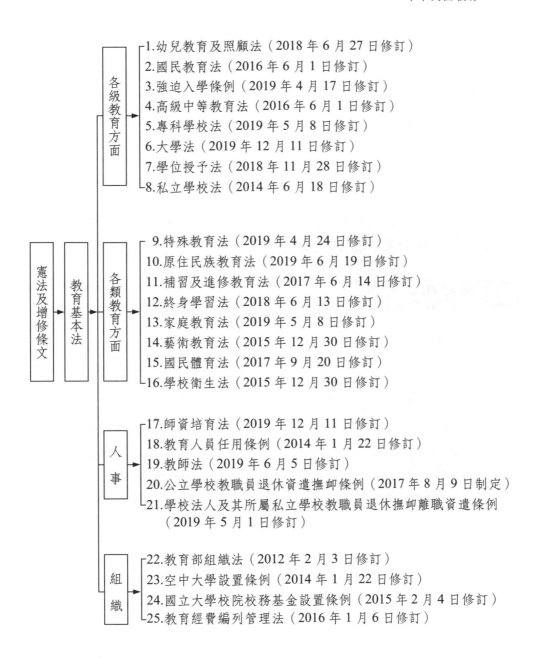

各級教育方面
1.幼兒教育及照顧法（2018 年 6 月 27 日修訂）
2.國民教育法（2016 年 6 月 1 日修訂）
3.強迫入學條例（2019 年 4 月 17 日修訂）
4.高級中等教育法（2016 年 6 月 1 日修訂）
5.專科學校法（2019 年 5 月 8 日修訂）
6.大學法（2019 年 12 月 11 日修訂）
7.學位授予法（2018 年 11 月 28 日修訂）
8.私立學校法（2014 年 6 月 18 日修訂）

各類教育方面
9.特殊教育法（2019 年 4 月 24 日修訂）
10.原住民族教育法（2019 年 6 月 19 日修訂）
11.補習及進修教育法（2017 年 6 月 14 日修訂）
12.終身學習法（2018 年 6 月 13 日修訂）
13.家庭教育法（2019 年 5 月 8 日修訂）
14.藝術教育法（2015 年 12 月 30 日修訂）
15.國民體育法（2017 年 9 月 20 日修訂）
16.學校衛生法（2015 年 12 月 30 日修訂）

人事
17.師資培育法（2019 年 12 月 11 日修訂）
18.教育人員任用條例（2014 年 1 月 22 日修訂）
19.教師法（2019 年 6 月 5 日修訂）
20.公立學校教職員退休資遣撫卹條例（2017 年 8 月 9 日制定）
21.學校法人及其所屬私立學校教職員退休撫卹離職資遣條例
（2019 年 5 月 1 日修訂）

組織
22.教育部組織法（2012 年 2 月 3 日修訂）
23.空中大學設置條例（2014 年 1 月 22 日修訂）
24.國立大學校院校務基金設置條例（2015 年 2 月 4 日修訂）
25.教育經費編列管理法（2016 年 1 月 6 日修訂）

憲法及增修條文 → 教育基本法

圖 13-3　我國教育法律體系

權，制定自治法規。自治法規經地方立法機關通過，並由各該行政機關公布者，稱「自治條例」；自治法規由地方行政機關訂定並發布或下達者，稱「自治規則」。在「自治條例」方面，如《臺北市中小學校學生家長會設置自治條例》、《臺北縣就讀高級中等以上學校家庭清寒及優秀學生獎學金自治條例》、《高雄市立各級學校教職員出勤差假管理自治條例》等。在「自治規則」方面，如《臺北縣國民小學辦理課後活動實施要點》、《臺北市各國民中小學評選採購教科書注意事項》、《桃園縣國民中小學校務會議實施要點》、《新竹縣教育審議委員會設置辦法》等。目前各縣市雖陸續建立各種教育法令，教育法制化的程度仍有待加強。

參、各級學校制度

一、學前教育

我國學前教育機構在 2013 年以前，包括幼兒園與托兒所兩種，幼兒園由教育部主管，托兒所由內政部主管。但 2013 年推動幼托整合後，所有的學前教育機構，統一正名為幼兒園。根據 2018 年修訂後的《幼兒教育及照顧法》第 3 條規定，幼兒園的教育對象為幼兒，泛指二歲以上至國小入學前之人；同法規定教保服務的目的為：(1)維護幼兒身心健康；(2)養成幼兒良好習慣；(3)豐富幼兒生活經驗；(4)增進幼兒倫理觀念；(5)培養幼兒合群習性；(6)拓展幼兒美感經驗；(7)發展幼兒創意思維；(8)建構幼兒文化認同；(9)啟發幼兒關懷環境（全國法規資料庫，2018a）。

幼兒教育及照顧的方式，可包含居家式托幼、幼兒園、社區互助式、部落互助式、職場互助式等五種；幼兒園除公立學校附設者及分班免置園長外，應設置園長一人，以及教師、教保員及助理教保員；其中，幼兒園有五歲至入國民小學前幼兒之班級，其配置之教保服務人員，每班應有一人以上為幼兒園教師，而且幼兒園助理教保員之人數，不得超過園內教保服務人員總人數之三分之一；幼兒園二歲以上未滿三歲幼兒之班級，每班以十六人為限，且不得與其他年齡幼兒混齡，三歲以上至入國民小學前幼兒之班級，每班以三十人為限，離島及偏遠地區另有規定（全國法規資料庫，2018a）。

依統計資料，2018 年總計有 6,348 所幼兒園，其中公立幼兒園 2,058 所（32.41%），私立幼兒園 4,290 所（67.58%）；幼生數 539,404 人，其中公立幼生數 156,357 人（28.98%），私立幼生數 383,047 人（71.01%）（教育部統計處，2019）；足見公立園數及收容率仍然偏低。

教育部目前正在執行「擴大幼兒教保公共化計畫」，此計畫自 2017 至 2020 年，為期四年。主要目標為：(1)擴大近便性與可及性兼具之公共化教保服務，增加幼兒入園之機會，並確保弱勢幼兒接受教保服務之機會；(2)協助企業設置托兒設施供員工就近托育，營造友善家庭、婦女及兒童之環境。其具體執行策略有四項，包含：(1)完善保母照顧體系；(2)提升公共化幼兒園比例；(3)設立公共化幼兒園；(4)研修放寬相關法令規定（教育部，2017a，頁 21-25）。

另外，教育部除推動「擴大幼兒教保公共化計畫」，另推動「我國少子女化對策計畫（107 年至 111 年）」，其目標為：整體二至五歲幼兒入園率至 2022 年達 68%，其中就讀公共及準公共幼兒園者占整體招收人數七成，快速翻轉平價教保服務量能。其中，在「零至五歲全面照顧」方面，以「擴展平價教保服務」及「減輕家長負擔」為二大主軸，雙軌推動下，具體策略有：加速擴大公共化供應量、建置準公共機制和輔助擴大發放育兒津貼（教育部，2018）。

目前學前教育階段，經幼托整合後，正邁入幼兒教保準公共化，然幼托整合過程中所遭遇的師資、設備、空間、家長負擔等問題，透過此次「擴大幼兒教保公共化計畫」的執行，能否使幼兒園獲得更多的資源，而解決幼托整合後所產生的各種問題，亦或加重先前幼托整合後的問題，或是帶來新的問題，有待觀察與評估。

二、初等教育

初等教育是指小學六年的教育，我國最早推動九年義務教育，後推十二年國民基本教育。其中九年義務教育，又稱九年國民教育，即包括小學六年和國中三年。

　　初等教育在我國全稱是「國民小學」，國民小學招收對象為滿六歲之兒童，修業六年。根據《國民教育法》規定，國民教育以由政府辦理為原則，並鼓勵私人興辦。目前國民小學主要由直轄市或縣（市）政府負責設置，並採學區制。根據 2018 年統計之資料，私立國民小學占所有小學的比率約 1%。在全部 2,631 所小學中，私立只有 35 所（教育部統計處，2019）。

　　從《國民教育法》的規定可知，我國國民教育有三種主要特性：

1. 培育健全國民：《國民教育法》規定，國民教育以養成德、智、體、群、美五育均衡發展之健全國民為宗旨（全國法規資料庫，2016a）。
2. 全民性與強迫性：《國民教育法》第 2 條規定：「凡六歲至十五歲之國民，應受國民教育；已逾齡未受國民教育之國民，應受國民補習教育。」同條第 2 項規定：「六歲至十五歲國民之強迫入學，另以法律定之」（全國法規資料庫，2016a）。
3. 免學費：《國民教育法》第 5 條規定：「國民小學及國民中學學生免納學費；貧苦者，由政府供給書籍，並免繳其他法令規定之費用」（全國法規資料庫，2016a）。

　　目前我國中小學課程以實施十二年國民基本教育課綱為主，茲就十二年國民基本教育緣起、課程目標和核心素養，說明如下。

（一）十二年國民基本教育緣起

　　我國自 1929 年訂定國家課程規範，其後歷經數次中小學課程標準修訂，務求課程修訂能與時俱進。自 1968 年實施九年國民教育以來，以培養健全國民為宗旨，為我國人才培育奠定良好基礎。然而如何紓解過度的升學壓力、落實五育均衡的教育，仍是各界關心的議題。此外，近年來家庭日趨少子女化、人口結構漸趨高齡化、族群互動日益多元、網路及資訊發展快速、新興工作不斷增加、民主參與更趨蓬勃、社會正義的意識覺醒、生態永續發展益受重視，加上全球化與國際化所帶來的轉變，使得學校教育面臨諸多挑戰，必須因應社會需求與時代潮流而與時俱進。

　　1999 年公布的《教育基本法》第 11 條明訂：「國民基本教育應視社會發展需要延長其年限。」2003 年召開「全國教育發展會議」，達成「階段性

推動十二年國民基本教育」之結論，希望延長國民基本教育年限，將高中、高職及五專前三年予以納入並加以統整，藉以提升國民素質與國家實力。2004 年教育部將「建置中小學課程體系」納入施政主軸，並於 2006 年成立專案辦公室，完成 12 項子計畫、22 個方案，其中包括「中小學一貫課程體系參考指引」，以引導中小學各級課程綱要之修正。

2010 年「第八次全國教育會議」結論指出，應參酌世界先進國家國民教育發展經驗，考量「普及」、「非強迫」、「確保品質」及「社會公義」等原則，積極啟動十二年國民基本教育，以期符合世界教育發展潮流。2011 年遂啟動十二年國民基本教育，同年核定「十二年國民基本教育實施計畫」，2014 年全面實施。

《十二年國民基本教育課程綱要》是在上述背景下，推動課程研發、研議和審議後，就現行課程實施成效進行檢視，並本於《憲法》所定的教育宗旨，盱衡社會變遷、全球化趨勢，以及未來人才培育需求，持續強化中小學課程之連貫與統整，實踐素養導向之課程與教學，以期落實適性揚才之教育，培養具有終身學習力、社會關懷心及國際視野的現代優質國民（教育部，2014，頁 1）。

（二）《十二年國民基本教育課程綱要》的課程目標

基於「自發」、「互動」和「共好」的課程理念，提出四項課程目標，說明如下（教育部，2014，頁 2）：

1. 啟發生命潛能：啟迪學習的動機，培養好奇心、探索力、思考力、判斷力與行動力，願意以積極的態度、持續的動力進行探索與學習；從而體驗學習的喜悅，增益自我價值感。進而激發更多生命的潛能，達到健康且均衡的全人開展。

2. 陶養生活知能：培養基本知能，在生活中能融會各領域所學，統整運用、手腦並用地解決問題；並能適切溝通與表達，重視人際包容、團隊合作、社會互動，以適應社會生活。進而勇於創新，展現科技應用與生活美學的涵養。

3. 促進生涯發展：導引適性發展、盡展所長，且學會如何學習，陶冶終

身學習的意願與能力，激發持續學習、創新進取的活力，奠定學術研究或專業技術的基礎；並建立「尊嚴勞動」的觀念，淬鍊出面對生涯挑戰與國際競合的勇氣與知能，以適應社會變遷與世界潮流，且願意嘗試引導變遷潮流。

4. 涵育公民責任：厚植民主素養、法治觀念、人權理念、道德勇氣、社區／部落意識、國家認同與國際理解，並學會自我負責。進而尊重多元文化與族群差異，追求社會正義；並深化地球公民愛護自然、珍愛生命、惜取資源的關懷心與行動力，積極致力於生態永續、文化發展等生生不息的共好理想。

（三）《十二年國民基本教育課程綱要》的核心素養

《十二年國民基本教育課程綱要》之核心素養，強調培養以人為本的「終身學習者」，分為三大面向：「自主行動」、「溝通互動」、「社會參與」。三大面向再細分為九大項目：「身心素質與自我精進」、「系統思考與解決問題」、「規劃執行與創新應變」、「符號運用與溝通表達」、「科技資訊與媒體素養」、「藝術涵養與美感素養」、「道德實踐與公民意識」、「人際關係與團隊合作」、「多元文化與國際理解」，說明如下（教育部，2014，頁 3-4）：

1. 自主行動：強調個人為學習的主體，學習者應能選擇適當學習方式，進行系統思考以解決問題，並具備創造力與行動力。學習者在社會情境中，能自我管理，並採取適切行動，提升身心素質，裨益自我精進。

2. 溝通互動：強調學習者應能廣泛運用各種工具，有效與他人及環境互動。這些工具包括物質工具和社會文化工具，前者如人造物（教具、學習工具、文具、玩具、載具等）、科技（含輔助科技）與資訊等，後者如語言（口語、手語）、文字及數學符號等。工具不是被動的媒介，而是人我與環境間正向互動的管道。此外，藝術也是重要的溝通工具，國民應具備藝術涵養與生活美感，並善用這些工具。

3. 社會參與：強調學習者在彼此緊密連結的地球村中，需要學習處理社會的多元性，以參與行動與他人建立適切的合作模式與人際關係。每

個人都需要以參與方式培養與他人或群體互動的素養，以提升人類整體生活品質。社會參與既是一種社會素養，也是一種公民意識。

因應上述《十二年國民基本教育課程綱要》之推動，我國國民中小學課程內容及實施要點如下（教育部，2014，頁9）：

1. 在內容方面：包括部定課程（八大領域學習課程）和校訂課程（彈性學習課程），領域學習課程分別是：語文（國語文、本土語文／新住民語文、英語文）、數學、社會、自然科學、藝術、綜合活動、科技、健康與體育；其中社會、自然科學、藝術和綜合活動四個領域在一、二年級合為「生活」，如表13-1所示。

2. 在學習階段劃分方面：將國小六個年級的各學習領域劃分為三個學習階段，國中三年視為一個學習階段，如表13-1所示。

3. 在各領域教學時間方面：將學習總節數分為「領域學習節數」與「彈性學習節數」。

4. 在上課日數方面：全年授課日數200天（不含國定假日及例假日），每學期上課20週、每週授課5天，國民小學每節上課時間40分鐘，國民中學45分鐘。

在國民小學教科書方面，1987年以前，我國國民小學教科書均由國立編譯館編輯，臺灣書店印刷及配發。1988年時，首先開放藝能科及活動科目教科書由民間編印。自1996年起，全國由一年級開始逐年將教科書開放由民間編輯，送教育部審查後印行。由此可知，目前我國國民小學教科書系採審定制，2001年時，參與國民小學教科書編輯的出版社已達二十多家。而在選用方面，則由各校自行選用。不過，後來因升學考試競爭未變，學生壓力卻有因版本更多，需讀更多版本的爭議，因此立法院要求教育部針對主要學科仍要出版「部編本」，並自2005年度起適用，故目前是兩制並存之狀況。

自2014年開始推動《十二年國民基本教育課程綱要》以後，遭遇甚多問題，包括教學助理和協同教學經費未到位、教師對新課綱和素養導向一知半解、缺乏範例和資訊溝通平臺、教科書樣本提供等問題（教育部十二年國教新課綱推動專案辦公室，2019），雖然小學階段問題似乎沒有國中階段嚴重，但有關課程改革、小學英語教學、學生學力確保等，都受到關注。

表 13-1　《十二年國民基本教育課程綱要》各學習領域階段劃分表

教育階段		國民小學			國民中學
階段年級		第一學習階段	第二學習階段	第三學習階段	第四學習階段
領域／科目		一　二	三　四	五　六	七　八　九
部定課程 領域學習課程	語文	國語文(6)	國語文(5)	國語文(5)	國語文(5)
		本土語文／新住民語文(1)	本土語文／新住民語文(1)	本土語文／新住民語文(1)	
			英語文(1)	英語文(2)	英語文(3)
	數學	數學(4)	數學(4)	數學(4)	數學(4)
	社會	生活課程(6)	社會(3)	社會(3)	社會(3) （歷史、地理、公民與社會）
	自然科學		自然科學(3)	自然科學(3)	自然科學(3) （理化、生物、地球科學）
	藝術		藝術(3)	藝術(3)	藝術(3) （音樂、視覺藝術、表演藝術）
	綜合活動		綜合活動(2)	綜合活動(2)	綜合活動(3) （家政、童軍、輔導）
	科技				科技(2) （資訊科技、生活科技）
	健康與體育	健康與體育(3)	健康與體育(3)	健康與體育(3)	健康與體育(3) （健康教育、體育）
	領域學習節數	20 節	25 節	26 節	29 節
校訂課程 彈性學習課程	統整性主題／專題／議題探究課程	2 至 4 節	3 至 6 節	4 至 7 節	3 至 6 節
	社團活動與技藝課程				
	特殊需求領域課程				
	其他類課程				
學習總節數		22 至 24 節	28 至 31 節	30 至 33 節	32 至 35 節

資料來源：教育部（2014，頁 10）

三、前期中等教育———國中

中等教育可分前期與後期二個階段，前期是指國中，共有三年，後期是指高中（或高職）階段，也是三年。前期國中為義務教育，後期高中為國民基本教育。依據2018年統計之資料，國中共有737所，其中私立為15所（教育部統計處，2019）。

學生於國民小學畢業後，隨即依學區分發入學國民中學，修業三年。根據《國民教育法》規定，國民教育以由政府辦理為原則，並鼓勵私人興辦。目前國民中學主要由直轄市或縣（市）主管教育行政機關負責設置，私立的國民中學甚少。

根據《國民教育法》規定，國民中小學教育皆以養成德、智、體、群、美五育均衡發展之健全國民為宗旨。又根據《十二年國民基本教育課程綱要總綱》規定，其三大面向與九大項目也與國民小學相同。

2001年以前，國中生升入後期中等教育的方式，是參加各分發區的聯招考試；2001 年以後，「聯招」改為「國民中學基本學力測驗」（簡稱「基測」），2014 年以後，「國民中學基本學力測驗」又改為「國中教育會考」，每年 5 月舉行考試，其考試科目包括國文、英語（包含聽力）、數學（包含非選擇題）、社會、自然及寫作測驗。國文、數學、社會及自然評量結果分為「精熟」、「基礎」及「待加強」三個等級，寫作測驗分為 1 至 6 級分（國立臺灣師範大學心理與教育測驗研究發展中心，無日期）。

國中會考雖取代傳統的「基測」，並採用「多元方式」入學，但有人批評其為「30 萬人的大聯考」、「學生壓力仍然存在」、「在 5 月考試，造成學習不足與學校亂象」等問題，因此有關國中生如何進入後期中等教育仍有待深入研議。

進而，國中階段教育，歸納言之，有三項問題有待解決。其一是如何落實十二年國民基本教育理念問題，此包括領域課程之實施、如何培養生活能力、教師如何協同教學等；其二是青少年輔導問題。目前國中階段青少年偏差行為問題日益嚴重，各種社會事件層出不窮，雖然教育單位及其他機構致力推動各項輔導計畫，如推動認輔制度、教師輔導知能、親職教育、生涯輔

導、春暉專案、校外生活輔導、輔導諮詢網路等，以及「建立學生輔導新體制：教學、訓導、輔導三合一整合實驗方案」等，但其成效仍須觀察。第三是如何管控學生能確實學得基本學力問題。由於學生數減少，升學機會率早已超過 100%，造成國中生不必認真讀書，亦有學校可讀的狀況，因此學生程度有日漸下降且可能已到相當嚴重的地步。

四、後期中等教育——普通高中

（一）基本現況

根據《高級中等教育法》規定，高級中學的類型有五種：(1)普通型高級中等學校：提供基本學科為主課程，強化學生通識能力之學校；(2)技術型高級中等學校：提供專業及實習學科為主課程，包括實用技能及建教合作，強化學生專門技術及職業能力之學校；(3)綜合型高級中等學校：提供包括基本學科、專業及實習學科課程，以輔導學生選修適性課程之學校；(4)單科型高級中等學校：採取特定學科領域為核心課程，提供學習性向明顯之學生，繼續發展潛能之學校（全國法規資料庫，2016b）。

根據 2016 年 6 月 1 日修正公布的《高級中等教育法》規定，高級中等學校應由中央政府、直轄市政府、縣（市）政府或私人設立（全國法規資料庫，2016b）。

自 1996 年起試辦綜合型高級中等學校，主要是招收性向未定的國中畢業生，藉試探輔導歷程，輔導學生自由選課，以延後分化；對於性向較確定者，亦可提供跨學術與職業課程機會，以培養通識能力，達成適性發展目標。然目前在高級中等學校名稱上，已無綜合型高級中等學校（綜合高中）此一名詞，而是改由各類型高級中等學校辦理綜合學程。2018 年，開設綜合學程的高級中等學校有 71 所，總計班級數有 1,101 班（教育部統計處，2019；綜合高中中心學校，2019）。

在臺灣，除普通型高級中等學校、技術型高級中等學校、綜合型高級中等學校，另有教育部自 1996 年起試辦之完全中學，是指國中與高中階段學生之中學。此種中學的主要功能是希望舒緩國中學生升學壓力，並均衡城鄉

高中發展。2018 年時，全國有 213 所完全中學（教育部統計處，2019）。

　　就 2018 年的統計資料，整體概況如下（教育部統計處，2019）：

1. 公立校數比私立校數多：公立校數為 298 所，占 58.08%，私立校數為 215 所，占 41.91%。

2. 學生容量也以公立學校較多：公立學校學生數 406,718 人，占 58.36%，私立學校學生數 290,157 人，占 41.63%。

3. 專業群（職業科）班級數和普通科班級數兩者相差不大，各占一半：專業群（職業科）班級數為 8,328 班，占 50.12%，普通科班級數為 8,288 班，占 49.87%。

（二）高中課程結構

　　前次高級中學課程標準於 1995 年 10 月 19 日發布，且自 87 學年度高中一年級起，逐年實施。然後為配合 91 學年度國中一年級新九年一貫課程學生於 94 學年度學習之銜接，於 2003 年 10 月公布「普通高級中學課程綱要草案」，但公布後意見甚多，其中包括課程目標、延後分化、科目簡併、課程銜接、學習領域、選修課程、高三淨空等方面，以及高中歷史課程綱要內容劃分、國文課程綱要內容分配、物理科的 A、B 版本等引起相當爭議。俟後經高中課程委員會反覆討論，以及 2004 年 4 月舉辦「全國高中教育發展會議」，然後才於 2005 年 1 月 20 日發布《普通高級中學課程暫行綱要》，並決定於 95 學年度先行實施，而正式課程綱要 98 學年度實施。爾後，2008 年分別制定《99普通高中課程綱要》和《99職業學校課綱》，並於2009年8月正式施行。2011 年教育部啟動「十二年國民基本教育」，2013 年全面實施「十二年國民基本教育實施計畫」下，由國家教育研究院、教育部技術及職業教育司進行課程研發，國家教育研究院「十二年國民基本教育課程研究發展會」負責課程研議，教育部「十二年國民基本教育課程審議會」負責課程審議。《十二年國民基本教育課程綱要》中，對於高級中等學校教育階段各類型學校課程規劃，其內容如表 13-2 所示。

表 13-2　高級中等學校教育階段各類型學校課程規劃

課程類別 / 學校類型		普通型高級中等學校	技術型高級中等學校	綜合型高級中等學校	單科型高級中等學校
部定必修	一般科目（包含高級中等學校共同核心 32 學分）	118 學分	66 至 76 學分	48 學分	48 學分
	專業科目／實習科目	–	45 至 60 學分	–	–
	學分數	118 學分	111 至 136 學分	48 學分	48 學分
校訂必修及選修	一般科目 專精科目 專業科目 實習科目	校訂必修	44 至 81 學分（各校須訂定 2 至 6 學分專題實作為校訂必修科目）	校訂必修	校訂必修
		4 至 8 學分		4 至 12 學分 一般科	45 至 60 學分 核心科目
		週修		校訂選修	選修
		54 至 58 學分		120 至 128 學分	72 至 87 學分
	學分數	62 學分	44 至 81 學分	132 學分	132 學分
應修習學分數（每週節數）		180 學分（30 節）	180 至 192 學分（30 至 32 節）	180 學分（30 節）	180 學分（30 節）
每週團體活動時間		2-3 節	2 至 3 節	2 至 3 節	2 至 3 節
每週彈性學習時間（六學期每週單位合計）		2 至 3 節（12 至 18 節）	0 至 2 節（6 至 12 節）	2 至 3 節（12 至 18）	2 至 3 節（12-18 節）
每週總上課節數		35 節	35 節	35 節	35 節

註：1. 學年學分制：高級中等學校實施學年學分制。每學期每週修習 1 節，每節上課 50 分鐘，持續滿一學期或總修習節數達 18 節課，為 1 學分。

2. 總學分與畢業條件：高級中等學校學生三年應修習總學分數為 180 至 192 學分，普通型及單科型高級中等學校學生畢業之最低學分數為 150 學分；技術型及綜合型高級中等學校學生畢業之最低學分數為 160 學分。

3. 每週總上課節數：學生在校上課每週 35 節，其中包含「團體活動時間」及「彈性學習時間」。

4. 團體活動時間：包括班級活動、社團活動、學生自治活動、學生服務學習活動、週會或講座等。

資料來源：教育部（2014，頁 13）

五、後期中等教育——職業學校

（一）現況

　　《高級中等教育法》第 1 條規定：「高級中等教育，應接續九年國民教育，以陶冶青年身心，發展學生潛能，奠定學術研究或專業技術知能之基礎，培養五育均衡發展之優質公民為宗旨。」又同法第 5 條規定：「技術型高級中等學校，提供專業及實習學科為主課程，包括實用技能及建教合作，強化學生專門技術及職業能力之學校」（全國法規資料庫，2016b）。《教育部國民及學前教育署補助高級中等學校產業特殊需求類科要點》第四點提及：技術型高級中等學校專業群科，可包含機械群、動力機械群、化工群、設計群、土木與建築群、農業群、食品群、海事群、水產群等（全國法規資料庫，2019）。

（二）課程

　　目前課程部分主要依據「高級中等學校教育階段各類型學校課程規劃」，總學分已經調整為 180 至 192 學分。部訂必修可分為一般科目（包含高級中等學校共同核心 32 學分）以及專業科目／實習科目，其中一般科目為 66 至 76 學分，專業科目／實習科目為 45 至 60 學分，部訂必修總計 111 至 136 學分。校訂必修及選修可包含一般科目、專精科目、專業科目、實習科目，學分數總計為 44 至 81 學分，其中 2 至 6 學分為專題實作，為校訂必修科目。除上述部訂必修、校訂必修及選修課程外，尚有團體活動時間，每週 2 至 3 節；彈性學習時間，每週 0 至 2 節。每週總上課節數為 35 節，如表 13-2 所示。

（三）後期中等教育問題與改革性質

　　目前我國在後期中等階段，學校性質包括普通型高級中等學校（普通高中）、技術型高級中等學校（高級職業學校）、綜合型高級中等學校、單科型高級中等學校、科技大學或技術學院附屬五專部之前三年；就學校類型而

言，除普通高中、高職外，另有完全中學、單科高中、綜合學程及實用技能班等，學制已呈現相當多元，整體發展趨勢包括（教育部國民及學前教育署，2017a，2017b，2017c，2017d）：

1. 執行高級中等學校免學費。
2. 提升高級中等學校優質化。
3. 充實高級中等學校資源，均衡區域與城鄉教育發展。
4. 提升高級中等學校效能化。
5. 落實中學生性向探索與生涯輔導，引導多元適性升學或就業。

不過，仍有若干問題待解決，包括：

1. 區域教育素質均衡不等。
2. 技職教育逐漸失去定位。
3. 升學競爭仍然嚴重。
4. 學生品德教育有待加強。

六、高等教育

我國高等教育分為大學及專科教育兩種。根據《大學法》規定，大學「以研究高深學術養成專門人才為宗旨」，而專科教育部分，依《專科學校法》規定，係「以教授應用科學，養成技術人才為宗旨」（全國法規資料庫，2014，2015）。我國大學分為文、理、法、醫、農、工、商及其他學院，凡具備三學院以上者稱為大學，不合此條件者稱為獨立學院。大學又分為大學部及研究所兩個階段，大學部招收高級中等學校畢業生，修業年限一般為四年，醫學院為六年，畢業可獲得學士學位。研究所分碩士班及博士班，碩士班一般招收大學部畢業生（專科學校畢業生亦得以同等學歷報考），修業年限二至四年，畢業獲得碩士學位；博士班一般招收碩士班畢業生，修業年限三至六年，畢業通過論文考試，授予博士學位。專科學校有五年制及二年制；五年制招收國民中學畢業生，修業五年，相當二年制專科學校。二年制專科學校招收高級中等學校畢業生，修業二年，畢業後授予副學士學位證書。二專或五專學生畢業後可繼續修讀科技校院二年制（簡稱二技），畢業後取得學士學位畢業證書。

最近十多年來我國大專校院校數，有以下三項特殊現象（教育部統計處，2019）：

1. 我國大專校院校數逐年增加，由 1950 年的 7 所，增加至 2018 年的 153 所，擴增的速度甚快。其中專科學校只有 12 所，約占 8%，大學及獨立學院共有 141 所，約占 92%。

2. 最近二十多年（1991 至 2019 年）三類高等教育機構的變化甚大，專科學校從 74 所，遽減為 12 所；獨立學院從 29 所，遽增到 75 所（2003 年）後，再逐年遞減至 14 所。大學亦由 21 所，遽增為 127 所。由於專科學校大幅減少，引發專科學校是否有存在價值的討論。

3. 在公私別言，以 2003 年為例，不論是專科學校、獨立學院、大學都是私立多於公立，尤其是專科學校部分，公立專科學校更只剩 2 所。

近年來，我國大學院校之擴充，除了政府有計畫地增設新校外，最主要是來自專科學校的升格改制。政府首先於 1987 年一次將 9 所師範專科學校，升格為師範學院。其次，在 1994 年首先將國立臺北工業專科學校、國立臺灣藝術專科學校、私立淡水工商專科學校等校升格為技術學院。接著，於 1995 年 11 月 8 日公布增訂《專科學校法》第 3 條之一規定，為提升實用專業人才素養，增進技術職業教育品質，教育部得遴選符合大學設立標準之專科學校，改制為技術學院。又規定專科學校改制為技術學院者，教育部得核准其設專科部。1996 年時，首先根據新規定將南臺工專、崑山工專、嘉南藥專等校升格為學院，自此加快了專科學校升格為學院的速度。1997 年 8 月 1 日教育部首先核定 5 所技術學院改名為科技大學，分別是國立臺灣科技大學、國立雲林科技大學、國立屏東科技大學、國立臺北科技大學、私立朝陽科技大學。92 學年度時，共有 12 所科技大學，54 所技術學院。

在大專校院快速擴充下，至 2009 年達到顛峰，計有 164 所，之後因少子化及快速擴充下引發各種問題，教育部在 2012 年制定《國立大學合併推動辦法》，針對「單一縣市超過 2 所國立大學且學生數低於 10,000 人」之學校推動合併，從 2012 年至目前合併成功者有：臺北市立大學（原臺北市立體育學院和臺北市立教育大學合併）、國立屏東大學（原國立屏東商業技術學院和國立屏東教育大學合併）、法鼓文理學院（原法鼓佛教學院和法鼓文人

社會學院合併）、康寧大學（原康寧大學和康寧醫護暨管理專科學校合併）、國立清華大學（原國立清華大學和國立新竹教育大學合併）、國立高雄科技大學（原國立高雄第一科技大學、國立高雄海洋科技大學、國立高雄應用科技大學合併）。另外，國立陽明大學與國立交通大學即將於 2021 年 2 月 1 日合併，新校名為國立陽明交通大學。

因此，基於少子化和快速擴充後經營不善等問題，以致大專校院逐年遞減。

第四節　師資教育

壹、現行制度

一、培育制度

臺灣過去師範教育的發展，從早期依據 1932 年公布的《師範學校法》，1947 年修正發布的《師範學院規程》，1979 年公布的《師範教育法》，基本上都是採取「一元化」、「公費制」和「計畫性」的師資培育方式。不過因社會環境變遷後，一元化政策在種種批評聲浪中轉向多元化的師資培育，1994 年《師範教育法》修正為《師資培育法》，確立了師資培育多元化的制度，主要的理由是要透過自由市場競爭提升教師素質。因此，《師資培育法》公布施行之後，臺灣的師資培育朝向「多元」、「開放」、「自費」、「儲備」、「甄選」和「合流」方向邁進。

其次，師資培育政策在 2002 年修正《師資培育法》之內容，該法於頒布後之次年正式實施後，截至 2019 年總計修正了五次。特色如下：

1. 目標在於充裕教師來源，並增進教師專業知能。
2. 各大學如欲培育師資，須成立師資培育中心，取代原有的教育學程中心。
3. 廢除初檢和複檢的檢定程序，改為參加教育部主辦的「教師資格檢定考試」。

4. 通過教師資格檢定考試者，可向師資培育之大學申請教育實習，也就是「先檢定後實習」。

5. 教育實習課程由原來的外加式一年改變為內含式半年，並且不再支給實習津貼。

6. 師資培育大學每年應至少辦理一次教學演示，及格者可免除修習教育實習。

7. 取得學士以上學位和師資職前教育證明書、通過教師資格考試、修習教育實習成績及格者，方授予合格教師證書，然後可以參加甄選而成為正式教師。

二、當前師資培育的機構及設計

（一）師資培育的機構

依據《師資培育法》第 5 條規定：「師資培育，由師範校院、設有師資培育相關學系或師資培育中心之大學為之。」由此可明確知道，當前我國師資培育的機構有以下四類。

1. 師範校院

在1994年《師資培育法》公布之前，我國80%的師資是由師範校院所培育出來，三所師範大學培育中等教育師資，而九所師範學院（2005 年改制為教育大學）培養小學師資，皆為我國師資的養成，奉獻不少心力。

2. 設有師資培育相關學系的大學

多為四年制之機構，提供的學門不限於教育，而包括工、醫、農、商、法等相關系所。其在師資培育方面或設立教育院系，或提供相關教育學程，與師範校院最大的差異為，在其既定主修（如數學、歷史、音樂等）之外，再選讀若干的教育學分，以取得修畢師資職前教育課程的證明。

國立政治大學於 1955 年成立教育系，成為國內第一所設有師資培育相關系所的大學，以培育教育專業人員及中等師資為主，此也為我國中等師資的養成投注了一股新氣象。

3. 設有師資培育中心的大學

「師資培育中心」即為之前所通稱的「教育學程中心」，我國各公私立大學皆依據 1994 年 2 月 7 日所公布的《師資培育法》設置師資培育中心，在 84 學年度第一學期奉教育部核准，開始設立「教育學程」，招收我國教育史上，首批非師範院校培育且是自費的中小學教師。

4. 學士後教育學分班

《師資培育法施行細則》第 6 條規定：「師資培育之大學招收大學畢業生，修習師資職前教育課程者，稱為學士後教育學分班」（全國法規資料庫，2018b）。因此，上述三種師資培育機構另可開設學士後教育學分班，以因應教師供應不足，亟需速成培育，以求適時解決教師荒困境。

依據 2017 年統計之資料，幼兒園師資類科招生有 1,516 人，國民小學師資類科招生有 2,240 人，中等學校師資類科招生有 4,428 人，特殊教育學校（班）有 793 人（教育部，2017b，頁 18）。

（二）師資培育的課程設計

在《師資培育法》第 3 條中提到，師資職前教育課程包括普通課程、教育專業課程及專門課程，其中也明確地將此三項課程的定義條列出來，其課程包括以下架構（全國法規資料庫，2017）：

1. 普通課程：為培育教師人文博雅及教育志業精神之共同課程。
2. 教育專業課程：為培育教師依師資類科所需教育知能之教育學分課程。
3. 專門課程：為培育教師任教學科、領域、群科專長之專門知能課程。

另外，《大學設立師資培育中心辦法》第 9 條則明確指出，各類科教育學程課程該包含哪些內容，其內容如下（全國法規資料庫，2018c）：

1. 中等學校師資類科：包括教育基礎課程、教育方法學課程、教材教法、教學實習及半年教育實習。
2. 國民小學、幼兒園及中小學校師資類科：包括教學基本學科課程、教育基礎課程、教育方法論課程、教材教法、教學實習及半年教育實習。
3. 特殊教育學校（班）師資類科：包括一般教育專業課程、特殊教育共

同專業課程、特殊教育各類組專業課程及半年教育實習。

三、檢定制度

教師資格的檢定是按照《高級中等以下學校及幼兒園教師資格檢定辦法》來辦理，同法第 2 條即規定，高級中等以下學校及幼兒園教師資格檢定，以筆試行之，每年以辦理一次為原則；第 3 條更規定應考的資格：「中華民國國民、外國學生、僑生及港澳學生修畢師資培育之大學規定之師資職前教育課程，取得修畢師資職前教育證明書，或中華民國國民依本法第九條第一項規定取得修畢師資職前教育證明者，得依證明書或證明所載之類科別，報名參加本考試」（全國法規資料庫，2018d）。

教師資格檢定各類科應試科目，除國民小學類科為 5 科外，其餘類科為 4 科，包括共同科目 2 科至 3 科及專業科目 2 科，說明如下（全國法規資料庫，2019）：

1. 共同科目：國語文能力測驗、教育原理與制度、數學能力測驗（僅適用於國小類科）。
2. 專業科目：發展與輔導、課程與教學。其中，在幼兒園為幼兒發展與輔導、幼兒園課程與教學；在特殊教育學校（班）為特殊教育學生評量與輔導、特殊教育課程與教學；在國民小學為兒童發展與輔導、國民小學課程與教學；在中等學校為青少年發展與輔導、中等學校課程與教學。

而各科計分方式如後（全國法規資料庫，2018d）：

1. 每科滿分 100 分，不設定檢定通過人數或通過率。
2. 及格標準：應試科目總成績平均達 60 分及格，其中不得有一科 0 分，且應試科目不得有二科成績均未滿 50 分（即最多只能有一科低於 50 分）。

依據 2017 年統計之資料，幼兒園師資類科檢定通過率 39.69%，國民小學師資類科檢定通過率 58.28%，中等學校師資類科檢定通過率 57.09%，特殊教育學校（班）師資類科檢定通過率 55.73%（教育部，2017b，頁 19）。

四、教育實習制度

《師資培育法》第 10 條規定：「教育實習係指通過教師資格考試者，始得向師資培育之大學申請修習包括教學實習、導師（級務）實習、行政實習、研習活動之半年全時教育實習」（全國法規資料庫，2017）。

《師資培育法施行細則》第 3 條指出教育專業課程和教育實習，合稱教育學程（全國法規資料庫，2018b）。

教育部發給合格教師證書者，需取得學士以上學位、取得修畢師資職前教育證明書或證明、通過教師資格檢定者和修習教育實習成績合格者。四項條件缺一不可。

貳、教師在職進修

依據教育部《教師進修研究獎勵辦法》第 4 條規定，所謂教師帶職帶薪進修、研究、研習時間、研習方式包括：(1)全時進修、研究：係指服務學校或主管教育行政機關基於教學或業務需要，主動薦送或指派教師，在一定期間內，經辦妥請假手續，並保留職務與照支薪給而參加之進修、研究；(2)部分辦公時間進修、研究：係指服務學校或主管教育行政機關基於教學或業務需要，主動薦送、指派或同意教師，利用其授課之餘仍應留校服務時間，經辦妥請假手續而參加之進修、研究；(3)休假進修、研究：係指公立專科以上學校依規定核准教師休假而從事學術性之進修、研究；(4)公餘進修、研究：係指服務學校基於教學或業務需要，主動薦送、指派或同意教師，利用假期、週末或夜間參加之進修、研究（全國法規資料庫，2013）。

綜合整理教師進修制度之內容如下：

1. 教師進修途徑：現在的教師進修方式包括可取得學位或非學位，大多數乃以非學位為主。進修時間則包括上班時間、夜間、週末日、寒暑假時間。

2. 教師進修內容：包括教育專業與學科專門，尤其是中小學特別關注九年一貫課程七大領域、五大議題，以及當前最關懷的教育政策、性別

平等教育政策、教師會組織功能、教師權益權責議題。

3. 參與進修對象：為使學校教育在校園民主化趨勢下，家長、教師、行政人員三權平衡關係，許多進修議題皆有校長、教師、行政人員、家長及社會大眾共同參與。

4. 主辦進修單位：除正規政府行政機構，各縣市教育局，各級學校——大學、高中、高職、國中小學、幼兒園，各縣市教師研習中心等主辦外，尚有非政府教育部門、教育團體及非專業團體的民間團體，尤其是各縣市教師會與民間團體的文教基金。

5. 參與進修經費：在「使用者付費」原則及政府教育經費大幅縮減下，許多教師進修經費，除政府補助外，大多數由教師自己負擔或少數政府相關單位的補助。

參、改革趨勢

臺灣師資培育政策從一元化走向多元化，由閉鎖式走向開放式的結果，正面臨過渡和陣痛的時期。由於師資培育過剩，有所謂找不到工作之「流浪教師」問題，加上少子化時代來臨，教育類大學之定位與發展正面臨挑戰。另外，也看到了許多亂象，新制的理想尚未實現，舊制的優點已逐漸在腐蝕，亟須在確保師資培育「專業化」和「優質化」的前提下，通盤檢討與重整制度。

2017 年師資培育發展方向包括：(1)師資職前教育制度變革：包含多元化師資培育模式、精進教師資格檢定制度；(2)師資培育規劃與評鑑：師範校院定位轉型發展規劃、師資培育素質提升規劃、師資培育評鑑；(3)教師在職進修制度建立：教師在職進修政策規劃、建構教師在職進修資訊交流平臺（教育部，2017b，頁 1-7）。

針對上述發展方向，提出的相關師資培育政策有：(1)強化高級中等以下學校師資培育，提升師資素質；(2)健全教師法制及進修機制，促進教師專業發展；(3)規劃《十二年國民基本教育課程綱要》師資配套，協助教師具有實踐課綱知能（教育部，2017b，頁 7-15）。

　　目前上述發展方向及相關政策，教育部已經陸續推動相關配套措施，且均逐步落實中，未來因應「少子化」與「優質化」之目標，預期教師教育將會有重大的調整。

第五節　教育特色與改革趨勢

壹、問題

　　臺灣地區之教育發展，經過四十多年來，全國人民同心協力的努力，已經獲致相當的成果，教育普及和國民素質的提升是有目共睹的事實，但在這些成就的背後，也仍存在一些教育問題。不過我們應體認到，教育和社會變遷息息相關，所以社會在變動中，教育問題也會不斷出現，以前不是問題的，現在可能成為問題，所以我們不必將現在的教育問題視為非常嚴重，也不必去責怪任何人或機構，因為教育問題，實際上也是社會問題，這是全民必須共同努力去尋求解決方案的。

　　在面對環境的快速變遷以及國際社會的高度競爭下，教育將是決定國家競爭力的關鍵，同時也是國家最好的投資。除了社會變遷快速外，另由於生育率的降低，國內學齡人口快速的遞減，臺灣地區 2018 年出生人口已低至18萬人，較二十年前減少了三分之一，也較五年前減少四分之一（內政部戶政司全球資訊網，2019c）。由於此學齡人口減少之問題，除了衝擊教育的供需，影響中等以上學校招生來源外，對於各項教育發展規劃都已產生重大的影響。此外，近年來外籍配偶及大陸配偶婚生子女所占比率快速攀升，2017 年已占小學全體學生的 9.27%，此類家庭在親職教育上，必須獲得更多的協助（教育部，2017c，頁 1；教育部統計處，2019）。進而，自 1984 年以來，教育改革經過十多年之努力，有相當多的成果，但也衍生相當多的問題，國民及專業人士咸認教育改革仍有許多問題值得改善，其中如升學壓力、教科書審定制、入學多元化、大學優質化等，都是大家關心的問題。

　　臺灣自 1990 年代以來的教育改革，雖然有一些成效，但是教育改革由於涉及教育價值重建、制度結構調整、舊社會存在保守觀念、整體改變不易等，以致立意良善的政策制度，仍難以有效執行。當然也有部分因素應責於政策規劃不盡周延，導致效果大打折扣，都嚴重影響教改推動成效。

　　要檢討臺灣地區教育發展的問題，除了從各級學校結構探討外，也可從下列幾項來檢視之。

一、升學主義與文憑主義問題

　　升學主義存在我國已久。臺灣地小人稠、生存競爭壓力大，傳統「文憑至上」的價值觀仍深植民心，升學主義依然影響學校教育的正常發展。小學的課程是為了升入中學作準備，中學課程是為了升大學作準備，中學課程沒有教中小學生在家庭中如何做子弟，更沒有教那些無法升入中學和大學的中小學生出社會後怎樣求生活，升學主義與生活教育之乖離一直是重大之問題。

二、教育資源分配問題

　　這個問題主要至少呈現在四個面向上：

1. 城鄉國民教育素質的差距：除了市縣地區不同而存在差距外，在中南部或東部沿海地區的中小學校，更有顯著差距，這是目前急待克服的問題。

2. 高等教育學府在地區分布上的偏頗。

3. 公私立大學校院間教育資源的懸殊。

4. 不同職業與社會階層間教育費用負擔的差別：譬如一般人認為就讀公立大學校院，學費繳得少，享受較高的教育品質，但公立大學校院學生的家庭背景通常較好，因為過去有較多的補習及課業輔導機會；而家庭環境較差者，經升學競爭後往往只得進入私立學校。

三、教育經費保障明顯不足

凡是重大教育改革,在推動之前應經嚴謹的規劃評估,並獲得社會的共識。既經決定,則需有人力及經費的充分支援,方能穩定而持續地推動。但是過去十年來,行政院在教育改革工作上以專案編列預算所增加的經費資助並不多。2018 年教育經費約九億,但絕大部分是從教育部原有經費中調整因應,「餅沒有做大」,推動教育改革反倒排擠例行性教育業務,不僅影響原有教育品質,政策也不易持續,更遑論教育經費占國民所得毛額(GNI)比率僅有 4.99%,低於 OECD 國際平均值 5.25%(2013 年)(教育部,2019c,頁65)。

另一方面,配合政府財政制度之改革,過去許多原列於教育部的特定教育補助經費,均改列為行政院統籌之一般教育補助經費。有限的經費是否能全數投入教育而不被挪用,端賴地方政府及其首長對教育之支持程度。《教育經費編列與管理法》實施後,雖要求地方設置教育發展基金,但在多數縣市,此一基金有名無實,無法落實教育經費之保障。未來在「幼教向下延伸一年」以及「十二年國教」等重大政策之推動,除了教育經費的籌措外,同時還必須確保地方對於教育經費的落實保障。若行政院不能立法以明權責,並以特別預算支持,這些重大教育改革,恐怕也難以為繼(教育部,2003)。

四、教改政策欠缺長期研究與回饋機制

教育要能長久發展,不斷進步,一定要有長期的研究、健全的理論基礎,作為政策研擬的依據,始能克竟其功。「教育改革總諮議報告書」中曾大力呼籲國內應及早成立一個國家級的教育研究院,這個理想至今,雖已設國家教育研究院,但礙於政府財政困難,新單位仍以整併現有單位、人力的方式運作,不符合當初建議設置「國家級的常設性研究機構」的預期,未來對於重要教育的長期基礎研究、政策的規劃與發展,所能發揮的功能恐怕也非常有限,政府應重視此一問題。

另外,除了教育長期研究之外,教育改革成敗的最重要關鍵,在於負責

執行的基層人員能否穩健地落實政策推動。過去國內教育行政體系偏重由上而下的決策，各項教改的執行，總是聽候長官指示，行政體系報喜不報憂的文化，使得執行上所面臨的問題未能有效的回饋，無法即時因應調整與補強，導致理想與現實產生嚴重的落差。未來教育政策的執行必須建立有效的基層回饋機制。

貳、成效

至 2016 年為止，我國教育經費自 2011 年以前的 21.5%，提升至 2017 年的 23%；施政成效，可分為「創新」、「關懷」、「活力」、「國際」等四個部分，說明如下（教育部，2016）。

一、創新

在創新方面，施政成效有：(1)實施十二年國教，完成課綱；(2)技職教育再造，務實致用，產學共榮；(3)推動創新自造教育，鼓勵動手實作；(4)推動數位學習，活化教學模式；(5)追求卓越高教，推動創新轉型。

二、關懷

在關懷方面，施政成效有：(1)減少就學負擔，推動學生免學費政策；(2)提供優質教保服務，推動幼托整合政策；(3)深耕偏鄉教育，實現教育正義；(4)保障原住民學生升學，培育原住民族人才；(5)推動本土語言，多元友善社會基礎；(6)啟動新住民揚才計畫，創造友善共融社會。

三、活力

在活力方面，施政成效有：(1)打造樂活運動島，健康國民卓越競技；(2)「創意臺灣、美力國民」美感新生活運動；(3)推動友善校園計畫，營造和諧學習環境；(4)反毒、防護、安全，建立幸福校園；(5)建構在地樂齡中心，提升高齡學習機會；(6)擴大青年行動參與，建立網實整合交流平臺；(7)推動社會企業，解決教育問題。

四、國際

在國際方面，施政成效有：(1)教育全球布局，提升國際移動力；(2)開發多元公費留學，培育高階人才；(3)放眼世界，參與國際，擁抱全球；(4)友善在臺留學環境，境外學生喜來臺；(5)學華語到臺灣，推動優華語教育。

參、改革趨勢

教育改革是一不斷變革的歷程，因此除了針對目前各項教育改革所出現的問題，應儘速做必要的因應外，展望未來，國內教育發展所要面對的重要課題分成以下三點敘述之。

一、落實十二年國民基本教育目標之挑戰

為能有效減輕學生升學壓力，落實高中就近入學的原則，教育部目前已經自 2011 年啟動十二年國民基本教育，2013 年正式實施。此一重大政策，自李煥部長任內即開始醞釀，數十幾年來一直沒有定案。雖然目前已正式實施，但社會上意見仍相當分歧。如何調整教育資源不均的問題，包括公私立學校的資源分配、高中職校的分布與資源分配、城鄉教育資源的分配等；如何協助學校的轉型、如何配合學校轉型及課程調整規劃教師在職進修、如何在公平的基礎上處理入學方式、如何籌措財源、如何以漸進方式執行和修正、如何建立社會的共識等，都是需積極面對的重大問題。

二、提升與確保學前教育與中小學教育品質

十二年國教之執行，固然是解決教育結構性問題的重要方向之一，但針對現階段國民教育所面臨的問題，更必須積極處理與面對。其中有關國民教育向下延伸一年，五歲幼兒入學具體時程之規劃，課程、教材之規劃，師資之儲訓，設備環境之改善等，目前皆在落實中，但相關問題層出不窮，仍有待解決。更遑論 2017 年開始推動的「擴大幼兒教保公共化計畫」，其後續問題也是不少，有待檢討。

　　此外，對於國中小學校組織的再造，落實學校本位經營；協助教師專業成長；英語教學的城鄉落差；鄉土語言教學的問題；補救教學系統之建構，以免造成學力低落；新住民子女教育，避免造成階級再製；生活與道德教育的落實等諸多問題，目前政府已陸續推動各級教育之課程改革，推動道德教育，以全面確保及提升國民教育的素質。

三、強化高等教育的國際競爭力

　　高等教育普及化後，如何兼顧菁英教育的需求並面對國際的競爭，將是決定國家競爭力的重要關鍵。2017 年教育部啟動「高等教育深耕計畫」，其目的為引導大學關注教學現場，落實提升教學品質，維護學生平等受教權，並持續協助大學追求國際一流地位及發展卓越研究中心。「高等教育深耕計畫」可分為「全面性提升大學品質及促進高教多元發展」和「協助大學追求國際一流地位及發展研究中心」；其中，「全面性提升大學品質及促進高教多元發展」方面包含：(1)提升高等教育品質，促進學生有效學習，發展學校特色；(2)落實大學社會責任，提升大學對在地區域或社會之貢獻；(3)建立支持及協助學生發展機制。在「協助大學追求國際一流地位及發展研究中心」方面，包括：(1)擇優補助國內大學追求國際一流；(2)建立長期穩定研究中心發展機制（高等教育司，2017）。足見教育部高等教育政策，持續朝向強化高等教育的國際競爭力。

關鍵詞彙

十二年國民基本教育　　弱勢族群教育

三條國道　　　　　　　教育制度

少子化　　　　　　　　優質化

自由化

自我評量題目

1. 請說明我國教育制度中的「三條國道」為何。
2. 請說明我國教育改革有何成效。
3. 試分析我國目前之教育問題。
4. 今後我國教育改革之重點方向。

參考文獻

中華民國中央銀行全球資訊網（2020）。**109 年 7 月底外匯存底**。取自 https://www.cbc.
　　gov.tw/tw/cp-302-119246-eb06e-1.html

中華民國外交部（2019）。**邦交國家相關資訊**。取自 https://reurl.cc/7XLKvQ

內政部戶政司全球資訊網（2019a）。**戶籍人口統計速報**。取自 https://reurl.cc/qd4GAp

內政部戶政司全球資訊網（2019b）。**縣市人口性比例及人口密度**。取自 https://reurl.cc/
　　qd4GAp

內政部戶政司全球資訊網（2019c）。**各縣市嬰兒出生數按生母年齡分**。取自 https://
　　reurl.cc/qd4GAp

全國法規資料庫（2013）。**教師進修研究獎勵辦法**。取自 https://reurl.cc/4RvLzX

全國法規資料庫（2014）。**專科學校法**。取自 https://reurl.cc/QdGYq5

全國法規資料庫（2015）。**大學法**。取自 https://reurl.cc/MvL3Qm

全國法規資料庫（2016a）。**國民教育法**。取自 https://reurl.cc/nz4m38

全國法規資料庫（2016b）。**高級中等教育法**。取自 https://reurl.cc/mn4xOV

全國法規資料庫（2017）。**師資培育法**。取自 https://reurl.cc/yZ4R9y

全國法規資料庫（2018a）。**幼兒教育及照顧法**。取自 https://reurl.cc/vD4QR1

全國法規資料庫（2018b）。**師資培育法施行細則**。取自 https://reurl.cc/d0lQ42

全國法規資料庫（2018c）。**大學設立師資培育中心辦法**。取自 https://reurl.cc/g7pRX4

全國法規資料庫（2018d）。**高級中等以下學校及幼兒園教師資格考試辦法**。取自 https://
　　reurl.cc/NjLY75

行政院（2019a）。**族群**。取自 https://reurl.cc/yZ4Rdl

行政院（2019b）。**政府組織**。取自 https://reurl.cc/62YKo6

行政院主計總處（2019a）。**經濟成長率（平均年成長率）**。取自 https://reurl.cc/oL48kl

行政院主計總處（2019b）。**最新統計指標**。取自 https://reurl.cc/QdGYyb

高等教育司（2017）。**高等教育深耕計畫正式啟動**。取自 https://reurl.cc/kd3nR9

國立臺灣師範大學心理與教育測驗研究發展中心（無日期）。**國中教育會考**。取自
　　https://reurl.cc/Y1RY2o

國家發展委員會（2018）。**臺灣省政府走入歷史　國發會接續服務展新局**。取自 https://
　　reurl.cc/X6NA7D

教育部（2003）。**2003 年教育發展會議實錄：大會議題討論資料**。臺北市：作者。

教育部（2014）。**十二年國民基本教育課程綱要：總綱**。取自 https://reurl.cc/qd4GQ0

教育部（2016）。**本部八年施政成果簡報**。取自 https://reurl.cc/NjLYVn

教育部（2017a）。**擴大幼兒教保公共化計畫（106～109 年度）**。取自 https://reurl.cc/kd3nDK

教育部（2017b）。**中華民國師資培育統計年報 2017**。取自 https://reurl.cc/Y1RYyL

教育部（2017c）。**新住民子女就讀國中小人數分佈概況統計 106 學年度**。取自 https://reurl.cc/j7Y9x1

教育部（2018）。**我國少子女化對策計畫（107 年至 111 年）**。取自 https://reurl.cc/QdGY02

教育部（2019a）。**本部各單位**。取自 https://reurl.cc/xZ4Ndb

教育部（2019b）。**部屬機構**。取自 https://reurl.cc/20yK54

教育部（2019c）。**教育統計 2019**。取自 https://reurl.cc/X6NAvE

教育部（2019d）。**教育部國民及學前教育署補助高級中等學校產業特殊需求類科要點**。取自 https://edu.law.moe.gov.tw/LawContent.aspx? id=FL042856

教育部（2019e）。**高級中等以下學校及幼兒園教師資格考試命題作業要點**。取自 https://edu.law.moe.gov.tw/LawContent.aspx? id=GL000454

教育部十二年國教新課綱推動專案辦公室（2019）。**縣市政府及學校新課綱推動與實施「共通性」需求問答輯**。取自 https://reurl.cc/NjLYzn

教育部青年發展署（2019）。**青年署簡介**。取自 https://reurl.cc/9ELDga

教育部國民中小學課程與教學資源整合平臺（2006）。**九年一貫課程綱要實施要點**。取自 https://reurl.cc/mn4xeW

教育部國民及學前教育署（2017a）。**高級中等學校免學費方案**。取自 https://reurl.cc/5lZK7M

教育部國民及學前教育署（2017b）。**高級中等學校優質化補助**。取自 https://reurl.cc/4RvLkv

教育部國民及學前教育署（2017c）。**十二年國民基本教育實施計畫**。取自 https://reurl.cc/mn4xWW

教育部國民及學前教育署（2017d）。**高級中等學校評鑑實施方案**。取自 https://reurl.cc/d0lazD

教育部國民及學前教育署（2019）。**組織架構**。取自 https://www.k12ea.gov.tw/Tw/Common/SinglePage? filter=32543FE9-5028-47D0-8313-6533806441CB

教育部統計處（2019）。**主要統計表：歷年**。取自 https://reurl.cc/qd4YzE

教育部體育署（2013）。**教育部體育署組織法**。取自 https://reurl.cc/WdMOae

新竹縣政府教育處（2017）。**組織架構**。取自 https://reurl.cc/z845yN

新竹縣家庭教育中心（2018）。**組織職掌**。取自 https://hcc.familyedu.moe.gov.tw/docDetail.aspx? uid=4674&pid=3261&docid=40678

新竹縣教育研究發展暨網路中心（2019）。**組織架構**。取自 https://reurl.cc/oL4YDM

新竹縣體育場（2016）。**新竹縣體育場業務職掌**。取自 https://reurl.cc/ex7k5j

綜合高中中心學校（2019）。**綜高學校**。取自 https://reurl.cc/qd4Y1q

臺北市政府教育局（2018）。**組織架構**。取自 https://reurl.cc/ar8xr4

國家圖書館出版品預行編目（CIP）資料

比較教育／楊思偉著 . -- 二版 . -- 新北市：心理,
　2020.09
　　面；　公分 . --（教育行政系列；41437）
　　ISBN 978-986-191-924-9（平裝）

　　1. 比較教育

520.9　　　　　　　　　　　　　　　　109012413

教育行政系列 41437

比較教育（第二版）

作　　　者：楊思偉
責任編輯：郭佳玲
總　編　輯：林敬堯
發　行　人：洪有義
出　版　者：心理出版社股份有限公司
地　　　址：231 新北市新店區光明街 288 號 7 樓
電　　　話：(02)29150566
傳　　　真：(02)29152928
郵撥帳號：19293172　心理出版社股份有限公司
網　　　址：http://www.psy.com.tw
電子信箱：psychoco@ms15.hinet.net
排　版　者：辰皓國際出版製作有限公司
印　刷　者：辰皓國際出版製作有限公司
初版一刷：2007 年 3 月
二版一刷：2020 年 9 月
Ｉ Ｓ Ｂ Ｎ：978-986-191-924-9
定　　　價：新台幣 600 元

■ 有著作權 · 侵害必究 ■